"十三五"普通高等教育本科部委级规划教材

上海市精品课程教材

会 计 学

ACCOUNTING

主　编◎曾月明　刘长奎

副主编◎陈凌云　施徐景　高　芳

中国纺织出版社

内 容 提 要

本书是专为我国高校非会计学专业的学生学习会计学课程而编写的教材。全书共 4 篇 16 章，循序渐进地介绍了会计学的知识构架。第一篇会计基础篇，由 4 章组成。第 1 章明确指出会计是用于决策的信息，第 2、第 3、第 4 章通俗易懂地介绍了会计循环的主要内容。第二篇资产权益篇，由 8 章组成，全面介绍了资产、负债、所有者权益的确认、计量和记录。第三篇收入费用利润篇，由 2 章组成，着重介绍了收入费用的确认、计量和记录以及利润的形成。第四篇财务报表与分析篇，由 2 章组成，重点介绍了基本财务报表的构成、编制及比率分析法。

本书适用于高校经济管理类专业的学生，也适合于企业管理人员阅读。

图书在版编目（CIP）数据

会计学 / 曾月明，刘长奎主编 . —北京：中国纺织出版社，2017.1（2021.2重印）

"十三五"普通高等教育本科部委级规划教材

ISBN 978-7-5180-3095-8

Ⅰ.① 会… Ⅱ.① 曾… ②刘… Ⅲ.① 会计学—高等学校—教材 Ⅳ.① F230

中国版本图书馆 CIP 数据核字（2016）第 277676 号

策划编辑：顾文卓　　　责任印制：储志伟

中国纺织出版社出版发行

地址：北京市朝阳区百子湾东里 A407 号楼　邮政编码：100124

销售电话：010—67004422　传真：010—87155801

http : //www.c-textilep.com

E-mail : faxing@c-textilep.com

中国纺织出版社天猫旗舰店

官方微博 http : //weibo.com/2119887771

北京玺诚印务有限公司印刷　各地新华书店经销

2017 年 1 月第 1 版　2021 年 2 月第 3 次印刷

开本：787×1092　1/16　印张：31

字数：600 千字　定价：59.8 元

高等院校"十三五"部委级规划教材经济管理类编委会

王若军：北京经济管理职业学院院长、教授

乌丹星：国家开放大学社会工作学院执行院长、教授

吴中元：天津工业大学科研处处长、教授

夏火松：武汉纺织大学管理学院院长、教授、博导

张健东：大连工业大学管理学院院长、教授、硕导

张科静：东华大学旭日工商管理学院副院长、教授、硕导

张芝萍：浙江纺织服装职业技术学院商学院院长、教授

赵开华：北京吉利学院副校长、教授

赵志泉：中原工学院经济管理学院院长、教授、硕导

朱春红：天津工业大学经济学院院长、教授、硕导

会计是商业语言。运作企业不懂会计知识好比参加体育比赛不懂规则。现代社会不善于利用会计信息将很难从事经济管理工作。因此，对于经济管理类专业的学生来说，理解和掌握会计的基本术语、基本理论、基本方法、基本技能以及会计信息的产生过程是在为他们今后的工作储备知识。

本书是专为我国高等院校非会计学专业的学生学习会计学课程而编写的教材。非会计学专业的学生学习会计的角度不同于会计学专业的学生。非会计学专业的学生是站在管理的角度去学会计，他们学习会计的目的是通过正确合理地利用会计信息更好地服务于经济管理工作。本教材力争让学习者深入了解会计信息的产生过程，及其产生过程中所采用的各种确认、计量、记录和报告方法，了解会计的技术、方法是如何提供会计信息的，会计信息又是如何反映企业的生产经营过程，管理者如何通过会计信息进行相应的管理决策的。

教材编写过程中，我们始终秉承会计学专业所倡导的严谨作风，遵循"教材内容与会计改革同步、理论与实务紧密结合，案例选取与知识点融合"的原则，尊重教学规律，在形式和内容上实现了诸多创新。概括如下。

第一，及时反映会计准则的变化。按照2006年以来的企业会计准则的修订变化更新相关知识点，尤其是将2014年修订的长期股权投资、职工薪酬准则以及新颁发的公允价值计量准则的内容融入相关章节，与企业会计准则体系实现全面对接。

第二，各章结构安排上贯彻教学法，帮助学习者认识、理解、训练、掌握相关知识点。每章开始提出本章学习目标，章尾是学习目标小结，并辅以中英文对照的关键术语，包含简答题、业务题与案例题等练习题。

第三，每章开始通过引导案例引入本章关键知识点，章节中的小案例进一步强化关键知识点。引导案例和小案例素材均来自资源丰富的资本市场，将各章的会计术语、会计方法与现实世界紧密结合，再现真实场景，能够吸引学习者的注意力，并能激发学习者进一步探索更多信息的求知欲望，拓展视野。

第四，各章的延伸知识为有兴趣钻研的学习者提供引导。比如，重要性是会计的一项职业判断，但在审计准则（1221号）中对重要性水平有百分比（量化）的参考，对重要性知识点这样延伸就可能激发学习者对审计的关注；在投入资本中引入2016年国务院53号文关于"五证合一、一照一码"登记制度以及2014年《公司法》关于放宽注册资本登记条件方面的内容，可能激发学习者对国家政策及《公司法》的关注等。

第五，在要求胜任能力的同时强调会计职业道德，全方位地向学习者呈现会计职业的全貌。

第六，充分利用权威可靠的网络资源和资本市场信息。教材中的引导案例、小案例、延伸知识、案例讨论等均来源于资本市场和互联网，为学习者提供了一个更加广阔的学习平台。

《会计学》课程网站中还有更多方便的学习资源。请登录东华大学教务处——精品课程网页，浏览本课程相关的教学资源（网址：http://jw.dhu.edu.cn/dhu/index/）。

本书由曾月明、刘长奎主编，负责全书写作大纲的拟定、编写的组织工作以及全书定稿前的修改、补充和总纂。陈凌云、施徐景和高芳担任副主编，协助主编的有关工作。具体的写作分工如下：第一篇，曾月明；第5、第6、第7章，刘长奎；第8、第9、第10章，陈凌云；第12、第13、第14章，施徐景；第11、第15、第16章，高芳。各章练习题的执笔人如下：第一篇，付婷；第5、第6、第7章，谢忆爽；第8、第9、第10章，徐婧媛；第12、第13、第14章，刘雪梅；第11、第15、第16章，刘佳佳。此外，周一惠、谢忆爽、徐婧媛、刘雪梅、刘佳佳、查钰晨、温倩雯、关晓美、张洁敏、钱维嘉、葛瑞宁、张雪等同学参与了书稿的校对工作，一并表示感谢。

本书是高等教育本科"十三五"部委级规划教材，也是上海市精品课程《会计学》的配套教材，并受到上海市教育委员会的资助，在此深表感谢。

本教材在内容和编写思路方面都是一次尝试，加之作者水平有限，在内容安排和表述上可能存在不当之处，错误在所难免，恳请广大读者和同行批评指正。

编者

2016年7月

目 录

第一篇　会计基础篇

第三篇　收入费用利润篇

第四篇　财务报表与分析篇

第一篇

会计基础篇

第1章 会计：用于决策的信息

【学习目标】

1.了解企业类型、企业组织形式。

2.了解会计信息的类型。

3.理解会计及会计信息在经济决策中的作用。

4.了解会计系统及其基本功能。

5.了解财务会计信息特征、管理会计信息特征。

6.理解专业胜任能力、职业判断和道德行为对于会计职业的重要性。

【引导案例】

格力电器基本信息

珠海格力电器股份有限公司的前身为珠海市海利冷气工程股份有限公司，1989年经珠海市工业委员会、中国人民银行珠海分行批准设立，1994年经珠海市体改委批准更名为珠海格力电器股份有限公司，1996年11月18日经中国证券监督管理委员会证监发字（1996）321号文批准于深圳证券交易所上市（简称"格力电器"，股票代码：000651），注册资本为3 007 865 439.00元。

2013年，在国内经济低位趋稳、行业不景气的大环境下，受房地产调控、节能补贴政策退出、气候等因素影响，国内市场增长乏力；海外市场受政局、经济、汇率等因素影响，需求亦较为疲软；公司坚持以市场为导向，围绕重点工作，科学决策，积极开拓，实现营业总收入1 200.43亿元，较上年同期增长19.91%；利润总额128.92亿元，较上年同期增长47.12%；实现归属于上市公司股东的净利润108.71亿元，较上年同期增长47.31%，基本每股收益3.61元，较上年增长46.15%；取得了良好的经济效益。

资料来源：珠海格力电器股份有限公司2013年年度报告

我们日常决策需要各种各样的会计信息。比如，当你计划购买房屋时，需要根据自身的财务状况来判断自己是否有支付能力。同样，当你决定进行股票投资时，被投资公司披露的财务报告将成为你购买该公司股票的主要参考之一。事实上，即使你将来不从事会计专业，会计也有可能影响你的生活和工作。比如，你是一家生意火爆的餐馆的老板（或者经理），正考虑是否开连锁店，有关餐馆的财务状况、现金流转情况等信息将成为你决定是否开连锁店，在什么地方开连锁店以及银行是否为你提供贷款的重要依据。

了解并运用会计信息对于任何一个企业管理者来说同样是一项重要任务。诸如资产、权益、营业收入、净利润、成本、费用、毛利、利润分配、现金流量、投资和筹资等术语常常用于商务沟通中。虽然读者现在尚不了解这些术语的准确含义，但若要成为商界的积极参与者，必须对会计术语有基本的把握。首先我们将讨论企业是什么，它是如何运营的，以及会计在企业中的作用。

1.1 企业的性质

每个人都可以列举许多自己熟悉的企业，这些企业可能是知名的大公司，比如可口可乐、联想控股或者阿里巴巴集团等；可能是一些小企业，如服装厂、杂货店；也可能是餐馆、律师事务所或者宠物诊所等。这些企业有哪些共同点呢？

一般来说，企业（businesses）是将原材料和劳动力等基础资源（投入）进行组合、加工，以向顾客提供产品或服务（产出）的组织。从年营业额不足百万元的街边小店到每年销售收入上千亿元的空调及相关产品的格力电器公司，企业的规模各不相同。企业的顾客可以是个人也可以是其他企业，这些顾客用货币或其他价值形式向企业购买产品或服务。

大多数企业的目标是利润最大化。利润是企业为顾客提供产品或服务而向顾客收取的金额与企业为提供这些产品或服务投入的金额之差。有些组织的经营目标不是利润最大化，这些非营利组织的目标是为社会提供福利，如医学研究或者自然资源保护机构。另外，政府机构如城市供水或污水处理工厂也是非营利组织。本书将主要讨论营利组织，而营利组织的很多概念和原理也同样适用于非营利组织。

1.1.1 企业的类型

营利组织有3种不同的类型：制造企业、商业企业和服务企业。每种类型的企业都有其独有的特征。

制造企业（manufacturing businesses）：将原始投入转化为可销售给消费者的产品。表1-1列举的是部分制造企业及其生产的产品。

表1-1 制造企业及其生产的产品

制造企业	生产的产品
格力电器	电线、电缆、光缆及电工器材，家用电力器具等
大众汽车公司	小汽车、越野车等
联想集团公司	笔记本电脑、平板电脑、手机、台式机等
海尔集团公司	洗衣机、电冰箱、电视机、空调、热水器、手机等
李宁公司	运动鞋和运动服
可口可乐公司	饮料

商业企业（merchandising businesses）：也向顾客销售产品。然而，它们不生产产品，而是从其他企业（如制造企业）购买产品，再销售给顾客。这样，商业企业就将产品和顾客联系起来。表1-2列举的是部分商业企业及其所销售的产品。

表1-2 商业企业及其销售的产品

商业企业	销售的产品
沃尔玛	日用产品等
苏宁电器	各类家用电器等
东方商厦	服装百货等
红星美凯龙	家具等
茂昌眼镜	各类眼镜
宜家家居（IKEA）	居家用品

服务企业（service businesses）：向顾客提供的是服务而不是产品。表1-3列举的是部分服务企业及其所提供的服务内容。

表1-3 服务企业及其所提供的服务内容

服务企业	所提供的服务内容
普华永道会计师事务所（PWC）	审计、业务咨询等
埃森哲咨询公司（Accenture）	管理咨询与技术服务等
新东方教育科技集团	课外培训、出国考试、留学咨询、国际游学等
中国工商银行	存贷款业务、客户理财服务等
国泰君安证券公司	证券买卖交易平台及咨询
一兆韦德	健身、形体训练等
阿里巴巴（1688.com）	采购批发平台、在线交易市场

1.1.2 企业的组织形式

企业的组织形式通常有4种：独资、合伙、股份有限公司或者有限责任公司。下面简要介绍每种组织形式及各自的优缺点。

独资企业（proprietorship）是指个人出资经营、归个人所有和控制、由个人承担经营风险和享有全部经营收益的企业。以独资经营方式经营的独资企业有无限的经济责任，破产时债权人可以扣留业主的个人财产。独资企业组织简单、成本较低。小型地方性企业，如五金店、维修店、洗衣店、小餐馆和保姆服务所等，通常都是独资企业。

当企业逐渐发展壮大，需要更多的财务和管理资源时，独资企业就可能发展成为一个合伙企业。

合伙企业（partnership）是指自然人、法人和其他组织依照《中华人民共和国合伙企业法》在中国境内设立的，由两个或两个以上的自然人通过订立合伙协议，共同出资经营、共负盈亏、共担风险的企业组织形式。与独资企业一样，小型地方性企业，如汽车维修店、美容院、餐馆、服装店等，都可能是合伙企业。

公司（corporation）是指依法设立的，有独立的法人财产，以营利为目的的企业法人。根据我国《公司法》（2014），公司的两种主要形式为股份有限公司与有限责任公司。两类公司均为法人（《民法通则》第36条），有限责任公司的股东以其认缴的出资额为限对公司承担责任；股份有限公司的股东以其认购的股份为限对公司承担责任。

股份有限公司的所有权被划分为等额的股份。一个公司向个人或其他企业发行股份，股份购买者就成为该公司的所有者或者股东。公司这种形式的主要优点是可以通过发行股份获得大量资源。因此，大多数需要对机器设备进行大量投资或扩大规模的企业都以股份有限公司的形式存在。比如，成立于2005年3月的浙江向日葵光能科技有限公司经过整体变更设立，于2010年8月16日发行上市，发行总股本为111 980万股，上市后公司名称更改为浙江向日葵光能科技有限公司（证券简称：向日葵，证券代码：300111）。其他股份有限公司的例子还有：深圳万科、中国平安、中集集团、格力电器、美的集团等。

有限责任公司集合了合伙企业与股份有限公司的特征。它与股份有限公司的主要不同在于：①两种公司在成立条件和募集资金方面有所不同。有限责任公司的成立条件比较宽松一点，股份有限公司的成立条件更加严格；有限责任公司只能由发起人集资，不能向社会公开募集资金，股份有限公司可以公开募集资金。②两种公司的股份转让难易程度不同。有限责任公司股东转让自己的出资有严格的要求，受到的限制较多；股份有限公司股东转让自己的股份比较自由。③两种公司的股权证明形式不同。有限责任公司股东的股权证明是出资证明书，出资证明书不能转让、流通；股份有限公司股东的股权证明是股票，股票是公司签发的、证明股东所持股份的凭证，股票可以转让、流通。④两种公司的财务状况的公开程度不同。在有限责任公司，财务报表只要按照规定期限送交各股东；在股份有限公司，财务报表必须经过注册会计师的审计并出具报告，还要存档以便股东查阅，其中以募集设立方式成立的股份有限公司，还必须公告其财务报告。

前面讨论的3种企业类型——制造企业、商业企业和服务企业，都可能具有独资、合伙、股份有限公司或有限责任公司的任一形式。然而，因为经营一个制造企业需要大量资源，大多数制造企业采用公司的形式。同样，大多数大型零售商如沃尔玛、家乐福、乐购、世纪联华等也都是公司组织形式。

1.1.3 企业的利益相关者

企业的利益相关者（business stakeholder）是其利益与企业经营业绩相关的个人或实体。企业的利益相关者通常包括企业所有者、管理者、员工、顾客、债权人和政府等。

所有者（owners）将资源投入企业，其利益与企业经营的好坏密切相关。大多数所有者希望从他们的投资中获得尽可能多的经济利益。如果企业盈利，所有者就希望分享企业的利润。如果所有者最终决定出售他们的企业，他们的利益也与企业总体经济价值密切相关。这一经济价值既反映了企业过去的利润，也反映了对企业未来利润的预期。

管理者（managers）是所有者授权其经营企业的个人。通常根据企业经营业绩对管理者进行评价，业绩差企业的管理者通常会被解雇。因此，管理者就有动力最大化企业的经济价值。所有者可能与管理者签订薪酬合同，使管理者的薪酬与企业业绩直接联系起来。比如，管理者可能会得到利润或利润增长的一定百分比。这样的薪酬合同通常被称为利润分享计划。

员工（employees）为企业提供服务从而获得劳动报酬。员工利益与企业经营业绩息息相关。当企业处于衰退期时，部分员工面临被裁减的风险；而当企业破产时，员工会彻底失去工作。

顾客（customers）也会与企业的持续经营利益相关。比如，如果联想电脑公司破产了，它的顾客就再也不会得到联想电脑提供的硬件和软件服务。同样，预订了中国国旅旅行线路的顾客与公司是否持续经营下去有直接的利益关系。如果东方航空公司破产，经常乘坐东方航空的旅客就失去了他们的累计飞行积分。

债权人（creditors）通过信贷（如贷款）的方式将资源投入企业，他们的利益也与企业业绩好坏相关。为了使债权人能够收回债权，企业必须产生足够的现金来偿还债务。另外，债权人也把企业看作他们的顾客，因此也与企业的持续成功利益相关。

各级政府（governments）也与企业经营业绩利益相关。县、市、省和中央政府都在其权限内从企业获得税收。企业经营得越好，政府获得的税收越多。而且，员工也要为他们的薪酬纳税。为了鼓励企业在本地有更好的发展，各地政府会给本地企业提供一些优惠政策，如税收方面的优惠等。

表1-4　成功企业举例

成功企业家的特征	著名企业家与他们的企业	
	企业家	企业
一个成功创办并管理企业的企业家具有什么样的特征呢？首先，企业家必须对本企业的技术十分了解。比如，一个成功的汽车顾问必须对汽车非常熟悉。另外，企业家还必须具备基本的管理技巧，如组织协调能力和沟通能力。以下是经常用来描述企业家的一些术语： 预见性、创新精神、毅力、独立性、自信、敢于承担风险、精力充沛、积极、自我驱动、冒险精神、追求成功、主动、诚信、自我牺牲精神、沟通技巧、善于学习等	董明珠	格力电器
	马云	阿里巴巴
	柳传志	联想控股
	马化腾	腾讯控股
	雷军	小米科技
	张瑞敏	海尔集团
	王石	万科集团
	王健林	万达集团
	Steven Jobs	苹果电脑
	Bill Gates	微软
	Sam Walton	沃尔玛
	企业家的例子还包括社区里的许多小企业老板，如餐馆、小杂货店、健身房等	

1.2 会计在企业中的作用

在开始学习财务会计的时候，请记住企业的存在不只是给那些为公司提供财务资源的投资者或债权人赚取回报。企业有义务采取对社会负责的经营方式，并且应该在更为宽泛的社会责任范围内权衡其对财务成功的追求。在本章一开始就引入这种理念，而且将这一理念贯穿本书的始终。

1.2.1 会计信息：达到目的的手段

会计在企业中的作用是什么？最简单的回答是，会计为管理者经营企业提供信息。此外，会计还为企业的其他利益相关者提供评价企业经营业绩和财务状况的信息。需要强调的是，会计信息不是目的而是达到目的之手段。无论决策者是所有者、管理层、债权人、政府监管机构还是与企业财务业绩利益相关的其他许多团体，其决策的有效性都会因使用会计信息而得到加强。

1.2.1.1 基于用户视角的会计

通常人们把会计简单地看成仅由专业会计师执业的高技术领域。事实上，每个人几乎每天都在使用会计信息。会计信息是计量和沟通经济事项的手段。无论是企业管理还是对外投资，或是监控资金的收取和使用，实际上都在与会计术语及会计信息打交道。

本书的主要目的是培养在经济决策中理解和运用会计信息的能力。因此，需要了解：

①会计信息所反映的是企业经济活动的实质；

②会计信息的形成需要利用假设和计量方法；

③会计信息的形成需要遵循一定的规范；

④会计信息应与各种决策密切相关。

图1-1描述了会计是如何反映经济活动的。会计过程是将企业发生的交易或事项通过会计程序和方法加工成会计信息，决策者根据这些会计信息来进行经济决策并采取具体行动，决策者的决策和实施又形成新的交易或事项，如此循环。

图1-1 交易或事项、会计过程、会计信息与决策者的相互关系

1.2.1.2 会计信息的类型

正如决策有多种类型一样，会计信息也有不同的类型。财务会计、管理会计和税务会计通常被用来描述企业界广泛使用的3种会计信息。

（1）财务会计

财务会计（financial accounting）是以会计规范为依据，对企业已经发生的交易或事项，通过确认、计量、记录和报告等主要程序进行加工处理，并借助于以报表为主的财务报告形式，向企业的利益相关者（包括外部与内部）提供以财务信息为主的经济信息。财务信息是反映某个经营主体（组织或个人）财务资源、责任和经营活动的信息。常用"财务状况"来描述经营主体在某个时点的财务资源和责任，用"经营成果"来描述经营主体某一期间的财务活动。

【小案例】

由格力电器公开披露的2013年度财务报告可知，公司的财务状况如下：资产（包括货币资金、金融资产、应收债权、存货、长期投资、固定资产、无形资产等）1 135亿元人民币，与资产相对应的负债为925亿元人民币，所有者权益为210亿元人民币。由同一财务报告可知，在截至2013年12月31日的会计年度，格力电器实现了营业收入1 200亿元人民币，创造了109亿元人民币净利润。

资料来源：珠海格力电器股份有限公司2013年年度报告

财务会计信息主要用来帮助投资者和债权人决定如何安排其稀缺的投资资源。这些决定对社会非常重要，因为它们决定了哪些公司和行业可获得增长所需的财务资源。

企业经理也常常使用财务会计信息进行决策，财务会计信息也被用于企业纳税申报。事实上，财务会计信息可用于多种目的，经常被称为"一般用途"的会计信息。

实际工作中，财务会计既需要取得和填制原始凭证，登记账簿（或输入计算机），编制（或打印出）报表，又需要分析报表，发现企业经营过程中出现的问题，寻找解决问题的对策。此外，还应结合企业的资金需要，筹措资金，安排资金的使用等。财务会计是所有会计分支的基础，也是会计的主要内容，又被称为传统会计。

（2）管理会计

管理会计（management accounting）是从传统的会计系统中分离出来，与财务会计并列，着重为企业进行最优决策、改善经营管理、提高经济效益服务的一个企业会计分支。因此，管理会计需要针对企业管理部门制订计划、作出决策、控制经济活动的需要，记录和分析经济业务，"捕捉"并呈报管理所需的信息。借助这些信息，管理人员就可以制定公司的总体目标，评价部门和个人的业绩，决定是否引入新的生产线等，做出各种类型的管理决策。

虽然在一些国家有专门从事管理会计工作的管理会计师，但实际工作中，管理会计和财务会计并不存在明显的界限。比如，成本费用的归集和分配过程看似是管理会计的范畴，但与财务会计中的资产计量和利润确定又存在着密切的关系；资金的筹措和使用属于财务会计的范畴，但也可以成为管理会计决策和控制的对象。但是，财务会计与管理会计也存在一些差异。财务会计所提供的财务报告虽也面向企业内部使用者，但主要服务于企业外部使用者；而管理会计所提供的报告基本上是为了满足企业管理人员的需要。因此，财务会计工作要遵循政府或权威机构颁布的会计准则或会计制度，提供的信息以历史数据为主，信息的产生过程有统一的要求；而管理会计一般不受会计准则和会计制度的制约，信息的提供视内部管理的需要而定。

（3）税务会计

编制纳税申报表要以财务会计信息为基础，通常需要对财务会计信息进行调整或重新组织以符合税务报告的要求。引入税务会计信息概念的目的是便于与财务会计和管理会计信息进行对比。虽然税务信息对公司成功经营至关重要且与财务会计和管理会计信息相关，但它来自于不同的系统，且必须符合税法规定。税法不同于财务会计和管理会计信息的编制规定，由此将产生不同的信息内容。鉴于本书的重点是财务会计，有关管理会计与税务会计的内容不再赘述。

1.2.2 满足企业利益相关者需求的会计信息

一般来说，会计（accounting）可以被定义为向企业利益相关者提供有关企业经营活动和状况信息的信息系统，正如本章前文已指明的，我们将主要讨论企业会计及其在企业中的作用。

会计被认为是一种"企业语言（或商业语言）"。这是因为会计是企业向利益相关者传递信息的手段。比如，一份描述新产品盈利能力的财务报告能够帮助伊利股份公司的管理者做出是否继续销售该产品的决策，同样，财务分析师也利用财务报告来决定是否应继续购买伊利股份公司的股票；银行则使用财务报告来决定向伊利股份公司提供信贷的金额；供应商则根据财务报告决定是否认可伊利股份公司的信用以供应原材料；税务机构以财务报告为基础确定伊利股份公司应缴纳的税额。

会计向企业利益相关者提供信息的过程如图1-2所示。企业必须首先识别它的利益相关者；然后评价不同利益相关者的信息需求，并设计会计系统来满足这些需求；最后，会计系统记录有关企业活动和事项的经济数据，并根据利益相关者的信息需求向他们提供企业报告。

图1-2　企业向利益相关者提供会计信息的过程

利益相关者将财务报告作为他们决策的主要信息来源，当然他们也使用其他信息。比如，银行在决定是否向一家房地产开发企业提供贷款时，可能会运用经济预测数据来评价未来市场对商品房的需求，在经济萧条时期，对商品房的需求相对会减少；银行也会对开发商的能力和声誉进行调查；对小型企业，银行还会要求其主要股东以个人名义对企业的贷款进行担保；最后，银行也可能参考该行业数据，这些数据可能是根据企业开发产品质量、顾客满意度、年营业额及企业成长能力等对同行业企业进行的排名等。

1.3 会计系统

会计系统（accounting system）包括被组织用于形成会计信息并将这些信息传递给决策制定者的人员、程序、设备和记录。这些系统的设计和功能在不同的组织差别很大。对于小企业，会计系统可能只包括收银机、支票簿、收支流水账以及纳税申报表；对于大企业，会计系统则包括计算机服务器、会计软件、经验丰富的专业人员以及反映各部门日常经营的财务报告。不管怎样，会计系统的基本目的相同，即尽可能有效地满足组织对信息的需求。

影响特定组织会计系统结构的因素有很多，其中最主要的因素有：①公司对会计信息的需求；②系统运作所能获得的资源及耗费的资源的比较。

作为信息系统，会计系统强调的是会计提供的信息、信息的使用者以及这些信息对财务决策所提供的支持。

1.3.1 确定信息需求

会计信息种类因以下因素的不同有所不同：组织的规模、是否为公众公司（即上市公司）、管理层对信息的需求等。对有些类型会计信息的需求很可能是由法律所规定的。比如，证券法要求公众公司必须依照《企业会计准则》等规范编制财务报告，且财务报告必须提交证券交易委员会并向股东公布，同时要便于公众获取。

其他类型的会计信息则必须根据企业实际需要来提供。比如，企业需要知道客户欠公司的款项以及公司欠债权人的款项。虽然许多会计信息对企业经营十分重要，但管理层对于所提供的信息类型与数量有许多选择权。比如，百联集团的会计系统是否需要单独衡量所属各公司、各业务板块、不同种类商品的销售情况，则取决于管理层对信息有用性的看法以及取得信息的成本。

1.3.2 产生会计信息的成本

会计系统必须遵循成本效益原则，即所产生信息的价值应超过其产生的成本。当然，管理层必须无条件地提供法律或合同规定的各种财务报告。其他情况下管理层可能按成本效益原则来决定是否产生某类信息。

近年来，计算机信息系统的开发和应用大大降低了会计信息的生产成本。

1.3.3 会计系统的基本功能

在形成有关企业活动的信息时，会计系统应具有以下基本功能：①解释并记录企业日常发生的交易；②归类同类交易，形成对管理层有用并可用于财务报告的项目及金额；③汇总并向决策者传递会计系统所包含的信息。

会计系统的差异主要取决于实现这些功能的方式、频率和速度。

本书分析时常假设采用的是简单的手工会计系统。这种系统对于阐述基本会计概念，尤其对于初学者很有帮助，但对于满足大多数企业组织的需求而言，手工会计系统速度太慢。有些大型企业，每小时可能就会发生几百或上千笔交易，为了与如此快速的信息流保持同步，这类企业必须采用计算机会计系统。计算机会计系统的内在原理总体上与本书所提到的手工会计系统一致。了解手工会计系统便于使用者理解计算机会计系统的运行原理。

1.3.4 会计系统的设计和安装

大型会计系统的设计和安装由专业软件公司负责，如用友集团的用友财务软件、金蝶集团的金蝶财务软件、SAP公司的综合业务流程解决方案、数据库及技术平台解决方案、客户关系解决方案、信息化解决方案等。这些财务（或综合）软件不仅涉及会计，而且涉及管理、信息系统、营销甚至计算机编程等专业知识。因此，会计系统一般是由许多专业人才组成的团队进行设计和安装。

大型企业有专门负责设计和改善会计系统的系统分析师、内部审计师和其他专业人员。中型企业常常聘请咨询公司设计和更新系统。资源有限的小企业通常购买专为各行业小企业设计的成套会计系统。

1.4 财务会计信息

无论是对于那些仅仅需要初步了解会计的学生，还是对于需要学习更多会计课程的会计专业学生，财务会计都是一门重要的课程。财务会计提供的是有关企业财务资源、责任和经营活动的信息，这些信息主要为外部决策者（投资者和债权人）所使用。

1.4.1 会计信息的外部使用者

会计信息的外部使用者（external users）包括：企业所有者（有时也将其作为内部使用者）、供应商、债权人、客户、潜在投资者、公众、政府机构等。这些外部决策制定者各有独特的信息需求，以便对报告企业进行有关决策。比如，从报告企业采购的客户需要根据信息来评价所购产品的质量及企业履行保修义务的可信度；政府机构会关注报告企业是否遵循了某些相关的政府规定；公众可能感兴趣于报告企业履行社会责任的程度（如是否会污染环境等）。

用一套财务信息满足如此众多使用者的信息需求，尽管有可能，也相当困难。因此，对外财务报告主要供两类人——投资者和债权人使用。这里需要假定的是，企业在满足投资者和债权人的财务信息需求的同时，这些信息也可为其他很多财务信息使用者所用。

所以，我们有时将投资者和债权人统称为主要的财务信息外部使用者，既包括当前的投资者和债权人，也包括潜在的投资者和债权人。

1.4.2 对外财务报告的目标

如果你投资或贷款给一家公司，你可能会关心两件事：第一，投资或贷款在未来某一天的回收情况，即所谓的投资收回（return of investment）；第二，因投资或贷款所获得的回报，即投资报酬（return on investment）。

债权人

假设你是某银行的信贷工作人员，负责为购买汽车的个人提供小额贷款融资。现正收到某位需要购买新汽车的客户的贷款申请。该客户想申请一笔300 000元人民币的贷款。关于这笔贷款的偿还，你有什么要求？哪些信息可以帮助你确定该贷款对银行是否有信贷风险？

假设你的朋友想开办一家企业并需要筹措一笔资金来租借场地、购买企业运营所需的资产（如原料、机器设备、运输设备等），在公司正式营业前支付员工薪酬。你目前的财务状况很好，同意借给朋友200 000元。不过，你并不打算进行长期投资或成为这家企业的共同所有者，只是想帮助朋友开办这家公司并赚取利息，你同意朋友使用资金一年。如果你不贷款给朋友，投资另一项目可赚取10%的收益。

除了想帮助朋友外，你还想知道这笔200 000元贷款的风险有多大。你预期朋友会偿还200 000元本金，同时支付你20 000（200 000×10%）元资金报酬。

本质上讲，财务会计报告（也称财务报告）所提供的信息可以帮助你评估你朋友的偿还能力。你需要根据财务信息来评估你承担的风险以及你朋友一年后偿还220 000元的可能性。这个简单的例子有助于理解各种投资决策所需的财务信息。

对外财务报告一般性的目标是提供用于制定投资和信贷决策的信息。具体的目标是提供关于经济资源、对资源的要求权以及资源与要求权如何随时间变化的信息。企业的资源常被称为资产，对那些资源的主要要求权来自债权人和所有者，即企业的负债和所有者权益。

投资者和债权人评价公司是否能够进行未来现金支付的主要方法之一就是检查和分析该公司的财务报表（financial statement）。编制时期短于一年的财务报表（如半年、3个月或1个月）被称为中期财务报表。本书中，我们同时使用年度财务报表和中期财务报表。无论是使用者还是编制者，阅读或编制公司财务报表时首先要明确这些报表所反映的时期。

财务报告与财务报表是不同的概念。财务报告是指企业对外提供的反映企业某一特定日期财务状况和某一会计期间的经营成果、现金流量等会计信息的文件。财务报告包括会计报表（也称财务报表，以下同）、会计报表附注和其他应当在财务报告中披露的相关信息和资料。会计报表至少应当包括资产负债表、利润表、现金流量表等基本报表。会计报表附注是对在会计报表中列示项目所作的进一步说明，以及未能在这些报表中列示项目的说明等。目的是便于使用者理解会计报表的内容而对会计报表的编制基础、编制依据、编制原则和方法及主要项目等所作的解释。

由于本书中有专门章节介绍财务报表具体内容，这里仅介绍基本财务报表的概念。

①资产负债表（balance sheet），也称财务状况表，是指反映企业某一特定日期的财务状态的会计报表。

②利润表（income statement）是指反映企业在一定会计期间（如月份、季度、半年或年度）的经营成果的会计报表。

③现金流量表（statement of cash flows）是指反映企业在一定会计期间现金和现金等价物流入和流出的会计报表。

3大基本财务报表的名称就是对报表内容的描述。比如，财务状况表（statement of financialposition），即资产负债表，有时被描述为基于财务或货币角度的企业快照（即企业在特定日期的财务状况）；利润表则是描述企业在特定时期获利能力的报表；现金流量表描述的是企业在特定时期现金变化的方式。投资者和债权人关心的是流向自己而不是流向企业的现金流量，所以企业现金活动信息对投资者和债权人而言属于重要信息。

在会计学习的初始阶段，你不一定能看懂这些财务报表，可能不知道如何通过这些报表来准确预测某家公司的现金流量情况。后面章节将对财务状况表（资产负债表）、利润表和现金流量表进行详细介绍。

1.4.3 对外报告信息的特征

为最大化信息的有用性，报告给投资者、债权人及其他外部人员的财务信息应具有以下特征。

（1）制度特征

财务会计的服务对象主要是企业外部使用者，他们与企业内部管理有着不同的利益和信息要求，而且不同的外部信息使用者也存在着不同的利益和要求。为了维护企业所有利益相关者的利益，便于信息的可比，财务会计信息的处理过程和财务报表的编制均要严格遵循统一的会计规范。

（2）历史性特征

对外报告的财务信息本质上大多属于历史信息，是对过去的描述，报告的是已经发生的事项和交易结果。

（3）计量具有近似性非精确性

对外报告财务信息表面上看似高度精确，但实际上很多信息都是基于对过去和未来所必须进行的估计、判断和假设。比如，假设某家公司购买了一台经营设备，为了对该项资产进行会计处理并把其影响反映在公司对外报告的财务信息中，公司必须对这台设备的使用时间进行假设，如使用寿命多长、机器生产工时多长等。绝大多数会计信息要依赖大量的判断。

（4）通用目的假设

如前所述，假设通过提供满足投资者和债权人需要的信息，我们同时也满足了其他外部相关人员的信息需求。如果企业能对每一个潜在外部使用者分别编制不同信息，那么企业就能提供更高质量的信息。不过，这既无必要也不现实。相反，企业更多地倾向于编制对绝大多数使用者有用的信息，这种信息被称为通用信息（general-purpose information）。

（5）通过解释可增加有用性

会计职业界认为，对外报告财务信息的价值因增加管理层的解释而得到提升。这些非量化信息通常有助于解释所列示的财务数据。正因为如此，包括财务报表在内的财务信息往往带有很多附注及其他解释，用来帮助说明和解释数字信息。

1.5 管理会计信息

企业的内部决策制定者常常被称为管理层。管理层提供并使用的内部会计信息不仅包括内部专用的信息，也包括可以供外部决策者共享的信息。比如，为了完成某一生产进度，生产商可能为供应商设计会计信息系统，详细描述其生产计划。生产商与供应商会共享这些信息，以帮助生产商实现目标。不过，其他类型会计信息并不向外部决策者提供。比如，公司长期计划、研发成果、生产成本、资本预算详情以及竞争战略等属于典型的公司机密，必须严格保密。

1.5.1 内部会计信息的使用者

企业的每位员工都会使用内部会计信息。从基层员工到首席执行官，公司要支付所有员工的薪酬，员工薪酬就是通过会计信息系统生成的。然而，就会计信息系统的使用量（特别是对会计信息系统设计的参与程度）而言，往往存在很大的差异。会计信息系统的内部使用者（internal users）包括：董事会、首席执行官、首席财务官、副总裁（分别负责信息服务、人力资源等）、业务部门经理、分厂经理、商店经理和生产线主管等。

与主要对外报告的财务会计信息不同，对内报告为主的管理会计信息没有统一规则，员工决策过程中产生和使用的会计信息呈现多样化特征。

1.5.2 管理会计信息的目标

每家企业都有自己的经营目的和目标。这些目标因企业的不同而存在差异：非营利性组织以服务特定群体为目的，而营利性组织以所有者目标最大化为目的。

企业通过设计和使用内部会计信息系统来帮助实现既定目标。公司常常定期编制并发布各种报告，有些属于常规报告，有些则属于专门性报告。为激励管理者实现组织目标，公司通过内部会计系统来评价经营业绩和奖励相关人员。用会计系统将一个期间的计划或预算与实际结果相比较，就可揭示负责该部分预算的员工的业绩。很多企业都建立了与会计系统业绩计量相关的奖励系统。

因此，一般会计系统目标的设定是以企业目标和任务为起点的，提供信息是为了帮助企业实现目标。

1.5.3 管理会计信息的特征

管理层形成并使用的会计信息主要服务于计划和控制决策，不同于对外报告的财务信息，因此管理会计信息具有与财务会计信息不同的特征。

（1）信息及时的重要性

为了对当前经营过程进行计划和控制，会计信息应当具有及时性。许多企业面临的竞争环境要求及时获取信息。针对这一需求，企业可以建立计算机数据库，便于与行业预测、供应商和购买者以及委托人相联系。随着新产品及服务的开发期和推广期的缩短，企业必须优先考虑快速获取信息这一问题。

除了计划需要及时信息外，企业总是需要监督和控制当前经营活动。如果某个过程或作业失控，企业可能遭受巨大损失。比如，产品召回对公司而言代价很高。如果公司能对所有环节进行监督，避免把质量低劣或有缺陷的产品卖给客户，公司就可避免因召回产品而不得不支付的大笔开支。

（2）决策者的权责要匹配

用于监控和控制过程的信息必须提供给有权力纠正问题的决策者。比如向一线生产工人报告废品和返工信息但不给予他们修正工序的责任显然是没有效果的。然而，对于拥有设备及工作相关活动决策权的自主团队而言，如果团队成员能控制引起问题的过程，那么团队会对返工和废品问题产生重大影响。

（3）面向未来

尽管与财务会计信息一样，有些管理会计信息本质上具有历史性，但提供这些信息的目的是影响未来。其目标是促使管理人员制定对企业最有利、与企业目的和目标相一致的未来决策。

（4）效率与效度衡量指标

管理会计信息衡量资源使用的效率和效度。通过比较企业与竞争者的资源投入与产出效度和效率的衡量指标，就可以评价管理人员完成组织使命的效果。管理会计系统以货币作为通用单位来进行此类比较。

（5）管理会计信息是一种手段

与财务会计信息一样，管理会计信息也是达到目的的一种手段，但其本身并不是目的。其最终目标是设计并运用可帮助管理人员实现企业目的和目标的会计系统。

1.6 会计信息的公允性

公允性（integrity）包含如下含义：全面、完整、正确、规范、诚实和可信。会计信息必须具备这些特征，正是因为财务会计信息具有公允性特征，才得到投资者和债权人的信赖。以下两点能够强化会计信息的公允性：第一，遵循会计规范（即制度特征）。这些规范包括编制会计信息的标准、内部控制结构以及财务报表审计等。第二，专业会计人员的胜任能力、判断能力和职业道德行为。这两个要素合力确保会计信息使用者（投资者、债权人、管理者和其他人）相信这些信息公正地表达了它应该表达的内容。

1.6.1 遵循会计规范（制度特征）

向外部投资者、债权人和其他使用者传递的会计信息必须遵循信息编制者和使用者都能理解的标准，这些标准称为会计规范。会计规范是国家机构或民间团体所制定的会计法规、准则和制度的总称。在西方国家，会计规范一般表现为会计原则，或称会计标准、会计准则。会计原则是会计规则和惯例的统称，是指会计工作中采纳或认可的规范，它们构成了会计实务的基础。会计原则是指导会计工作的通用规则，而不是对各类会计主体发生的零星、纷繁复杂的经济业务和会计事项应该如何确认、计量、记录和报告所作的具体规定。

自20世纪30年代美国率先制定会计原则以来，英国、加拿大、澳大利亚、新西兰等英语国家相继制定了会计准则；1973年国际会计准则委员会（IASC，现已改组为IASB）成立，共发布了41项国际会计准则；许多发展中国家（包括中国）也陆续加入了制定会计准则的行列；之后，一些大陆法系国家（如德国、法国等）也相继成立了会计准则制定机构，开始制定本国的会计准则。会计准则已成为适应市场经济和资本市场发展、促进国际资本流动的一种最有效的会计规范形式。

会计准则的具体名称在不同国家或地区有所差异，如我国称《企业会计准则》（Accounting Standards for Business Enterprises）（我国自1992年与国际会计接轨后开始正式使用会计准则名称）或《企业会计制度》等，美国称《一般公认会计原则》（Generally Accepted Accounting Principles，GAAP），香港特别行政区称《香港财务报告准则》（Hong Kong Financial Reporting Standards），国际会计准则理事会（IASB）制定的会计准则称《国际财务报告准则》（International Financial Reporting Standards，IFRS）等。各个国家或地区的会计准则为确定财务报表中应包括哪些信息以及这些信息如何编制和列示提供了通用框架，既有确认、计量、记录和披露的基本原则，也有职业会计师加工会计信息和披露报告时所使用的具体准则。

然而会计规范不同于物理法则：它们并不存在于自然界中等待人们去发现；相反，这些规范是专业人士根据人们所认为的财务报告的最重要目标而制定的。会计规范在许多方面类似于为一项有组织的运动（如足球或篮球）所制定的规则。会计规范和运动规则一样拥有如下特征。

①源自传统、经验和官方法规的组合。

②需要权威性的支持和某些执行措施。

③有时是强制的。

④可能因现行规则中存在的不足而随时间发生改变。

⑤必须被该过程的所有参与者清晰理解和遵守。

1.6.2 胜任能力、判断能力和职业道德

编制和披露会计信息并不是一项能完全由计算机甚至训练有素的专业人员完成的机械化工作。对所有公众职业（包括医学、法律和会计）而言，一个共同的特点是要求能胜任的实务人员运用职业判断并遵循严格的职业道德标准来解决问题。某一职业实务遇到的问题常常很复杂，而且有其特定的环境。在很多情况下，他人的利益直接受职业人员工作的影响。

为了说明胜任能力、职业判断和道德行为在编制财务报表中的重要性，我们来看下面这些会计人员必须解决的复杂问题。

①企业对持续很长时间的业务（如建造高速公路或飞机场的长期合同）应当在什么时点进行会计处理？

②财务报表披露哪些信息才能使信息使用者认为比较充分？

③公司面临的财务问题能否使公司持续经营下去？这一信息应何时传递给财务报表使用者？

④管理人员粉饰财务报表的做法在什么情况下越过了道德界限，使得财务报表实际上对投资者和债权人产生误导？

当会计人员对这些复杂问题进行判断时就存在出差错的风险。判断中的有些失误是由财务信息编制者或使用该信息的决策者的粗心或经验不足导致的；有些错误的发生是由于未来事项的不确定性，最终结果与编制信息时的预期不相同而导致的。

如果要公众信任职业会计师的判断，这些会计师首先必须表明他们具有胜任能力。会计职业界和各国政府都采取了措施向公众确保注册会计师（Certified Public Accountant，CPA）具有技术胜任能力。注册会计师，是指取得注册会计师证书并在会计师事务所执业的人员。在我国，取得注册会计师证书必须通过专业阶段6科考试科目：《会计》、《审计》、《财务成本管理》、《经济法》、《税法》、《战略与风险管理》及综合阶段的《职业能力综合测试》，考试通过者由中国注册会计师协会统一颁发合格证书。

中国注册会计师协会（简称中注协）是我国注册会计师行业的管理机构，对于注册会计师的胜任能力，中注协于2007年10月11日发布了包含9章、62条细则的《中国注册会计师胜任能力指南》［以下简称《胜任能力指南》（会协〔2007〕66号）］，《胜任能力指南》从专业知识、职业技能、职业价值观、道德与态度、实务经历、职业继续教育等方面提出了详尽具体的要求。

会计的公允性要求会计从业人员诚实并严格遵循职业道德，即做正当的事。对职业会计师而言，道德行为和胜任能力同样重要。

许多职业组织或政府机构都制定了指导其成员活动的道德或职业行为规范。比如，财政部发布的《会计基础工作规范》（财会字〔1996〕19号）规定，会计人员职业道德的内容主要包括敬业爱岗、熟悉法规、依法办事、客观公正、搞好服务、保守秘密6个方面。中注协1997年1月1日颁发并实施的《中国注册会计师职业道德基本准则》（以下简称《基本准则》）指出职业道德是指注册会计师职业品德、职业纪律、专业胜任能力及职业责任等的总称。《胜任能力指南》第二十九条注册会计师应当遵循的基本职业价值观、道德与态度包括：①维护公众利益，在审计、审阅和其他鉴证业务中恪守独立、客观、公正的原则；②通过终身学习，培养、保持和提高胜任能力，并保持应有的职业谨慎；③对执业过程中获知的客户信息保密；④职业行为恰当，包括合理确定专业服务收费，不收取或不支付佣金，不从事与执行鉴证业务不相容的工作，保持与同行的良好工作关系，不对自身能力作广告，以恰当的方式进行业务招揽和宣传等。

职业会计师

假如你是某家会计师事务所的审计员，正遇到一个棘手问题。你在客户的账簿记录中发现了一些不规范的处理。你不能确定这些不当处理究竟是由公司员工的疏忽引起还是公司为掩盖问题的故意行为。你向经理反映了这个问题，经理指示你应当忽略这件事。经理的回答是："这种现象一直都有，我们完成这个合同的时间很紧，我们要关心的只是在月末之前完成工作目标。"你会怎么做呢？

会计信息的内部和外部使用者都认为信息的可靠性受会计人员胜任能力、职业判断和道德标准的影响，虽然前面所讨论的遵循会计规范是财务报告系统的重要部分，但是个人的胜任能力、职业判断和道德行为将最终保证会计信息的质量和可靠性。

1.7 会计职业

与建筑、工程、法律、医学、教师等一样，会计被视为一门职业。虽然关于职业没有统一的界定，但这些职业都有一些共同的特征。

首先，所有职业都有一个复杂并不断演进的知识体系。比如，会计涉及企业界的复杂性和变动性、财务报告的要求、对越来越复杂的信息的管理需求以及税法的不断变化。

其次，从业者必须运用他们的专业知识和职业判断解决许多问题和困难。其中最重要的是专业人员的独特责任：为公众的最大利益服务，甚至牺牲个人的利益。之所以产生这项责任，是由于公众几乎没有多少职业技术知识，但专业人员公正并且胜任地工作对公众的健康、安全和利益至关重要。比如，医学活动直接影响到公众健康，而工程影响公众安全。会计在很多方面对公众利益产生影响，因为会计信息被用于整个社会经济资源的分配。因此，会计师有一项基本的社会契约，即避免涉及误导性的信息。

会计师与其他职业的成员一样倾向于在特定领域提供专门服务。会计职业机会主要存在于4个领域：公共会计、企业会计、非营利组织会计、会计教育。

1.7.1 公共会计

公共会计以会计学（含审计学）理论和方法为基础，运用相关学科知识，向企业、事业、行政单位或社会公众提供会计、审计和咨询等服务。公共会计的载体有会计师事务所、会计服务公司、管理咨询公司等。公共会计师的工作主要包括审计财务报表、所得税服务、代理记账和管理咨询服务等。

提供管理咨询服务的领域已大大超出了税务筹划和会计事务；公共会计师就会计、财务、税务、审计等各类专业问题向企业管理人员提供建议，如兼并重组、生产过程以及新产品引进等。几乎每项企业决策都要考虑财务方面的问题，所以注册会计师常常为管理层提供帮助。

1.7.2 企业会计

不同于为许多客户服务的公共会计师，企业会计仅服务于某一特定企业。服务于企业的会计人员，既包括主要负责日常程序性记录和计算工作的初级簿记人员，也包括主要负责交易和事项的分析、会计信息系统的设计和运行、财务报告的编制和解释、财务状况的分析、财务预测、成本控制与考核及内部控制等工作的中高级会计人员。如果按前文所述的会计信息的类别，则可将企业会计人员划分为财务会计人员、管理会计人员、税务会计人员，有些企业还有内部审计人员。内部审计的主要目的是查错防弊、改善管理，以提高经营管理的能力和资源利用效率，提高经济效益。内部审计的查核结果主要供企业内部使用。

1.7.3 非营利组织会计

会计还服务于政府行政机关和事业单位等非营利组织，如政府部门、学校、医院、科研机构、图书馆和慈善机构等。我国的非营利组织会计分为财政总预算会计、行政单位会计和事业单位会计3个部分。财政总预算会计是各级政府财政部门核算、反映和监督政府预算执行和各项财政性资金活动的会计。行政单位会计是核算、反映和监督行政单位（包括各级行政机关和实行行政财务管理的其他机关及党政组织）各项经济活动、资金变动和财产状况的会计。这些政府行政机关为了行使行政职能，需要有预算收入，这些单位的会计通过预算控制各种收支，并记录预算执行过程，所以，财政总预算会计和行政单位会计合称预算会计。事业单位除政府预算拨款之外，还能取得一定的创收收入，所以，除了记录预算资金的收支情况外，还要核算创收收入及其成本的发生。行政单位会计和事业单位会计在我国也笼统地合称为行政事业单位会计。

1.7.4 会计教育

有些会计师会选择从事会计教育工作。会计教育工作提供的机会有：教学、研究、咨询等。会计教育者在很多方面对会计职业做出了贡献。包括有效的教学、发表重要的研究成果、指导优秀的学生从事会计工作。

1.7.5 作为晋升基础的会计

因为企业所有的职能部门都需要使用会计信息，因而拥有企业会计或公共会计工作经验将会为个人职业的发展提供一个坚实的基础。许多企业和政府的高级管理层都拥有会计背景。《商业周刊》（Business Week）杂志一篇题为《企业的精英》的文章报道了1 000家最大公众公司首席执行官（CEO）的职业生涯，31%的CEO有会计背景，27%的CEO有市场营销背景，22%的CEO有工程技术背景。

1.7.6 对于非会计专业的学生

许多使用本书的学生不是会计或财务专业的，但是学习会计对你仍然很重要。不管对于你的职业生涯还是个人生活的许多方面，你都需要理解会计概念。金融专业的学生如果想去投资银行、咨询公司或是在证券公司担任金融分析师，都需要懂得会计概念。企业管理专业的学生如果想做管理培训师，最终目标是经营一家公司或一个公司分部，也需要懂得会计，以便能够运营、控制和评价某一业务单元的业绩。会计是商业语言，不懂会计信息去运作企业好比不懂规则去参加体育比赛。市场营销专业的学生通常从事销售工作，理解收入确认原则对正确考核收入至关重要。

【延伸知识】

会计师事务所从业人员的职业发展路径之一即是转行进入企业单位从事财会类工作，企业从会计师事务所挖财务高管人选也很普遍。

从2014年开始，中国会计视野对A股上市公司财务负责人（CFO）做职业背景统计分析。分析的目的在于用数据来描绘这些精英人群的身份特征、职业背景等特征，并希望通过这样的描绘，给读者带来一些职业发展的启发。

2015年统计的相关公司数为2 993家，其中2 575家公司披露了CFO的姓名、2 569家披露了CFO的性别、2 571家披露了CFO的基本介绍。这些基本介绍大部分包括了CFO的出生年份、教育背景、工作履历、在公司任职情况、薪酬、持股等数据。

根据A股上市公司的公开信息披露，中国会计视野统计发现，有342人有会计师事务所工作背景，约占所有统计人数的13%（考虑到只有部分上市公司CFO披露了工作履历，所以实际人数比重应该是远超过13%）。比较上期，人数增加了62人，人数比重增加了2个百分点；按照2014年会计师事务所百家信息的口径看，有271人在这百家会计师事务所中的46家会计师事务所工作过。

资料来源：中国会计视野网站，2015年5月15日

【本章小结】

本章为读者学习会计建立了一个框架。主要介绍了以下内容：常见的3种企业类型、4种企业组织形式及企业的利益相关者；会计信息如何满足企业利益相关者需求，尤其是财务会计信息是如何提供给外部使用者（主要是投资者和债权人）、管理会计信息是如何提供给内部管理人员的；会计系统、影响特定组织会计系统结构的主要因素及会计系统的基本职能；对外报告及管理会计信息的特征；会计信息公允性的重要意义及如何保证信息的公允性；会计职业。

第2章会更加深入地介绍财务报表及我国会计规范体系，随后各章，将介绍更多财务报表所提供的重要信息，以及这些信息如何来帮助决策者制定重要的财务决策。

【学习目标小结】

1.了解企业类型、企业组织形式

企业分为制造企业、商业企业和服务企业3种类型。制造企业是将原始投入转化为可销售给消费者的产品；商业企业是从其他企业（如制造企业）购买产品，再销售给顾客；服务企业是向顾客提供服务而不是有形产品。

企业的组织形式通常有4种：独资、合伙、公司或者有限责任公司。独资企业：个人出资经营、归个人所有和控制、由个人承担经营风险和享有全部经营收益的企业；合伙企业：自然人、法人和其他组织依照《中华人民共和国合伙企业法》在中国境内设立的，由两个或两个以上的自然人通过订立合伙协议，共同出资经营、共负盈亏、共担风险的企业组织形式；公司：指依法设立的，有独立的法人财产和以营利为目的的企业法人。

2.了解会计信息的类型

会计信息包括3种类型：①财务会计信息。是以会计规范为依据，对企业已经发生的交易或事项，通过确认、计量、记录和报告等主要程序进行加工处理，并借助于以报表为主的财务报告形式，向企业的利益相关者（包括外部与内部）提供以财务信息为主的经济信息；②管理会计信息。是从传统的会计系统中分离出来的与财务会计并列，着重为企业进行最优决策、改善经营管理、提高经济效益为目的提供的信息；

③税务会计信息。是以财务会计信息为基础，通常需要对财务会计信息进行调整或重新组织以符合税务报告要求的信息。

3.理解会计及会计信息在经济决策中的作用

会计为管理者经营企业提供信息。此外，会计还为企业的其他利益相关者提供评价企业经营业绩和财务状况的信息。无论决策者是所有者、管理层、债权人、政府监管机构或是与企业财务业绩利益相关的其他许多团体，其决策有效性都会因使用会计信息而得到加强。

4.了解会计系统及其基本功能

会计系统包括被组织用于形成会计信息并将这些信息传递给决策制定者的人员、程序、设备和记录。基本职能包括：①解释并记录企业日常发生的交易；②归类同类交易，形成对管理层有用并可用于财务报告的项目及金额；③汇总并向决策者沟通会计系统所包含的信息。

5.了解财务会计信息特征、管理会计信息特征

财务会计信息有以下特征：制度特征、历史性特征、计量具有近似性非精确性、通用目的假设、通过解释可增加有用性。

管理会计信息有以下特征：信息及时的重要性、决策者的权责要匹配、面向未来、效率与效度衡量指标、达到目的的一种手段。

6.理解胜任能力、职业判断和道德行为对于会计职业的重要性

会计信息的公允性要求诚实和严格遵循职业道德，即做正当的事。对职业会计师而言，道德行为和胜任能力同样重要。会计信息的内部和外部使用者都认为信息的可靠性受会计人员胜任能力、职业判断和道德标准的影响，个人的胜任能力、职业判断和道德行为将最终保证会计信息的质量和可靠性。

【关键术语】

财务会计（financial accounting）是以会计规范为依据，对企业已经发生的交易或事项，通过确认、计量、记录和报告等主要程序进行加工处理，并借助于以报表为主的财务报告形式，向企业的利益相关者（包括外部与内部）提供以财务信息为主的经济信息。

管理会计（management accounting）是从传统的会计系统中分离出来，与财务会计并列，着重为企业进行最优决策、改善经营管理、提高经济效益服务的一个企业会计分支。

独资企业（proprietorship）是指个人出资经营、归个人所有和控制、由个人承担经营风险和享有全部经营收益的企业。

合伙企业（partnership）是指自然人、法人和其他组织依照《中华人民共和国合伙企业法》在中国境内设立的，由两个或两个以上的自然人通过订立合伙协议，共同出资经营、共负盈亏、共担风险的企业组织形式。

公司（corporation）是指依法设立的，有独立的法人财产和以盈利为目的的企业法人。

企业利益相关者（business stakeholder）是利益与企业经营业绩相关的个人或实体。企业的利益相关者通常包括企业所有者、管理者、员工、顾客、债权人和政府。

会计系统（accounting system）包括被组织用于形成会计信息并将这些信息传递给决策制定者的人员、程序、设备和记录。

资产负债表（balance sheet）是指反映企业某一特定日期的财务状态的会计报表。

利润表（income statement）是指反映企业在一定会计期间（如月份、季度、半年或年度）的经营成果的会计报表。

现金流量表（statement of cash flows）是指反映企业在一定会计期间现金和现金等价物流入和流出的会计报表。

公允性（integrity）全面、完整、正确、规范、诚实和可信。

注册会计师（Certified Public Accountant，CPA）是指取得注册会计师证书并在会计师事务所执业的人员。

练习题

【简答题】

1.列举10个你所知晓的企业，并判断它们的企业类型和组织形式。

2.简述会计是如何反映经济活动的。

3.为什么会计有时被认为是一种"企业语言"？试举例说明。

4.财务报告就是财务报表吗？

5.企业基本的财务报表有哪些？试分别描述各报表反映的内容。

6.会计规范有哪些特征？

7.会计职业机会主要存在于哪几个领域中？各自的工作内容是什么？

【案例题】

1.美国上市公司安然（Enron）曾在《财富》杂志全球500家大公司中排名第七，曾被华尔街的分析员强列推荐"买入"的明星企业一夜之间轰然崩塌，于2001年12月2日向法院申请破产保护，创下美国历史上最大宗的公司破产案纪录。这样一家颇具国际影响的能源交易商陷入破产的消息震惊了国际金融市场。在此事件中，作为国际五大会计师事务所之一的安达信扮演了极不光彩的角色。请通过查阅资料了解安然公司会计造假的手段。

2.访问互联网了解与会计师事务所、会计准则制定者和监管机构相关的信息。

（1）根据中注协编制的《2015年会计师事务所综合排名前百家信息》，我国排名前四的事务所分别为普华永道中天会计师事务所、德勤华永会计师事务所、安永华明会计师事务所、瑞华会计师事务所。请访问这四家会计师事务所网站并了解会计师事务所能提供哪些类型的服务。

（2）我国《企业会计准则》是由财政部制定和修订的。请访问财政部网站并查找2014年财政部第76号令，了解修改后的《企业会计准则——基本准则》包含哪些内容。

（3）中国注册会计师协会（简称中注协）是对我国注册会计师任职资格、职业情况进行检查，制定行业自律管理规范的法定组织。请访问中注协网站并了解中注协的背景及其主要活动。

第2章 基本财务报表与我国会计规范体系

【学习目标】

1.了解企业战略及基本的企业战略类型。

2.理解资产负债表如何描述企业的财务状况。

3.理解利润表如何从收入和费用的关系角度报告企业在一定期间的经营成果。

4.理解现金流量表如何从经营活动、投资活动和筹资活动的角度报告企业在一定期间的现金流变化。

5.理解会计核算的基本假设。

6.了解会计准则及我国《企业会计准则》的构成内容。

【引导案例】

格力电器旗下品牌及经营战略

格力电器是一家集研发、生产、销售、服务于一体的国际化家电企业，以"掌握核心科技"为经营理念，以"打造百年企业"为发展目标，凭借卓越的产品品质、领先的技术研发、独特的营销模式引领中国制造，旗下拥有格力、TOSOT、晶弘三大品牌，涵盖格力家用空调、中央空调、空气能热水器、TOSOT生活电器、晶弘冰箱等几大品类家电产品。在2015年4月28日公司发布的2014年年度报告中，格力阐述了保持产品创新力、提高产品质量和竞争力的重要性，并分析了公司的经营战略——"格力电器将坚持专业化的发展战略，求真务实，开拓创新，以"缔造全球领先的空调企业，成就格力百年的世界品牌"为目标，为"中国梦"贡献更多的力量。

资料来源：珠海格力电器股份有限公司2014年年度报告

近年来，国内移动互联网+、物联网、大数据等技术飞速发展，4G、WiFi等无线通信网络逐渐渗透，一个新兴的朝阳产业——智能家居开始呈现出爆发式增长潜力。诸如格力、美的、延华智能等公司在这一经营转型中扮演了主要角色。

假如你现在拥有充足的资金，想要投资于一家互联网时代前景良好的公司。那么，怎么知道投资格力或是其他公司是否明智？你需要寻找哪些信息来帮助自己决定投资哪家公司？公司财务报表是一个主要的来源，本章将初步介绍3大基本财务报表：资产负债表、利润表和现金流量表的结构及它们所提供的信息。

2.1 企业活动概述

财务报表综合反映了企业活动的相关经济信息，因此，要理解财务报表所反映的信息内容，首先需要了解企业的各种业务活动。

2.1.1 企业的目标与战略

企业向顾客提供何种产品或服务的决策受到很多因素的影响，但从根本上来说，这种决策的制定是基于其是否与企业的目标与总体战略相一致。

任何组织都有自己的使命和目标，企业也不例外。为了完成这些使命和目标，企业需要调动各种资源，并制订经营计划。在形成战略、确定目标时，企业需要考虑所处的社会、经济、制度、文化等环境以及行业竞争等情况。比如，企业可能设定下列目标。

①企业所有者价值最大化或者是企业利润最大化。

②为职员提供具有安全性、激励性、稳定性的工作环境。

③企业经营遵循国家法规和行业政策，做负责任的企业公民。

围绕这些目标，管理层为企业确定总体战略。企业战略（business strategy）是企业设计的用以使企业获得竞争优势从而实现其目标的一整套计划和行动。低成本战略和差异化战略是两种基本的企业战略。

在低成本战略（low-coststrategy）下，企业以比竞争对手更低的成本设计和生产可接受质量的产品或服务。实行这一战略的企业包括沃尔玛公司、春秋航空公司、亚洲航空公司等。此类企业通常向普通消费者销售基本的标准化产品。实行这种战略，企业必须不断地关注如何降低成本，如廉价航空公司通常不提供免费餐点等附加服务，以减少一些不必要的开支。

实行低成本战略时需要注意的一个主要问题是，竞争者可能通过复制这种低成本或者通过技术上的进步来获得更低的成本。另外需要注意，竞争者可能向消费者提供非标准化的产品以使自身的产品与其他产品形成差异。比如，社区裁缝店经常在提供个性化服务而不是成本上与大服装公司竞争。

在差异化战略（differentiation strategy）下，企业为顾客设计和生产具有独特品质或特征的产品或服务，使顾客愿意为此支付额外的价格。差异化战略的成功，需要产品或服务必须真正是独特的，或者让顾客觉得其在质量、可靠性、形象或设计上是独特的。比如，近年来随着电子商务的飞速发展，成立于2007年7月的凡客诚品（北京）科技有限公司，正是借力于这种新兴的差异化销售渠道，以最小的投入，博得了最大的效益。2008年销售额达到3亿元，2009年销售额达到6亿多元；成为2014年中国十大电子商务平台公司之一。在凡客诚品公司的经营中，处处体现了差异化策略：

①"懒男人"的定义，给不愿逛商场而又想买衣服的男士解决了一种特殊的诉求。

②女装的革命性产品，内衣外衣一体化，在产品差异化的革新上迈开大胆的一步。

③衬衣定位快消品，一次买5件，打破了传统的消费观念，给衬衣定位于快消品，以这种引导性的宣传来增加衬衣的销售量。

④货到试穿，提高竞争门槛，电子商务日趋完善，竞争也是日趋激烈，以试穿的手段，给很多中小竞争对手设置了壁垒。

我们可以看出，凡客诚品差异化战略在它的经营过程中是处处有体现，从起初的销售模式到以消费者需求为导向，结合自身商业模式，设计差异化产品和服务形式，再到竞争手段的差异化选择，是将差异化战略从理论到实践的完美转换！

差异化战略的实施途径有很多种：产品差异化、形象差异化、渠道差异化、服务差异化、人员差异化，甚至是一种销售理念差异化，等等。

企业也可以实行混合战略（combination strategy），它包括低成本战略和差异化战略两方面的要素。也就是说，企业可以以竞争性的低成本价格开发差异化的产品。

采用混合战略企业的风险在于它的产品可能无法充分满足任一（低成本和差异化）市场终端。也就是说，因为其产品是差异化的，它无法成为低成本的领导者；同时，其产品的差异化又不足以使顾客愿意支付额外的价格。换句话说，这种企业可能处于进退两难的困境。

企业也可以针对不同的市场实行不同的战略。比如，丰田汽车公司通过向关注形象和关注质量的购买者提供雷克萨斯（Lexus）汽车来划分汽车市场。为此，丰田汽车公司发展了一个独立的销售网络。同时，丰田汽车公司向价格敏感的购买者提供了一款低成本的汽车——雅酷（Echo）。

【小案例】

法国欧莱雅集团创立于1907年，历经一个多世纪的努力，从一个小型家庭企业跃居为世界化妆品行业的领头羊。欧莱雅集团在全球拥有500多个优质品牌，产品包括护肤防晒、护发染发、彩妆、香水、卫浴、药房专销化妆品和皮肤科疾病辅疗护肤品等。1996年，欧莱雅正式进军中国市场，1997年在上海设立中国总部。为了抢夺中国化妆品市场，在市场定位上针对不同的市场实行不同的战略。

欧莱雅集团在中国的品牌主要分为大众品牌（巴黎欧莱雅、美宝莲、卡尼尔）、高档品牌（兰蔻、赫莲娜）、专业美发产品（卡诗、欧莱雅）以及活性健康化妆品（薇姿、理肤泉）等。随着竞争的加剧，其大众品牌价格开始有意识地下调，使得大众品牌中又分为不同的档次，其最低价格已经接近国内品牌化妆品的价格，开始中低市场的争夺。而高档品牌则继续采取高品位策略，可谓无孔不入，不放过任何一个定位。

资料来源：MBA智库经整理http://wiki.mbalib.com/wiki/%E6%AC%A7%E6%9D%A5%E9%9B%85

2.1.2 筹资活动

企业确定战略目标以及实现战略的途径后，要先获得资金，才能开展经营活动。我们通常将获取资金的活动称为筹资活动。常见的筹资方式包括吸收投资、发行股票、发行债券和借款等。从筹资的性质看，分为权益筹资（即所有者的投资，包括吸收投资、发行股票等）和债务筹资（债权人的提供资金，包括发行债券和借款等）。

2.1.3 投资活动

企业从各种渠道获得资金后，需要通过使用这些资金形成企业的经营能力，对这些资金的使用通常称为投资活动，主要表现为获得各种经营所需的资产。投资活动获取的资产可能包括：

（1）土地、建筑物和设备

这些投资为企业提供了研发、制造和销售产品的能力。

（2）专利权、许可证与其他合同约定的权利

这些投资为企业提供了使用某种财产或知识产权的法律权利。

（3）存货

为了满足顾客需求，企业通常需要储备一定数量的商品存货以供出售，制造企业

还需要储备各种材料，生产过程还有在产品和半成品，所以，必须将一部分资金投入到各类存货中。

（4）货币资金

企业还需要留存一定数量的现金和银行存款，以供日常交易和周转使用。

（5）其他公司的股票或债券

企业可能使用暂时富裕的资金购买其他公司的股票或债券，可能出于获取短期收益的考虑，也可能出于长远考虑，比如，为了确保重要的原材料来源，对上游供应商进行投资；或为了获取销售渠道，对下游企业进行投资等。

此外，在企业经营过程中，还会产生各种债权，也构成企业资产的一部分，但这些资产并不是在企业设立时由投资活动而产生的资产。

2.1.4 生产经营活动

企业获得资金并通过资金的使用形成经营能力后，就要持续地开展各种经营活动，获取经营利润，承担经营亏损。企业的经营活动是指与企业销售商品、提供劳务等业务直接相关的活动，管理活动则为其提供支持服务。主要包括以下各项。

（1）采购

即采购企业生产经营需要的原材料、辅助材料、周转材料、办公用品、劳务等资源。

（2）生产

制造企业将固定资产、原材料、辅助材料、劳动力等资源组合起来，进行产品生产；服务型企业则组合各种人力资源，为顾客提供服务。

（3）营销

企业以恰当的方式和渠道尽快向顾客提供产品或劳务。

（4）管理

企业的管理活动为采购、生产、营销及其他营运部门提供支持，包括信息管理、数据处理、会计核算、财务管理、法律服务、人力资源管理及其他支持服务。

企业的生产经营活动可以分为主要生产经营活动和辅助生产经营活动。主要生产经营活动是直接与顾客价值创造相关的生产经营活动，如制造、销售和为顾客服务；辅助生产经营活动是为主要生产经营活动提供方便的生产经营活动，如采购和人事。比如，对于春秋航空公司来说，主要生产经营活动包括飞机维护、行李托运、售票和飞行等；辅助生产经营活动包括会计和财务职能、燃料配送环节以及维护投资者关系等。

2.2 基本财务报表

2.2.1 财务报表概述

企业的各种业务活动经过会计信息系统加工所形成的会计信息，最终以财务报表的形式呈现出来。

企业不同的利益相关者关注的信息有所不同。对于企业的主要外部利益相关者投资者和债权人而言，他们最关心预期能够从企业收回的现金。比如，对提供贷款或赊销商品的债权人而言，他们最关心债务人偿付债务（包括支付利息）的能力。类似地，投资者关心所持股票的市场价值以及在持有股票期间企业能够支付的现金股利。

如第1章所述，为了评价企业进行未来现金支付的可能性，投资者和债权人所能采用的主要方法之一就是研究、分析该企业的财务报表。会计人员在编制财务报表时，运用会计语言描述企业的业务活动，形成的会计信息公允地反映了企业的业务活动。所以说，财务报表（financial statement）是企业业务活动信息的货币表现。

本节介绍3大基本财务报表：资产负债表、利润表和现金流量表。在介绍这些基本财务报表时，我们将采用公司制企业所有权形式。

3张报表的名称本身就描述了各自所包含的信息。比如，资产负债表（balance sheet），也称财务状况表（statement of financial position），是描述某一特定日期企业财务状况的财务报表，有时被称为用财务或货币语言表述的企业"快照"（即企业在某一特定日期的"相貌"）。

企业在经营过程中从事各种创造收入以及为赚取收入而发生必要费用的交易，这些交易均反映在利润表（income statement）中，所以说利润表是描述一定会计期间经营成果的报表。作为与客户交易活动的结果，收入是已经实现或预期可形成的未来现金流入。比如，快乐柠檬店以每杯20元的价格销售果汁，顾客当即支付现金，快乐柠檬店的这笔交易既实现了收入，也收到了现金，产生了现金流入。有些企业销售商品也可能采用以后收款的赊销交易方式，那么企业就会产生预期的未来现金流入。费用正好与之相反，它们导致企业立即的现金流出（如果是现金交易），或者导致企业预期的未来现金流出（如果是赊购交易）。比如，如果企业购买办公用品支付200元现金，企业就发生了即时的现金流出。如果付款被递延到未来某一天，该交易代表某项预期的未来现金流出。收入则产生过去、现在或未来的正现金流量（positive cash flows），即现金流入；而费用产生过去、现在或未来的负现金流量（negative cash flows），即现金流出，现金流入与现金流出的差额称为现金净流量（简称现金流量），正现金流量表示现金流入大于现金流出，负现金流量表示现金流入小于现金流出。而"净利润"（或"净亏损"）只是某一特定时期收入和费用的差额。由于有些收入并没有当即收到现金，有些费用也没有立即支付现金，企业的现金流入并非都是收入导致，比如向银行借款，是企业的负债而不是收入，企业的现金流出也并非都是为了支付费用，比如购买股票和债券，是企业的投资而不是费用。所以，同一时期的"现金净流量"与"净利润"在数量上不存在相等关系。

现金流量表（statement of cash flows）对于了解企业的投资和信贷决策尤为重要。顾名思义，现金流量表描述了一定会计期间现金的变化方式，即该期间从收入和其他交易中收到的现金，以及为某些费用和其他采购活动而支付的现金。虽然投资者和债权人主要关心的是流向他们自己的现金，但企业现金活动的信息仍被认为是对投资者和债权人预测流向他们的未来现金流量的重要信号。

虽然3张基本财务报表都包含重要信息，但每一报表所包含的信息并不相同。因此，理解3张报表以及它们之间的关系至关重要。3张报表的相互联系方式被称为勾稽关系（articulation）。

2.2.2 资产负债表

资产负债表是以会计语言描述企业在某一特定日期的状况。利润表和现金流量表与资产负债表相联系，反映公司财务状况的重要方面在一段时期如何发生变化。首先介绍资产负债表是便于了解基本会计原则和会计术语，这些原则和术语对于我们理解财务报表十分重要。

资产负债表列示了企业的资产、负债和所有者权益情况。一般来说，每个企业都会在月末编制资产负债表，有些企业也会在每日或每周末或在特殊日期（如合并日、清算日等）编制资产负债表。例如，张平是一个IT工程师，在工作几年积累了一些经验后，自己创业开办一家IT咨询公司，命名为便民公司。张平将自己的积蓄230万元投入公司，公司2015年2月10日注册成立，表2-1反映了便民公司注册成立日的财务状况。

表2-1　资产负债表

编制单位：便民公司　　　　　　　　2015年2月10日　　　　　　　　　　单位：元

资产		负债与所有者权益	
货币资金	2 300 000	负债	0
		张平资本（实收资本）	2 300 000
资产总计	2 300 000	负债与所有者权益	2 300 000

假定便民公司在2月10日注册成立后在2月份发生了以下交易或事项：①2月15日在市中心一栋写字楼里按揭购买了一套价值350万元的办公用房屋，首付180万元，170万元向工商银行按揭贷款；②2月20日现购价值10万元的电脑；③2月21日现购价值20万元的设计软件；④2月25日购买了价值6万元的电脑耗材，其中4万元赊购。发生以上交易后，2015年2月28日便民公司的资产负债表如表2-2所示。

表2-2　资产负债表

编制单位：便民公司　　　　　　　　　2015年2月28日　　　　　　　　　单位：元

资产		负债与所有者权益	
货币资金	180 000	应付账款	40 000
电脑耗材	60 000	长期借款	1 700 000
设计软件	200 000	负债合计	1 740 000
电脑	100 000	张平资本（实收资本）	2 300 000
办公用房屋	3 500 000	所有者权益合计	2 300 000
资产总计	4 040 000	负债与所有者权益	4 040 000

由于企业每天都在发生不同的交易或事项，导致企业的财务状况一直在发生变化，所以列示报表日期很重要，表2-1和表2-2表明便民公司在不同日期有不同的财务状况：在2015年2月10日，共有资产230万元，所有者权益230万元，没有负债；在2015年2月28日，共有资产404万元，负债174万元，所有者权益230万元。资产、负债、所有者权益反映了企业的财务状况。

以表2-1和表2-2为例简要说明资产负债表的一些特征。第一，表头部分包含三方面内容：企业名称（便民公司）、财务报表名称（资产负债表）和日期（2015年2月10日，2015年2月28日）；第二，资产负债表的主体也包括3个不同部分：资产、负债与所有者权益；第三，资产等于负债与所有者权益之和，这是重要的会计等式，留待第3章详解。

同时表2-1和表2-2引出了以下会计术语。

（1）会计主体

会计主体（enterprises entity）也称会计个体、会计核算单位等，是指会计所服务的特定单位。便民公司就是一个会计主体。会计核算的对象是企业的生产经营活动，而每一个企业的经营活动与其他企业、单位或个人的经济活动总是存在着千丝万缕的联系。因此，开展会计工作的前提条件就是要明确会计核算的范围，也就是要确定会计主体。企业应当对其本身发生的交易或者事项进行会计确认、计量和报告。只有正确界定会计主体，才能将特定主体的经济活动与其他主体的经济活动区分开来，同时也将特定主体的经济活动与该主体投资者个人及其家庭的经济活动区分开来，从而正确界定会计工作的空间范围，这样才能编制反映会计主体财务状况和经营成果的会计报表。比如，便民公司是一家从事IT咨询业务的企业组织。其所有者张平可能拥有个人银行账户、自住房屋、家用汽车，甚至拥有另一家企业，但这些资产并未参与便民公司IT咨询的经营，因此不能出现在便民公司的财务报表中。

如果所有者把个人及其家庭的活动与企业交易混淆在一起，那么这样编制的财务报表将无法清晰地描述企业的财务活动。企业经营活动与所有者个人及其家庭活动的区分可能需要借助会计师的判断。

（2）资产

资产（assets）是指过去的交易或事项形成的、由企业拥有或者控制的、预期会给企业带来未来经济利益的资源。资产在绝大多数情况下，使未来经营受益并体现为正现金流量。未来正现金流量可能在资产转换为现金时直接产生（如收回应收款项），也可能间接产生于用于企业经营以创造其他导致未来正现金流量的资产（如制造以供销售的产品）。资产可能具有明确的实物特征，如建筑、机器或商品存货。不过，有些资产并不是以物质或有形形态存在，而是以有价的法律要求权或权益的形式存在，如应收账款、政府债券、专利权非专利技术等。

（3）历史成本（historical cost）

很多资产（如房屋、商品和设备等）是企业经营必需的经济资源。现行的会计观点认为这些资产应以历史成本记录。一项资产在资产负债表中以历史成本列报时，指的是企业主体为获得该资产时而支付的初始金额，这一金额可能与今天采购相同资产的成本不同。在历史成本计量下，资产按照购置时支付的现金或现金等价物的金额，或者按照购置资产时所付出的对价的公允价值计量。

例如，便民公司购买了市中心写字楼里的办公用房屋，历史成本350万元，3年后该办公用房屋估计的市场价可能为450万元。虽然该办公用房屋的市场价格已大幅提高，但在会计记录和资产负债表上列报的金额将保持不变，即历史成本350万元。

在阅读资产负债表时一定要记住，绝大多数资产所列报的金额并不表示资产可能销售或重置的价格。

（4）持续经营

企业会计确认、计量和报告应当以持续经营（going concern）为前提。为什么资产负债表上记录的资产金额与这些资产不断变动的市价不一致呢？原因之一是，像房屋被用作企业的办公场所、企业购买房屋等资产的目的是使用，而不是再次出售。如果出售这些资产，那么企业的经营通常就会受影响。编制资产负债表是基于这样的假设：企业是持续经营的企业。因为房屋等资产不进行销售，所以其当前的市场价格就不太重要。

（5）可靠性

企业应当以实际发生的交易或者事项为依据进行会计确认、计量和报告，如实反映符合确认和计量要求的各项会计要素及其他相关信息，保证会计信息真实可靠（reliable）、内容完整。对资产按成本而不按现行市场价值进行会计处理的另一个原因是资产需要一个真实、可靠的计价基础。房屋及其他许多所购置资产在购买时均有发票等支付凭证，其成本可以明确确定。一方面，如果房屋价值在资产负债表上以成本列报，对企业进行审计的任何注册会计师都能找到客观证据，证明该房屋是以购置时发生的成本进行计量的；另一方面，房屋、办公设备、机器设备等资产的估计市场价值因为缺乏交易凭据，不具有真实可靠性。市场价值在不断变化，对资产市场价格的估计在很大程度上是一种判断。

如何提供房屋价值的有关信息

首先，假定公司拥有房屋10年，因为交纳房产税需要向当地税务部门报告房屋价值。公司将提供哪些信息？其次，假定公司正计划以房屋做抵押向银行申请贷款。公司将向贷款银行提供什么类型的信息呢？对于这两种情形，如果按客观性原则来处理，是否有道德问题？

在购置资产时，成本和市价是相同的。然而随着时间的推移，资产的现行市场价值可能与企业会计记录中的成本大相径庭。

（6）货币计量

货币计量（monetary measurement）是指企业在会计核算过程中采用货币为计量单位，记录、反映企业的经营情况。企业在日常经营活动中，有大量错综复杂的交易或事项。在企业生产经营活动中所涉及的交易或事项多表现为一定的实物形态，如厂房、机器设备、各种存货等。由于它们的实物形态不同，可采用的计量方式也多种多样。为了全面反映企业的生产经营活动，会计核算客观上需要一个统一的计量单位作为会计核算的计量尺度，将货币作为会计核算的计量尺度就成为了必然选择，由此产生了货币计量这一会计假设。

货币本身也有价值，它是通过货币的购买力或物价水平表现出来的。在市场经济条件下，物价水平总在不断变动，通货膨胀（inflation）或通货紧缩（deflation）现象均可能发生。通货膨胀指货币单位价值下降，即货币购买力下降，意味着同等金额的现金现在比以前买到的商品少。通货紧缩则与之相反，即货币购买力上升，意味着同等金额的现金现在比以前买到的商品多。以历史成本计量资产的一个局限是货币单位的价值并不稳定，不稳定的货币就不可能准确地进行计量。因此，在货币计量这一假设基础上必须同时假定币值稳定，假定币值在今后不会有大的波动。

【延伸知识】

许多国家经历了长期而严重的通货膨胀。通货膨胀会影响币值稳定假设的合理性，因此有些国家已经设计了相关会计规则，以揭示通货膨胀对公司财务状况的影响。比如，墨西哥公司法要求公司使用政府发布的指数将资产负债表调整为现行购买力水平，以更透明地表述公司的财务状况。

西方一些经济发达国家，如美国、英国、加拿大、澳大利亚等国在通货膨胀严重的情况下，为了克服通货膨胀的消极影响，反映和消除通货膨胀对传统财务会计信息的不良影响，各会计专业团体不断发表通货膨胀会计的研究报告，政府也成立专门研究机构并不断发表相应的会计公告或报告，制定相应的会计准则，在建立和发展通货膨胀会计方面取得了重大成果。

（7）负债

负债（liabilities）是企业过去的交易或者事项形成的、预期会导致经济利益流出企业的现时义务。负债与企业规模、企业类型、所有权形式、经营范围无关，几乎所有企业都有负债。企业经常以"赊账"方式采购商品或服务，这些采购活动带来的负债称为应付账款。许多企业还通过借款扩张或采购高成本资产（如便民公司购买办公用房屋）。借款通常需要支付利息，应付账款通常不需要支付利息。

便民公司2015年2月10日没有负债。因为购买电脑耗材和办公用房屋，2月28日负债总额为174万元。

企业债务被欠付的个人或组织被称为债权人（creditor）。债权人对借款企业资产有要求权。同样，企业所有者对企业资产也有要求权。但从法律角度看，债权人的要求权优先于所有者的要求权。

（8）所有者权益

所有者权益（owners' equity）是指企业资产扣除负债后由所有者享有的剩余权益。由于负债或债权人的要求权在法律上优先于所有者的要求权，因此所有者权益是一个剩余金额，即所有者是在债权人要求权全部满足后对剩余资产拥有权益。

所有者权益并不代表所有者对现金或任何其他特定资产的专门要求权；相反，它是所有者在整个公司的总体财务利益。

2种类型的交易或事项能够增加企业所有者权益：①所有者的现金或其他资产投资；②企业经营所获得的盈利。

3种类型的交易或事项会导致企业所有者权益的减少：①所有者撤资；②企业经营不善导致的亏损；③向所有者发放现金股利。

由于便民公司在2015年2月10日至2月28日期间没有发生上述5种类型业务，两个日期的所有者权益总额是相等的，均为230万元。

2.2.3 利润表

利润表是反映企业在一定会计期间（如月份、季度、半年或年度）的经营成果的会计报表，是对公司一段期间收入和费用交易的总结。理解利润表对公司所有者、债权人和其他利益相关者来说特别重要。企业经营成功还是失败，取决于它获取能够弥补费用的收入能力。一旦公司购买了资产形成生产经营能力并开始经营，收入和费用是公司经营的重要方面。

收入（revenues）由企业营利性活动带来的资产增加或负债的减少，这些活动产生正的现金流量。费用（expenses）由企业营利性活动带来的资产减少或负债的增加，这些活动引起负的现金流量。净利润是企业一定会计期间收入与费用的差额。如果企业在一定会计期间收入大于费用，则该期间盈利；如果费用大于收入，则该期间亏损。

假定2015年3月便民公司发生了以下交易：①3月15日支付当月职工薪酬6万元；②3月16日购买办公用品2 000元；③3月18日支付当月水电费1 000元；④3月19日支付当月网络等通信费用2 000元；⑤3月31日估计当月电脑折旧费5 000元，当月办公用房屋折旧费5 800元；⑥3月31日当月设计软件摊销费2 600元；⑦为客户提供咨询服务，3月31日确认当月收入5万元，未收款。发生以上交易后，2015年3月便民公司的利润表如表2-3所示。

表2-3　利润表

编制单位：便民公司　　　　　　　　　　2015年3月　　　　　　　　　　单位：元

项目	本期金额	上期金额（略）
营业收入	50 000	
减：薪酬费用	60 000	
办公费用	2 000	
水电费	1 000	
网络通信费	2 000	
电脑折旧费	5 000	
房屋折旧费	5 800	
软件摊销费	2 600	
净利润	（28 400）	

从表2-3可知，便民公司2015年3月实现收入5万元，共发生各类营业费用78 400元，当月费用大于当月收入，亏损28 400元。

请注意，资产负债表描述的是一个特定日期的资产、负债及所有者权益即财务状况，描述的时间是一个特定的日期（如2月10日，2月28日）；利润表描述的是一个时期实现的收入及发生的费用情况即经营情况，描述的时间是一个时期（如3月）。利润表报告了企业一个特定期间的财务成果，某种程度上解释了企业从期初到期末财务状况的变化。

利润表覆盖的期间用会计术语表达就是会计期间（或会计分期）（accounting period）。为了给财务报表使用者提供及时的信息，企业应当划分会计期间，分期结算账目和编制财务会计报告。通常企业应在相对较短的相等会计期间内计量收入与费用，具体会计期间的长短取决于管理者、投资者以及其他利益相关者要求获得企业业绩信息的频率。每个企业都会定期编制年度利润表，绝大多数企业也编制季度或月份利润表。按照信息披露要求，我国上市公司要定期报告季报、半年报和年报。

上述会计主体、持续经营、货币计量以及会计分期被称为会计核算的基本假设或基本前提。会计核算的基本假设，是对会计核算所处的空间、时间范围及计量尺度所做的合理设定。这些设定都是以合理推断或人为的规定而做出的。

会计假设规定了会计核算工作赖以存在的一些基本前提条件，是制定会计准则和会计核算制度的重要指导思想，也是企业设计和选择会计方法的重要依据。

2.2.4 现金流量表

现金流量表是反映企业在一定会计期间现金及现金等价物流入和流出的会计报

表。前文已阐述了现金流量对投资者和债权人的重要性。现金流量是投资者和债权人评价企业的重要考虑因素。因此，现金流量信息是反映企业财务状况在两个时点间变化的又一重要信息。

现金流量表把企业一定期间各种现金流量分为3类：经营活动、投资活动和筹资活动，并把这3个类别的现金流量与期初和期末现金余额相联系。经营活动（operating activities）现金流量是利润表中收入和费用交易对现金的影响。投资活动（investing activities）现金流量是购买和出售资产对现金的影响。筹资活动（financing activities）现金流量是所有者对公司投资、债权人向公司贷款以及公司对两者或其中之一进行偿付的现金影响。

这里，我们根据便民公司2015年2月、3月发生的交易，分别编制便民公司2015年2月（发生的交易见2.2.2节）、2015年3月的现金流量表（发生的交易见2.2.3节），如表2-4、表2-5所示。

表2-4 现金流量表

编制单位：便民公司　　　　　　　　　2015年2月　　　　　　　　　单位：元

项目	本期金额	上期金额
一、经营活动产生的现金流量		
销售商品提供劳务收到的现金	0	
购买商品、接受劳务支付的现金	（20 000）	
经营活动产生的现金流量净额	（20 000）	
二、投资活动产生的现金流量		
购置办公用房屋	（1 800 000）	
购置电脑	（100 000）	
购置设计软件	（200 000）	
投资活动产生的现金流量净额	（2 100 000）	
三、筹资活动产生的现金流量		
吸收投资收到的现金	2 300 000	
筹资活动产生的现金流量净额	2 300 000	
四、现金及现金等价物净增加额	180 000	
加：期初现金及现金等价物余额	0	
五、期末现金及现金等价物余额	180 000	

表2-5 现金流量表

编制单位：便民公司   2015年3月   单位：元

项目	本期金额	上期金额
一、经营活动产生的现金流量		
销售商品提供劳务收到的现金	0	0
购买商品、接受劳务支付的现金	0	（20 000）
支付给职工以及为职工支付的现金	60 000	0
支付其他与经营活动有关的现金	5 000	0
经营活动产生的现金流量净额	（65 000）	（20 000）
二、投资活动产生的现金流量		
购置办公用房屋	0	（1 800 000）
购置电脑	0	（100 000）
购置设计软件	0	（200 000）
投资活动产生的现金流量净额	0	（2 100 000）
三、筹资活动产生的现金流量		
吸收投资收到的现金	0	2 300 000
筹资活动产生的现金流量净额	0	2 300 000
四、现金及现金等价物净增加额	（65 000）	180 000
加：期初现金及现金等价物余额	180 000	0
五、期末现金及现金等价物余额	115 000	180 000

    表2-4、表2-5给出了便民公司2015年2月、3月的现金流量变动情况。由于便民公司3月没有发生投资与筹资业务，所以投资与筹资活动产生的现金流量净额均为0。

    请注意：①经营、投资和筹资活动这3类现金流量既包括正现金流量，又包括负现金流量（负现金流量加括号表示）。如表2-4中的经营活动与投资活动产生的现金流量净额均为负现金流量，筹资活动产生的现金流量净额为正现金流量；表2-5中经营活动产生的现金流量净额也为负现金流量。②表中3类现金流量的代数和（表2-4中增加的18万元，表2-5中减少的65 000元）表示从期初到期末的总变化。2月初余额为0，是因为便民公司是2月新注册成立的公司。

    某些交易或交易的一部分没有对现金产生影响，因此不包括在现金流量表中。例如，2月15日购买办公用房屋价值350万元，在2月份的现金流量表中只反映了支付的现金180万元，其余170万元因为没有支付现金，对现金并没有产生影响，没有反映在现金流量表中；类似地，2月25日购买价值6万元的电脑耗材，其中4万元赊购，当时并未支付现金，这笔交易在2月份的现金流量表中仅反映2万元的现金流出，其余4万元对现金没有影响；3月份的电脑折旧费5 000元，办公用房屋折旧费5 800元、设计软件摊销费2 600元，这3笔费用因为没有支付现金，对现金没有产生任何影响，所以3月份的现金流量表中没有反映这3笔费用；3月份为客户提供咨询服务5万元收入未收款，没有引起现金的变化，所以没有包含在3月份的现金流量表中。

通常将不影响现金的交易称为非现金交易。现金流量表不反映非现金交易事项。

【小案例】

格力电器2013年度合并现金流量表中报告的经营活动产生的现金流量净额为12 969 837 129.83元，投资活动产生的现金流量净额为−2 185 987 355.41元，筹资活动产生的现金流量净额为−2 423 977 154.71元。请查看格力电器2013年度年报，说明为什么投资活动与筹资活动产生了负的现金流量，经营活动产生了正的现金流量。

2015年3月便民公司发生了前述6笔交易后，在当月末的财务状况如表2-6所示。

表2-6　资产负债表

编制单位：便民公司　　　　　　　　　2015年3月31日　　　　　　　　　单位：元

资产		负债与所有者权益	
现金	115 000	应付账款	40 000
应收账款	50 000	长期借款	1 700 000
电脑耗材	60 000	负债合计	1 740 000
设计软件	197 400	张平资本（实收资本）	2 300 000
电脑	95 000	未分配利润	（28 400）
办公用房屋	3 494 200	所有者权益合计	2 271 600
资产总计	4 011 600	负债与所有者权益	4 011 600

是否提供贷款

假设你是银行负责贷款的信贷员。便民公司想从你所在的银行贷款50万元作为业务周转金。在决定是否向便民公司提供此笔贷款时，你会考虑哪些因素？

2.2.5 财务报表之间的关系

前文通过对便民公司的讨论我们发现，资产负债表、利润表和现金流量表都基于相同的交易，但反映公司状况的"视角"有所不同。3张报表相互之间不可替代。就揭示公司主要财务信息而言，3张报表都十分重要。

图2-1说明了3张财务报表与其所覆盖期间的联系。这里，水平线代表时间（如1个月、1个季度或1年）。公司在期初和期末编制资产负债表，以会计语言对公司所处状态进行静态描述。另外两张报表（利润表和现金流量表）涵盖了介于两张资产负债表之间的连续会计期间，并帮助解释该期间所发生的重要变化。

期初		期末
	时间	
资产负债表 （财务状况表）	利润表 现金流量表	资产负债表 （财务状况表）

图2-1　财务报表的时间线

如果我们了解公司在两个时点的财务状况，并了解公司在此期间营利活动（利润表）和现金（现金流量表）所发生的变化，就获取了有助于评价该公司未来现金流（该信息对投资者、债权人、管理层及其他人均有用）的大量有价值信息。

由于资产负债表、利润表和现金流量表都源于相同的基础性财务信息，因此它们之间"相互勾稽"，即相互之间联系紧密。图2-2描述了本章讨论并介绍的3张财务报表之间的关系，数据取自本节前文介绍的便民公司3月末的资产负债表，3月的利润表及现金流量表。在资产负债表中，软件、房屋与设备共计3 786 600元，包括电脑95 000元，设计软件197 400元，办公用房屋3 494 200元；利润表中费用共计78 400元，包括薪酬费用60 000元，办公费用2 000元，水电费1 000元，网络通信费用2 000元，电脑折旧费5 000元，办公用房屋折旧费5 800元、设计软件摊销费2 600元。

图2-2 财务报表间的勾稽关系（金额单位：元）

图2-2显示的勾稽关系为：①资产负债表中的"现金"与现金流量表中的"期末现金余额"相等；②资产负债表中的"未分配利润"与利润表中的"净利润"相等（这里是一种特殊情况）；③资产负债表中的"软件、房屋、设备"与现金流量表中的"投资活动"对应；④资产负债表中的"长期借款、实收资本"与现金流量表中的"筹资活动"对应；⑤利润表中的"收入、费用"与现金流量表中的"经营活动"对应。

资产负债表描述了各类资产、负债与所有者权益；利润表从收入和费用交易的角度解释了营利性交易导致的财务状况变化，得出的净利润（或净亏损）代表企业所有者权益的增加（或减少）。现金流量表从企业经营、投资和筹资活动角度说明了该期间现金增加和减少的方式。

需要说明的是，现金流量表中的投资活动是指企业长期资产的购建和不包括在现金等价物范围内的投资及其处置活动，这与2.1.3节企业活动中的投资活动范围不同，后者也包括流动资产等经营性资产的投资。

虽然3张基本财务报表都提供了重要的信息，但它们并没有包括公司可以披露的所有可能的信息。有关财务报表的更多详细信息我们将在本书的第四篇介绍。

2.3 我国会计规范体系

我国会计规范的发展经历了统一会计制度模式，改革开放以来，统一会计制度逐步为会计准则等会计规范所取代，但这种替代是一个过程，至今尚未完成。就目前的情况而言，我国会计规范体系由会计法律与法规、会计准则、会计制度、信息披露要求等内容构成。

2.3.1 会计法律与法规

会计法律是由全国人民代表大会制定的。我国基本的会计法律是《中华人民共和国会计法》（以下简称《会计法》）。中华人民共和国成立后，《会计法》于1985年首次颁布实施。1993年12月和1999年10月先后经过两次修订。在我国，《会计法》是一切会计工作最重要的根本大法。国家机关、社会团体、企事业单位、个体工商户和其他组织都必须遵守《会计法》，办理会计事务。拟定其他会计法规，制定会计准则和会计制度，均应以《会计法》为依据。

《会计法》全文共7章、52条，除了指出立法目的、规定适用范围、划分会计工作的管理权限以及国家统一会计制度的制定外，还分会计核算、会计监督、会计机构和会计人员、法律责任等方面，规定了会计工作应当达到的要求。1999年10月修订的《会计法》具有以下几个特点。

（1）强调了会计信息的真实、完整，严格禁止虚假信息

《会计法》多次要求各单位所提供的财务会计信息（资料、报告等）必须真实、完整，强调不得提供虚假的财务会计报告，或以虚假的经济业务或资料进行会计核算。此外，对伪造、变造会计凭证、会计账簿或者编制虚假财务会计报告，构成犯罪的，依法追究刑事责任，还对直接责任人增加了经济处罚办法。

（2）突出了单位负责人对会计信息真实性的责任

《会计法》第四条明确规定，单位负责人对本单位的会计工作和会计资料的真实性、完整性负责。

（3）特别关注公司、企业的会计核算

《会计法》增加了"公司、企业会计核算的特别规定",强调在资产、负债、所有者权益、收入、费用、成本、利润的确认、计量、记录和报告方面的真实性以及利润分配的真实性。

（4）要求各单位强化会计监督

《会计法》要求各单位建立、健全本单位的内部会计监督制度,并提出了内部会计监督制度的具体要求。对各单位而言,加强会计监督,建立、健全内部控制制度,有利于保护企事业单位财产的安全。

除《会计法》外,证券法、公司法、税法等相关法律对会计问题也有所涉及。此外,会计法规还包括国务院根据有关法律或全国人大及其常务委员会的授权制定的各种条例,如《企业财务报告条例》、《总会计师条例》等。

2.3.2 会计准则

会计准则（Accounting Standards）是处理会计对象的标准,是会计核算的规范,也是评价会计工作质量的依据。从世界各国的情况看,会计准则既可以由民间机构制定,如美国由财务会计准则委员会（FASB）制定,英国由会计准则委员会（ASB）制定;也可以由政府机构制定,如我国由财政部制定,日本由大藏省（相当于我国的财政部）制定,德国则在商法中加以规定。

我国财政部2006年颁布的《企业会计准则》（Accounting Standards for Business Enterprises）由基本会计准则（Accounting Standards for Business Enterprises–Basic Standard）和具体会计准则（Accounting Standards for Business Enterprises–Specific Standards）组成。基本会计准则是关于会计业务处理的基本要求,是对会计核算的基本前提、确认基础、记账方法、一般原则和会计信息质量要求、会计要素以及财务报表的基本规定。具体会计准则是对各会计要素和具体、特殊的经济业务或会计事项的会计处理所做的具体规定。基本会计准则是财务会计理论与实务发展的结晶,是制定具体会计准则的依据;反过来,具体会计准则应当体现基本会计准则的要求。两个层次的会计准则应当保持协调一致。

新中国成立以来,我国一直由财政部制定和颁布统一的会计制度,规范国有企业的会计事务。为了适应发展市场经济和改革开放的需要,财政部于1992年11月颁布了《企业会计准则》,并于1993年7月1日起实施。2006年,财政部又对1992年颁布的《企业会计准则——基本准则》进行了修订,修订后的《企业会计准则——基本准则》全文共10章、50条,就财务会计的目标、概念、财务报表要素、确认、计量和报告的原则等做了明确的规定,规范了我国会计工作最基本的各个方面。

会计学

自1993年起，财政部又开始起草、制定、修订具体会计准则，截至2006年2月15日，发布的具体会计准则共计38项。它们是：

第1号——存货（修订）

第2号——长期股权投资（修订）

第3号——投资性房地产

第4号——固定资产（修订）

第5号——生物资产

第6号——无形资产（修订）

第7号——非货币性资产交换（修订）

第8号——资产减值

第9号——职工薪酬

第10号——企业年金基金

第11号——股份支付

第12号——债务重组（修订）

第13号——或有事项（修订）

第14号——收入（修订）

第15号——建造合同（修订）

第16号——政府补助

第17号——借款费用（修订）

第18号——所得税

第19号——外币折算

第20号——企业合并

第21号——租赁（修订）

第22号——金融工具确认与计量

第23号——金融资产转移

第24号——套期保值

第25号——原保险合同

第26号——再保险合同

第27号——石油天然气开采

第28号——会计政策、会计估计变更和差错更正（修订）

第29号——资产负债表日后事项（修订）

第30号——财务报表列报

第31号——现金流量表（修订）

第32号——中期财务报告（修订）

第33号——合并财务报表

第34号——每股收益

第35号——分部报告

第36号——关联方披露（修订）

第37号——金融工具列报

第38号——首次执行企业会计准则

上述38项具体会计准则包括3大类，即：①通用会计交易和事项的确认和计量准则（第1~第4，第6~第9，第11~第24，第28~第30，第38号）；②通用的财务报告和披露准则（第31~第37号）；③特殊行业准则（第5，第10，第25~第27号）。括号中有"修订"字样的（共16个），是指2005年底之前已颁布，2006年经过了修订，其他没有特殊说明的则是2006年新增的准则（共22个）。

1997年5月，财政部制定了《事业单位会计准则（试行）》，要求全国非营利组织遵照执行。

2014年，财政部又先后发布了多项准则的增补或修订版，其中修订5项（不含基本准则）、新增3项，并于2014年7月1日开始正式实施。此次准则的修订及增补使我国具体会计准则的数量达到41项。

2014年修订的准则是：

第2号——长期股权投资

第9号——职工薪酬

第30号——财务报表列报

第33号——合并财务报表

第37号——金融工具列报

新增的准则是：

第39号——公允价值计量

第40号——合营安排

第41号——在其他主体中权益的披露

2.3.3 会计制度

会计制度是企事业单位进行会计工作所应遵循的规则、方法、程序的总称。新中国成立以来，我国财政部主要通过颁布会计制度来规范会计处理，没有成文的会计准则。会计制度一般按照所有制形式和行业制定，如《国营工业企业会计制度》、《国营商业企业会计制度》、《金融企业会计制度》、《房地产开发企业会计制度》等。随着政府转变经济管理职能、企业所有制形式的多样化、企业经营方向的多元化以及市场经济条件下新经济业务的层出不穷，分行业和所有制的会计制度已不再适用，财政部在1992年11月颁布了《企业会计准则》。同时，在具体会计准则尚未出台的情况下，从1992年年底起，陆续颁发了14个分行业的会计制度，同时保留《股份制试点企业会计制度》和《外商投资企业会计制度》，形成了具体会计准则与多种会计制度并存的格局。

1998年，由于原有的《股份制试点企业会计制度》不能适应证券市场发展的需要，财政部对该会计制度进行了修订，改称为《股份有限公司会计制度》。2000年12月，财政部又颁布了《企业会计制度》，于2001年1月1日起在股份有限公司范围内执行，《股份有限公司会计制度》同时废止。自2002年起，《企业会计制度》在除小规模企业和金融企业外的所有企业应用。随着2006年《企业会计准则》的颁布，执行38项具体准则的企业不再执行《企业会计制度》。

2.3.4 信息披露要求

为了加强对上市公司运作的监管，中国证监会陆续颁发了多项行政法规，其中包括对公开发行证券公司信息披露的内容和格式的规范以及编报规则。截至2014年年底，已经累计颁布37项《公开发行证券的公司信息披露内容与格式准则》和26项《公开发行证券的公司信息披露编报规则》。上市公司除了遵循《会计法》、《公司法》中的会计法规以及财政部颁发的会计准则和有关会计制度之外，在信息披露上，还必须遵循中国证监会发布的上述准则及编报规则。

【本章小结】

没有企业活动就不会有会计记录。由于企业活动是会计记录的基础，本章一开始简要介绍企业活动，包括企业目标、企业战略类型、筹资活动、投资活动以及生产经营活动。由于本书始终强调会计信息如何成为企业决策的基础，为此本章介绍了资产负债表、利润表以及现金流量表这3张基本财务报表如何反映企业活动，分别提供的信息类别。这些财务报表向投资者、债权人和其他各方提供了有助于决策的相关信息。包括一些重要的会计术语。由于财务会计信息的制度特征，本章还介绍了我国会计规范体系。

本书第3章将介绍实际中如何记录企业活动，会计系统如何反映企业活动，企业活动如何影响企业财务状况、经营成果和现金流量。

【学习目标小结】

1.了解企业战略及基本的企业战略类型

企业战略是企业设计的用以使企业获得竞争优势从而实现其目标的一整套计划和行动。低成本战略和差异化战略是两种基本的企业战略。在低成本战略下，企业以比竞争对手更低的成本设计和生产可接受质量的产品或服务。在差异化战略下，企业为顾客设计和生产具有独特品质或特征的产品或服务，使顾客愿意为此支付额外的价格。企业也可以实行混合战略，它包括低成本战略和差异化战略两方面的要素。也就是说，企业可以以竞争性的低成本价格开发差异化的产品。

2.理解资产负债表如何描述企业的财务状况

资产负债表通过反映企业在某一特定日期的资产、负债和所有者权益情况来描述企业的财务状况。

3.理解利润表怎样从收入和费用的关系角度报告企业在一定期间的财务业绩

企业在向其顾客提供商品和服务时实现了收入。为了能提供这些商品和服务，必然发生许多费用。收入与费用之间的差额就是净利润或净亏损。

4.理解现金流量表怎样从经营活动、投资活动和筹资活动的角度报告企业在一定期间的现金流变化

现金是企业最重要的资产之一，现金流量表详细说明了企业现金余额在会计期初和期末之间的变动情况。经营活动与持续的收入和费用交易有关。投资活动与购买和销售各种类型的长期资产（如房屋和设备等）有关。筹资活动描述的是企业从何处获得负债和权益性融资。现金流量表把所有这些活动的信息综合成一张将现金期初余额调整为期末余额的简洁的现金变动表。

5.理解会计核算的基本假设

会计核算的基本假设也称会计核算的基本前提，是对会计核算所处的空间、时间范围及计量尺度所做的合理设定。这些设定都是以合理推断或人为的规定而做出的。会计核算的基本假设包括会计主体假设、持续经营假设、货币计量假设以及会计分期假设。

6.了解会计准则及我国《企业会计准则》的构成内容

会计准则是处理会计对象的标准，是会计核算的规范，也是评价会计工作质量的

依据。

我国的《企业会计准则》由基本会计准则和具体会计准则组成。基本会计准则是关于会计业务处理的基本要求，是对会计核算的基本前提、确认基础、记账方法、一般原则和会计信息质量要求、会计要素以及财务报表的基本规定。具体会计准则是对各会计要素和具体、特殊的经济业务或会计事项的会计处理所做的具体规定。基本会计准则是制定具体会计准则的依据；具体会计准则应当体现基本会计准则的要求。两个层次的会计准则应当保持协调一致。

【关键术语】

企业战略（business strategy）是企业设计的用以使企业获得竞争优势从而实现其目标的一整套计划和行动。

低成本战略（low-cost strategy）也称成本领先战略，是指企业以比竞争对手更低的成本设计和生产可接受质量的产品或服务。

差异化战略（differentiation strategy）也称差异领先战略，是指企业为顾客设计和生产具有独特品质或特征的产品或服务，使顾客愿意为此支付额外的价格。

混合战略（combination strategy）它包括低成本战略和差异化战略两方面的要素。也就是说，企业可以以竞争性的低成本价格开发差异化的产品。

现金流量（cash flows）现金流入与现金流出的差额称为现金净流量（简称现金流量）。

正现金流量（positive cash flows）现金流入量大于现金流出量的差额。

负现金流量（negative cash flows）现金流入量小于现金流出量的差额。

"净利润"（net profit）或"净亏损"（net loss）某一特定时期收入和费用的差额。

会计主体（enterprises entity）也称会计个体、会计核算单位等，是指会计所服务的特定单位。

资产（assets）过去的交易或事项形成的、由企业拥有或者控制的、预期会给企业带来未来经济利益的资源。包括各种财产、债权和其他权利。

历史成本（historical cost）也称实际成本，是指取得或制造某项财产、物资时所实际支付的现金或其他等价物。

持续经营（going concern）是指企业的生产经营活动将按照既定的目标持续下去，在可以预见的将来，不会面临破产清算。这是绝大多数企业所处的正常状况。企业会计确认、计量和报告应当以持续经营为前提。

可靠性（reliable）企业应当以实际发生的交易或者事项为依据进行会计确认、计量和报告，如实反映符合确认和计量要求的各项会计要素及其他相关信息，保证会计信息真实可靠、内容完整。

货币计量（monetary measurement）企业在会计核算过程中采用货币为计量单位，记录、反映企业的经营情况。

负债（liabilities）企业过去的交易或者事项形成的、预期会导致经济利益流出企业的现时义务。

所有者权益（owners' equity）企业资产扣除负债后由所有者享有的剩余权益。

会计期间（或会计分期）（accounting period）企业应当划分会计期间，分期结算账目和编制财务会计报告。

勾稽关系（articulation）不同财务报表之间客观存在的相互关系被称为勾稽关系。

会计准则（Accounting Standards）是处理会计对象的标准，是会计核算的规范，也是评价会计工作质量的依据。

基本会计准则（Accounting Standards for Business Enterprises-Basic Standard）是关于会计业务处理的基本要求，是对会计核算的基本前提、确认基础、记账方法、一般原则和会计信息质量要求、会计要素以及财务报表的基本规定。

具体会计准则（Accounting Standards for Business Enterprises-Specific Standards）是对各会计要素和具体、特殊的经济业务或会计事项的会计处理所做的具体规定。

会计制度（Accounting Regulations）企事业单位进行会计工作所应遵循的规则、方法、程序的总称。

练习题

【简答题】

1.企业的基本战略有几种？请举例说明采用低成本战略、差异化战略和混合战略的企业或品牌。

2.什么是筹资活动？常见的筹资方式有哪些？这些筹资方式可以分为哪两类？

3.资产负债表、利润表、现金流量表有哪些勾稽关系？

4.什么是所有者权益？分别说明在什么情况下企业的所有者权益会增加或减少。

5.现金流量表中的现金流量分为哪几类？分别是什么？

6.会计核算有哪些基本假设或基本前提？

7.我国《企业会计准则》包含哪两个层次？

8.我国上市公司信息披露需要遵循哪些规范？

【案例题】

1.企业战略分析

（1）格兰仕创建于1978年，其前身是一家乡镇羽绒制品厂。1991年，格兰仕最高决策层普遍认为，羽绒服装及其他制品的出口前景不佳，并达成共识：从现行业转移到一个成长性更好的行业。最后确定微波炉为进入小家电行业的主导产品。格兰仕发展到今天，有一个鲜明不变的主旋律——价格战，1996年~2000年，格兰仕先后5次大幅度降价，每次降价幅度均在20%以上，每次都使市场占有率总体提高10%以上。玩真的、来实的、用狠的，格兰仕被公认为"家电大鳄"、"价格杀手"，在微波炉行业，十年磨一剑，杀得竞争对手伤痕累累、尸横遍地，在过去10多年里，格兰仕微波炉从零开始，迅猛地从中国第一发展到世界第一。

（2）贝因美率先在国产婴儿奶粉中添加"DHA＋AA"营养成分，与普通配方奶粉相比，构成明显的品质差异化。"DHA+AA"的合理配比，能更加促进宝宝智力和视力的发育，此营养配比是目标顾客购买奶粉的重要动机。同时，贝因美在奶粉包装形态上寻求新的突破，将有封口拉链的立袋作为袋装奶粉的包装，因为封口拉链包装卫生、安全、还能更防潮；立袋正面面积大，有利于终端陈列面的抢占，陈列醒目，有利于吸引顾客的眼球；更重要的是市场上竞品奶粉尚无一例采用立袋包装，能凸显产品包装的与众不同。

请问，格兰仕和贝因美分别采用的是什么战略？

2.会计术语

张晓是华夏公司的会计师，在编制2014年企业年度财务报表时，对公司现有的一栋办公楼的记录产生了疑惑。该楼是国华公司2010年自建而成，自建成本为3 000万元，2014年1月华夏公司以4 000万元的价格向国华公司购买了这栋办公楼，2014年12月31日，市场上同类的办公楼价值为4 200万元，假设不考虑折旧等其他因素。请问张晓在资产负债表上记录办公楼的金额应该是多少？说明理由。

3.财务报表

从网上查找知名企业（或教师指定公司）的财务报表。通过分析资产负债表、利润表、现金流量表以及财务报表附注，回答以下问题。

（1）资产负债表中最大的一项资产是什么？为什么该企业会有如此大的投资？

（2）分析公司的现金流量表：

①在投资活动中，主要的现金来源是什么？现金的主要用途是什么？

②投资活动导致公司现金流是增加还是减少？

③在经营活动中，主要的现金来源是什么？现金的主要用途是什么？

④经营活动导致公司现金流是增加还是减少？

（3）分析公司的利润表，公司在最近几年是盈利还是亏损？净利润或净亏损占总收入的比例是多少？

第3章 账户与复式记账

【学习目标】

1.掌握会计要素的含义及构成。

2.理解反映财务状况会计等式的经济意义。

3.分析并总结交易或事项对会计等式的影响。

4.掌握借贷记账法下各类账户的结构。

5.掌握借贷复式记账规则。

6.理解试算平衡表的用途及局限性。

【引导案例】

上海联华超市

对于简单的业务，会计记录比较容易。比如，快乐柠檬小店的业务活动比较单一，一个笔记本或是一张A4纸就可能记录下它的所有业务活动。

但是，要在一个笔记本或是一张A4纸上记录上海本土最大的超市——上海联华超级市场发展有限公司的业务活动几乎是不可能的。联华超市股份有限公司创建于1991年5月，是上海首家以连锁经营为特征的超市公司。2003年6月在香港主板市场上市。截至2009年12月31日，拥有世纪联华大型综合超市、联华新标超（联华、华联）、快客便利店、联华OK网上销售、药业连锁5大业态领域；门店总数5 599家，主要分布在华东、华南、西南、华北、东北等100余座城市；资产总额达到137.01亿元。

无论是社区的饮品店铺，还是跨地区的大型超市，企业都必须快速并有效地记录业务活动，如商品采购、销售订单、催收欠债等。绝大多数企业利用会计信息系统来处理其业务活动。在互联网时代，很少有企业采用纸质账本及手工记账方式来记录日常活动和交易事项。

资料来源：上海联华超级市场发展有限公司官方网站

　　第2章介绍了便民公司2015年2月、3月发生的部分交易活动及其基本财务报表如何反映这些交易活动，但没有说明公司会计系统如何记录这些交易活动。在会计实务中，会计系统并不是直接将发生的交易活动记录在财务报表中，在编制财务报表之前，需要将大量零星分散的交易或事项先分类记录在对应的账户中，汇总试算平衡后再编制财务报表。本章将主要介绍会计系统如何记录企业日常发生的各项交易或事项。

3.1 会计等式

3.1.1 会计要素

　　会计要素是对会计核算对象进行的基本分类，是会计核算对象的具体化，是会计用于反映会计主体财务状况、确定经营成果的基本单位。我国《企业会计准则》规定了资产、负债、所有者权益、收入、费用和利润6个会计要素。

3.1.1.1 财务状况要素

　　财务状况要素是反映企业在某一日期经营资金的来源和分布情况的各项要素，一般通过资产负债表反映。资产、负债与所有者权益通常称为财务状况要素。

　　（1）资产

　　资产（assets）是指过去的交易或事项形成的、由企业拥有或者控制的、预期会给企业带来未来经济利益的资源。它包括各种财产、债权和其他权利。

　　这个定义强调了资产的3个特征：

　　①资产是由过去的交易或事项所形成的。也就是说，资产是由于过去已经发生的交易或事项所产生的结果，至于未来交易或事项及其可能产生的结果，则不得作为资产确认。

　　②资产是由企业拥有或控制的。一项资源要作为企业的资产予以确认，企业要拥有所有权。负债形成的资产，企业虽然不拥有所有权，但能够实际控制，也可作为企业资产予以确认。如便民公司贷款购买的办公用房屋。

　　③资产预期会给企业带来经济利益。即资产是有望给企业带来现金流入的经济资源。资产必须具有交换价值和使用价值，可以用货币进行计量。

　　企业的资产按流动性可分为流动资产、长期投资、固定资产、无形资产和其他资产。一般来说，凡是在一年或者超过一年的一个营业周期内可以变现或者被耗用的资产，属于流动资产，包括库存现金、银行存款、应收账款、存货等。凡是为生产商品、提供劳务、出租或经营管理而持有的，使用寿命超过一个会计年度，并在使用过程中保持其原有实物形态的资产，称为固定资产，包括房屋及建筑物、机器设备、运输设备等。还有一些资产，可供企业长期使用而没有实物形态，如专利权、商标权、著作权、土地使用权等，此类资产称为无形资产。企业还有一些投资不可能或者不准备在一年内变现或收回，包括股票投资、债券投资和其他投资，此类资产称为长期投资。

（2）负债

负债（liabilities）是企业过去的交易或者事项形成的、预期会导致经济利益流出企业的现时义务。负债具有如下特点。

①负债是企业的现时义务。负债作为企业承担的一种义务，是由企业过去的交易或事项形成的、现已承担的义务。如便民公司的长期借款是因为接受了银行170万元贷款形成的，如果没有发生这笔交易，就不存在170万元长期借款这项负债；应付账款是因为赊购了4万元的电脑耗材，在这项交易未发生之前，便民公司没有这4万元的应付账款。

②负债的清偿预期会导致经济利益流出企业。无论负债以何种形式出现，其作为一种现时义务，最终的履行预期均会导致经济利益流出企业，可能表现为交付资产、提供劳务或将一部分股权转让给债权人等方式。

按照流动性，负债可分为流动负债和非流动负债。凡需在一年或者超过一年的一个营业周期内偿还的负债，称为流动负债，包括短期借款、应付账款、应付职工薪酬、预收账款等。凡是偿还期在一年或者超过一年的一个营业周期以上的负债，称为非流动负债，包括长期借款、应付债券、长期应付款等。

（3）所有者权益

所有者权益（owners' equity）是指企业资产扣除负债后由所有者享有的剩余权益，是投资人对企业净资产的所有权。

所有者权益是企业的主要资金来源，它等于全部资产减去全部负债后的净额。企业所有者拥有的权益最初以投入企业资产的形式取得，形成投入资本（如便民公司的张平资本）。投入资本包括股本（或实收资本）、资本公积。随着企业生产经营活动的开展，投入资本逐渐增值，增值的一部分形成企业留存收益，与投入资本一起构成企业的所有者权益，留存收益是企业从实现利润中提取或形成的留存于企业内部的积累，包括盈余公积和未分配利润。由于负债或债权人的要求权在法律上优先于所有者的要求权，因此所有者权益是一个剩余金额，即所有者是在债权人要求权全部满足后对剩余资产拥有的权益。

3.1.1.2 经营成果要素

经营成果是指企业在一定时期内生产经营活动的结果。具体地说，它是指企业生产经营过程中取得的收入与发生的费用相比较的差额。经营成果要素一般通过利润表来反映，由收入、费用和利润3个要素构成。

（1）收入（revenue）

收入是企业在日常活动中形成的、会导致所有者权益增加的、与所有者投入资本无关的经济利益的总流入。对于某一会计主体来说，收入表现为一定期间现金的流入或其他资产的增加或负债的清偿。但不是所有的现金流入都是企业的收入，因为有些现金流入并不是由于企业销售商品、提供劳务及他人使用本企业的资产而引起的，如股东投资现金、企业借债而增加的现金流入就不是企业的收入。收入包括因销售产成品或商品、自制半成品、提供工业性劳务而取得的主营业务收入，以及因销售原材料、技术转让、出租包装物等而取得的其他业务收入。收入不包括为第三方或者客户代收的款项。

（2）费用（expenses）

费用是指企业在日常活动中发生的、会导致所有者权益减少的、与向所有者分配利润无关的经济利益的总流出。费用是企业在获取收入过程中的必要支出。费用具体表现为资产的减少或负债的增加。成本是指企业为生产产品、提供劳务而发生的各种耗费，是对象化的费用。当期已销产品或已提供劳务的成本应转入当期费用，即主营业务成本。管理费用、财务费用和销售费用是期间费用。

（3）利润（profit）

利润是指企业在一定会计期间的经营成果，利润包括收入减去费用后的净额、直接计入当期利润的利得和损失。

直接计入当期利润的利得（gains）是指由企业非日常活动所形成的、会导致所有者权益增加的、与所有者投入资本无关的经济利益的流入。

直接计入当期利润的损失（losses）是指由企业非日常活动所发生的、会导致所有者权益减少的、与向所有者分配利润无关的经济利益的流出。通常是一些偶发性支出。

收入有广义和狭义之分。广义收入包括各种收入和直接计入当期利润的利得。狭义收入不包括直接计入当期利润的利得。费用也有广义和狭义之分。广义费用包括各种费用和直接计入当期利润的损失。而狭义费用不包括直接计入当期利润的损失。

3.1.2 会计等式

以上6个会计要素之间存在着本质联系，它们相互影响，密切联系，全面综合地反映了企业的经济活动。会计要素之间内在联系的表达式称为会计等式。

3.1.2.1 反映财务状况的会计等式

企业的价值表现为两个方面：一方面以一定的物质形态存在，这是企业价值自然属性的体现，即企业的资产；另一方面又表现为相应的要求权，表明资产归谁所有，这是企业价值社会属性的体现，即企业的权益。权益表明了资产的来源。由于资产与权益是同一价值的不同表现，因而两者在数量上是相等的。资产与权益的这种相互依存关系，决定了资产总额必然等于权益总额。在会计上将两者之间的这种平衡关系用公式来表示，就是会计等式，如等式（3-1）。

$$资产=权益 \tag{3-1}$$

企业的资产一部分是由投资者投入的，一部分是从企业外部借入的。前者称为所有者权益，后者称为负债。因此，企业的权益又可分为两种：一种是企业债权人对企业资产的求偿权益，即负债；另一种是企业投资人对企业净资产享有的权益，即所有者权益。因此，等式（3-1）也可以表示为等式（3-2）：

$$资产=负债+所有者权益 \tag{3-2}$$

从法律角度看，债权人的要求权优先于所有者的要求权。因此所有者权益是一个剩余权益，所有者只能在债权人要求权全部满足后对剩余资产拥有权益，因此，可以得到等式（3-3）。

$$资产-负债=所有者权益 \tag{3-3}$$

会计等式（3-2）体现了资产负债表三要素的内在联系和数量上的函数关系，概括地反映了企业在某一日期（期初、期末）的财务状况，是企业价值的静态表达式，是建立资产负债表的理论基础。

3.1.2.2 反映经营成果的会计等式

企业通过经营活动会取得各项收入，同时也必然发生相关的费用。一定时期的收入扣除相关的费用（为广义的收入与广义的费用）后，即为企业的利润。如等式（3-4）。

$$收入-费用=利润 \tag{3-4}$$

会计等式（3-4）体现了利润表中收入、费用、利润三要素之间的内在联系和数量上的函数关系，反映出企业在一定会计期间的经营成果，是企业价值的动态表达式，是建立企业利润表的理论基础。

3.1.2.3 反映财务状况与经营成果关系的会计等式

企业经营取得利润，表明增加了企业资产或减少了企业负债，或两者兼而有之。由于只有企业所有者才享有企业利润，因此，企业实现利润就增加了所有者权益；反之，若企业发生亏损，则减少了所有者权益。用等式表示即等式（3-5）：

$$资产=负债+（所有者权益+利润） \tag{3-5}$$

或

$$资产=负债+所有者权益+（收入-费用） \tag{3-6}$$

$$资产+费用=负债+所有者权益+收入 \tag{3-7}$$

会计等式（3-5）、等式（3-6）、等式（3-7）中，资产与负债为期末余额，所有者权益为会计结账前余额（或期初余额）。会计等式（3-5）和等式（3-6）动态地反映了企业财务状况和经营成果之间的关系。财务状况反映了企业一定日期资产的存量情况，而经营成果则反映了企业一定期间资产的增量或减量。企业的经营成果最终会影响到企业的财务状况，企业实现利润将使企业资产存量增加或负债减少，企业发生亏损将使企业资产存量减少或负债增加。期末结账后，利润转入所有者权益项目，会计等式又恢复成基本形式，即"资产=负债+所有者权益"。因此，将会计等式（3-4）、等式（3-5）、等式（3-6）、等式（3-7）称为动态等式，会计等式（3-1）、等式（3-2）、等式（3-3）称为静态等式。为了分析方便，把会计等式（3-5）、等式（3-6）、等式（3-7）称为综合等式。

特别提示

由于在综合等式中引入了收入和费用两个要素，因此必然会涉及财务状况要素的变动。根据收入实现增加企业资产或减少企业负债，费用发生减少企业资产或增加企业负债的基本原理，当同一会计期间收入大于费用时，资产相应地会有一个净增量，所有者权益也会等额的增加；相反，当同一会计期间收入小于费用时，资产相应地会有一个净减少量，所有者权益也会等额的减少。

对于综合等式可从以下两方面进一步理解。

第一，综合等式两边的内容是企业资金两个不同侧面的扩展，等式双方反映的仍然是企业的资金存在形态与资金来源渠道，但内容比等式（3-2）更丰富。一方面，在等式左边既反映了企业现时存在的资产，又反映了企业在生产经营过程中对资产的消耗，将费用视为企业资产的一种特殊存在形态；另一方面，在等式右边既反映了企业主要资金来源渠道中的负债和所有者权益，又反映了企业通过生产经营活动带来的收入这种新的资金来源。

第二，综合等式左右两边在金额变动的基础上达到了新的平衡。先从等式右边看，在收入大于费用形成利润的情况下，使等式右边在原来基础上产生了一个增量，这个增量归属于所有者，在期末可以加到所有者权益中去，进而引起所有者权益的增加。再从等式左边看，资产要素受收入和费用的影响，发生费用会消耗企业的资产，使资产减少；实现收入会增加企业的资产，在收入大于费用的情况下，二者之间的净增量与等式右边利润的增量在金额上相等。因而，等式两边相等的关系仍然得以保持。相反，在收入小于费用发生亏损的情况下，等式两边的金额会同时减少，但两边的平衡关系仍然能够得以保持。

将交易或事项影响会计要素变化的情况结合综合等式进行分析，能够加深对会计要素相互关系的认识，加深对交易或事项影响会计要素变化规律的认识，加深对会计等式客观存在的平衡相等关系的认识。

3.1.3 交易或事项对会计等式的影响

交易或事项是指在企业的生产经营过程中发生的，引起会计要素增减变化，能够采用会计的方法进行记录和报告的经济活动。其中，交易一般指企业与外部的其他企业或有关部门之间发生的经济往来。如，企业外购材料和设备，销售商品，接受投资、从银行借款，缴纳税金等。交易体现企业与供应商、客户、所有者、银行和政府有关部门之间的经济联系与利益关系。事项一般指企业内部发生的经济活动，如，生产领用材料、完工产品入库、给职工发放薪酬等。事项体现企业内部相关部门、相关人员之间的经济联系与利益关系。

虽然企业在生产经营过程中发生的交易或事项纷繁复杂，但无论发生何种类型的交易，都不会破坏资产与权益的恒等关系。从交易或事项所引起的资产与权益的增减变动来看，可归纳为4种类型，如表3-1所示。

表3-1　企业发生的交易或事项对会计等式的影响

交易或事项类型	资产	负债	所有者权益
等式（3-2）两边同时增加	增加	增加	
	增加		增加
等式（3-2）两边同时减少	减少	减少	
	减少		减少
等式（3-2）左边有增有减	增加、减少		
等式（3-2）右边有增有减		增加、减少	
			增加、减少
		增加	减少
		减少	增加

以下以2.2节中列举的便民公司2015年2月、3月发生的交易或事项为例，分析交易或事项的类型及其对会计等式的影响。

（1）张平投入230万元资金于2月10日注册成立便民公司

这笔交易使便民公司的资产（银行存款）和所有者权益（实收资本）各增加230万元，对负债没有影响。

$$资产　＝　负债　＋　所有者权益$$

银行存款+2 300 000　　　　　　实收资本+2 300 000

（2）2月20日用银行存款购买价值10万元的电脑

这笔交易使便民公司的资产（银行存款）减少10万元，同时使另一项资产（固定资产）增加10万元，对负债与所有者权益没有影响。

$$资产　＝　负债　＋　所有者权益$$

固定资产+100 000

银行存款-100 000

（3）2月21日现购价值20万元的设计软件

这笔交易使便民公司的资产（银行存款）减少20万元，同时使另一项资产（设计软件属于无形资产）增加20万元，对负债与所有者权益没有影响。

$$资产　＝　负债　＋　所有者权益$$

无形资产+200 000

银行存款-200 000

（4）费用支付情况

①3月15日支付职工薪酬6万元

该事项需要用综合等式进行分析。支付职工薪酬使便民公司的资产（银行存款）

减少6万元，3月份的费用（薪酬费用属于管理费用）增加6万元，对其他会计要素没有影响。

$$资产 \quad + \quad 费用 \quad = \quad 负债 + 所有者权益+收入$$

银行存款-60 000　　管理费用+60 000

②3月16日购买办公用品2 000元

这笔交易需要用综合等式进行分析。购买办公用品使便民公司的资产（银行存款）减少2 000元，3月份的费用（办公用品属于管理费用）增加2 000元，对其他会计要素没有影响。

$$资产 \quad + \quad 费用 \quad = \quad 负债+ 所有者权益+收入$$

银行存款-2 000　　管理费用+2 000

③3月18日支付水电费1 000元

这笔交易需要用综合等式进行分析。支付水电费使便民公司的资产（银行存款）减少1 000元，3月份的费用（水电费属于管理费用）增加1 000元，对其他会计要素没有影响。

$$资产 \quad + \quad 费用 \quad = \quad 负债+ 所有者权益+收入$$

银行存款-1 000　　管理费用+1 000

④3月19日支付当月网络等通信费用2 000元

这笔交易需要用综合等式进行分析。支付网络通信费使便民公司的资产（银行存款）减少2 000元，3月份的费用（网络通信费属于管理费用）增加2 000元，对其他会计要素没有影响。

$$资产 \quad + \quad 费用 \quad = \quad 负债+ 所有者权益+收入$$

银行存款-2 000　　管理费用+2 000

（5）3月31日估计电脑折旧费5 000元，办公用房屋折旧费5 800元

该事项需要用综合等式进行分析。电脑与房屋属于固定资产，计提固定资产折旧使便民公司的资产（固定资产）减少10 800元，同时3月份的折旧费用（折旧费属于管理费用）增加10 800元，对其他会计要素没有影响。

$$资产 \quad + \quad 费用 \quad = \quad 负债+ 所有者权益+收入$$

固定资产-10 800　　管理费用+10 800

（6）3月31日设计软件摊销费2 600元

该事项需要用综合等式进行分析。摊销设计软件成本使便民公司的资产（无形资产）减少2 600元，同时3月份的费用（无形资产摊销费用属于管理费用）增加2 600

元，对其他会计要素没有影响。

资产	+	费用	=	负债+	所有者权益+收入
无形资产-2 600		管理费用+2 600			

（7）为客户提供咨询服务，3月31日确认当月实现收入5万元，未收款

这笔交易需要用综合等式进行分析。确认当月实现收入5万元，使3月收入增加5万元，未收款使公司产生一项应收账款债权，资产（应收账款）增加5万元，对其他会计要素没有影响。

资产	+	费用	=	负债+	所有者权益	+	收入
应收账款+50 000							主营业务收入+50 000

（8）2月15日在市中心一栋写字楼里按揭购买了一套价值350万元的办公用房屋，首付180万元，170万元向银行贷款

这笔交易引起便民公司资产与负债两个会计要素三个项目的变化，固定资产（资产）增加350万元，银行存款（资产）减少180万元，资产净增加170万元，长期借款（负债）增加170万元，对所有者权益没有影响。

资产	=	负债	+	所有者权益
固定资产+3 500 000		长期借款+1 700 000		
银行存款-1 800 000				

（9）2月25日购买了价值6万元的电脑耗材，其中4万元赊购

这笔交易引起便民公司资产和负债两个会计要素三个项目的变化，电脑耗材在使用前属于周转材料（资产），周转材料增加6万元，银行存款（资产）减少2万元，资产净增加4万元，赊购形成应付账款，负债（应付账款）增加4万元，对所有者权益没有影响。

资产	=	负债	+	所有者权益
周转材料+60 000		应付账款+40 000		
银行存款-20 000				

假定便民公司2015年3月还发生了以下两笔交易。

（10）3月25日支付2月25日购电脑耗材的欠款4万元

这笔交易使便民公司银行存款（资产）和应付账款（负债）各减少4万元，对所有者权益没有影响。

资产	=	负债	+	所有者权益
银行存款-40 000		应付账款-40 000		

（11）工商银行贷款给便民公司的170万元购房款其中的100万元在3月31日转为工商银行对便民公司的投资

这笔交易使便民公司的长期借款（负债）减少100万元，相应地增加了工商银行对便民公司的投入资本（所有者权益）100万元，对资产没有影响。

资产　＝　　　　负债　　　　＋　　　　所有者权益
——
　　　　　　　长期借款-1 000 000　　　　实收资本+1 000 000

通过上述分析交易或事项对会计等式中各要素的影响，可以得到如下结论。

第一，交易或事项的发生影响会计要素变动的情况至少是两个方面。正因为如此，会计对每一笔交易或事项至少是从相互联系的两个方面进行记录的。

第二，无论发生何种类型的交易或事项，均不会破坏会计等式的平衡关系。

交易类型总结

第一，以上业务（1）、业务（7）、业务（8）、业务（9）影响等式两边的会计要素，使各要素同时增加相等的金额。

第二，业务（2）、业务（3）、业务（4）、业务（5）、业务（6）影响等式左边的会计要素，有的项目金额增加，有的项目金额减少，增减金额相等。

第三，业务（10）影响等式两边的会计要素，使各要素同时减少相等金额。

第四，业务（11）影响等式右边的会计要素，有的项目金额增加，有的项目金额减少，增减金额相等。

3.2 会计科目与账户

3.2.1账户及其基本结构

3.2.1.1 账户的概念

通过3.1.3节的分析我们发现，任何一项交易或事项的发生，都会引起会计要素有关项目发生增减变动。为了详细、全面、序时、连续、系统地记录和反映会计要素的增减变动，会计采用了设置账户这一核算方法。所谓"账户"，就是对会计要素进行分类核算的工具，是对会计要素的进一步分类。账户具有一定的格式和结构，能分类反映会计要素增减变动的情况及结果。通过设置账户，会计人员才能对大量零星分散复杂的交易或事项进行分类核算，从而提供各种性质和内容的会计信息。

3.2.1.2 账户的基本结构

账户的基本结构是由会计要素的数量变化情况决定的。从数量上看，交易或事项的发生所引起的会计要素的变动，不外乎增加和减少两种情况，因而账户也相应地分成两个部分，分别记录增加额和减少额。其中，本期增加的合计金额称为本期增加发生额，本期减少的合计金额称为本期减少发生额，增减相抵后的差额称为余额。按照表示的时间不同，余额又分为期初余额和期末余额，本期的期末余额转入下期就成为下期的期初余额。账户记录的这4个金额要素的基本关系如下：

期末余额=期初余额+本期增加发生额−本期减少发生额

就账户记录的具体内容来说，账户的基本结构主要包括以下内容。

①账户的名称；

②记录交易或事项的日期；

③记录所依据的记账凭证编号；

④交易或事项的内容摘要；

⑤增减金额以及余额。

会计实务中，账户常用的格式如表3-2所示。

表3-2　账户格式

账户名称

| 年 | | 记账凭证编号 | 摘要 | 借方 | 贷方 | 借或贷 | 余额 |
月	日						

为了便于学习，一般采用简化的"T"形账户学习账户的登记方法。"T"形账户格式如图3-1所示，分左右两方，分别登记增加或减少。

左方（借方）　　　账户名称（会计科目）　　　右方（贷方）

图3-1　账户的简化结构

如何记录会计要素的增加和减少，则取决于采用的记账方法及账户的性质。

表3-2是借贷记账法下会计实务中常用的账户格式。借贷记账法及各类账户的结构详见3.3节的内容。

3.2.2 会计科目

3.2.2.1 会计科目及其设置原则

会计科目,简称科目。科目是账户的名称。由于科目是账户的名称,账户是依据科目开设的,所以在同一个会计主体,账户与科目的名称和数量一致,实务中二者通常不加区别。

会计科目是复式记账、编制记账凭证的基础,在会计核算中具有重要意义。《企业会计准则——应用指南》设置了统一的会计科目表,共156个科目,基本涵盖了我国所有企业的交易或者事项,各企业可根据本企业的实际情况自行设置、分析和合并某些科目。设置会计科目应遵循以下基本原则。

①在不影响会计核算要求和财务报表指标汇总,以及对外提供统一财务报告的前提下,可以根据实际情况自行增设、减少或合并某些会计科目。

②要保持会计指标体系的完整和统一,达到全面、概括地反映企业生产经营活动情况的目的。

③科目名称力求简明扼要,内容确切。每一个科目,原则上反映一项内容,各科目之间不能互相混淆。

3.2.2.2 会计科目的分类

（1）按科目反映的经济内容分类

会计科目按其反映的经济内容不同,可分为资产类、负债类、所有者权益类、损益类和成本类5类。国家统一的会计科目表是按科目反映的经济内容进行分类的,如表3-3所示。

（2）按科目隶属关系分类

会计科目就其隶属关系可分为总账科目和明细科目,明细科目又可细分为二级明细科目和三级明细科目。总账科目又称一级科目,二级明细科目是对一级科目的进一步分类;三级明细科目是对二级明细科目的进一步分类。如"固定资产"属于一级科目,下设"房屋建筑物"、"运输设备"、"机器设备"、"办公设备"等二级科目,"房屋建筑物"二级科目下设"厂房"、"原料仓库"、"成品仓库"、"行政楼"等三级科目。如果有必要,企业还可以设置四级明细科目,明细科目是依据企业交易或事项的具体内容设置的,它所提供的明细核算资料主要满足企业内部经营管理的需要。明细科目的名称由各会计主体自行规定。实际工作中,除少数一级科目（如

"累计折旧"、"累计摊销"、"本年利润")不必设置明细科目外，大多数一级科目都需设置明细科目。如"应收账款"一级科目按欠款单位的名称设置明细科目；"原材料"一级科目按材料的类别、品种或规格设置明细科目；"管理费用"一级科目按费用类别设置明细科目。

（3）按科目反映的会计要素分类

会计科目按其反映的会计要素不同，可分为资产类、负债类、所有者权益类、收入类、费用类和利润类6类科目。

科目与账户的主要区别在于，科目是账户名称，而账户除了名称之外，还有一定的格式和结构；科目只反映会计要素的具体内容，而账户还可以反映会计要素的增减变动及其结果。

在会计实务中，为了便于会计处理，尤其是为了适应会计电算化的需要，应对每一个会计科目按照一定的标准编号。企业常用的会计科目如表3-3所示。表3-3摘自《企业会计准则——应用指南》。

表3-3 企业常用的会计科目表

序号	科目编号	科目名称	序号	科目编号	科目名称
	一、资产类		19	1411	周转材料
1	1001	库存现金	20	1461	融资租赁资产
2	1002	银行存款	21	1471	存货跌价准备
3	1012	其他货币资金	22		待摊费用*
4	1101	交易性金融资产	23	1501	持有至到期投资
5	1121	应收票据	24	1502	持有至到期投资减值准备
6	1122	应收账款	25	1503	可供出售金融资产
7	1123	预付账款	26	1511	长期股权投资
8	1131	应收股利	27	1512	长期股权投资减值准备
9	1132	应收利息	28	1521	投资性房地产
10	1221	其他应收款	29	1531	长期应收款
11	1231	坏账准备	30	1601	固定资产
12	1401	材料采购	31	1602	累计折旧
13	1402	在途物资	32	1603	固定资产减值准备
14	1403	原材料	33	1604	在建工程
15	1404	材料成本差异	34	1605	工程物资
16	1405	库存商品	35	1606	固定资产清理
17	1406	发出商品	36	1701	无形资产
18	1408	委托加工物资	37	1702	累计摊销

会计学

续表

序号	科目编号	科目名称	序号	科目编号	科目名称
38	1703	无形资产减值准备	59	4103	本年利润
39	1711	商誉	60	4104	利润分配
40	1801	长期待摊费用	61	4201	库存股
41	1901	待处理财产损溢	四、成本类		
二、负债类			62	5001	生产成本
42	2001	短期借款	63	5101	制造费用
43	2201	应付票据	64	5201	劳务成本
44	2202	应付账款	65	5301	研发支出
45	2211	应付职工薪酬	五、损益类		
46	2203	预收账款	66	6001	主营业务收入
47	2221	应交税费	67	6051	其他业务收入
48	2231	应付利息	68	6101	公允价值变动损益
49	2232	应付股利	69	6111	投资收益
50	2241	其他应付款	70	6301	营业外收入
51		预提费用*	71	6401	主营业务成本
52	2501	长期借款	72	6402	其他业务成本
53	2502	长期债券	73	6403	营业税金及附加
54	2701	长期应付款	74	6601	销售费用
55	2801	预计负债	75	6602	管理费用
三、所有者权益类			76	6603	财务费用
56	4001	实收资本	77	6701	资产减值损失
57	4002	资本公积	78	6711	营业外支出
58	4101	盈余公积	79	6801	所得税费用

注：①2006年的《企业会计准则》取消了待摊费用和预提费用账户，因此这两个科目没有编号。

②财政部财会〔2016〕22号文件《增值税会计处理》规定，将"营业税金及附加"科目名称调整为"税金及附加"科目。

3.3 复式记账

3.3.1 记账方法

登记账户必须采用科学的记账方法。记账方法就是根据一定的原理、记账符号和记账规则，采用一定的计量单位，利用文字和数字记录交易或事项的一种专门方法。

按记录方式的不同，记账方法分为单式记账法和复式记账法。单式记账法是对

· 70 ·

每一项交易或事项只在一个账户中登记，反映交易或事项的一个方面，相互联系的另一方面不予反映。复式记账法是相对单式记账法而言的，它是对任何一笔交易或事项都要用相等的金额在两个或两个以上的有关账户中进行相互联系的记录的一种记账方法。复式记账法是一种较为完善的记账方法。我国企事业单位和其他组织均采用复式记账法。

3.3.2 复式记账法

通过3.1节对企业发生的交易或事项进行分析我们了解到，每一笔交易或事项的发生都会引起会计要素至少两个有关项目发生增减变动。有些交易或事项会同时引起会计等式两边会计要素的有关项目发生增减变动，要么同时增加，要么同时减少；而有些交易或事项只引起会计等式左边或者右边发生增减变动，即资产或者负债、所有者权益的有关项目发生增减变动，一个项目增加，另一个项目减少。为了将这些交易或事项完整地记录在有关账户中，以全面系统地反映各会计要素有关项目的增减变动情况及其结果，就必须采用复式记账法（doubleentry method）。

在复式记账法下，对于每一项交易或事项都要在相互联系的两个或两个以上的账户中进行平衡登记，这样就可以通过账户的对应关系，全面、清晰地反映资金的来龙去脉，从而了解交易或事项的具体内容。比如，以银行存款购买原材料这笔交易发生后，"银行存款"和"原材料"两个账户就在同一笔交易中建立了相互关系，对于这笔交易，一方面应登记在银行存款账户中，反映银行存款的减少；另一方面还要登记在原材料账户中，反映原材料的增加，相互联系的两个方面均予以登记。同时，复式记账法以会计等式为基础，在每一项交易或事项发生后，都以相等的金额在有关账户中进行登记，因而便于用试算平衡的原理来检查账户记录的正确性。

复式记账法有借贷记账法、增减记账法和收付记账法3种记账方法。借贷记账法是目前国际上通用的一种记账法，也是我国《企业会计准则》规定的记账方法；增减记账法是20世纪60年代我国商业系统在改革记账方法时设计提出的一种记账方法；收付记账法是在我国传统的收付记账法的基础上发展起来的复式记账法。

3.3.3 借贷记账法

借贷记账法（double entry method）是用"借"和"贷"作为记账符号的一种复式记账方法。1494年，意大利数学家卢卡·帕乔利的《算术、几何、比与比例概要》一书问世，标志着借贷记账法正式成为公认的复式记账法，同时，也标志着近代会计的开始。借贷记账法最早应用在银行业，"借"、"贷"都有其本身的字面含义，随着这种方法在其他行业的广泛应用，"借"、"贷"二字逐渐失去其本身的含义，成为纯粹的记账符号，用来表示"增加"、"减少"。"借"或"贷"哪个符号反映"增加"，哪个符号反映"减少"，是由账户的性质决定的。

3.3.3.1 借贷记账法下账户的结构

在3.2.1节账户的基本结构中我们了解到，简化的账户格式分左右两方，在借贷记账法下，账户的左方为借方，右方为贷方，分别用来登记账户增加和减少的金额。究竟哪一方用来登记增加的金额，哪一方用来登记减少的金额，期初或期末余额在哪一方，都是由账户的性质来决定的。

（1）资产、负债与所有者权益类账户的结构

反映各项资产的账户称为资产类账户，反映负债与所有者权益的账户分别称为负债类账户与所有者权益类账户。因为会计等式的左边是资产项目，资产负债表的左边也是资产，习惯上将资产类账户的借方用来登记其期初余额和本期增加额，以账户的贷方来登记本期减少额。在正常情况下，资产类账户的期初余额与本期增加额之和总是大于本期减少额，因此，资产类账户的期末余额一般在借方。资产类账户的期初余额、本期增加额、本期减少额及期末余额的关系可用以下等式表示：

期初余额（借方）+本期借方发生额（本期增加额）–本期贷方发生额（本期减少额）=期末余额（借方）

资产类账户本期借方发生额是本期增加金额的合计数，本期贷方发生额是本期减少金额的合计数。

由于负债与所有者权益在会计等式的右边，资产负债表的右边也是负债与所有者权益，习惯上将负债类账户与所有者权益类账户的贷方用来登记期初余额和本期增加额，借方登记本期减少额。在正常情况下，负债与所有者权益类账户的期初余额和本期增加额之和总是大于本期减少额，因此，负债与所有者权益类账户的余额一般在贷方。两类账户的期初余额、本期增加额、本期减少额及期末余额的关系可用以下等式表示：

期初余额（贷方）+本期贷方发生额（本期增加额）–本期借方发生额（本期减少额）=期末余额（贷方）

负债与所有者权益类账户本期借方发生额是本期减少金额的合计数，本期贷方发生额是本期增加金额的合计数。

由于负债与所有者权益类账户有相同的账户结构，我们统称为权益类账户结构。资产与权益类账户的结构如图3-2、图3-3所示。

借方	资产类账户	贷方
期初余额	本期减少额	
本期增加额		
本期借方发生额	本期贷方发生额	
期末余额		

图3-2　资产类账户的结构

借方	权益类账户	贷方
本期减少额	期初余额	
	本期增加额	
本期借方发生额	本期贷方发生额	
	期末余额	

图3-3　权益类账户的结构

（2）收入、费用类账户以及"本年利润"账户的结构

通过3.1会计等式的分析可知，收入的取得会导致资产的增加，同时也导致所有者权益增加；而费用的发生会导致资产的减少，同时也导致所有者权益减少。因此，可以用所有者权益类账户的结构来分析收入与费用类账户结构。由于实现收入会增加所有者权益，所以收入类账户的结构与所有者权益类账户的结构一致，即增加额记录在账户的贷方，减少额记录在账户的借方。期末按收入账户的贷方发生额减去借方发生额的差额，结转入"本年利润"账户的贷方，收入类账户结账后一般没有期末余额。同理，由于发生费用会减少所有者权益，因此，费用类账户的结构与所有者权益类账户的结构相反，即增加额记录在账户的借方，减少额记录在账户的贷方。期末按费用类账户的借方发生额减去贷方发生额的差额，结转入"本年利润"账户的借方，费用类账户结账后一般没有期末余额。

由于收入结转进入了"本年利润"账户的贷方，而费用结转进入了"本年利润"账户的借方，这样，在"本年利润"账户中通过对比收入和费用，即可求得当期的经营成果。当收入大于费用时（即"本年利润"账户的贷方发生额大于借方发生额），表示企业实现了利润；当收入小于费用时，（即"本年利润"账户的借方发生额大于贷方发生额），表示企业发生了亏损。收入、费用和"本年利润"账户的结构如图3-4、图3-5、图3-6所示。

借方	收入类账户	贷方
本期减少额	本期增加额	

图3-4　收入类账户的结构

借方	费用类账户	贷方
本期增加额	本期减少额	

图3-5　费用类账户的结构

借方	本年利润账户	贷方
结转费用	结转收入	

图3-6　本年利润账户的结构

由于利润归属于所有者，因此，在会计年度结束时，通常将"本年利润"账户的年末余额转入所有者权益类账户（"利润分配"账户），这样，"本年利润"账户年末一般无余额。

为了便于掌握和使用不同的账户，现将上述各类账户的结构进行汇总，如表3-4所示。

表3-4　借贷记账法下各类账户的结构

账户类别	账户借方	账户贷方	账户余额
资产类账户	增加	减少	一般在借方
权益类账户	减少	增加	一般在贷方
收入类账户	减少	增加	一般无余额
费用类账户	增加	减少	一般无余额
本年利润账户	结转费用	结转收入	可能在借方或贷方，年末结账后无余额

3.3.3.2 借贷记账法的记账规则及其应用

根据复式记账原理，对每项交易或事项都要以相等的金额，一方面记入一个或几个有关账户的借方，另一方面记入一个或几个有关账户的贷方，记入借方账户与贷方账户的金额必须相等，这就形成了借贷记账法的记账规则，即"有借必有贷，借贷必相等"。

现仍以便民公司2015年2月、3月发生的交易或事项为例，说明怎样应用借贷记账法的记账规则在有关账户中进行登记。

在应用借贷记账法记账规则登记账户时，通常是按照以下3个步骤来分析交易或事项，再进行记录的。

第1步，确定发生的交易或事项涉及的账户名称与性质；

第2步，确定这些账户的金额变动方向，即增加还是减少；

第3步，根据账户的性质和结构原理，确定应记入账户的借方还是贷方。

（1）2月10日张平投入230万元资金注册成立便民公司

分析：这笔交易影响银行存款和实收资本两个账户，这两个账户分别属于资产类和所有者权益类，金额共同增加230万元，根据账户结构原理，资产增加记录在账户的借方，所有者权益增加记录在账户的贷方，记录在借方和贷方的金额均为230万元。账户记录如下：

借	实收资本	贷		借	银行存款	贷
	（1）	2 300 000	→	（1）	2 300 000	

（2）2月20日现购价值10万元的电脑

分析：这笔交易影响银行存款和固定资产两个账户，这两个账户均属于资产类，银行存款减少10万元，固定资产增加10万元，根据账户结构原理，资产增加记录在账户的借方，减少记录在账户的贷方，记录在借方和贷方的金额均为10万元。账户记录如下：

借	银行存款	贷		借	固定资产	贷
（1）	2 300 000					
	（2）	100 000	→	（2）	100 000	

（3）2月21日现购价值20万元的设计软件

分析：这笔交易影响银行存款和无形资产两个账户，这两个账户均属于资产类，银行存款减少20万元，无形资产增加20万元，根据账户结构原理，资产增加记录在账户的借方，减少记录在账户的贷方，记录在借方和贷方的金额均为20万元。账户记录如下：

借	银行存款	贷		借	无形资产	贷
（1） 2 300 000						
	（2）	100 000				
	（3）	200 000	→	（3）	200 000	

（4）费用支付情况

①3月15日支付职工薪酬6万元。

分析：这笔交易影响银行存款和管理费用两个账户，这两个账户分别属于资产类和费用类，银行存款减少6万元，管理费用增加6万元，根据账户结构原理，费用增加记录在账户的借方，资产减少记录在账户的贷方，记录在借方和贷方的金额均为6万元。账户记录如下：

借	银行存款	贷		借	管理费用	贷
（1） 2 300 000						
	（2）	100 000				
	（3）	200 000				
	（4）—①	60 000	→	（4）—①	60 000	

②3月16日购买办公用品2 000元。

分析：这笔交易影响银行存款和管理费用两个账户，这两个账户分别属于资产和费用类，银行存款减少2 000元，管理费用增加2 000元，根据账户结构原理，费用增加记录在账户的借方，资产减少记录在账户的贷方，记录在借方和贷方的金额均为2 000元。账户记录如下：

借	银行存款	贷		借	管理费用	贷
（1） 2 300 000						
	（2）	100 000				
	（3）	200 000				
	（4）—①	60 000		（4）—①	60 000	
	（4）—②	2 000	→	（4）—②	2 000	

③3月18日支付水电费1 000元。

这笔交易的分析同②。账户记录如下：

借	银行存款	贷			借	管理费用	贷
（1）	2 300 000						
		（2）	100 000				
		（3）	200 000				
		（4）—①	60 000		（4）—①	60 000	
		（4）—②	2 000		（4）—②	2 000	
		（4）—③	1 000	⟶	（4）—③	1 000	

④3月19日支付当月网络等通信费用2 000元。

这笔交易的分析同②。账户记录如下：

借	银行存款	贷			借	管理费用	贷
（1）	2 300 000						
		（2）	100 000				
		（3）	200 000				
		（4）—①	60 000		（4）—①	60 000	
		（4）—②	2 000		（4）—②	2 000	
		（4）—③	1 000		（4）—③	1 000	
		（4）—④	2 000	⟶	（4）—④	2 000	

（5）3月31日估计电脑折旧费5 000元，办公用房屋折旧费5 800元

分析：这笔交易影响累计折旧和管理费用两个账户，这两个账户分别属于资产类和费用类，累计折旧和管理费用均增加10 800元，根据账户结构原理，费用增加记录在账户的借方，资产增加也应该记录在账户的借方，如果只有借方没有贷方，记录这笔交易就违背了"有借必有贷"的记账规则。这里，我们遇到了一个比较特殊的账户。

计提折旧是固定资产特有的事项，固定资产是一个比较特殊的账户，任何一个企业的固定资产都存在新旧差异，无论固定资产的新旧程度如何，固定资产账户上始终反映的是其取得时的历史成本。固定资产在预计使用寿命期内，其价值会逐渐减少，固定资产因使用减少的价值是通过折旧的方式分期逐渐转移到其服务的会计期间或服务对象中去。会计人员在记录时并不是将固定资产因使用减少的价值直接反映在固定资产账户的贷方，而是通过专门设置的累计折旧账户予以反映，记录在累计折旧账户的贷方。折旧计提越多，说明固定资产减少的价值越多，其账面价值就越少。所以，计提折旧实际是在减少固定资产的价值，计入累计折旧账户的贷方并不违背账户结构

原理。因此，这笔交易应该记录在管理费用账户的借方和累计折旧账户的贷方，记录在借方和贷方的金额均为10 800元，对固定资产账户没有影响。账户记录如下：

借	累计折旧	贷		借	管理费用	贷
				（4）—①	60 000	
				（4）—②	2 000	
				（4）—③	1 000	
				（4）—④	2 000	
（5）		10 800 ⟶		（5）	10 800	

（6）3月31日设计软件摊销费2 600元

分析：这笔交易影响累计摊销和管理费用两个账户，这两个账户分别属于资产类和费用类，累计摊销和管理费用均增加2 600元，遇到与交易（5）同样的问题。摊销无形资产也是一项比较特殊的事项，无形资产在预计使用寿命期内，其价值是通过摊销的方式逐渐转移到其服务的会计期间或服务对象中去，无形资产使用中减少的价值通过专门设置的累计摊销账户予以反映，记录在累计摊销账户的贷方。无形资产计提的摊销越多，说明无形资产减少的价值越多，其账面价值就越小。所以，摊销实际是在减少无形资产价值，应计入累计摊销账户的贷方，这并不违背账户结构原理。因此，这笔交易应该记录在管理费用账户的借方，累计摊销账户的贷方，记录在借方和贷方的金额均为2 600元，对无形资产账户没有影响。账户记录如下：

借	累计摊销	贷		借	管理费用	贷
				（4）—①	60 000	
				（4）—②	2 000	
				（4）—③	1 000	
				（4）—④	2 000	
				（5）	10 800	
（6）		2 600 ⟶		（6）	2 600	

（7）3月31日确认当月为客户提供咨询服务实现的收入5万元，未收款

分析：这笔交易影响主营业务收入和应收账款两个账户，这两个账户分别属于收入类和资产类，共同增加5万元，根据账户结构原理，资产增加记录在账户的借方，收入增加记录在账户的贷方，记录在借方和贷方的金额均为5万元。账户记录如下：

借	主营业务收入	贷
	（7）	50 000

借	应收账款	贷
（7）	50 000	

（8）2月15日在市中心一栋写字楼里按揭购买了一套价值350万元的办公用房屋，首付180万元，170万元向银行贷款

分析：这笔交易比较复杂，影响银行存款、固定资产和长期借款3个账户，这3个账户分别属于资产类（银行存款、固定资产）和负债类（长期借款），固定资产增加350万元，银行存款减少180万元，长期借款增加170万元。根据账户结构原理，固定资产增加记录在账户的借方，银行存款减少记录在账户的贷方，长期借款增加记录在账户的贷方，记录在借方和贷方的金额均为350万元。账户记录如下：

借	银行存款	贷
（1） 2 300 000		
	（2）	100 000
	（3）	200 000
	（4）—①	60 000
	（4）—②	2 000
	（4）—③	1 000
	（4）—④	2 000
	（8）	1 800 000

借	固定资产	贷
（2） 100 000		
（8） 3 500 000		

借	长期借款	贷
	（8）	1 700 000

（9）2月25日购买了价值6万元的电脑耗材，其中4万元赊购

分析：电脑耗材属于便民公司的周转材料。这笔交易影响银行存款、周转材料和应付账款3个账户，这3个账户分别属于资产类和负债类，周转材料增加6万元记入借方，银行存款减少2万元记入贷方，应付账款增加4万元记入贷方。记录在借方与记录在贷方的金额均为6万元。账户记录如下：

借	银行存款	贷			借	周转材料	贷
（1）	2 300 000			→（9）	60 000		
		（2）	100 000				
		（3）	200 000				
		（4）—①	60 000				
		（4）—②	2 000				
		（4）—③	1 000				
		（4）—④	2 000				
		（8）	1 800 000				
		（9）	20 000				

借	应付账款	贷
	（9）	40 000

（10）3月25日支付2月25日购电脑耗材的欠款4万元

分析：这笔交易影响银行存款、应付账款两个账户，两个账户分别属于资产类和负债类，银行存款减少4万元记入贷方，应付账款减少4万元记入借方。账户记录如下：

借	银行存款	贷			借	应付账款	贷
（1）2 300 000							（9） 40 000
		（2）	100 000	→（10） 40 000			
		（3）	200 000				
		（4）—①	60 000				
		（4）—②	2 000				
		（4）—③	1 000				
		（4）—④	2 000				
		（8）	1 800 000				
		（9）	20 000				
		（10）	40 000				

（11）工商银行贷款给便民公司的170万元购房款，其中的100万元在3月31日转为银行对便民公司的投资

分析：这笔交易影响长期借款、实收资本两个账户，这两个账户分别属于负债类和所有者权益类，长期借款减少100万元，实收资本增加100万元。根据账户结构原理，负债减少记录在账户的借方，所有者权益增加记录在账户的贷方，记录在借方和贷方的金额均为100万元。账户记录如下：

借	实收资本	贷
	（1）	2 300 000
	（11）	1 000 000 ——→

借	长期借款	贷
	（8）	1 700 000
（11）	1 000 000	

上述对便民公司交易（1）~交易（11）的账户记录情况表明，虽然企业发生的交易或事项有些比较简单，有些比较复杂，有些交易或事项涉及的是两个账户，如交易（1）~交易（7）、交易（10）、交易（11），有些交易或事项涉及的是3个账户，如交易（8）、交易（9），但从账户的记录情况看，均体现了"有借必有贷，借贷必相等"的记账规则，没有出现"同借同贷"的情况，也没有出现借贷金额不相等的情况。

3.3.3.3 借贷记账法下会计分录的编制

在前面我们讨论了如何应用借贷记账法在"T"形账户中记录企业发生的交易或事项，目的是为了学习"T"形账户登记方法，掌握账户结构原理。不过，在会计系统中，企业日常发生的交易或事项是先以会计分录的形式记录在会计凭证上，再根据会计凭证记录到有关账户中去的，并不是根据交易或事项直接登记账户。根据会计凭证登记到有关账户中去的步骤通常称为"过账"。在登记账户之前，及时、准确地编制会计分录（编制记账凭证），可以保证账户记录的准确性，便于日后查考。

会计分录简称分录（entry）。它是对每项交易或事项标明应涉及的会计科目、记账方向与金额的一种记录。一笔完整的分录应具备借记和贷记的记账符号、会计科目及其金额，并附有经济业务的简要说明。贷记符号不能写在借记符号的同一行上，贷记符号、贷记账户及其金额应写在借方记录的下面一行，行首向右缩进一格或两格。

会计分录按其所反映交易或事项的复杂程度，可分为简单分录和复合分录两种。简单分录是指一项交易或事项发生后，只在相互联系的两个科目中记录，对应关系清晰明了。简单分录也称"一借一贷"的分录。复合分录是指交易或者事项发生后，需要在3个或3个以上的科目中记录。一个复合分录可以分解为几个简单分录。复合分录有利于集中反映整个交易或者事项的全貌，简化记账工作，提高会计工作效率。复合分录也称"一借多贷"、或"多借一贷"的分录。

仍以便民公司2015年2月、3月发生的交易或事项说明会计分录的编制。各项交易或事项的分析过程与3.3.3.2节相同，不再赘述。

（1）2月10日张平投入230万元资金注册成立便民公司

借：银行存款　　　　　　　2 300 000

　　贷：实收资本　　　　　　　　2 300 000

（2）2月20日现购价值10万元的电脑

借：固定资产　　　　　　　100 000

　　贷：银行存款　　　　　　　　100 000

（3）2月21日现购价值20万元的设计软件

借：无形资产　　　　　　　200 000

　　贷：银行存款　　　　　　　　200 000

（4）费用支付情况

①3月15日支付职工薪酬6万元。

借：管理费用　　　　　　　60 000

　　贷：银行存款　　　　　　　　60 000

②3月16日购买办公用品2 000元。

借：管理费用　　　　　　　2 000

　　贷：银行存款　　　　　　　　2 000

③3月18日支付水电费1 000元。

借：管理费用　　　　　　　1 000

　　贷：银行存款　　　　　　　　1 000

④3月19日支付当月网络等通信费用2 000元。

借：管理费用　　　　　　　2 000

　　贷：银行存款　　　　　　　　2 000

（5）3月31日估计电脑折旧费5 000元，办公用房屋折旧费5 800元

借：管理费用　　　　　　　10 800

　　贷：累计折旧　　　　　　　　10 800

（6）3月31日设计软件摊销费2 600元

借：管理费用　　　　　　　2 600

　　贷：累计摊销　　　　　　　　2 600

（7）3月31日确认为客户提供咨询服务当月实现的收入5万元，未收款

借：应收账款　　　　　　　50 000

　　贷：主营业务收入　　　　　　50 000

（8）2月15日在市中心一栋写字楼里按揭购买了一套价值350万元的办公用房

屋，首付180万元，170万元向银行贷款

    借：固定资产   3 500 000

       贷：银行存款   1 800 000

          长期借款   1 700 000

（9）2月25日购买了价值6万元的电脑耗材，其中4万元赊购

    借：周转材料   60 000

       贷：银行存款   20 000

          应付账款   40 000

（10）3月25日支付2月25日购电脑耗材的欠款4万元

    借：应付账款   40 000

       贷：银行存款   40 000

（11）工商银行贷给便民公司的170万元购房款其中的100万元在3月31日转为银行对便民公司的投资

    借：长期借款   1 000 000

       贷：实收资本   1 000 000

以上每笔分录都具备3个要素：会计科目、记账符号及金额，表明了对发生的交易或事项应当在哪些账户中记录，记录在这些账户的借方或贷方，记录的金额是多少。会计分录清晰地反映了账户的对应关系，通过账户的对应关系我们可以知道每笔交易或事项的具体内容，了解资金的来龙去脉。

特别提示

    会计实务中，会计分录填写在记账凭证上（具体方法见4.1节），并作为登记账户的直接依据。上述在介绍借贷记账法记账规则时，假定将发生的交易或事项直接记录在有关账户中，实务中不是这样操作的，因为没有记账凭证作为依据是不能直接记账的。

    根据会计分录过账以后，一般要在期末进行结账工作，即结算出各账户的本期发生额和期末余额。假设我们将便民公司2015年2月、3月作为一个会计期间，各账户的日常记录及期末结账记录如下。

借	银行存款	贷	
（1）2 300 000			
		（2）	100 000
		（3）	200 000
		（4）—①	60 000
		（4）—②	2 000
		（4）—③	1 000
		（4）—④	2 000
		（8）	1 800 000
		（9）	20 000
		（10）	40 000
本期借方发生额	2 300 000	本期贷方发生额	2 225 000
期末余额	75 000		

借	应收账款	贷	
（7）	50 000		
本期借方发生额	50 000	本期贷方发生额	0
期末余额	50 000		

借	周转材料	贷	
（9）	60 000		
本期借方发生额	60 000	本期贷方发生额	0
期末余额	60 000		

借	固定资产	贷	
（2）	100 000		
（8）	3 500 000		
本期借方发生额	3 600 000	本期贷方发生额	0
期末余额	3 600 000		

借	累计折旧	贷	
		（5）	10 800
本期借方发生额	0	本期贷方发生额	10 800
		期末余额	10 800

借	无形资产	贷	
（3）	200 000		
本期借方发生额	200 000	本期贷方发生额	0
期末余额	200 000		

借		累计摊销	贷	
		（6）	2 600	
本期借方发生额	0	本期贷方发生额	2 600	
		期末余额	2 600	

借		应付账款	贷	
		（9）	40 000	
（10）	40 000			
本期借方发生额	40 000	本期贷方发生额	40 000	
		期末余额	0	

借		长期借款	贷	
		（8）	1 700 000	
（11）	1 000 000			
本期借方发生额	1 000 000	本期贷方发生额	1 700 000	
		期末余额	700 000	

借		实收资本	贷	
		（1）	2 300 000	
		（11）	1 000 000	
本期借方发生额	0	本期贷方发生额	3 300 000	
		期末余额	3 300 000	

借		主营业务收入	贷	
		（7）50 000		
本期借方发生额	0	本期贷方发生额	50 000	
		期末余额	50 000	

借		管理费用	贷	
（4）—①	60 000			
（4）—②	2 000			
（4）—③	1 000			
（4）—④	2 000			
（5）	10 800			
（6）	2 600			
本期借方发生额	78 400	本期贷方发生额	0	
期末余额	78 400			

因为便民公司是新注册成立的公司，所以各账户均没有期初余额。主营业务收入与管理费用账户没有结转到利润类账户中去，所以有期末余额。

3.3.3.4 借贷记账法的试算平衡

为了保证一定会计期间内所发生的交易或事项在账户记录中的正确性，需要在期末对账户记录进行试算平衡。试算平衡（trial balance）是指根据会计等式的平衡原理，按照记账规则的要求，通过汇总计算和比较，来检查账户记录的正确性、完整性。

由于借贷记账法在处理每项交易或者事项时，都必须遵循"有借必有贷，借贷必相等"的记账规则，记账方向相反，但金额相等。因此，在一定时期内（如1个月、1个季度、1个年度等），所有账户的借方发生额合计与贷方发生额合计必然相等；所有账户的借方期末余额合计数与贷方期末余额合计数也必然相等。试算平衡公式如下：

全部账户期初借方余额合计=全部账户期初贷方余额合计

全部账户本期借方发生额合计=全部账户本期贷方发生额合计

全部账户期末借方余额合计=全部账户期末贷方余额合计

利用这种平衡关系，可以检查各账户记录是否正确。

根据上述各账户余额，编制便民公司的总分类账户本期发生额及余额试算平衡表，如表3-5所示。

表3-5　总分类账户本期发生额及余额试算平衡

2015年3月31日　　　　　　　　　　　　单位：元

账户名称	期初余额		本期发生额		期末余额	
	借方	贷方	借方	贷方	借方	贷方
银行存款			2 300 000	2 225 000	75 000	
应收账款			50 000		50 000	
周转材料			60 000		60 000	
固定资产			3 600 000		3 600 000	
累计折旧				10 800		10 800
无形资产			200 000		200 000	
累计摊销				2 600		2 600
应付账款			40 000	40 000		0
长期借款			1 000 000	1 700 000		700 000
实收资本				3 300 000		3 300 000
主营业务收入				50 000		50 000
管理费用			78 400		78 400	
合计			7 328 400	7 328 400	4 063 400	4 063 400

从表3-5可以看出，各账户期初借、贷方余额合计数均为0，是因为便民公司是新注册的公司；本期借、贷方发生额合计数都是7 328 400元；期末借、贷方余额合计

数都是4 063 400元，各自保持平衡。这说明账户记录基本正确。如果相应的合计数不等，就表明账户记录有错误，应认真检查更正。企业通过试算平衡表既可以检查账户记录的正确性，还可以利用它所提供的资料，初步了解企业交易或事项的概况，并为编制财务报表做准备。

如果试算表中的借方和贷方合计金额不相等，则说明发生了错误，比较典型的错误包括：①记账方向错误，将借方误记入贷方，或者相反；②账户余额计算错误；③将各账户发生额或余额录入试算平衡表时发生错误；④加总试算平衡表时发生错误等。

当然编制试算平衡表并不能绝对保证对交易或事项的正确分析和记账，试算平衡表是有局限性的，如记错了账户、漏记（或重记）了整笔交易或事项等错误可能不会被发现。

思考

如何通过试算平衡表初步了解企业交易或事项的概况？试算平衡表为编制财务报表做了什么准备工作？表3-5反映的信息与"2.2基本财务报表"中反映的信息有哪些差异？为什么会有差异？

综上所述，借贷记账法的特点是用"借"、"贷"两个高度抽象化的记账符号，依据"有借必有贷，借贷必相等"的记账规则，分别反映每项交易或事项所涉及的资金增减变化的内在联系，使各类账户能完整地体现各项资金活动的来龙去脉和对应平衡关系。因此，借贷记账法具有严谨的科学性和广泛的适用性，记账规律易于掌握，是一种科学的记账方法。

【本章小结】

会计的主要目标是提供决策有用的会计信息。会计人员首先必须将企业日常发生的大量交易或事项用会计的记录方法记录下来，并用会计的语言进行描述，才能进一步汇总成有价值的会计信息。因此，会计的记录方法就成为会计学习的起点。本章重点介绍了以下内容：①会计记录的理论基础，即会计等式。通过分析得到的结论是任何交易或事项的发生不破坏会计等式的平衡关系；②影响会计记录的基本要素。包括会计要素、账户与科目、记账方法及记账程序；③借贷复式记账法。包括借贷符号的含义、借贷记账法下账户的基本结构、借贷记账规则及试算平衡等。这些内容是会计记录最基本最核心的知识要点。

第4章将在本章的基础上继续介绍会计记录的载体、会计循环过程、财务报表编制的基本原理。

【学习目标小结】

1.掌握会计要素的含义及构成

会计要素是对会计核算对象进行的基本分类，是会计核算对象的具体化，是会计用于反映会计主体财务状况、确定经营成果的基本单位。我国《企业会计准则》规定了资产、负债、所有者权益、收入、费用和利润6个会计要素。其中资产、负债、所有者权益是财务状况要素，也是资产负债表要素；收入、费用和利润是经营成果要素，也是利润表要素。

2.掌握反映财务状况会计等式的经济意义

反映财务状况的会计等式是：资产=负债+所有者权益。企业的资产一部分是由投资者投入的，一部分是从企业外部借入的。前者是所有者的权益，后者是债权人的权益，权益表明了资产的来源，由于资产与权益是同一价值的不同表现，因而两者在数量上相等。

3.分析并总结交易或事项对会计等式的影响

交易或事项对会计等式的影响可以归纳为4种类型：

第一，影响等式两边的会计要素，使各要素同时增加相等金额的交易或事项。

第二，影响等式两边的会计要素，使各要素同时减少相等金额的交易或事项。

第三，仅影响等式左边的会计要素，有增有减，增减金额相等的交易或事项。

第四，仅影响等式右边的会计要素，有增有减，增减金额相等的交易或事项。

无论发生何种类型的交易或事项都不破坏会计等式的平衡关系。

4.掌握借贷记账法下各类账户的结构

账户类别	账户借方	账户贷方	账户余额
资产类账户	增加	减少	一般在借方
权益类账户	减少	增加	一般在贷方
收入类账户	减少	增加	一般无余额
费用类账户	增加	减少	一般无余额
本年利润账户	结转费用	结转收入	可能在借方或贷方，年末结账后无余额

5.掌握借贷复式记账规则

"有借必有贷，借贷必相等"是借贷复式记账法的记账规则。

6.掌握试算平衡表的平衡关系及用途

试算平衡关系包括：

（1）全部账户期初借方余额合计=全部账户期初贷方余额合计；

（2）全部账户本期借方发生额合计=全部账户本期贷方发生额合计；

（3）全部账户期末借方余额合计=全部账户期末贷方余额合计。

这种平衡关系，既可以检查账户记录的正确性，还可以利用它所提供的资料，初步了解企业交易或事项的概况，并为编制财务报表做准备。

【关键术语】

所有者权益（owners' equity）是指企业资产扣除负债后由所有者享有的剩余权益。是投资人对企业净资产的所有权。

收入（revenue）是企业在日常活动中形成的、会导致所有者权益增加的、与所有者投入资本无关的经济利益的总流入。

费用（expenses）是指企业在日常活动中发生的、会导致所有者权益减少的、与向所有者分配利润无关的经济利益的总流出。

利润（profit）是指企业在一定会计期间的经营成果，利润包括收入减去费用后的净额、直接计入当期利润的利得和损失。

利得（gains）是指由企业非日常活动所形成的、会导致所有者权益增加的、与所有者投入资本无关的经济利益的流入。

损失（losses）是指由企业非日常活动所发生的、会导致所有者权益减少的、与向所有者分配利润无关的经济利益的流出。通常是一些偶发性支出。

会计等式（accounting equation）会计六要素之间存在着本质联系，会计要素内在联系的表达式称为会计等式。会计等式包括：资产=负债+所有者权益；收入−费用=利润；资产=负债+（所有者权益+利润）；或资产=负债+所有者权益+（收入−费用）。

账户（account）是对会计要素进行分类核算的工具。它具有一定的格式和结构，能分类反映会计要素增减变动的情况及结果。

会计科目（简称科目）（account）会计科目是账户的名称。

复式记账法（double entry method）是对于每一项交易或事项都要在相互联系的两个或两个以上的账户中进行平衡登记的方法。

借贷记账法（double entry method）是用"借"和"贷"作为记账符号的一种复

式记账方法。

会计分录，简称分录（entry）是对每项交易或事项标明应涉及的会计科目、记账方向与金额的一种记录。

试算平衡（trial balance）是指根据会计等式的平衡原理，按照记账规则的要求，通过汇总计算和比较，来检查账户记录的正确性、完整性。

练习题

【简答题】

1.什么是会计要素？有哪些会计要素？会计要素如何分类？

2.什么是资产？简要概括资产的3大特征。

3.请依照下列各项要求列举具体交易或事项：

（1）导致资产负债表中一项资产增加，另一项资产减少，且不影响其他项目；

（2）导致资产负债表中资产和负债同时增加，且不影响所有者权益。

（3）导致资产负债表中资产和负债同时减少，且不影响所有者权益。

4.交易或事项发生后，引起会计要素的增减变化有几种基本类型？

5.会计科目按照性质不同可以分为哪几类？

6.什么是复式记账法？借贷记账法的记账规则是什么？解释借贷含义。

7.什么是试算平衡？试算平衡的依据是什么？

【业务题】

习题一

1.目的

掌握会计等式。

2.资料

恒立公司2015年6月发生以下交易：

（1）购入原材料一批，金额为5 500元，货款未支付（不考虑增值税）。

（2）投资者投入设备一台，价值200 000元。

（3）购入电脑一台，款项未付，价值3 000元。

（4）用银行存款偿还购货款40 000元。

（5）从工商银行取得短期借款5 500元，直接用来偿还前欠购料款。

（6）销售商品，收到货款25 000元，直接存入银行。

（7）发放本月职工薪酬46 000元。

（8）收回上月销售商品的货款20 000元，存入银行。

（9）债权人A将其应收本企业的货款转为对本企业的投资，金额为50 000元。

（10）赊销商品，金额为103 000元。

3.要求

（1）逐项分析上述经济业务的发生对会计等式的影响。

（2）月末，计算资产、负债和所有者权益的总额，并列出会计等式。

习题二

1.目的

熟悉各类账户的结构。

2.资料

希望公司2014年末账户记录如下：

单位：元

会计科目	期初余额	本期借方发生额	本期贷方发生额	期末余额
库存现金	6 500		6 700	4 500
应付职工薪酬	5 700	3 400	5 000	
原材料		4 300	4 320	45 700
应付账款	6 900		3 400	7 300
库存商品		2 320	4 890	5 899
固定资产	117 000	4 400	3 520	
短期借款	11 500	1 200		11 300
实收资本	184 100		6 700	96 800
银行存款	9 300	16 100		12 500
应收账款	7 800		5 100	12 340

3.要求

根据各类账户的结构，计算空格中的数据并填列在上表空格中。

习题三

1.目的

练习借贷记账法、登记账户和编制试算平衡。

2.资料

文化公司2015年5月1日资产负债表如下：

文化公司资产负债表

2015年5月1日   单位：元

资产		负债与所有者权益	
库存现金	5 500	负债：	
银行存款	9 300	短期借款	12 500
应收账款	6 100	应付账款	6 900
原材料	42 300	应付职工薪酬	5 700
库存商品	32 000	应交税费	3 000
固定资产	117 000	所有者权益：	
		实收资本	184 100
资产合计	212 200	负债与所有者权益合计	212 200

5月份发生以下交易：

（1）5月1日，购入原材料一批，价值3 400元，尚未支付（不考虑增值税）。

（2）5月2日，投资者投入设备一台，价值2 700元。

（3）5月4日，收回上月销货款3 000元，存入银行。

（4）5月10日，所有者投入10 000元，存入银行。

（5）5月15日，从银行提取现金5 700元，发放上月薪酬。

（6）5月16日，将现金1 000元存入银行。

（7）5月21日，用银行存款缴纳上月欠缴的税金3 000元。

（8）5月23日，用银行存款支付所欠购料款3 000元。

（9）5月26日，收回应收账款2 100元，存入银行。

（10）5月30日，用银行存款偿还短期借款1 200元。

3.要求

（1）根据文化公司2015年5月份发生的交易，编写相应的会计分录。

（2）设置账户，并登记期初余额及上述交易。

（3）编制2015年5月31日文化公司的本期发生额及余额试算平衡表。

【案例讨论题】

1．"钱"途要自己选择

华兴公司精简机构。对于职员张晓来说，有三条路可供他选择：

第一条：继续留在公司任职，年收入48 000元；

第二条：下岗，收入将打对折，某快餐店愿意以每个月2 500元的薪酬待遇聘请他；

第三条：辞职创业，投资开小餐馆。

以下是开一个小餐馆预计一个月的经营情况：

（1）预付半年租金6 000元；

（2）购入各种食材饮料4 000元，本月耗费其中的3/4；

（3）支付雇员薪酬3 000元；

（4）支付水电费300元；

（5）当月营业收入15 000元。

假设小餐馆每个月的经营状况比较稳定。请根据上述材料，为张晓的未来职业选择提供建议，并说明原因。

2.会计不是凭想象

李贺和张斯合伙开了一家面包房，他们做的酱汁面包非常有名。他们都没有接受过会计教育。但他们认为只要记录采用复式记账的方法就不会出现错误，于是自己设计了一个用来记录交易的系统，自认为很有效。以下列示的是本月所发生的一些交易：

（1）1月2日，收到一个定制生日蛋糕的订单，顾客来取蛋糕时收款1 000元。

（2）1月4日，在网上采用货到付款的方式订购价值600元的面粉，商家约定3天后送货上门。

（3）1月5日，顾客取走蛋糕，收到1 000元现金。

（4）1月7日，收到订购的面粉，并支付600元现金。

（5）1月15日，赊购一台价值6 000元的蛋糕烘焙机。

（6）1月31日，支付银行借款利息400元。

李贺和张斯对以上交易进行了如下记录：

面包房2015年1月会计记录

单位：元

资产=		负债+所有者权益		+（收入-费用）	
（1）收到蛋糕订单	1 000			销售收入	1 000
（2）网上订购食材	600			食材支出	-600
（3）收到顾客现金 　　　顾客取走蛋糕	1 000 1 000				
（4）收到网购的食材	600	应付账款	-600		
（5）赊购蛋糕烘焙机		应付账款	6 000	设备支出	-6 000
（6）现金支付利息	400			利息支出	-400

根据以上资料请你向他们解释他们对记录交易的错误理解，并改正他们记录中的错误。

第4章 会计循环

【学习目标】

1.了解会计循环流程的每一个节点。

2.掌握现金制与应计制。

3.掌握4类基本调整账项。

4.掌握结账的目的并编制虚账户结账分录。

5.比较调整后试算平衡表与结账后试算平衡表的不同。

6.了解工作底稿的用途。

【引导案例】

万科股份收入的确认

企业什么时候确认收入？许多时候，销售收取现金即赚取了收入。比如，去餐厅吃饭，顾客结完账之后，餐厅在收到现金或顾客刷卡之后就赚取了收入；乘客乘坐出租车下车时付现金或刷交通卡时，出租车公司就赚取了收入。

有些情况下收入的确认就没有这么简单。比如2014年12月12日，一位购房者与万科股份签订了一份房屋销售合同，购买万科股份在上海虹桥时一区的商品房一套，并于当日支付了30%的首期购房款，万科预计该项建设工程首批结算日期为2015年5月，商品房交付日期为2015年12月，那么万科股份应该在什么时候确认商品房收入？我们可以在万科股份2014年度的资产负债表中找到答案。

万科股份2014年度的资产负债表显示：公司有1 817.49亿元的预收账款。当万科股份与顾客签订商品房预售合同收到首期购房款时，万科股份贷记预收账款，而不是销售收入。待房产完工并验收合格，达到了销售合同约定的交付条件，取得了顾客按销售合同约定交付房产的付款证明时确认销售收入的实现，同时减记预收账款这一负债账户，并在利润表中记录收入。

资料来源：万科企业股份有限公司2014年年报

4.1 凭证与账簿

4.1.1 会计循环概述

企业在一个会计期内，其会计工作必须经过审核原始凭证、编制分录、记账、试算、调整、编表和结账等一系列会计程序。它于会计期期初开始，至会计期期末结束，循环往复、周而复始，故称为会计循环（accounting cycle）。

会计循环的流程可汇总如图4-1所示。

图4-1 会计循环流程图

会计循环流程的主要节点如下。

（1）审核原始凭证

会计人员首先要对取得的原始凭证进行真实性、合法性、合规性审核。

（2）编制会计分录，即编制记账凭证

会计人员根据经过审核无误的原始凭证，按交易或事项发生时间的先后顺序确定每笔交易应借记和贷记的科目及金额，并填入记账凭证。

（3）过账，即登记账户

根据记账凭证确定的会计分录，在日记账和分类账中进行登记。

（4）试算

将分类账中各账户借方发生额、贷方发生额和期末余额通过试算平衡表汇总，以验证会计分录及账户记录的正确性。

（5）调整及调整后试算

为正确核算企业一定会计期间的利润，期末要按权责发生制（应计制）原则对应计和递延的事项进行调整，编制调整分录并进行调整后试算，以检验调整分录与过账有无差错。

（6）编制财务报表

根据调整后试算平衡表参考其他会计记录编制利润表、资产负债表、现金流量表等基本财务报表及附表，并辅以必要的注释与说明。

（7）结账及结账后试算

在会计期末，收入、费用账户必须通过结账分录予以结清，以确定当期损益；资产、负债、所有者权益账户不必编制结账分录，但其余额必须结转至下期以供连续记录。

工作底稿是手工记账情况下简单易验证的一种方法。在互联网时代，企业已普遍应用财务软件，会计人员大多是通过会计系统来记录、收集、分类、汇总及编制财务报表，但是会计循环的流程基本不变。

第3章我们重点讨论了会计循环的3个步骤：①编制会计分录；②过账；③试算。本章将继续讨论会计循环的其他步骤。

4.1.2 会计凭证

填制和审核会计凭证是会计核算工作的起点，是会计核算的基础工作，也是对企业发生的交易或事项进行核算和监督的基本环节。每一个会计主体，一旦发生交易或事项，都必须取得或填制凭证，由执行、完成该项交易或事项的有关人员从外部取得或自行填制，以书面形式反映或证明交易或事项的发生或完成情况。会计凭证是记录交易或事项的发生情况，明确经济责任，作为记账依据的书面证明。比如，购买商品时要由销货单位开具发票，支付款项时要由收款单位开具收据，商品验收或发出时要有收货单、发货单，等等。填制或取得并审核会计凭证是会计工作的初始阶段和基本环节，它是保证会计核算按照交易的实际发生情况如实记录的基础，也是确保财务报表如实反映企业真实状况的前提条件。

会计凭证按其填制的程序和用途，分为原始凭证和记账凭证。

（1）原始凭证

原始凭证又称单据，是记录交易或事项发生的初始凭据。原始凭证必须真实、完整、清楚、正确，并有经办人员签字。原始凭证按其来源，可分为外来原始凭证和自制原始凭证。外来原始凭证是交易或事项发生时从外单位取得的，如购货时取得的发票、付款时取得的收据等；自制原始凭证是本单位经办人员填制的，如收款时开出的收据、商品入库时的收货单、销售商品时开出的发票等。我们常见的火车票、飞机票、汽车票等都属于原始凭证。原始凭证应载明交易或事项的具体内容、数量、金额并签名或盖章，以明确责任。表4-1、表4-2、表4-3分别是收据、收料单、领料单3种原始凭证。

表4-1　收据

年　　月　　日

付款单位＿＿＿＿＿＿＿＿＿＿＿＿＿＿＿＿＿＿＿＿＿＿＿＿＿＿	第
人民币（大写）￥＿＿＿＿＿＿＿＿＿＿＿＿＿＿＿＿＿＿＿＿＿	
收款事由＿＿＿＿＿＿＿＿＿＿＿＿＿＿＿＿＿＿＿＿＿＿＿＿＿	联

收款单位（盖章）　　　　　　审核　　　　　　经手　　　　　　出纳

表4-2　收料单

供货单位　　　　　　　　　年　　月　　日　　　　凭证编号
发票号码　　　　　　　　　　　　　　　　　　　　收料仓库

材料编号	材料规格及名称	计量单位	数量		价格（元）		
			应收	实收	单价	金额	第
							联
备注					合计		

仓库负责人　　　　　　记账　　　　　　仓库保管收料

表4-3 领料单

领料部门　　　　　　　　　　　　　年　月　日　　　　　凭证编号
用途　　　　　　　　　　　　　　　　　　　　　　　　　　领料仓库

材料编号	材料规格及名称	计量单位	数量		价格（元）		
			请领	实领	单价	金额	第
							联
备注	合计						

记账　　　　　　发料　　　　　　　审批　　　　　　领料

（2）记账凭证

记账凭证是财会部门根据审核无误的原始凭证填制，记载交易或事项的简要内容，确定会计分录，作为记账依据的会计凭证。由于记账凭证上记录的主要内容是会计分录，也将记账凭证称为记载会计分录的单据。

按记账凭证反映的经济内容不同，可以将记账凭证分为收款凭证、付款凭证和转账凭证3种。

收款凭证是用于记录库存现金和银行存款收入业务的记账凭证。其格式如表4-4所示。

表4-4 收款凭证

借方科目：银行存款　　　　　　　2015年2月10日　　　　　　银收字第1号

摘要	贷方科目		金额（元）	记账	附
	一级科目	明细科目			件
接受投资	实收资本		2 300 000	√	1
合计			2 300 000		张

会计主管　　　　　　记账出纳　　　　　　审核　　　　　　填制

付款凭证是用于记录库存现金和银行存款付出业务的记账凭证。其格式如表4-5所示。

表4-5 付款凭证

贷方科目：银行存款　　　　　　　　2015年2月20日　　　　　　　　银付字第1号

摘要	借方科目		金额（元）	记账	附件1张
	一级科目	明细科目			
购电脑	固定资产	电脑	100 000	√	
合计			100 000		

会计主管　　　　　　记账出纳　　　　　　审核　　　　　　填制

对于货币资金的划转业务，为了避免重复记账，通常只编制付款凭证。如提现业务就编制银行存款付款凭证，存款业务则编制现金付款凭证。

转账凭证是用于记录不涉及库存现金和银行存款收付业务的其他转账业务所用的记账凭证。其格式如表4-6所示。

表4-6 转账凭证

2015年3月31日　　　　　　　　　　　　　　　　　　转字第1号

摘要	一级科目	明细科目	借方金额	贷方金额	记账
房屋及电脑折旧费	管理费用	折旧费	10 800		√
	累计折旧			10 800	√
合计			10 800	10 800	

会计主管　　　　　　记账　　　　　　审核　　　　　　填制

4.1.3 记账与账簿

记账就是根据记账凭证所确定的会计分录，在账簿中按账户进行分类登记。即账簿汇总了各账户的本期增加额、本期减少额以及期末余额。企业所有的交易或事项经过记账后，便按各账户分类汇总列示，分类账由此得名。记账的主要目的是确定每一个账户的借贷方发生额及余额，即增减变动情况及结果，以便定期编制财务报表。所以，各分类账的最终结果便是编制财务报表的依据。

分类账按其对各账户信息汇总的程度分为总分类账和明细分类账。

4.1.3.1 总分类账和明细分类账

（1）总分类账

总分类账也称总账，是按总分类账户（总分类科目）进行分类登记的账簿。总分类账能全面、总括地反映和记录交易或事项引起的资金运动和财务收支情况，并为编制财务报表提供数据。因此，每一个会计主体都必须设置总分类账。

总分类账一般采用三栏式账页，格式如表4-7所示。

表4-7　三栏式账户

账户名称 第　　页

年		凭证号码	摘要	借方金额	贷方金额	余额	
月	日					借方	贷方

总分类账可以按记账凭证逐笔登记，也可按记账凭证汇总表等在月末汇总登记。具体采用哪种登记方法，需根据企业采用的账务处理程序而定。

（2）明细分类账

明细分类账也称明细账，是按明细分类账户（子目或细目）进行分类登记的账簿。明细分类账能分类详细地记录和反映资产、负债、所有者权益、收入、费用和利润情况，为编制财务报表提供更加详细的资料。明细分类账对于加强监督财产的收发和保管、资金的管理和使用、往来款项的结算、收入的取得以及费用的开支管理等，起着重要的作用。

明细账的格式，应根据各会计主体经营业务的特点和管理需求来确定。常用格式有以下3种。

①三栏式明细账。三栏式明细账页的格式与总分类账页的格式基本相同，设置借方、贷方和余额三个金额栏。这种账页适用于只采用金额核算的"应收账款"、"应付账款"、"预收账款"、"短期借款"等账户的明细核算。表4-8是三栏式明细分类账的格式。

表4-8　应收账款明细账

明细科目 第　　页

年		凭证号码	摘要	借方金额	贷方金额	余额	
月	日					借方	贷方

②数量金额式明细账。数量金额式明细账页的格式如表4-9所示。它在收入、发出、结存三栏内，再分别设置"数量"、"单价"、"金额"等栏目，以分别登记实物的数量和金额。数量金额式明细账适用于既要进行金额明细核算，又要进行数量明细核算的财产物资项目，如"原材料"、"库存商品"等存货项目。

表4-9　原材料明细账

明细科目：　　　　　　　　　　　　　　　　　　　　　　　　　　第　　页

年		凭证号码	摘要	收入			发出			结存		
月	日			数量	单价	金额	数量	单价	金额	数量	单价	金额

数量金额式明细账能提供各种财产物资收入、发出、结存的数量和金额信息。为满足管理上的要求，在账页的上端可另外设计一些必要的项目，以便了解一些需要的资料。如供货单位、商品、材料物资的类别、名称和规格、计量单位、计划单价、储备定额、最高和最低储备量等。根据这种格式的明细分类账，就能取得关于各种商品、材料物资的收入、发出和结存的详细资料，并可以对这些商品、材料物资的管理、使用进行日常的监督。

③多栏式明细账。多栏式明细账是根据交易或事项的特点和经营管理的需要，在一张账页内按有关明细科目或项目分设若干专栏的账簿。按照登记交易或事项内容的不同又分为3种：a."借方多栏式"明细账，如"管理费用明细账"。这种格式的账页是在借方栏下，按费用项目分设若干专栏，如职工薪酬、折旧费、修理费、办公费、差旅费、审计费、业务招待费等，企业发生管理费用时，登记在相应费用栏目，结转费用时，贷记该账户，由于每一会计期只发生一笔或几笔贷方发生额，可以在有关栏内用红字登记，表示应从借方发生额中冲销（见表4-10），结账后该账户期末无余额；b."贷方多栏式"明细账，如"主营业务收入明细账"。这种格式的账页是在贷方栏下，按收入类别分设若干专栏，如A产品收入、B产品收入、C服务收入等，企业实现收入时，登记在相应的收入栏目；结转收入时，借记该账户，结账后该账户期末应无余额；c."借方、贷方多栏式"明细账，如"本年利润明细账"、"应交增值税明细账"等。表4-11（1）、表4-11（2）应交税费——应交增值税明细账是借方、贷方多栏式明细账。

表4-10　管理费用明细账　　　　　　　　　　　　　　单位：元

年		凭证号码	摘要	职工薪酬	折旧费	修理费	办公费	其他	合计
月	日								
			本月发生额合计 结转管理费用（红字）						

表4-11（1）　应交税费——应交增值税明细账　　　　　　　　单位：元

年		凭证号码	摘要	借方					
月	日			合计	进项税额	已交税金	减免税款	出口抵减内销产品应纳税额	转出未交增值税

表4-11（2）　应交税费——应交增值税明细账　　　　　　　　单位：元

贷方						
合计	销项税额	出口退税	进项税额转出	转出多交增值税	借或贷	余额

总分类账发生额与余额应分别等于其所属明细分类账各明细账户发生额与余额之和，两者具有统驭和被统驭的关系。

4.1.3.2 日记账

库存现金、银行存款日常发生的交易比较频繁，又是比较特殊的资产，容易被偷盗、被挪用等，为了加强对库存现金、银行存款的核算和管理，增强对货币资金的控制、核对和相互牵制，企业应另行设置库存现金日记账和银行存款日记账，以全面、详细地反映库存现金和银行存款收入、支出和结存的原因及其金额。

库存现金日记账是由出纳人员根据审核无误的库存现金收付款凭证及部分银行存款付款凭证，序时逐笔登记的账簿。库存现金日记账的格式如表4-12所示。它的基本结构为"收入"、"支出"和"结余"三栏。出纳人员在每日业务终了，应将库存现金收付款项逐笔登记，结出账面余额，并与实际结存的库存现金相核对，借以检查每日库存现金的收、付、存情况以及库存现金限额的执行情况。

表4-12　库存现金日记账

第　　页

年		凭证号码		摘要	对方科目	收入	支出	结余
月	日	现收	现付					

银行存款日记账是由出纳人员根据审核无误的银行存款收付款凭证及部分现金付款凭证，序时逐笔登记的账簿。银行存款日记账的格式与库存现金日记账基本相同。

4.1.3.3 备查账

有些交易或事项无法在日记账和分类账簿中进行登记，相关信息可以在备查簿中做备忘或补充记录，如租入固定资产登记簿、受托加工材料登记簿等。

4.1.3.4 记账释例

下面以便民公司2015年2月、3月发生的交易为例，列举三栏式银行存款日记账、三栏式总分类账的登记，分别见表4-13、表4-14。

表4-13　银行存款日记账

开户银行：工商银行　　　　　　　存款种类：　　　　　单位：元　　　第　　页

2015年		凭证号码		摘要	对方科目	收入	支出	结余
月	日	银收	银付					
2	10	1		张平投入资本	实收资本	2 300 000		2 300 000
2	15		1	购办公用房	固定资产		1 800 000	500 000
2	20		2	购电脑	固定资产		100 000	400 000
2	21		3	购设计软件	无形资产		200 000	200 000
2	25		4	购耗材	周转材料		20 000	180 000
3	15		5	支付薪酬	管理费用		60 000	120 000
3	16		6	购办公用品	管理费用		2 000	118 000
3	18		7	支付水电费	管理费用		1 000	117 000
3	19		8	支付网络通信费	管理费用		2 000	115 000
3	5		9	支付赊购款	应付账款		40 000	75 000
				本期发生额及期末余额		2 300 000	2 225 000	75 000

假定便民公司采用记账凭证账务处理程序，根据记账凭证逐笔登记总分类账，如表4-14所示。

表4-14　银行存款总分类账

单位：元　　　　　　　　　　　第　　　页

2015年		凭证号码	摘要	借方金额	贷方金额	余额	
月	日					借方	贷方
2	10	银收1号	张平投入资本	2 300 000			
2	15	银付1号	购办公用房		1 800 000		
2	20	银付2号	购电脑		100 000		
2	21	银付3号	购设计软件		200 000		
2	25	银付4号	购耗材		20 000		
3	15	银付5号	支付薪酬		60 000		
3	16	银付6号	购办公用品		2 000		
3	18	银付7号	支付水电费		1 000		
3	19	银付8号	支付网络通信费		2 000		
3	25	银付9号	支付赊欠款		40 000		
3	31		本期发生额及期末余额	2 300 000	2 225 000	75 000	

其余账户的登记，略。

4.2 账项调整

对绝大多数公司来说，并非都在收到现金时就赚取了收入，也不一定在支出现金时就发生了费用。现金流量与收入及费用之间的时间差被称为应计和递延。这一节主要讨论在编制基本财务报表前该如何对应计和递延的交易或事项进行调整。

4.2.1 收入与费用确认的基础

4.2.1.1 收入与费用的收支期间与归属期间

收入与费用的收支期间，是指收到现款收入（库存现金或银行存款）和支付现款（库存现金或银行存款）费用的会计期间。收入与费用的归属期间，则是指应确认收入和应负担费用的会计期间。

收入与费用的收支期间与归属期间的关系有3种可能：①本期收到现款的收入即为本期应确认的收入，如本期销售商品并收款，本期已支付的费用即为本期应负担的费用，如支付本月水电费；②本期收到现款但本期不应确认的收入，如物业公司预收半年的房租，就不能将半年的租金收入全部确认为收到租金月份的收入。本期支付现款但不应当由本期负担的费用，如预付一年的保险费，就不能将一年的保险费全部确认为支付保险费月份的费用；③本期应确认收入但尚未收到现款，如本期销售商品未收款，以后会计期收款。本期应负担的费用但未支付款，如本月借款利息季末（或年末）支付。如果收入与费用的收支期间与归属期间一致，则收入和费用的确认时期就与收付款时期一致。如果二者不一致，则有两种确认基础来确定其是否为本期的收入和费用：一种为现金制，另一种为应计制。

4.2.1.2 现金制

现金制（cash basis）又称收付实现制或实收实付制。它确定本期收入和费用，以款项的实际收付为标准。凡本期收到款的收入和支付款的费用，不管其是否应归属于本期，都确认为本期的收入和费用；反之，凡本期未收款的收入和未付款的费用，即使应归属于本期，也不确认为本期的收入和费用。由于收入费用的确认是以现金收付为标准，故通常称为现金制。

现金制不考虑预收收入、预付费用以及应计收入和应计费用的存在，会计期末直接根据日常账簿记录确定本期的收入和费用。因为实际收到和支付的款项日常已经登记入账，所以不存在期末账项调整的问题。

4.2.1.3 应计制

应计制（accrual basis）又称权责发生制或应收应付制。它确定本期收入和费用，不是以是否收付款为标准，而是以本期应收应付为标准。本期应收就是本期获取了收款的权利，本期应付就是费用承担的责任归属于本期。也就是说，凡归属于本期的收入，无论其款项是否收到，都确认为本期的收入；凡归属于本期的费用，无论款项是否支付，都确认为本期费用。反之，凡不应归属于本期的收入，即使已收款，也不确认为本期收入；凡不应归属于本期的费用，即使已付款，也不确认为本期的费用。由于收入、费用的确认与款项的收付无关，只与收款的权利、费用承担的责任有关，所以称为应计制。

在应计制下，应归属于本期的收入和费用不仅包括前述收入与费用的收支期间与归属期间的①③两种情况，还包括以前会计期收到款应在本期确认的收入，以及以前会计期支付款应由本期负担的费用。但是，它不包括②情况下的收入和费用。所以，在会计期末，要确定本期的收入与费用，就要根据账簿日常记录，按照收入与费用的归属期进行账项调整。

会计期末，确认本期收入和费用时，现金制无须对账簿记录进行账项调整，而应计制则必须进行必要的账项调整。因此，就会计处理手续而言，前者较后者简便；但从计算盈亏角度来说，后者比前者更合理。

我国《企业会计准则》要求企业会计核算以应计制为基础。

4.2.2 期末账项调整

4.2.2.1 期末账项调整的必要性

从应计制的观点看，账簿的日常记录还不能完整地反映本期的收入和费用。所以，在期末编制财务报表以前，必须对账簿记录进行必要的调整。调整就是按照应予归属这一标准，合理地反映相互连接的各会计期应确认的收入和应负担的费用，使各期的收入与费用进行合理配比，从而比较恰当地计算出各期的盈亏。

需指出的是，期末进行账项调整，虽然主要是为了在利润表中恰当地反映本期的经营成果，但是，收入与费用的调整必然影响到有关资产、负债项目发生相应的增减变动。因此，期末账项调整也是为了比较恰当地反映企业期末的财务状况。

4.2.2.2 期末应予调整的账项

每个会计期末应予调整的账项完全取决于企业交易或事项的性质。一般来说，企业期末应予调整的账项分为以下4种类型。

（1）资产转化为费用

购买房屋和设备等资产通常受益于多个会计期间，购入时计入固定资产账户，预付一年期的保险费计入待摊费用账户等，该资产类账户表示递延（或推迟）费用，在未来使用该资产的各个受益期间，需要编制调整分录以便将资产负债表中资产成本的一部分转入利润表中的费用。此时的调整分录为借记相关的费用类账户，如管理费用（折旧费用、保险费等），贷记相关的资产类账户（如累计折旧、待摊费用等）。

待摊费用，是指企业已经付款，但应由本期和以后各期分别负担且分摊期限在1年以内（包括1年）的各项费用，如周转材料摊销、预付保险费、经营租赁的预付租金、预付报纸杂志费、一次交纳数额较大需分摊的印花税以及固定资产修理费用等。待摊费用属于资产类账户。

（2）负债转化为收入

企业可能会对未来会计期间才提供的商品或服务提前收款（即预收款），如万科股份预收购房款。预收款时贷记预收账款等负债类账户，该负债类账户代表递延（或推迟）确认收入。在实际销售商品或提供服务的会计期间，编制调整分录，将资产负债表中的一部分负债分配到利润表中，以便确认应该归属于本期的收入。调整分录为借记负债类账户，如预收账款，贷记已实现收入（如主营业务收入等）。

（3）应计未付的费用

有些应该归属于本期的费用（即应计费用）要在未来会计期间才予支付，这些应计费用需要在每个会计期末通过编制调整分录予以确认并记录。调整分录为借记相关费用类账户如财务费用（利息费用）、管理费用（薪酬费用等）、所得税费用，贷记相关的负债类账户如应付利息、应付职工薪酬、应交税费、预提费用等。

预提费用是指企业按照规定从成本费用中预先提取但尚未支付的费用，如借款利息、预提的租金、保险费和固定资产修理费等。预提费用属于负债类账户。

（4）应计未收的收入

有些应该归属于本期已赚取的收入（应计收入）要在未来会计期间才能收到现金，这些应计收入需要在每个会计期末编制调整分录予以记录。调整分录为借记相关的资产类账户，如应收账款、应收利息等，贷记相关的收入类账户，如主营业务收入、其他业务收入等。

以上（1）、（2）类调整业务称为递延，所谓递延，即推迟确认已收现的收入或已付现的费用。这种预收收入或预付费用，随企业经营活动的继续会逐渐转为已实现收入或应负担费用。这样，原记录的项目性质（如负债或资产）因实际情况的变动而有所变化，故应在期末将本期已实现的收入从预收账款账户（负债账户）转入相应的收入账户，将本期应负担的费用从待摊费用等账户（资产账户）转入相应的费用账户。

凡是本期已赚取的收入及已发生的费用，因尚未收付现金而平时未予记录，但在会计期末应予以调整入账，这就产生了（3）、（4）类调整业务，即应计项目。应计项目包括应计费用和应计收入。应计费用又称应付费用，是指本会计期应负担（或耗用）而尚未支付现金的各项费用。应计收入又称应收收入，是指本会计期已实现（赚取）而尚未收现的各项收入。

【延伸知识】

2006年财政部发布的《企业会计准则——应用指南》附录"会计科目和主要账务处理"中删除了"待摊费用"与"预提费用"科目，并在企业资产负债表中也相应取消了这两个项目。主要原因在于，将"待摊费用"作为资产，"预提费用"作为负债，不符合新准则对资产和负债要素的定义。

待摊费用是企业已经发生，应由当期及以后各期负担的费用，直接表现为经济利益流出企业，企业资产、所有者权益的减少，预期不会给企业带来任何经济利益，因此不能被划入资产范畴。预提费用是企业按照规定从成本费用中预先提取但尚未支付的费用，虽然这些费用预期会导致经济利益流出企业，但它们并不是企业过去的交易或事项形成的现时义务，其同样不符合新准则对负债的定义。

会计实务中，有些企业仍保留"待摊费用"和"预提费用"科目。

4.2.2.3 调整账项与时间差异

应计制下，现金收支与收入费用的确认之间经常有时间性差异。企业可能在应负担某项费用前就支付了现金，也可能在收入实现前就预收了现金。类似地，企业也可能在未支付任何现金前就应负担某项费用，在未收到任何现金前就实现了收入。这些时间性差异和由此需要调整的账项总结如下。

①因在费用负担之前的会计期支付了现金，支付现金的会计期间确认为资产，本期确认应负担费用，所以本期末编制将部分或全部资产转化为费用的调整账项。

②因在收入实现之前的会计期收取了现金，收取现金的会计期间确认为负债，本期确认实现了收入，所以本期末编制将部分或全部负债转化为收入的调整账项。

③本期确认应负担费用但尚未支付现金，所以本期末编制应计未付费用的调整账项。

④本期确认已实现收入但尚未收到现金，所以本期末编制应计未收收入的调整账项。

因此，调整账项成了收入的收款期与确认期、费用的支付期与确认期之间时间性差异与相关会计期间相联系的重要纽带，如图4-2所示。具体而言，调整账项将以下事项联系在了一起：①前期现金流出与当期负担费用；②前期现金流入与当期实现收入；③当期负担费用与未来现金流出；④当期实现收入与未来现金流入。

4.2.2.4 调整账项举例

（1）资产转化为费用

当企业发生受益于多个会计期间的支出时，通常借记资产类账户。在该支出受益的每一会计期末，需要调整账项以便将归属本期的费用从资产类账户转入费用类账户，表示该资产的一部分已在本期耗用或变成了费用。见图4-2。

图4-2　调整账项：会计期间的联系纽带

①预付费用。保险和租金等费用通常需要提前支付，如果提前支付（预付）不只是使当期受益，那么该支出形成的是一项资产而不是费用。该项资产将在服务的期间分摊为费用。

②周转材料。这里以便民公司购买电脑耗材的会计处理为例。当购买电脑耗材时，按购买成本借记资产类账户"周转材料"。随着公司业务活动的开展，耗材被不断地耗用，每天记录耗用的耗材既不现实也无必要，月末可通过估计库存耗材来确定已耗用的部分。例如，便民公司在调整账项前周转材料账户的余额是60 000元，假定3月31日电脑耗材库存53 000元，说明3月份消耗了7 000元的耗材，应编制如下调整分录。为便于登记账户，作为交易（12）。

| （12）借：管理费用 | 7 000 | |
| 贷：周转材料 | | 7 000 |

借	周转材料	贷		借	管理费用	贷
（9） 60 000				（4）—① 60 000		
				（12） 7 000		
	（12） 7 000			（4）—② 2 000		
				（4）—③ 1 000		
				（4）—④ 2 000		
				（5） 10 800		
				（6） 2 600		
				（12） 7 000		

③保险单。保险单也是一项预付费用。预付保险将获取在一个特定期间的保险保护。随时间的流逝，保险单逐渐到期，企业获取的保险服务即终止。

假设便民公司于3月30日为公司员工购买了价值12 000元的一年期商业保险，保险期为2015年3月至2016年2月，保险范围包括人生重疾险和意外保障险。请注意，这是一笔交易事项，不是调整事项。这笔交易事项（13）应该借记资产类账户，具体如下：

| （13）借：待摊费用 | 12 000 | |
| 贷：银行存款 | | 12 000 |

借	银行存款	贷		借	待摊费用	贷
（1） 2 300 000		（2） 100 000				
		（3） 200 000				
		（4）—① 60 000		（13） 12 000		
		（4）—② 2 000				
		（4）—③ 1 000				
		（4）—④ 2 000				
		（8） 1 800 000				
		（9） 20 000				
		（10） 40 000				
		（13） 12 000				

12 000元是一年期的商业保险，2015年3月至2016年2月每月各负担1 000元。3月应负担的保险费按如下调整分录进行记录。该笔调整事项编号（14）。

| （14）借：管理费用 | 1 000 | |
| 贷：待摊费用 | | 1 000 |

借	待摊费用	贷		借	管理费用	贷
（13）	12 000			（4）—①	60 000	
				（4）—②	2 000	
		（14） 1 000		（4）—③	1 000	
				（4）—④	2 000	
				（5）	10 800	
				（6）	2 600	
				（12）	7 000	
				（14）	1 000	

这笔调整分录过账后，待摊费用账户将有11 000元的借方余额。该余额表示尚未分摊的保险费。

交易（5）、交易（6）便民公司3月31日计提电脑及办公用房屋折旧费、设计软件摊销均属于资产转化为费用的期末调整账项。

（2）负债转化为收入

有些情况下，顾客需要提前付款才能在未来会计期间享受到所需要的服务。比如，足球队通过销售赛季门票预先收取大部分收入；明星票务在歌星演唱之前通过销售门票预先收款；一兆韦德健身通过销售长期会员合同预收款项；航空公司在飞机飞行前销售大部分机票。

根据应计制会计确认基础，预收款时并不能确认为收入，因为这些收入尚未实现。预收款时应借记银行存款账户，贷记预收账款账户。预收账款也被称为递延收入。

公司预先从客户处收款，就有义务在将来提供服务。因此，预收账款被视为一项负债，在资产负债表的负债部分列报，而不是列示在利润表中。预收账款与其他负债不同，它是通过提供服务（或商品）而不是支付现金来结清债务的。简言之，预收账款是通过提供服务（或商品）而不是付现款来清偿的债务。当然，如果公司不能提供服务（或商品），那么必须将预收账款退还给客户。

当公司已经向客户提供其预付款项的服务（或商品）时，表明公司清偿了债务，同时实现了收入。在会计期末，通过调整账项将已实现的收入从预收账款账户转入收入账户。调整分录借记负债类账户（预收账款），贷记收入类账户。

【小案例】

格力电器2013年的资产负债表显示：公司有119.86亿元的预收账款。该余额表示预收未来销售商品的预收款。在将来交付商品时，该项负债就转为主营业务收入在利润表中列示。

资料来源：珠海格力电器股份有限公司2013年年报

为进一步理解这类业务，假设便民公司对外出租办公室一间，月租金6 000元，3月5日与幸福公司签订房屋租赁合同，租期自2015年3月至2015年8月，幸福公司预付半年租金共计3.6万元。便民公司3月5日记录这笔交易〔交易（15）〕的分录如下（这是一笔交易事项，不是调整事项）：

（15）借：银行存款　　　　　　　36 000

　　　　贷：预收账款　　　　　　　36 000

借	预收账款	贷		借	银行存款	贷
		（15）　36 000		（1）　2 300 000		
						（2）　100 000
						（3）　200 000
						（4）—①　60 000
						（4）—②　2 000
						（4）—③　1 000
						（4）—④　2 000
						（8）　1 800 000
						（9）　20 000
						（10）　40 000
						（13）　12 000
				（15）　36 000		

便民公司将在3—8月每月月末对这笔交易进行调整，每月将6 000元预收账款转入其他业务收入账户（对便民公司来说，房租收入属于其他业务收入），并在便民公司的利润表中列报。第一次调整是在3月31日〔交易（16）〕。具体如下：

（16）借：预收账款　　　　　　　6 000

　　　　贷：其他业务收入　　　　　6 000

这笔调整分录过账后，预收账款账户将有30 000元的贷方余额。该余额代表便民公司在3月份之后的5个月应将办公室提供给幸福公司使用，幸福公司拥有5个月的办公室使用权。预收账款账户余额列报在公司资产负债表的负债部分。

借	其他业务收入	贷		借	预收账款	贷
						（15）36 000
	（16）	6 000 ——→	（16）		6 000	

（3）应计未付的费用

这类调整事项确认的是将在未来交易中支付的归属于当期的费用，如职工薪酬和借款利息等，这些费用随时间的推移而不断增加，即应计事项。期末应该通过调整来记录应计而未记录的费用。因为这些费用将在未来支付，产生了一项负债，所以调整分录为借记费用类账户，贷记负债类账户。这里仍以便民公司为例来阐述这类调整事项。

2015年2月15日便民公司在市中心一栋写字楼里按揭购买了一套价值350万元的办公用房屋，首付180万元，170万元向银行贷款，假定贷款期10年，年利率7.8%，计息日自2015年3月1日至2024年2月28日，每年末支付当年利息，到期归还本金。

尽管2015年3月的利息费用要在年末才支付，但当月实际上已经发生了利息费用11 050（1 700 000×7.8%×1/12）元。因此，3月31日有如下调整事项：3月份应计提利息费用及月末尚未支付银行的利息费用〔交易（17）〕。

（17）借：财务费用　　　　　11 050
　　　贷：应付利息　　　　　　　11 050

借	应付利息	贷		借	财务费用	贷
	（17）	11 050 ——→	（17）		11 050	

其他月份贷款利息的调整处理同上。

（4）应计未收的收入

应计未收收入又称应收收入，是指本会计期已实现（赚取）但尚未收现的各项收入，如应收利息、应收租金、应收佣金等。应计未收收入的调整一方面增加收入（贷记收入类账户），另一方面增加资产（借记应收利息等）。

为说明这类调整事项的会计处理，假设3月3日便民公司与同处于一栋办公楼的未来公司达成协议——为未来公司的所有电脑和网线进行日常维护，协议期自2015年3月至2016年2月。便民公司每月收取1 000元维护费，每季末未来公司付款。签订协议时因为尚未提供服务，便民公司没有进行会计处理。由于便民公司3月开始提供服务，但收取款项的时间是第二季度末，即6月末，因此，便民公司在3月31日需要进行本月应收取维护费的调整处理〔交易（18）〕，具体如下：

（18）借：应收账款　　　　　　1 000
　　　　贷：主营业务收入　　　　　　1 000

借	主营业务收入	贷		借	应收账款	贷
	（7）	50 000		（7）	50 000	
	（18）	1 000 —→		（18）	1 000	

其他月份应收取维护费的调整处理同上。

4.2.3 调整事项和会计原则

4.2.3.1 配比

将相关的费用与收入在同一会计期间相互配合和相互比较的计算程序，称为配比。所有涉及费用确认的期末调整事项都是对配比原则的应用，如计提电脑和房屋的折旧、摊销设计软件的成本、计量已耗用的周转材料等。合理地配比会计期间的收入和费用，才能比较正确地计算和反映企业的经营成果。

收入与费用的配比有以下两种情况。

一是费用与具体的收入交易直接相关。收入与费用配比的理想模式是，根据当期发生的具体收入确定相应的费用。然而，这一方法仅适用于能直接与具体收入相关的费用，如支付给销售人员的佣金等。

二是在支出的使用年限内系统摊销成本。许多支出为多个会计期间赚取收入做出贡献，但不能直接与具体收入交易相联系，如保险费、固定资产、专利等无形资产的成本。这种情况下，会计系统通过定期分摊资产成本将收入与费用进行配比，如折旧、摊销等。

4.2.3.2 重要性

重要性（materiality）指的是一个项目或一个事件的相对重要性。如果一个项目的信息能合理地影响财务报表使用者的决策，则该项目就被认为具有重要性。会计人员必须确保所有重要项目都已在财务报表中恰当披露。

然而，财务报告的程序应遵循成本效益原则，即信息的价值应超过编制信息的成本。不重要项目的会计处理对决策制定者很少或没有影响。因此，这些项目可能会以最为简单、最为方便的方式来处理。

（1）重要性与调整事项

重要性原则使会计人员能以多种方式缩短和简化调整分录的编制程序。比如：

①企业购买的有些资产成本较低、消耗较快，如废纸篓、电灯泡、厕所用品等。按照重要性原则，采购这些资产时不记入资产账户，而直接记入费用账户。这样处理就不需要在期末进行调整。

②有些费用可以在实际支付时直接记入费用账户，如电话费账单、公用事业费账单等。严格地说，这种处理违背了配比原则，因为每个月的公用事业费实际是前一个月发生的账单。然而，以收付实现制来处理公用事业费账单就十分方便。

③如果金额不大，记录应计未记录费用或收入的调整事项可以忽略。

（2）重要性是一项职业判断

某个特定项目或事件是否重要属于职业判断问题。在进行这一判断时，会计人员应考虑如下因素。

首先，金额大小判断与组织规模有关。比如，10 000元支出对于一家小企业的财务报表可能是重要的，而对于像中国移动这样的大公司就不重要了。

其次，重要性取决于项目的性质。比如，若公司出纳经常挪用公款，即便金额相对于公司总资产而言很小，但仍然是十分重要的。

【延伸知识】

根据《中国注册会计师审计准则第1221号——重要性》指南，注册会计师通常运用职业判断合理选择百分比，据以确定重要性水平。以下是一些参考数值的举例：①对以盈利为目的的企业，来自经常性业务的税前利润或税后净利润的5%，或总收入的0.5%；②对非营利组织，费用总额或总收入的0.5%；③对共同基金公司，净资产的0.5%。

资料来源：2006年11月1日中国注册会计师协会发布的《中国注册会计师审计准则第1221号——重要性》指南

4.2.4 调整事项对财务报表的影响

前面介绍的4类调整事项都涉及一个利润表账户和一个资产负债表账户。表4-15列示了这些调整事项对利润表和资产负债表的影响。

表4-15　调整事项对财务报表的影响

调整事项	利润表			资产负债表		
	收入	费用	净利润	资产	负债	所有者权益
类型（1）资产转化为费用	没影响	增加	减少	减少	没影响	减少
类型（2）负债转化为收入	增加	没影响	增加	没影响	减少	增加
类型（3）应计未付费用	没影响	增加	减少	没影响	增加	减少
类型（4）应计未收收入	增加	没影响	增加	增加	没影响	增加

交易（12）、交易（14）、交易（16）、交易（17）、交易（18）是便民公司3月末编制的调整账项，这些调整对这4种类型的调整事项进行了解释与讨论。表4-16汇总列示了这些调整分录及第3章未记录的3月发生的交易（13）（非调整事项）及交易（15）（非调整事项）。便民公司整个会计期（2015年2月、3月）的其他交易或事项的账务处理已在第3章做了介绍，这里不再赘述。

表4-16　便民公司2015年3月的部分交易及月末调整事项会计分录汇总表

单位：元

日期	交易序号	摘要及涉及的科目	借方	贷方
3月31日	（12）（调整事项）	调整3月份消耗的周转材料		
		管理费用	7 000	
		周转材料		7 000
3月30日	（13）（非调整事项）	为公司员工购买一年期的商业保险		
		待摊费用	12 000	
		银行存款		12 000
3月31日	（14）（调整事项）	分摊3月份应负担的保险费		
		管理费用	1 000	
		待摊费用		1 000
3月5日	（15）（非调整事项）	预收半年房租		
		银行存款	36 000	
		预收账款		36 000
3月31日	（16）（调整事项）	确认3月份实现的房租收入		
		预收账款	6 000	
		其他业务收入		6 000
3月31日	（17）（调整事项）	计提3月份购房借款利息费用		
		财务费用	11 050	
		应付利息		11 050
3月31日	（18）（调整事项）	确认3月份应收取的维护费收入		
		应收账款	1 000	
		主营业务收入		1 000

在将这些调整分录过账后，便民公司的部分分类账账户将再次被更新。

借	银行存款		贷
（1）	2 300 000		
		（2）	100 000
		（3）	200 000
		（4）—①	60 000
		（4）—②	2 000
		（4）—③	1 000
		（4）—④	2 000
		（8）	1 800 000
		（9）	20 000
		（10）	40 000
		（13）	12 000
（15）	36 000		
本期借方发生额	2 336 000	本期贷方发生额	2 237 000
期末余额	99 000		

借	应收账款		贷
（7）	50 000		
（18）	1 000		
本期借方发生额	51 000	本期贷方发生额	0
期末余额	51 000		

借	周转材料		贷
（9）	60 000		
		（12）	7 000
本期借方发生额	60 000	本期贷方发生额	7 000
期末余额	53 000		

借	待摊费用		贷
（13）	12 000		
		（14）	1 000
本期借方发生额	12 000	本期贷方发生额	1 000
期末余额	11 000		

借	预收账款		贷
		（15）	36 000
（16）	6 000		
本期借方发生额	6 000	本期贷方发生额	36 000
		期末余额	30 000

借		应付利息	贷	
		（17）		11 050
本期借方发生额	0	本期贷方发生额		11 050
		期末余额		11 050

借		主营业务收入	贷	
		（7）		50 000
		（18）		1 000
本期借方发生额	0	本期贷方发生额		51 000
		期末余额		51 000

借		其他业务收入	贷	
		（16）		6 000
本期借方发生额	0	本期贷方发生额		6 000
		期末余额		6 000

借		财务费用	贷	
（17）	11 050			
本期借方发生额	11 050	本期贷方发生额		0
期末余额	11 050			

借		管理费用	贷	
（4）—①	60 000			
（4）—②	2 000			
（4）—③	1 000			
（4）—④	2 000			
（5）	10 800			
（6）	2 600			
（12）	7 000			
（14）	1 000			
本期借方发生额	86 400	本期贷方发生额		0
期末余额	86 400			

　　根据调整后的分类账记录就可以编制调整后的试算平衡表。表4-17给出了便民公司2015年3月31日调整后的试算平衡表。

表4-17　便民公司调整后试算平衡表

2015年3月31日 単位：元

所属报表	账户名称	借方余额	贷方余额
资产负债表账户	银行存款	99 000	
	应收账款	51 000	
	待摊费用	11 000	
	周转材料	53 000	
	固定资产	3 600 000	
	累计折旧		10 800
	无形资产	200 000	
	累计摊销		2 600
	应付账款		0
	预收账款		30 000
	应付利息		11 050
	长期借款		700 000
	实收资本		3 300 000
利润表账户	主营业务收入		51 000
	其他业务收入		6 000
	财务费用	11 050	
	管理费用	86 400	
	合计	4 111 450	4 111 450

便民公司的财务报表可以直接根据调整后试算平衡表编制。请注意试算平衡表中账户的顺序：先为全部资产负债表账户，之后为利润表账户。4.3节将详细介绍如何根据调整后试算平衡表编制利润表和资产负债表。

4.3 编表与结账

第3章及本章的前两节我们讨论了会计循环的前面5个步骤，即①审核原始凭证；②编制会计分录，即编制记账凭证；③过账，即登记账户；④试算；⑤调整分录及调整后试算。本节我们继续讨论最后两个步骤：⑥编制财务报表；⑦结账及结账后试算。

4.3.1 工作底稿

工作底稿是会计人员为期末编制财务报表而编制的多栏式草表。工作底稿中罗列了期末编制财务报表所需的资料，包括：

（1）表头

工作底稿上方应写明企业名称、"工作底稿"字样及日期。

（2）账户名称

会计期间涉及的所有账户。

（3）调整前试算表

将调整前各分类账余额逐一填列在"借方"栏或"贷方"栏，然后加总验证借贷总额是否平衡。如果编制工作底稿，期末试算表可在工作底稿中一并编制。

（4）调整

将调整事项逐一填列在"调整"栏内，同一笔调整分录的借贷金额前应标注相同编号，以便于查找。"调整"栏内借贷总额也应加总并相互平衡。

（5）调整后试算表

将调整前试算表各账户余额与调整的金额按同方向相加、反方向相减的原则，计算出各账户调整后余额填列在"调整后试算表"栏，最后一行合计的借贷总额仍维持平衡。

（6）利润表

根据调整后试算表，将属于利润表的各账户金额按原借贷方向填列在"利润表"相应的项目栏中，然后加总借、贷总额，并比较两者大小，若贷方合计大于借方合计，表示实现了利润，应将此差额填列在"借方"栏，以示结平；若借方合计大于贷方合计，表示发生亏损，将差额填列在"贷方"栏，以示结平，此差额便为净损失。

（7）资产负债表

调整后试算表中未填列在利润表的账户全部填列在"资产负债表"相应的项目栏中，但须分别账户性质按原借贷方向填列。填列完毕后，将利润表中的本期净利润（或净亏损）数，改变原借贷方向，作为平衡数填列在"资产负债表"栏的同一行上，至此，资产负债表借贷总额也应相等。

之所以将净利润或净亏损作为平衡数填列在"资产负债表"栏，是因为资产负债表中除了所有者权益的未分配利润项目为期初数外，其余项目均为期末数，所以，应将净利润作为所有者权益的加项，或以净损失作为其减项，以正确反映期末实况。

便民公司2015年3月31日的工作底稿如表4-18所示。

表4-18 便民公司工作底稿

2015年3月31日 单位：元

项目	调整前试算表		调整				调整后试算表		利润表		资产负债表	
	借方	贷方	业务序号	借方	业务序号	贷方	借方	贷方	借方	贷方	借方	贷方
银行存款	75 000		15	36 000	13	12 000	99 000				99 000	
应收账款	50 000		18	1 000			51 000				51 000	
待摊费用	0		13	12 000	14	1 000	11 000				11 000	
周转材料	60 000				12	7 000	53 000				53 000	
固定资产	3 600 000						3 600 000				3 600 000	
累计折旧		10 800						10 800				10 800
无形资产	200 000						200 000				200 000	
累计摊销		2 600						2 600				2 600
应付账款		0						0				0
预收账款		0	16	6 000	15	36 000		30 000				30 000
应付利息		0			17	11 050		11 050				11 050
长期借款		700 000						700 000				700 000
实收资本		3 300 000						3 300 000				3 300 000
主营业务收入		50 000			18	1 000		51 000		51 000		
其他业务收入					16	6 000		6 000		6 000		
财务费用			17	11 050			11 050		11 050			
管理费用	78 400		12	7 000			86 400		86 400			
			14	1 000								
小计	4 063 400	4 063 400		74 050		74 050	4 111 450	4 111 450	97 450	57 000		
净利润									40 450		40 450	
合计											4 054 450	4 054 450

阅读表4-18时，请注意以下两点：第一，交易（13）、交易（15）不是调整事项。因为调整前试算表中没有记录这两笔交易，这里是补充记录；第二，计提电脑和办公用房屋折旧、摊销设计软件成本本属于调整事项，但在第3章为了解释借贷记账规则，提前记录了这两笔调整事项，由于调整前试算表中已经包含了这两笔调整事项，调整栏目就不能再重复记录了。

表4-18中调整前试算表数据来自表3-5，调整栏数据来自本章新增便民公司交易或事项。调整后试算表数据根据调整前试算表各账户余额与调整金额按同方向相加，反方向相减的原则计算得出，结果同表4-17。

4.3.2 编制财务报表

表4-17、表4-18均给出了调整后试算平衡表。编制利润表和资产负债表可直接利用调整后试算平衡表的数据。表4-19、表4-20分别是便民公司2015年3月份的利润表以及2015年3月31日的资产负债表。

这里，首先编制的是利润表，因为利润表确定了将在资产负债表中报告的未分配利润（就便民公司来说就是净利润），资产负债表所需要的数据就齐全了。请注意，现金流量表不能像利润表和资产负债表那样直接从调整后试算表中获取数据，这里不另行编制便民公司2015年3月份的现金流量表。

表4-19 利润表

编制单位：便民公司　　　　　　2015年3月　　　　　　单位：元

项目	本期金额	上期金额（略）
主营业务收入	51 000	
其他业务收入	6 000	
减：管理费用	86 400	
财务费用	11 050	
净利润	（40 450）	

表4-20 资产负债表

编制单位：便民公司　　　　　　2015年3月31日　　　　　　单位：元

资产		负债与所有者权益	
银行存款	99 000	预收账款	30 000
应收账款	51 000	应付利息	11 050
待摊费用	11 000	长期借款	700 000
周转材料	53 000	负债合计	741 050
固定资产	3 600 000	所有者权益	
减：累计折旧	10 800	实收资本	3 300 000
固定资产净值①	3 589 200	未分配利润③	（40 450）
无形资产净值②	197 400	所有者权益合计	3 259 550
资产总计	4 000 600	负债与所有者权益	4 000 600

注：①固定资产净值=固定资产（3 600 000）-累计折旧（10 800）；

②无形资产净值=无形资产（200 000）-累计摊销（2 600）；

③因为便民公司2015年3月份没有分红，未分配利润是利润表中的净利润。

需要说明的是，表4-19与第2章表2-3都是便民公司2015年3月份的利润表，表4-20与第2章表2-6都是便民公司2015年3月31日的资产负债表，但大部分报表项目的金额却不一致，主要是因为第2章表2-3、表2-6只反映了便民公司的部分交易或事项，而表4-19与表4-20反映了便民公司的全部交易或事项。

4.3.3 结账

4.3.3.1 结账的含义

结账是指会计期末将各账户余额结清或转至下期，使各账户记录暂告段落的过程。

企业使用的账户一般可分为虚账户和实账户两类。结账工作如何展开，取决于账户究竟属于哪一类。虚账户是指收入及费用类账户，即列示在利润表中的账户。会计期终了，这类账户的余额应结清，这样做一方面是为了计算本期盈亏，另一方面是为了下一个会计期记录方便，因为结账之后，各账户余额均归零，下个会计期可从零开始归集当期的收入和费用。实账户是指资产、负债及所有者权益类账户，即列示在资产负债表中的账户。这类账户的余额逐年递转延续，所以，此时的结账是指结出账户本期期末余额，并将其作为下一个会计期的期初余额。

4.3.3.2 虚账户的结账

结清虚账户时，需通过"本年利润"账户，以归集当期收入、费用账户的余额。通常收入类账户的贷方发生额大于借方发生额，结账时应借记各项收入账户，贷记"本年利润"账户；费用类账户的借方发生额大于贷方发生额，结账时应借记"本年利润"账户，贷记各项费用账户。最后，将"本年利润"账户的借贷方发生额的差额结转到利润分配账户中，增加（或减少）所有者权益。

根据便民公司2015年3月虚账户的资料，编制结账分录如下：

（19）借：主营业务收入   51 000

        其他业务收入   6 000

          贷：本年利润   57 000

（20）借：本年利润   97 450

          贷：管理费用   86 400

             财务费用   11 050

（21）借：利润分配—未分配利润   40 450

          贷：本年利润   40 450

"本年利润"账户贷方发生额大于借方发生额，表示本会计期企业实现了利润，导致所有者权益增加，应结转到"利润分配"账户的贷方；"本年利润"账户借方发生额大于贷方发生额，表示本会计期企业发生了亏损，导致所有者权益减少，应结转到"利润分配"账户的借方。便民公司2015年3月各项费用大于各项收入，发生了亏损。

"本年利润"账户只在结账过程中使用。

如果"本年利润"账户贷方发生额大于借方发生额结账分录则为：

借：本年利润　　　　　　　　　　×××

　　贷：利润分配—未分配利润　　　　×××

将以上结账分录登记入相应的账户，并结清账户余额，至此，虚账户的结账工作全部完成。

借	主营业务收入		贷
		（7）	50 000
		（18）	1 000
（19）	51 000		
本期借方发生额	51 000	本期贷方发生额	51 000
		期末余额	0

借	其他业务收入		贷
		（16）	6 000
（19）	6 000		
本期借方发生额	6 000	本期贷方发生额	6 000
		期末余额	0

借	财务费用		贷
（17）	11 050		
		（20）	11 050
本期借方发生额	11 050	本期贷方发生额	11 050
期末余额	0		

借	管理费用		贷
（4）—①	60 000		
（4）—②	2 000		
（4）—③	1 000		
（4）—④	2 000		
（5）	10 800		
（6）	2 600		
（12）	7 000		
（14）	1 000		
		（20）	86 400
本期借方发生额	86 400	本期贷方发生额	86 400
期末余额	0		

借	本年利润		贷
		（19）	57 000
（20）	97 450		
		（21）	40 450
本期借方发生额	97 450	本期贷方发生额	97 450
		期末余额	0

借	利润分配—未分配利润		贷
（21）	40 450		
本期借方发生额	40 450	本期贷方发生额	0
期末余额	40 450		

4.3.3.3 实账户的结转

资产、负债与所有者权益账户的余额均须结转至下期，继续记录。结账时，要计算各实账户借、贷方的本期发生额和期末余额，并加以划线结束，然后将期末余额结转至下期。4.2.4节和3.3.3.3部分已结出所有实账户的借、贷方本期发生额和期末余额。

4.3.4 结账后试算

收入和费用账户结清后，就可以编制仅包括资产负债表账户的结账后试算平衡表。在结账过程中，总有可能出现导致分类账借贷不平衡的差错，结账后试算平衡表是根据实账户余额编制的，不仅可以验证账户间的平衡关系，及时发现差错，而且还能够为新会计期的交易记录做好准备。

表4-21是便民公司2015年3月31日的结账后试算平衡表。

表4-21　便民公司结账后试算平衡表

2015年3月31日   单位：元

账户名称	借方余额	贷方余额
银行存款	99 000	
应收账款	51 000	
待摊费用	11 000	
周转材料	53 000	
固定资产	3 600 000	
累计折旧		10 800

续表

账户名称	借方余额	贷方余额
无形资产	200 000	
累计摊销		2 600
预收账款		30 000
应付利息		11 050
长期借款		700 000
实收资本		3 300 000
利润分配		（40 450）
合计	4 014 000	4 014 000

与表4-17所示的调整后试算平衡表相比，表4-21结账后试算平衡表只包括资产负债表账户。

【本章小结】

本章完整地介绍了会计循环流程。主要包括：

（1）审核原始凭证。原始凭证是证明交易或事项发生的书面凭证。会计人员首先要对取得的原始凭证进行合法性、合规性审核。

（2）编制记账凭证。确定每笔交易应借记和贷记的科目及金额。

（3）登记账户。根据记账凭证在日记账和分类账中进行登记。

（4）调整前试算。将分类账中各账户借方发生额、贷方发生额和期末余额通过试算平衡表汇总，以验证会计分录及账户记录的正确性。

（5）调整及调整后试算。由于现金流量和收入及费用确认存在时间性差异产生了期末调整，调整后需编制调整后试算表，以检验调整分录与过账有无差错。

（6）编制财务报表。根据调整后试算平衡表编制利润表、资产负债表。

（7）结账及结账后试算。将所有虚账户余额归零，实账户计算出期末余额，为记录下一会计期间事项做好准备。编制结账后试算平衡表可确保结账分录过账后分类账保持平衡。

【学习目标小结】

1.了解会计循环流程的每一个节点

会计循环流程的主要节点如下。

（1）审核原始凭证。会计人员首先要对取得的原始凭证进行合法性、合规性审核。

（2）编制会计分录，即编制记账凭证。按交易或事项发生时间的先后顺序确定每笔交易应借记和贷记的科目及金额，并填入记账凭证。

（3）过账，即登记账户。根据记账凭证确定的会计分录，在日记账和分类账中进行登记。

（4）试算。将分类账中各账户借方发生额、贷方发生额和期末余额通过试算平衡表汇总，以验证会计分录及账户记录的正确性。

（5）调整及调整后试算。为正确核算企业一定会计期间的利润，期末要按权责发生制（应计制）原则对应计和递延的事项进行调整，编制调整分录并进行调整后试算，以检验调整分录与过账有无差错。

（6）编制财务报表。根据调整后试算平衡表参考其他会计记录编制利润表、资产负债表、现金流量表等基本财务报表及附表，并辅以必要的注释与说明。

（7）结账及结账后试算。在会计期末，收入、费用账户必须通过结账分录予以结清，以确定当期损益；资产、负债、所有者权益账户不必编制结账分录，但其余额必须结转至下期以供连续记录。

2.掌握现金制与应计制

现金制又称收付实现制或实收实付制。它确定本期收入和费用，以款项的实际收付为标准。凡本期收到款的收入和支付款的费用，不管其是否应归属于本期，都确认为本期的收入和费用；反之，凡本期未收款的收入和未付款的费用，即使应归属于本期，也不确认为本期的收入和费用。由于款项的收付是以现金收付为准，故通常称为现金制。

应计制又称权责发生制或应收应付制。它确定本期收入和费用，不是以是否收付款为标准，而是以本期应收应付为标准。本期应收就是本期获取了收款的权利，本期应付就是费用承担的责任归属于本期。也就是说，凡归属于本期的收入，无论其款项是否收到，都确认为本期的收入；凡归属于本期的费用，无论款项是否支付，都确认为本期费用。

3.掌握4类基本调整账项

（1）资产转化为费用；（2）负债转化为收入；（3）应计未付的费用；（4）应计未收的收入。

4.掌握结账的目的并编制虚账户结账分录

结账是为记录下一会计期间的交易或事项提前做好准备。

虚账户结账分录包括：

（1）结转各类收入：

借：主营业务收入等   ×××

 贷：本年利润   ×××

（2）结转各类费用：

借：本年利润   ×××

 贷：管理费用等   ×××

（3）结转本期盈利：

借：本年利润   ×××

 贷：利润分配   ×××

结转本期亏损：

借：利润分配   ×××

 贷：本年利润   ×××

5.比较调整后试算平衡表与结账后试算平衡表的不同

调整后试算平衡表既包括利润表项目，也包括资产负债表项目；结账后试算平衡表只包括资产负债表项目。

6.了解工作底稿的用途

编制工作底稿可以检验账户记录是否有误，还可以提供期末编制财务报表所需的资料。

【关键术语】

会计循环（accounting cycle）企业在一个会计期内，其会计工作必须经过审核凭证、编制分录、记账、试算、调整、编表和结账等一系列会计程序。它于会计期期初开始，至会计期期末结束，循环往复、周而复始，故称为会计循环。

会计凭证（accounting documents；accounting evidence；accounting voucher）是记录交易或事项的发生情况，明确经济责任，作为记账依据的书面证明。

原始凭证（original documents；original vouchers）又称单据 是记录交易或事项发生的初始凭据。

记账凭证（journal voucher；bookkeeping vouchers）是财会部门根据审核无误的原始凭证填制，记载经济业务的简要内容，确定会计分录，作为记账依据的会计凭证。

收款凭证（receipt voucher）是用于记录库存现金和银行存款收入业务的记账凭证。

付款凭证（payment voucher）是用于记录库存现金和银行存款付出业务的记账凭证。

转账凭证（transfer voucher）是用于记录不涉及库存现金和银行存款收付业务的其他转账业务所用的记账凭证。

过账（posting）即登记账户 是根据记账凭证确定的会计分录，在日记账和分类账中进行登记。

总分类账（general ledger）也称总账，是按总分类账户（总分类科目）进行分类登记的账簿。

明细分类账（subsidiary ledgers）也称明细账，是按明细分类账户（子目或细目）进行分类登记的账簿。

库存现金日记账（cash instock）是由出纳人员根据审核无误的库存现金收付款凭证及部分银行存款付款凭证，序时逐笔登记的账簿。

银行存款日记账（cash in bank journal）是由出纳人员根据审核无误的银行存款收付款凭证及部分库存现金付款凭证，序时逐笔登记的账簿。

调整（adjustment）是按照应予归属这一标准，合理反映相互连接的各会计期应确认的收入和应负担的费用，使各期的收入与费用进行合理配比，从而比较恰当地计算出各期的盈亏。

现金制（cash basis）又称收付实现制或实收实付制。它确定本期收入和费用，以款项的实际收付为标准。

应计制（accrual basis）又称权责发生制或应收应付制。它确定本期收入和费用，不是以是否收付款为标准，而是以本期应收应付为标准。

递延（defer）即推迟确认已收现的收入或已付现的费用。这种预收收入或预付费用，随企业经营活动的继续会逐渐转为已实现收入或应负担费用。

应计费用（accrued expense）又称应付费用，是指本会计期应负担（或耗用）而尚未支付现金的各项费用。

应计收入（accured revenue）又称应收收入，是指本会计期已实现（赚取）而尚未收现的各项收入。

配比（matching）将相关的费用与收入在同一会计期间相互配合和相互比较的计算程序。

重要性（materiality）指的是一个项目或一个事件的相对重要性。如果一个项目的信息能合理地影响财务报表使用者的决策，则该项目就被认为具有重要性。

试算平衡表（trial balance）列示了所有分类账账户的名称及借贷方余额，用以验证账户记录是否正确的工具。

工作底稿（worksheet）显示当前账户余额（试算平衡表）、调整分录、因记录这些调整分录而形成的财务报表之间关系的多栏式表格。它既可用以检查账户记录是否有误，又可用于会计期末编制财务报表。

结账（close accounts）是指会计期末将各账户余额结清或转至下期，使各账户记录暂告段落的过程。

虚账户（real accounts）是指收入及费用类账户，即列示在利润表中的账户。

实账户（virtual account）是指资产、负债及所有者权益账户，即列示在资产负债表中的账户。

练习题

【简答题】

1.为什么说填制和审核会计凭证是会计核算工作的起点？

2.对于采用专用记账凭证的企业，如果发生了货币资金内部互相划转的交易或事项，该如何选择所使用的专用记账凭证？

3.明细账有哪几种格式？各种格式分别适用于哪些明细分类账簿？

4.现金制与应计制的主要区别在哪里？我国《企业会计准则》要求企业采用哪种确认基础？

5.企业期末应予调整的账项分为哪几种类型？请举例说明。

6.在给出了调整后试算平衡表后，企业开始编制财务报表，请问首先编制的是哪张报表？为什么？

7.如何根据本年利润账户判断企业的盈亏状况？

【业务题】

习题一

1.目的

练习在现金制和应计制下收入和费用的确定。

2.资料

长顺公司2015年9月的具体资料如下表所示。

比较现金制和应计制下收入和费用的确定

经济业务	现金制		应计制	
	收入	费用	收入	费用
1.支付本月通信费2 300元				
2.预付第四季度房租费7 500元				
3.本月负担已预付房租5 000元				
4.本月应负担尚未支付的借款利息2 000元				
5.本月支付上月应负担的维修费360元				
6.计提本月设备折旧费6 000元				
7.本月对外提供服务收入3 050元，未收款				
8.收到上月提供劳务服务收入1 530元				
9.本月销售商品，并收到货款3 500元				
10.本月销售商品2 300元，货款尚未收到				
合计				

3.要求

（1）根据现金制和应计制，分别确定本月的收入和费用。

（2）分别计算两种会计基础下的利润，并分析其合理性。

习题二

1.目的

练习结账分录、资产负债表和利润表的编制。

2.资料

恒海公司2015年6月30日资产、负债、所有者权益、收入和费用账户结账前余额资料如下表所示。

恒海公司2015年6月30日结账前账户余额

单位：元

应付账款	2 700	实收资本	22 930
累计折旧	1 200	营业收入	37 700
库存现金	2 400	管理费用——保险费用	2 400
银行存款	23 400	待摊费用——预付保险费	1 030
管理费用——折旧费用	400	待摊费用——预付房租	3 200
固定资产——设备	32 800	管理费用——租金费用	3 500

续表

管理费用——人工费用	5 000	原材料	1 400
应付职工薪酬	4 500	营业成本	2 100
利润分配——未分配利润	5 600	预收账款	3 000

3.要求

（1）编制收入和费用账户的结账分录。

（2）编制恒海公司资产负债表和利润表。

习题三

1.目的

熟悉会计循环。

2.资料

星和康复护理中心2015年7月1日各有关账户的余额如下表所示。

星和康复护理中心2015年7月1日各有关账户余额

单位：元

库存现金	3 000	累计折旧	8 700
银行存款	50 000	应付账款	8 500
应收账款	1 000	应付职工薪酬	8 900
待摊费用——预付保险费	2 200	实收资本	92 000
库存商品——医疗用品	3 000	利润分配——未分配利润	17 100
固定资产——设备	76 000		

星和康复护理中心7月份发生如下交易或事项：

（1）7月2日，赊购康复设备31 000元。

（2）7月5日，收回顾客所欠康复护理费用600元（计入应收账款账户），存入银行。

（3）7月8日，赊购医疗用品7 000元。

（4）7月12日，用银行存款偿还部分欠款10 500元。

（5）7月15日，用银行存款支付上月医护人员薪酬8 900元。

（6）7月19日，用银行存款支付化验费3 900元。

（7）7月22日，用银行存款支付下半年度房屋租金5 400元。

（8）7月25日，本月末收康复护理收入6 000元。

（9）7月28日，用银行存款支付本月水电费3 400元。

（10）7月31日，收到康复护理收入34 500元，存入银行。

7月底调整事项如下：

（1）本月员工薪酬8 500元，其中医务人员薪酬4 000元，管理人员薪酬4 500元，尚未支付。

（2）1月预付全年财产保险费6 000元，本月应负担500元。

（3）本月应负担房租900元。

（4）本月应收银行存款利息400元。

（5）医疗设备本月应计提折旧700元。

（6）本月耗用医疗用品6 400元。

3.要求

（1）开设T形账户，并登记期初余额。

（2）编制7月份发生交易或事项的会计分录，并记入T形账户。

（3）编制调整分录，并记入T形账户。

（4）编制结账分录，记入T形账户，并对各总分类账进行结账。

（5）根据各分类账的资料，编制星和康复护理中心2015年7月份的利润表以及2015年7月31日的资产负债表。

习题四

1.目的

掌握期末账项调整。

2.资料

爱居物业管理有限公司是给办公大楼和商业中心提供专业的物业管理服务的公司。公司每年都会在年末结账，已记录2014年发生的交易事项，具体如下。

（1）9月1日，收到商业中心预先支付的物业管理服务费，服务自9月开始，持续3个月。将现金存入银行，并确认了该笔收入。

（2）12月1日收到与（1）中相同客户预付的服务费，服务期也是3个月，从10月开始提供服务。这次，将这笔收入贷记预收账款账户。

（3）12月为顾客提供物业管理服务，款项于2015年2月收取，会计人员未作任何记录。

（4）12月15日，用银行存款预付了2015年全年度的保险费用，会计人员当日的会计处理为：借记待摊费用，贷记银行存款。

（5）购买的管理用设备借记资产账户没有计入费用账户。

（6）12月2日购买的原材料，当月领用十分之一用于生产产品，并于当月全部售出。

（7）公司约定每月15日发放上月管理人员的工资，12月15日发放11月份的工资，而12月的工资尚未计提。

3.要求

根据上述事项，判定在12月31日是否需要编制调整分录并解释原因。如果需要编制调整分录，说明其对2014年财务报表中资产、负债、所有者权益、收入和费用的影响。

习题五

1.目的

掌握应计制的应用。

2.资料

王先生2015年1月1日投资500 000元开办了一家名为智慧邦的广告公司，公司花了200 000元做广告，支付了180 000元添置办公用品。2月和3月，公司实现并收取了2 000 000元的广告收入，并将这笔收入的一半用于支付业务招待费，一半用于支付员工薪酬。4月、5月和6月，公司又赚取了9 000 000元收入，但是仅收到了其中的三分之二，这3个月的员工薪酬和其他开支分别是1 000 000元、1 000 000元。由于经营业绩不俗，王先生取出其中1 000 000元购买了一套公寓改善住房条件，期末清点时发现还有100 000元办公用品尚未耗用。

有4位同学根据以上资料为智慧邦广告公司计算利润，结果各不相同（如下表所示）。

利润表

编制单位：智慧邦广告公司　　　　　截至2015年6月30日　　　　　单位：千元

报表项目	学生A	学生B	学生C	学生D
营业收入	11 000	8 000	8 000	8 500
费用				
广告	200	200	200	200
办公费用	80	80	180	180
工资	2 000	3 000	2 000	2 000
业务招待费	1 000	1 000	1 000	1 000
其他	1 000	1 000	1 000	2 000
净利润	6 720	2 720	3 620	3 120

3.要求

（1）请你根据本章所学的应计制原则计算一下该公司开张6个月来银行存款、办公用品等资产的期末结余、该公司6个月的盈利金额，并编制该公司6月30日的资产负债表。

（2）判断哪一位同学是正确的，如果都不正确，请编制正确的利润表。

习题六

1.目的

熟悉重要性概念。

2.回答下列问题

（1）为什么一笔交易或事项的重要性的问题属于职业判断？

（2）会计上认为判断一笔事项或交易的重要性的标准是什么？

（3）重要性概念是指财务报表记载的数字要十分精准吗？这一原则要求会计信息至少要对大多数使用者有用吗？

3.快地飞汽车租赁公司每年都要购买大量汽车以提供租赁服务。为方便员工上下班，公司同时也为员工购买汽车。公司为员工购买汽车是直接计入管理费用还是作为资产记录？为什么？

【案例讨论题】

1.审计师审查信达公司的财务报表，发现以下5项调整项目没有记账：

（1）期末对于应付未付工资未予入账；

（2）期末未对周转材料的已耗用部分进行调整；

（3）未记录一项固定资产的折旧；

（4）购买理财产品的利息收入未予记账；

（5）期末未对已经实现的预收收入予以调整。

思考：

请分析上述审计发现的情况，并结合下表分析期末未做调整对公司财务报表各项目的影响。假如某项调整漏列对报表项目的影响是高估的，就在适当的空格里填"＋"；低估则填"－"；没有影响，则填"0"。

会计差错对财务报表各项目的影响分析

分类	会计差错的影响				
	（1）	（2）	（3）	（4）	（5）
收入					
费用					
净利润					
流动资产					
非流动资产					
流动负债					
非流动负债					
所有者权益					

2.收入确认期间

权责发生制决定企业何时确认收入。下面列示了3笔涉及收入的交易。在每笔交易之后，我们提供了两个会计期间，在其中一个会计期间内收入可能被确认。请根据权责发生制原则选择一个收入实现的会计期间，并做简要说明。

（1）航空机票收入：绝大多数航空公司都会预售飞机票，那么航空公司应该在何时确认收入？

A.售票期间   B.飞行期间

（2）赊销收入：2015年8月，一家位于上海南京西路的建材商店有一笔大交易，根据合同约定，装修材料已经发出，款项于2016年2月收取。建材商店应该何时确认收入？

A.装修材料售出期间   B.款项收到期间

（3）杂志订阅收入：绝大多数出版社都会要求读者在杂志社寄出杂志之前订阅并付款，请问杂志社应该在何时确认收入？

A.出售订阅期间   B.杂志寄出期间

第二篇

资产权益篇

第5章 资产概述

【学习目标】

1.了解资产的特征。

2.了解资产的分类。

3.了解会计要素的计量属性。

4.了解资产减值损失的确认与计量原则。

【引导案例】

银行资产质量承压 四大过剩行业不良资产或将激增

银行的资产质量正在急速下滑，且目前依旧看不到底部在何处。正在陆续披露的上市银行年报显示，不良贷款双升仍在持续。

公开数据显示，截至2015年四季度，信托风险项目增至464个，集中在房地产、矿产能源等供给侧改革的焦点行业，规模合计973亿元；2014—2015年发生数十起各类公司债券违约，集中在光伏、水泥、钢铁、化工等行业。

波士顿咨询近日披露的研究报告显示，以煤炭、钢铁、有色、水泥四大行业为例，目前存量有息负债合计5.4万亿元，其中煤炭行业约2万亿元，钢铁2.3万亿元，有色0.7万亿元，水泥0.4万亿元；按产品细分，贷款约2.8万亿元，债券约1.6万亿元，信托类非债券约1万亿元。假设四大行业的有息负债20%~40%成为不良资产，未来3年坏账释放可能达到1万亿~2万亿元。

以近日披露的部分上市银行2015年年报为例，煤炭、钢铁、有色、水泥等产能过剩行业贷款余额较高，不良率有高有低。如工行在钢铁行业贷款1 138亿元，不良贷款10.43亿元，不良率0.92%；建行在钢铁、水泥、电解铝、平板玻璃、造船5个产能严重过剩行业贷款余额1 302.59亿元，较上年减少35.63亿元；而中行在产能严重过剩行业贷款余额1 634亿元，不良贷款率0.31%；招行则在产能过剩行业贷款余额490.44亿元，比上年末增加63.00亿元，不良贷款率5.46%，比年初上升3.71个百分点。中信银行年报显示，2016年可能面对的风险是工业领域去产能、去杠杆进程加快，煤炭、钢铁、石化、有色、建材等行业企业普遍陷入困境，破产、兼并、逃债等情况可能明显增多。

据中国东方资产管理公司《2015年中国金融不良资产市场调查报告》预测，新增信贷集中出现不良贷款的时点较大可能在2017年；银行业不良贷款率上升趋势还会持续4~6个季度。

"虽然银行资产质量将下降，但风险仍处于可控范围之内，而且完全有能力处置不良资产。"工行董事长姜建清在业绩发布会上称。

资料来源：经济观察报（北京）2016年4月3日（有删减）

5.1 资产的性质与分类

5.1.1 资产的性质

资产是指企业过去的交易或者事项形成的，由企业拥有或者控制的，预期会给企业带来经济利益的资源。根据资产的定义，资产具有以下几个方面的特征。

（1）资产预期会给企业带来经济利益

资产预期会给企业带来经济利益，是指资产直接或者间接导致现金和现金等价物流入企业的潜力。这种潜力可以来自企业日常的生产经营活动，也可以是非日常活动；带来的经济利益可以是现金或者现金等价物，或者是可以转化为现金或者现金等价物的形式，或者是可以减少现金或者现金等价物流出的形式。

资产预期能否会为企业带来经济利益是资产的重要特征。比如，企业采购的原材料、购置的固定资产等可以用于生产经营过程，制造商品或者提供劳务，对外出售后收回货款，货款即为企业所获得的经济利益。如果某一项目预期不能给企业带来经济利益，那么就不能将其确认为企业的资产。前期已经确认为资产的项目，如果不能再为企业带来经济利益的，也不能再确认为企业的资产。

（2）资产应为企业拥有或者控制的资源

资产作为一项资源，应当由企业拥有或者控制。具体是指企业享有某项资源的所有权，或者虽然不享有某项资源的所有权，但该资源能被企业所控制。

企业享有资产的所有权，通常表明企业能够排他性地从资产中获取经济利益。通常在判断资产是否存在时，所有权是考虑的首要因素。在有些情况下，资产虽然不为企业所拥有，即企业并不享有其所有权，但企业控制了这些资产，同样表明企业能够从资产中获取经济利益，符合会计上对资产的定义。如果企业既不拥有也不控制资产所能带来的经济利益，就不能将其作为企业的资产予以确认。

（3）资产是由企业过去的交易或者事项形成的

这就是说，作为企业资产，必须是现实的而不是预期的资产，它是企业过去已经发生的交易或者事项所产生的结果，包括购买、生产、建造行为或者其他交易或事项。企业预期在未来发生的交易或者事项不形成资产。比如，企业有购买某存货的意愿或者计划，但是购买行为尚未发生，就不符合资产的定义，不能因此而确认存货资产。

5.1.2 资产的分类

根据财务报表列报准则的规定，资产负债表上资产应当按照流动性分为流动资产和非流动资产列示。流动性，通常按资产的变现或耗用时间长短或者负债的偿还时间长短来确定。

对于一般企业（如工商企业）而言，通常在明显可识别的营业周期内销售产品或提供服务，应当将资产分为流动资产和非流动资产列报，有助于反映本营业周期内预期能实现的资产和应偿还的负债。但是，对于银行、证券、保险等金融企业而言，有些资产无法严格区分为流动资产或非流动资产，而大体按照流动性顺序列报往往能够提供可靠且更相关的信息。

资产满足下列条件之一的，应当归类为流动资产：①预计在一个正常营业周期中变现、出售或耗用。这主要包括存货、应收账款等资产。需要指出的是，变现一般针对应收账款而言，指将资产变为现金；出售一般针对产品等存货而言；耗用一般指将存货（如原材料）转变成另一种形态（如产成品）。②主要为交易目的而持有。如一些根据《企业会计准则第22号——金融工具确认和计量》划分的交易性金融资产。但是，并非所有交易性金融资产均为流动资产，比如自资产负债表日起超过12个月到期且预期持有超过12个月的衍生工具应当划分为非流动资产或非流动负债。③预计在资产负债表日起一年内（含一年）变现。④自资产负债表日起一年内，交换其他资产或清偿负债的能力不受限制的现金或现金等价物。同时，流动资产以外的资产应当归类为非流动资产。

所谓"正常营业周期"，是指企业从购买用于加工的资产起至实现现金或现金等价物的期间。正常营业周期通常短于一年，在一年内有几个营业周期。但是，因生产周期较长等导致正常营业周期长于一年的，尽管相关资产往往超过一年才变现、出售或耗用，仍应当划分为流动资产。当正常营业周期不能确定时，企业应当以一年（12个月）作为正常营业周期。

5.2 资产的确认与计量

5.2.1 资产的确认条件

将一项资源确认为资产，需要符合资产的定义，还应同时满足以下两个条件。

（1）与该资源有关的经济利益很可能流入企业

从资产的定义可以看到，能否带来经济利益是资产的一个本质特征，但在现实生活中，由于经济环境瞬息万变，与资源有关的经济利益能否流入企业或者能够流入多少实际上带有不确定性。因此，资产的确认还应与经济利益流入的不确定性程度的判断结合起来，如果根据编制财务报表时所取得的证据，与资源有关的经济利益很可能流入企业，那么就应当将其作为资产予以确认；反之，不能确认为资产。比如，某企业赊销一批商品给某一客户，从而形成了对该客户的应收账款，由于企业最终收到款项与销售实现之间有时间差，而且收款又在未来期间，因此带有一定的不确定性，如果企业在销售时判断未来很可能收到款项或者能够确定收到款项，企业就应当将该应收账款确认为一项资产；如果企业判断在通常情况下很可能部分或者全部无法收回，表明该部分或者全部应收账款已经不符合资产的确认条件，应当计提坏账准备，减少资产的价值。

（2）该资源的成本或者价值能够可靠地计量

财务会计系统是一个确认，计量和报告的系统，其中计量起着枢纽作用，可计量性是所有会计要素确认的重要前提，资产的确认也是如此。只有当有关资源的成本或者价值能够可靠地计量时，资产才能予以确认。在实务中，企业取得的许多资产都是发生了实际成本的，比如，企业购买或者生产的存货，企业购置的厂房或者设备等，对于这些资产，只要实际发生的购买成本或者生产成本能够可靠计量，就视为符合了资产确认的可计量条件。在某些情况下，企业取得的资产没有发生实际成本或者发生的实际成本很小，如企业持有的某些衍生金融工具形成的资产。对于这些资产，尽管它们没有实际成本或者发生的实际成本很小，但是如果其公允价值能够可靠计量的话，也被认为符合了资产可计量性的确认条件。

5.2.2 资产计量的原则

5.2.2.1 会计要素计量属性

会计计量是为了将符合确认条件的会计要素登记入账并列报于财务报表而确定其金额的过程。企业应当按照规定的会计计量属性进行计量，确定相关金额。计量属性是指所予计量的某一要素的特性方面，如桌子的长度、铁矿的重量、楼房的高度等。从会计角度，计量属性反映的是会计要素金额的确定基础，主要包括历史成本、重置成本、可变现净值、现值和公允价值等。

（1）历史成本

历史成本，又称为实际成本，就是取得或制造某项财产物资时所实际支付的现金或者其他等价物。在历史成本计量下，资产按照其购置时支付的现金或者现金等价物的金额，或者按照购置资产时所付出的对价的公允价值计量。负债按照其因承担现时义务而实际收到的款项或者资产的金额，或者承担现时义务的合同金额，或者按照日常活动中为偿还负债预期需要支付的现金或者现金等价物的金额计量。

（2）重置成本

重置成本，又称为现行成本，是指按照当前市场条件，重新取得同样一项资产所需支付的现金或现金等价物金额。在重置成本计量下，资产按照现在购买相同或者相似资产所需支付的现金或者现金等价物的金额计量。负债按照现在偿付该项债务所需支付的现金或者现金等价物的金额计量。

（3）可变现净值

可变现净值，是指在正常生产经营过程中以预计售价减去进一步加工成本和销售所必需的预计税金、费用后的净值。在可变现净值计量下，资产按照其正常对外销售所能收到现金或者现金等价物的金额扣减该资产至完工时估计将要发生的成本、估计的销售费用以及相关税金后的金额计量。

（4）现值

现值是指对未来现金流量以恰当的折现率进行折现后的价值，是考虑货币时间价值因素等的一种计量属性。在现值计量下，资产按照预计从其持续使用和最终处置中所产生的未来净现金流入量的折现金额计量。负债按照预计期限内需要偿还的未来净现金流出量的折现金额计量。

（5）公允价值

公允价值是指市场参与者在计量日发生的有序交易中，出售一项资产所能收到或者转移一项负债所需支付的价格。有序交易，是指在计量日前一段时期内相关资产或负债具有惯常市场活动的交易。清算等被迫交易不属于有序交易。

5.2.2.2 各种计量属性之间的关系

在各种会计要素计量属性中，历史成本通常反映的是资产或者负债过去的价值，而重置成本、可变现净值、现值以及公允价值通常反映的是资产或者负债的现时成本或者现时价值，是与历史成本相对应的计量属性。当然这种关系也并不是绝对的。比如，资产或者负债的历史成本有时就是根据交易时有关资产或者负债的公允价值确定的，在非货币性资产交换中，如果交换具有商业实质，且换入、换出资产的公允价值能够可靠计量的，换入资产入账成本的确定应当以换出资产的公允价值为基础，除非有确凿证据表明换入资产的公允价值更加可靠；在非同一控制下的企业合并交易中，合并成本也是以购买方在购买日为取得对被购买方的控制权而付出的资产、发生或承担的负债等的公允价值确定的。再如，企业以公允价值计量相关资产或负债，应当采用在当前情况下适用并且有足够可利用数据和其他信息支持的估值技术。企业使用估值技术的目的，是为了估计在计量日当前市场条件下，市场参与者在有序交易中出售一项资产或者转移一项负债的价格。而在采用估值技术估计相关资产或者负债的公允价值时，现值往往是比较普遍采用的一种估值方法，在这种情况下，公允价值就是以现值为基础确定的。另外，公允价值相对于历史成本而言，具有很强的时间概念，也就是说，当前环境下某项资产或负债的历史成本可能是过去环境下该项资产或负债的公允价值，而当前环境下某项资产或负债的公允价值也许就是未来环境下该项资产或负债的历史成本。

5.2.2.3 计量属性的应用原则

企业在对会计要素进行计量时，一般应当采用历史成本。采用重置成本、可变现净值、现值、公允价值计量的，应当保证所确定的会计要素金额能够取得并可靠计量。

在企业会计准则体系建设中适度、谨慎地引入公允价值这一计量属性，是因为随着我国资本市场的发展，股权分置改革的基本完成，越来越多的股票、债券、基金等金融产品在交易所挂牌上市，使得这类金融资产的交易已经形成了较为活跃的市场，因此，我国已经具备了引入公允价值的条件。在这种情况下，引入公允价值，更能反映企业的现实情况，对投资者等财务报告使用者的决策更加有用，而且也只有如此，才能实现我国会计准则与国际财务报告准则的趋同。

在引入公允价值过程中，我国充分考虑了国际财务报告准则中公允价值应用的三个层次，并首先使用第一层次输入值，其次使用第二层次输入值，最后使用第三层次输入值。第一层次输入值是在计量日能够取得的相同资产或负债在活跃市场上未经调整的报价。活跃市场，是指相关资产或负债的交易量和交易频率足以持续提供定价信息的市场。第二层次输入值是除第一层次输入值外相关资产或负债直接或间接可观察的输入值，包括：①活跃市场中类似资产或负债的报价；②非活跃市场中相同或类似资产或负债的报价；③除报价以外的其他可观察输入值，包括在正常报价间隔期间可观察的利率和收益率曲线、隐含波动率和信用利差等；④市场验证的输入值等。第三层次输入值是相关资产或负债的不可观察输入值。不可观察输入值应当反映市场参与者对相关资产或负债定价时所使用的假设，包括有关风险的假设，如特定估值技术的固有风险和估值技术输入值的固有风险等。

值得一提的是，我国引入公允价值是适度、谨慎和有条件的。原因是考虑到我国尚属新兴的市场经济国家，如果不加限制地引入公允价值，有可能出现公允价值计量不可靠，甚至出现借此人为操纵利润的现象。因此，在投资性房地产和生物资产等具体准则中规定，只有存在活跃市场、公允价值能够取得并可靠计量的情况下，才能采用公允价值计量。

【延伸知识】

2015年A股上市公司总资产排名TOP50

随着5月的来临，A股上市公司2014年年报已经全部披露完毕。据统计，A股公司2014年营业总收入和净利润分别为28.93万亿元、2.42万亿元，同比分别增长6.1%、6.5%。剔除银行业后数据变更为25.6万亿元、1.18万亿元，同比分别增长5.1%、5.2%。16家上市银行占据全部公司净利润的半壁江山。统计显示，16家上市银行2014年营业总收入和净利润分别为3.33万亿元、1.24万亿元，同比分别增长14.5%、7.7%。

2014年年末A股上市公司总资产排名TOP50

序号	公司简称	总资产（亿元）	序号	公司简称	总资产（亿元）
1	工商银行	206 099.5300	6	招商银行	47 318.2900
2	建设银行	167 441.3000	7	兴业银行	44 063.9900
3	农业银行	159 741.5200	8	浦发银行	41 959.2400
4	中国银行	152 513.8200	9	中信银行	41 388.1500
5	交通银行	62 682.9900	10	民生银行	40 151.3600

序号	公司简称	总资产（亿元）	序号	公司简称	总资产（亿元）
11	中国平安	40 059.1100	31	上汽集团	4 148.7067
12	光大银行	27 370.1000	32	保利地产	3 657.6564
13	中国石油	24 053.7600	33	海通证券	3 526.2215
14	中国人寿	22 465.6700	34	中国中冶	3 259.7848
15	平安银行	21 864.5900	35	大唐发电	3 024.3137
16	华夏银行	18 516.2800	36	中国电建	2 867.5674
17	北京银行	15 244.3700	37	华泰证券	2 722.2604
18	中国石化	14 513.6800	38	华能国际	2 721.6495
19	中国建筑	9 191.0622	39	国电电力	2 462.5310
20	中国太保	8 251.0000	40	中煤能源	2 427.0630
21	中国中铁	6 830.4724	41	广发证券	2 400.9978
22	新华保险	6 437.0900	42	宝钢股份	2 286.5251
23	中国交建	6 303.8789	43	中国国航	2 096.4287
24	中国铁建	6 170.0402	44	中国重工	2 065.0520
25	南京银行	5 731.5018	45	申万宏源	2 023.1156
26	宁波银行	5 541.1262	46	招商证券	1 934.0805
27	中国联通	5 471.2457	47	中国铝业	1 926.3197
28	中国神华	5 325.9600	48	南方航空	1 896.9700
29	万科	5 084.0876	49	华电国际	1 882.6458
30	中信证券	4 796.2645	50	国投电力	1 726.1732

资料来源：中商情报网，2015年5月4日

5.3 资产减值

5.3.1 资产减值概述

资产是企业过去的交易或者事项形成的、由企业拥有或者控制的、预期会给企业带来经济利益的资源。资产的主要特征之一是它必须能够为企业带来经济利益的流入，如果资产不能够为企业带来经济利益或者带来的经济利益低于其账面价值，那么，该资产就不能再予确认，或者不能再以原账面价值予以确认，否则不符合资产的定义，也无法反映资产的实际价值，其结果会导致企业资产虚增和利润虚增。因此，当企业资产的可收回金额低于其账面价值时，即表明资产发生了减值，企业应当确认

资产减值损失，并把资产的账面价值减记至可收回金额。

5.3.1.1 资产减值的范围

企业所有的资产在发生减值时，原则上都应当对所发生的减值损失及时加以确认和计量，因此，资产减值包括所有资产的减值。但是，由于有关资产特性不同，其减值会计处理也有所差别，因而所适用的具体准则也不尽相同。比如，存货、消耗性生物资产的减值分别适用《企业会计准则第1号——存货》和《企业会计准则第5号——生物资产》；建造合同形成的资产、递延所得税资产、融资租赁中出租人未担保余值等资产的减值，分别适用《企业会计准则第15号——建造合同》《企业会计准则第18号—所得税》和《企业会计准则第21——租赁》；采用公允价值后续计量的投资性房地产和由《企业会计准则第22号——金融工具确认和计量》所规范的金融资产的减值，分别适用《企业会计准则第3号——投资性房地产》和《企业会计准则第22号——金融工具确认和计量》，流动资产减值会计的处理在相关章节阐述，本章不涉及有关内容。

本章涉及的主要是除上述资产以外的资产，这些资产通常属于企业非流动资产，具体包括：

①对子公司、联营企业和合营企业的长期股权投资；

②采用成本模式进行后续计量的投资性房地产；

③固定资产；

④生产性生物资产；

⑤无形资产；

⑥商誉；

⑦探明石油天然气矿区权益和井及相关设施。

5.3.1.2 资产减值的迹象与测试

（1）资产减值迹象的判断

企业在资产负债表日应当判断资产是否存在可能发生减值的迹象，主要可从外部信息来源和内部信息来源两方面加以判断。

从企业外部信息来源来看，如果出现了资产的市价在当期大幅度下跌，其跌幅明显高于因时间的推移或者正常使用而预计的下跌；企业经营所处的经济、技术或者法律等环境以及资产所处的市场在当期或者将在近期发生重大变化，从而对企业产生不利影响；市场利率或者其他市场投资报酬率在当期已经提高，从而影响企业计算资产预计未来现金流量现值的折现率，导致资产可收回金额大幅度降低等，均属于资产可能发生减值的迹象，企业需要据此估计资产的可收回金额，决定是否需要确认减值损失。

从企业内部信息来源来看，如果有证据表明资产已经陈旧过时或者其实体已经损坏；资产已经或者将被闲置、终止使用或者计划提前处置；企业内部报告的证据表明资产的经济绩效已经低于或者将低于预期，如资产所创造的净现金流量或者实现的营业利润远远低于原来的预算或者预计金额、资产发生的营业损失远远高于原来的预算或者预计金额、资产在建造或者收购时所需的现金支出远远高于最初的预算、资产在经营或者维护中所需的现金支出远远高于最初的预算等，均属于资产可能发生减值的迹象。

需要说明的是，上述列举的资产减值迹象并不能穷尽所有的减值迹象，企业应当根据实际情况来认定资产可能发生减值的迹象。

（2）资产减值的测试

如果有确凿证据表明资产存在减值迹象的，应当进行减值测试，估计资产的可收回金额。资产存在减值迹象是资产是否需要进行减值测试的必要前提，但是以下资产除外，即因企业合并形成的商誉和使用寿命不确定的无形资产，对于这些资产，无论是否存在减值迹象，都应当至少于每年年度终了进行减值测试。其原因是，企业合并所形成的商誉和使用寿命不确定的无形资产在后续计量中不再进行摊销，但是考虑到这些资产的价值和产生的未来经济利益有较大的不确定性，为了避免资产价值高估，及时确认商誉和使用寿命不确定的无形资产的减值损失，如实反映企业财务状况和经营成果，对于这些资产，企业至少应当于每年年度终了进行减值测试。另外，对于尚未达到可使用状态的无形资产由于其价值具有较大的不确定性，也应当每年进行减值测试。

企业在判断资产减值迹象以决定是否需要估计资产可收回金额时，应当遵循重要性原则。根据这一原则，企业资产存在下列情况的，可以不估计其可收回金额。

第一，以前报告期间的计算结果表明，资产可收回金额远高于其账面价值，之后又没有发生消除这一差异的交易或者事项的，企业在资产负债表日可以不需重新估计该资产的可收回金额。

第二，以前报告期间的计算与分析表明，资产可收回金额对于资产减值准则中所列示的一种或者多种减值迹象反应不敏感，在本报告期间又发生了这些减值迹象的，在资产负债表日企业可以不需因为上述减值迹象的出现而重新估计该资产的可收回金额。比如在当期市场利率或者其他市场投资报酬率提高的情况下，如果企业计算资产未来现金流量现值时所采用的折现率不大可能受到该市场利率或者其他市场投资报酬率提高的影响；或者即使会受到影响，但以前期间的可收回金额敏感性分析表明，该资产预计未来现金流量也很可能相应增加，因而不大可能导致资产的可收回金额大幅度下降的，企业可以不必对资产可收回金额进行重新估计。

5.3.2 资产减值损失的确认与计量

（1）资产减值损失确认与计量的一般原则

企业在对资产进行减值测试后，如果可收回金额的计量结果表明，资产的可收回金额低于其账面价值的，应当将资产的账面价值减记至可收回金额，减记的金额确认为资产减值损失，计入当期损益，同时计提相应的资产减值准备。这样，企业当期确认的减值损失应当反映在其利润表中，而计提的资产减值准备应当作为相关资产的备抵项目，反映于资产负债表中，从而夯实企业资产价值，避免利润虚增，如实反映企业的财务状况和经营成果。

资产减值损失确认后，减值资产的折旧或者摊销费用应当在未来期间作相应调整，以使该资产在剩余使用寿命内，系统地分摊调整后的资产账面价值（扣除预计净残值）。比如，固定资产计提了减值准备后，固定资产账面价值将根据计提的减值准备相应抵减，因此，固定资产在未来计提折旧时，应当按照新的固定资产账面价值为基础计提每期折旧。

考虑到固定资产、无形资产、商誉等资产发生减值后，一方面价值回升的可能性比较小，通常属于永久性减值；另一方面从会计信息稳健性要求考虑，为了避免确认资产重估增值和操纵利润，资产减值损失一经确认，在以后会计期间不得转回。以前期间计提的资产减值准备，需要等到资产处置时才可转出。

（2）资产减值损失的账务处理

为了正确核算企业确认的资产减值损失和计提的资产减值准备，企业应当设置"资产减值损失"科目，按照资产类别进行明细核算，反映各类资产在当期确认的资产减值损失金额；同时，应当根据不同的资产类别，分别设置"固定资产减值准备"、"在建工程减值准备"、"投资性房地产减值准备"、"无形资产减值准备"、"商誉减值准备"、"长期股权投资减值准备"、"生产性生物资产减值准备"等科目。

当企业确定资产发生了减值时，应当根据所确认的资产减值金额，借记"资产减值损失"科目，贷记"固定资产减值准备"、"在建工程减值准备"、"投资性房地产减值准备"、"无形资产减值准备"、"商誉减值准备"、"长期股权投资减值准备"、"生产性生物资产减值准备"等科目。在期末，企业应当将"资产减值损失"科目余额转入"本年利润"科目，结转后该科目应当没有余额。各资产减值准备科目累积每期计提的资产减值准备，直至相关资产被处置时才予以转出。

【例5-1】晨光公司有一条生产线A于2006年12月31日的账面价值为100 000元，经测试其可收回金额为60 000元，生产线的账面价值高于其可收回金额，因此，该生产线已经发生了减值，公司应当确认减值损失40 000元，会计处理如下：

借：资产减值损失　　　　　　　　　　　　　　　40 000

　　贷：固定资产减值准备——生产线A　　　　　　　　　40 000

除可供出售金融资产外的其他非流动资产计提减值损失的会计处理基本同固定资产。

【本章小结】

通常用资产总额来反映一个企业的规模。在6个会计要素中资产内容最多。本章是第6~10章的导论，系统介绍了资产具有的特征，资产负债表上资产的列报方式、资产确认的条件、会计要素计量属性以及资产减值的相关内容。一项资源确认为资产，需要符合资产的定义，还应同时满足两个条件：①与该资源有关的经济利益很可能流入企业；②该资源的成本或者价值能够可靠地计量。会计要素的计量属性主要包括历史成本、重置成本、可变现净值、现值和公允价值等。企业在对资产进行减值测试后，如果资产的可收回金额低于其账面价值，应当计提资产减值损失，资产减值损失一经确认，在以后会计期间不得转回。

【学习目标小结】

1.了解资产的特征

资产具有以下特征：①资产预期会给企业带来经济利益；②资产应为企业拥有或者控制的资源；③资产是由企业过去的交易或者事项形成的。

2.了解资产的分类

根据财务报表列报准则的规定，资产负债表上资产应当按照流动性分为流动资产和非流动资产列示。流动性，通常按资产的变现或耗用时间长短或者负债的偿还时间长短来确定。

资产满足下列条件之一的，应当归类为流动资产：①预计在一个正常营业周期中变现、出售或耗用；②主要为交易目的而持有；③预计在资产负债表日起一年内（含一年）变现；④自资产负债表日起一年内，交换其他资产或清偿负债的能力不受限制的现金或现金等价物。同时，流动资产以外的资产应当归类为非流动资产。

3.了解会计要素的计量属性

会计计量是为了将符合确认条件的会计要素登记入账并列报于财务报表而确定其金额的过程。企业应当按照规定的会计计量属性进行计量，确定相关金额。会计计量属性反映的是会计要素金额的确定基础，主要包括历史成本、重置成本、可变现净值、现值和公允价值等。

4.了解资产减值损失的确认与计量原则

企业在对资产进行减值测试后，如果可收回金额的计量结果表明，资产的可收回金额低于其账面价值的，应当将资产的账面价值减记至可收回金额，减记的金额确认为资产减值损失，计入当期损益，同时计提相应的资产减值准备。

考虑到固定资产、无形资产、商誉等资产发生减值后，一方面价值回升的可能性比较小，通常属于永久性减值；另一方面从会计信息稳健性要求考虑，为了避免确认资产重估增值和操纵利润，资产减值损失一经确认，在以后会计期间不得转回。以前期间计提的资产减值准备，需要等到资产处置时才可转出。

【关键术语】

活跃市场（active market）是指相关资产或负债的交易量和交易频率足以持续提供定价信息的市场。

历史成本（historic cost）又称为实际成本，就是取得或制造某项财产物资时所实际支付的现金或者其他等价物。在历史成本计量下，资产按照其购置时支付的现金或者现金等价物的金额，或者按照购置资产时所付出的对价的公允价值计量。负债按照其因承担现时义务而实际收到的款项或者资产的金额，或者承担现时义务的合同金额，或者按照日常活动中为偿还负债预期需要支付的现金或者现金等价物的金额计量。

重置成本（replacement cost）又称现行成本，是指按照当前市场条件，重新取得同样一项资产所需支付的现金或现金等价物金额。在重置成本计量下，资产按照现在购买相同或者相似资产所需支付的现金或者现金等价物的金额计量。负债按照现在偿付该项债务所需支付的现金或者现金等价物的金额计量。

可变现净值（net realisable value）是指在正常生产经营过程中以预计售价减去进一步加工成本和销售所必需的预计税金、费用后的净值。在可变现净值计量下，资产按照其正常对外销售所能收到现金或者现金等价物的金额扣减该资产至完工时估计将要发生的成本、估计的销售费用以及相关税金后的金额计量。

现值（present value）是指对未来现金流量以恰当的折现率进行折现后的价值，是考虑货币时间价值因素等的一种计量属性。在现值计量下，资产按照预计从其持续使用和最终处置中所产生的未来净现金流入量的折现金额计量。负债按照预计期限内需要偿还的未来净现金流出量的折现金额计量。

公允价值（fair value）是指市场参与者在计量日发生的有序交易中，出售一项资产所能收到或者转移一项负债所需支付的价格。有序交易，是指在计量日前一段时期内相关资产或负债具有惯常市场活动的交易。清算等被迫交易不属于有序交易。

练习题

【简答题】

1.什么是资产？资产具有哪些特征？

2.根据财务报表列报准则的规定，资产负债表上资产应当如何分类？

3.一项资源确认为资产应满足的条件有哪些？

4.什么是会计计量？会计有哪些计量属性？

5.资产减值损失确认与计量的一般原则有哪些？

6.企业为什么要确认资产减值损失？

【业务题】

习题一

1.目的

辨认资产及其类别。

2.资料及要求

下面哪些交易会增加A公司的资产，并具体给出受影响资产的名称以及影响数额。

A公司投资1 000万元开发基因新产品，公司认为该产品不久就会上市，尽管目前其商业可行性还不确定。

A公司和B公司签订了购买2 000万元生物制药材料的合同，而且已经支付10万元定金。

A公司今年在电视台投放广告用于宣传公司的保健品，广告费为1 000万元。

A公司收购B公司，其中支付现金500万元以及股票500 000股，当时股价为20元/股。

A公司从银行贷款6 000万元用于购买C公司的设备，有关移交以及确认手续还在办理中。

A公司与D公司签订合同，订购500万元保健品。

A公司得知，供应商E公司已经将其所购买的1 000万元原材料发出。

A公司花费200万元委托F公司帮助培训公司管理层，银行已经转账。

习题二

1.目的

确认影响资产总额的业务。

2.资料及要求

在我国会计实务中，下列项目中能引起资产总额增加的事项有：

（1）在建工程完工结转固定资产；

（2）计提未到期长期债权投资的利息；

（3）长期股权投资实际收到的股利；

（4）支付融资租入固定资产到期行使购买权的公允价值；

（5）转让短期债券取得净收益。

习题三

1.目的

固定资产减值的会计处理。

2.资料

A公司某类设备原值1 000万元，已提折旧150万元，已提减值准备50万元，2014年12月31日，A公司该类设备明显存在减值迹象，减值测试表明，如果该公司出售设备，买方愿意以660万元的销售净价收购。

3.要求

计算公司应计提的资产减值准备金额，并写出分录。

第6章 现金与应收款项

【学习目标】

1.了解现金管理的目的以及现金内部控制。

2.掌握银行存款余额调节表的编制并解释其目的。

3.掌握用备抵法和直接转销法对坏账进行会计处理。

4.掌握应收票据贴现所得的计算。

【引导案例】

上市公司2015年报：三大行业应收账款预警

2015年上半年国内经济增速放缓，不确定性进一步加强。陆续披露的上市公司半年报，成为经济研究及个股投资最佳的微观分析窗口。在这些财报中，相较收入、利润等直观的经营表现，应收账款科目的统计，在经济颓靡的背景下，对上市公司未来经营风险的预警，更具分析意义。

据上证报记者统计，按申万行业分类，截至8月28日，27个行业中绝大多数应收账款同比出现不同程度的涨幅，其中涨幅最高的当属文化传媒，幅度达到46.98%；涨幅排名第二至第五位的分别为国防军工、计算机、医药生物和交通运输业，具体涨幅依次为38.01%、34.08%、27.23%和27.10%。

国防军工、建筑材料和机械设备这三个行业在应收账款走高的前提下，营业收入反而出现了下滑。其中，应收账款增幅达到38.01%的军工业，其整体利润却同比下降10.48%；建材业应收账款增幅和利润降幅分别为18.79%和28.37%；机械设备业的这两项数据分别为13.61%和21.07%。

在应收账款涨幅最高的文化传媒业中，有29家公司应收账款同比出现增长，其中5家公司的增幅超过100%，互动娱乐的同比涨幅最高，达到263%。

在军工类企业应收账款增幅榜中，有3家企业应收账款增幅超过了100%，其中增幅最高的为上海佳豪，其应收账款从去年同期的6 542万元增加到今年年中的2.21亿元，增幅为237%。

在应收款整体同比增幅排名第三的计算机行业，已有93家公司发布半年报，出现应收款增加的家数占比87%，其中任子行、中科曙光、汇金股份三家公司同比增幅领先，分别为276%、121%、110%，另有21.7%的公司增幅介于50%~100%。

资料来源：上海证券报，2015年8月31日

6.1 现金

现金的概念有广义和狭义之分。广义的现金在我国习惯上称为货币资金，包括库存现金、银行存款和其他现金。狭义的现金仅指企业库存现金，即存放在财务部门由出纳员保管的现金。会计管理所涉及的现金通常指货币资金。货币资金是企业资产的重要组成部分，是企业资产中流动性较强的一种资产。任何企业要进行生产经营活动都必须拥有货币资金，持有货币资金是进行生产经营活动的基本条件。

6.1.1 现金管理

6.1.1.1 现金管理目标

现金管理是指对现金交易和现金余额的规划、控制和会计处理。因为在货币性资产中，现金的流动性最强，随时可以用于进行各种经济业务的结算，也可以在银行账户和其他金融资产之间任意转换，因此现金管理实际上是指对所有金融资源的管理。这些资源的有效管理对每个企业组织的成功甚至生存，都至关重要。现金管理的基本目标有：①为现金收入、现金开支和现金余额提供准确的会计处理；②防止或减少由偷窃或舞弊产生的损失；③预测借款需求，确保可获得充足的现金开展企业经营；④防止大笔现金不必要地闲置在不能产生收入的银行账户中。

6.1.1.2 现金的内部控制

现金内部控制有时被简单地理解为防止舞弊和偷窃的手段。因为现金很容易被转移，所以很可能被员工不恰当地挪用。另外，很多经济业务会直接或者间接地影响企业的收付，因此企业必须设计并运用控制措施来保护现金的安全和控制现金业务的授权。同时，良好的内部控制制度还可以帮助企业实现高效现金管理的其他目标，如对现金交易进行正确的会计处理、预期借款需求和保持充足但不过多的现金余额。

企业的现金内部控制制度通常包含现金收入的内部控制、现金支出的内部控制和

现金库存的内部控制三个部分。

（1）现金收入的内部控制

现金收入与业务的职能分离。应在企业日常经营活动中，规范业务人员和出纳人员的职责范围，二者相互制约。若企业的现金收入源于商品销售，应由销售人员开具收据或发票，出纳人员按照收据或发票列示的金额收取等额现金。

现金收入与记录的职能分离。应分清处理现金和维持会计记录人员的职责，负责处理现金的员工不得接触会计记录，处理会计记录的人员不得接触现金。

现金收入的账务控制。现金收入时，应随时随地编制现金收入控制清单，经由出纳、审核、记账和会计主管人员签章后，应由出纳人员按业务顺序，及时、逐笔登记现金日记账。库存现金日记账要做到日清月结，保证账款相符。

现金收入的预算控制。企业内部的每个部门编制来年每月的现金预算（或预测），预计现金收入、现金支付和现金余额。

各企业单位在日常发生的经济业务中收入的现金，应于当日送存开户银行，当日送存银行确有困难的，由开户银行确定具体的送存时间。不准将单位收入的现金以个人的名义存入银行。

（2）现金支出的内部控制

严格控制现金支出业务范围。除按照国务院和中国人民银行规定的收支范围可以使用现金进行结算的以外，应该通过开户银行办理转账结算。

在每张支票支付签发前应核实每笔支出的真实性和金额，将批准支出和签发支票的职责分开。

出纳员根据付款凭证登记现金日记账。

（3）现金库存的内部控制

企业单位必须建立健全现金账目，包括库存现金日记账和库存现金总账。在库存现金日记账中逐笔登记现金的收入与支出，库存现金日记账要做到日清月结，保证账款相符；不得用不符合财务制度的凭证顶替库存现金，即不准白条抵库。

企业应根据自身的业务要求对其库存的现金量设定最高限额，并报开户银行审批。经过开户银行核定的库存现金限额，各个企业单位必须严格遵照执行，超额部分应及时存入银行账户。

对库存现金的管理情况，企业内部审计人员应定期或不定期地进行检查，促使企业按内部控制制度严格管理库存现金。

6.1.2 库存现金核算

6.1.2.1 库存现金的收入与支出

企业单位在日常经营过程中，经常会发生一些与现金的收、付有关的经济业务，这些现金收、付业务通过设置"库存现金"账户核算。该账户反映库存现金的增减变动，借方登记库存现金的增加，贷方登记库存现金的减少，期末余额在借方，反映期末结存的库存现金。为了反映现金增减变化的具体情况，企业还应设置库存现金日记账，以便于对库存现金增减变动的过程及结果进行序时的核算。企业如有外币现金，应分别设置人民币和外币现金明细账户，进行明细分类核算。

企业日常经营过程中发生现金收付款业务时，出纳员应根据审核无误的原始凭证收入或支付现金后，在有关的原始凭证上加盖"现金收讫"或"现金付讫"戳记，然后根据原始凭证编制现金收付款凭证，并据以登记库存现金日记账和库存现金总账。

举例说明库存现金收入、支出的核算。

【例6-1】德安公司开出现金支票从银行提取1 000元，用于补充库存现金以备日常开支。会计分录为：

借：库存现金　　　　　　　　　　1 000

　　贷：银行存款　　　　　　　　　　　1 000

【例6-2】德安公司购入500元的打印机墨盒一套，作为财务部的办公用品，以现金支付。会计分录为：

借：管理费用　　　　　　　　　　500

　　贷：库存现金　　　　　　　　　　　500

6.1.2.2 备用金制度

在企业的经营过程中，可能会发生一些小额现金的支付，如支付邮寄、快递费等，企业每次单独支取这些小额现金通常是不现实的。但是，这些小额付款经常发生，其加总的金额又较为客观，因此就要对此类支付加以控制。为了实现这一目的，企业可单独设置"备用金"账户。建立备用金时，应借记"备用金"账户，贷记"库存现金"账户。业务发生以后补足差额，借记有关账户，贷记"库存现金"账户。减少或收回备用金时，做与建立时相反的分录。以下举例说明备用金的会计处理。

【例6-3】大华股份有限公司为其销售部门拨付了5 000元备用金用于业务拓展，

拨付现金时，会计部门编制如下会计分录：

借：备用金   5 000

    贷：库存现金   5 000

例6-3所描述的是企业定额备用金制度，通常用于企业以一定额度拨付给某部门长期使用的备用金，在业务发生后，报销期间内按原定金额补足差额。此外还存在非定额备用金制度，一般通过"其他应收款"科目进行核算。"其他应收款"账户用以核算企业除应收票据、应收账款、预付账款、应收股利、应收利息、长期应收款等经营活动以外的其他各种应收、暂付的款项。企业发生其他各种应收、暂付款项时，借记本科目，贷记有关科目；收回或转销各种款项时，借记"库存现金"、"银行存款"等科目，贷记本科目。本科目期末借方余额，反映企业尚未收回的其他应收款。本科目应当按照其他应收款的项目和对方单位（或个人）进行明细核算。

【例6-4】大华股份有限公司行政部员工赵佳因出差向会计部门申请领用备用金2 000元。会计部门预借现金时，应编制会计分录如下：

借：其他应收款——赵佳   2 000

    贷：库存现金   2 000

赵佳此次出差实际发生差旅费1 800元，报销时退还结余款，会计部门应编制会计分录如下：

借：管理费用   1 800

    库存现金   200

    贷：其他应收款——赵佳   2 000

6.1.3 银行存款

银行存款是企业存放在银行或其他金融机构的货币资金。按照国家有关规定，凡是独立核算的单位都必须在当地银行开设账户。企业在银行开设账户以后，除按核定的限额保留库存现金外，超过限额的现金必须存入银行；除了在规定的范围内可以用现金直接支付的款项外，在经营过程中所发生的一切货币收支业务，都必须通过银行存款账户进行结算。

广义的银行存款包括银行结算户存款、其他货币资金和专项存款等一切存入银行及其他金融机构的款项。狭义的银行存款仅指存入银行结算户的款项。

企业的银行存款包括人民币存款和外币存款。

6.1.3.1 银行转账结算方式

根据中国人民银行有关支付结算办法规定，企业发生的货币资金收付业务可以采用以下方式通过银行办理转账结算：银行汇票、银行本票、商业汇票、支票、信用卡、汇兑、委托收款、托收承付，以及信用证等。其中，商业汇票按承兑人不同分为商业承兑汇票和银行承兑汇票两种；信用证多用于国际商品交易的结算。

6.1.3.2 银行存款的账务处理

企业在不同的结算方式下，应当根据有关的原始凭证编制银行存款的收付款凭证，并进行相应的账务处理。企业应根据银行账户的开设情况，设置对应的"银行存款"账户。银行存款增加借记"银行存款"科目，减少则贷记"银行存款"科目。企业在银行的其他存款，如外埠存款、银行本票存款、银行汇票存款、信用证存款等，在"其他货币资金"科目核算，不通过"银行存款"科目进行会计处理。

企业应当设置"银行存款日记账"，按照银行存款收付业务发生的先后顺序逐笔序时登记，每日终了应结出余额。"银行存款日记账"应定期与"银行对账单"核对，至少每月核对一次。企业账面结余与银行对账单余额之间如有差额，必须逐笔查明原因，并按月编制"银行存款余额调节表"。月份终了，"银行存款日记账"的余额必须与"银行存款"总账科目的余额核对相符。

有外币业务的企业，应在"银行存款"科目下增设各种外币"银行存款日记账"进行明细核算。外币"银行存款日记账"应反映原币值、使用的汇率以及折算后的人民币值。期末应按照当日即期汇率折算各种外币存款，期末当日即期汇率与银行存款初始入账或前一期末即期汇率产生的差称为汇兑损益，汇兑损益计入当期损益（通过财务费用科目核算）。

6.1.3.3 银行存款余额调节表的编制

企业每月应至少进行一次银行存款日记账与银行对账单的核对。在对银行存款日记账与银行开出的对账单进行核对时，应首先将截至核对日为止的所有银行存款的收、付业务登记入账，并对发生的错账、漏账及时查清更正，然后再与银行对账单逐笔核对。如果二者余额相符，则说明基本正确；如果二者余额不符，则可能是企业或银行某一方记账过程有错误或者存在未达账项。未达账项是由于传递单证需要时间或者确认收付的口径不一致等原因，造成企业或银行的一方收到凭证已经入账，另一方尚未收到凭证而未能入账的款项。具体而言，未达账项可分为以下4种。

（1）企业已经收款入账，银行尚未入账的收款款项。如企业收到客户的购货支票。

（2）企业已经付款入账，银行尚未入账的付款款项。如企业以支票作为付款方式采购原材料，但持票人尚未到银行办理转账手续。

（3）银行已经收款入账，企业尚未入账的收款款项。如企业委托银行收款，款项已收，企业未收到相关凭证未予入账等。

（4）银行已经付款入账，企业尚未入账的付款款项。如银行代企业缴纳水电费，企业未收到相关凭证未予入账等。

以上任何一种情况存在，都会造成企业银行存款日记账的余额与银行开出的对账单的余额不符。当发生（1）、（4）两种情况时，企业的银行存款日记账的账面余额将大于银行对账单余额；当发生（2）、（3）两种情况时，企业的银行存款日记账账面余额将小于银行对账单余额。因此，在与银行对账时首先应查明是否存在未达账项，如果存在未达账项，应该编制银行存款余额调节表对未达账项进行调整。

银行存款余额调节表的格式有两种：一种是纵向排列，即以某一方（企业或银行）银行存款余额为基础，加减调整项目，调整到另一方银行存款账面余额；另一种是横向排列，即分左、右两个部分，同时以双方的账面余额为起点，加减各自的调整项目，计算出双方相等的正确余额。第二种格式较常用。如果调节后双方余额相符，就说明企业和银行双方记账过程基本正确，而且这个调节后的余额是企业当时可以实际动用的银行存款的限额。如果调节后余额不符，企业和开户银行双方记账过程可能存在错误，此时应查明错误所在，采用正确的方式更正。

以下举例说明银行存款余额调节表的具体编制方法。

【例6-5】假定大华股份有限公司于2015年10月31日核对银行日记账。当日，银行存款账面余额为285 600元，同日银行对账单余额为236 700元。经过逐项核对，发现双方不符的原因如下。

（1）10月8日，大华股份公司向银行托收振兴公司货款27 400元，银行已经收款入账，但尚未通知公司。

（2）10月15日，大华股份公司开出4 000元支票购买原材料，公司根据支票存根和有关发票等原始凭证已记账，但收款人尚未到银行办理转账。

（3）10月21日，大华股份有限公司收到新华公司货款为75 300元的转账支票一张，当即存入银行，并根据银行回单入账，但银行因跨行结算，尚未入账。

（4）10月31日，开户银行代公司支付当月的水电费5 000元，银行已记账，但付款通知单尚未送达公司，因而公司未记账。

根据上述未达账项，大华股份有限公司于10月31日编制银行存款余额调节表，如表6-1所示。

表6-1 银行存款余额调节表

2015年10月31日

单位：元

项目	金额	项目	金额
银行存款日记账余额	285 600	银行对账单余额	236 700
加：银行已收、公司未收的货款	27 400	加：公司已收、银行未收的购货支票	75 300
减：银行已付、公司未付的水电费	5 000	减：公司已付、银行未付的采购原材料款	4 000
调节后余额	308 000	调节后余额	308 000

银行存款余额调节表编制完成后我们可以看出双方余额相等，这表示银行存款有关记录正确，且企业实际结存的金额既不是236 700元，也不是285 600元，而是308 000元。如果调节后双方余额不相等，应进一步查找原因，采取相应的方法更正。

按照我国现行会计制度规定，银行存款余额调节表只起对账的作用，不能根据银行存款余额调节表调整账面记录，公司只有在收到结算凭证以后，才能做相应的会计处理。

6.1.4 其他货币资金

企业在经营过程中，为了应付日常开支、购买物资、结算债权债务等，除了需要库存现金和银行存款之外，还需要其他货币资金。其他货币资金是指性质与库存现金、银行存款相同，但其存放地点和用途与库存现金和银行存款不同的货币资金，包括外埠存款、银行汇票存款、银行本票存款、存出投资款、信用证保证金存款和在途货币资金等。外埠存款是指企业到外地进行临时或零星采购时，汇往采购地银行开立采购专户的款项；银行汇票存款是企业为了取得银行汇票，按照规定存入银行的款项；银行本票存款是指企业为取得银行本票，按规定存入银行的款项；存出投资款是企业已存入证券公司但尚未进行投资的现金；在途货币资金是指企业与所属单位之间和上下级之间的汇解款项，在月终尚未到达，处于在途状态的款项。为了核算其他货币资金的变动及结余情况，需要设置"其他货币资金"账户，并相应设置"外埠存款"、"银行汇票存款"、"银行本票存款"、"存出投资款"和"在途货币资金"等明细账户，进行明细核算。

6.2 应收账款

除了在销售商品或提供服务时收到现金以外，企业也可能在之后收到现金。这种情况下，企业拥有了一项要求顾客支付的应收账款。应收账款是一项资产，而且收入已经赚取。当顾客支付账款时，企业的一项资产转换成另一项资产，即货币资金增加，应收账款减少。应收账款是流动性相对较高的资产，通常可在30~60天内转化为现金。因此，对客户的应收账款在资产负债表中通常紧随现金和有价证券等短期投资之后。

由于应收账款是以商业信用为基础，以购销合同、商品出库单、发票和发运单等书面文件为依据而确认的，因此，应收账款的会计处理，需要解决应收账款的入账时间和入账价值这两个问题。

6.2.1 应收账款入账价值

应收账款作为一种在未来能够收现的债权，应该按照未来可得现金的现值入账，但是，由于应收账款转化为现金的期限一般不会超过一年，其现值与交易发生日确定的金额不会有很大的差别，所以在实际工作中，遵循重要性原则，对应收账款都是按其成交价格计量，即按照交易日的实际发生额确认应收账款的入账价值。但是，在实际交易中，为了提高竞争能力和加快收款速度，通常企业会向客户提供商业折扣或现金折扣。

6.2.1.1 商业折扣

商业折扣是指企业在销售产品时，根据实际市场供需情况，或者根据不同的顾客等原因，在规定的价目表报价中给予客户一个折扣，按折扣后的金额作为发票价格。商业折扣是企业为了照顾老顾客，或出于薄利多销的考虑采用的一种竞争手段。客户购买数量越多，给予的折扣越大。由于商业折扣的实质是重新确认实际销售价格，开出的发票价格是按扣除了商业折扣以后的价格制定的，对应收账款的入账价值没有影响，因此，商业折扣在会计上不予反映。

6.2.1.2 现金折扣

为了鼓励客户尽早支付赊购款项，卖方通常提供现金折扣。现金折扣的表示方式一般是"折扣率/付款期限"，如2/10、1/20、n/30等，其含义分别是10天内付款折扣率2%，10天以后20天内付款折扣率1%，信用期为30天。在存在现金折扣的情况下，对应收账款入账价值的确定有两种方法，即总价法和净价法，在我国采用总价法进行核算。

在企业销售产品时，销售收入和应收账款均按未扣除现金折扣的总价入账，对全部应收取的款项借记"应收账款"账户，对于价款贷记"主营业务收入"账户，对于增值税应作为销项税额贷记"应交税费——应交增值税（销项税额）"账户，对于代垫款项贷记"银行存款"等账户；如果客户在折扣期内付款，才确认现金折扣，在会计上将客户在折扣期内付款所享受的现金折扣作为"财务费用"处理。

以下举例说明应收账款现金折扣的核算。

【例6-6】电脑城在2015年8月1日赊销一批商品给丰田公司，商品售价为40 000元，成本为25 000元，现金折扣条件为2/10、*n*/30。

销售发生时，电脑城的会计处理如下：

借：应收账款——丰田公司　　　　　　　　40 000

　　贷：主营业务收入　　　　　　　　　　　　40 000

（1）若在8月7日，电脑城收到上述全部货款，此时满足现金折扣条件2/10，其会计处理为：

借：银行存款　　　　　　　　　　　　　　39 200

　　财务费用　　　　　　　　　　　　　　800（40 000×2%）

　　贷：应收账款——丰田公司　　　　　　　　40 000

（2）若在8月10日，电脑城仅收到上述货款的一半，其会计处理为：

借：银行存款　　　　　　　　　　　　　　19 600

　　财务费用　　　　　　　　　　　　　　400（40 000×1/2×2%）

　　贷：应收账款——丰田公司　　　　　　　　20 000

（3）若超过了现金折扣的最后期限收到货款，其会计处理为：

借：银行存款　　　　　　　　　　　　　　40 000

　　贷：应收账款——丰田公司　　　　　　　　40 000

6.2.2 坏账

在现代市场经济中，企业为了扩大销售、提高产品的市场占有率，越来越多地采用在商业信用基础上的赊销和赊购进行商品交易。当然，没有一家企业愿意将商品赊销给无力支付货款的客户。然而，当一家公司对成百上千的客户开展赊销业务时，某些账款最终难免成为坏账。企业无法收回的应收账款称为企业的坏账，由于发生坏账而给企业造成的损失称为坏账损失（或坏账费用）。被确认为坏账的应收账款不再是一项资产。资产损失代表费用，即坏账费用。

有限数量的坏账不仅是企业可以预期到的，同时也是信用政策可靠的证明。如果信用部门过分谨慎，那么企业可能会因拒绝部分具有可接受信用风险的客户而丧失许多销售机会。那么，如何在财务报表上反映坏账呢？

6.2.2.1 坏账的确认

应收账款是否能如期收回，会不会发生坏账，受其特性、金额大小、信用期限、债务人的信誉和当时的经营情况等诸多因素的影响。一般情况下，只有在有确凿的证据证明应收账款收不回时才被确认为坏账。在我国，应收账款符合以下条件之一的，应确认为坏账：

①债务人死亡，以其遗产清偿后仍然无法收回；

②债务人破产，以其破产财产清偿后仍然无法收回；

③债务人较长时期内未履行其偿债义务，并有足够的证据表明无法收回或收回的可能性极小。

由于应收账款是否发生坏账受债务人经营情况的影响，因此，当债务人没有死亡或者没有破产时，对于收回应收账款的时间及可能性大小的标准，需要会计师采用一些合理的方法加以判断。

6.2.2.2 配比、谨慎性原则与坏账的会计处理

在计量企业利润时，一个最基本的会计原则就是收入应与产生收入时发生的费用配比（抵消）。坏账费用是因将商品赊销给不能付账的客户所导致的，因此，这笔费用应该在相关销售收入确认的期间予以估计并记录，即便是具体的应收账款可能要在以后会计期间才被确定为坏账。比如3月赊销的应收账款可能在8月被确定为坏账，仍应确认为3月的坏账费用。

对于坏账损失的核算，会计上曾经有两种方法可以选择，即直接转销法和备抵法。

直接转销法，是在实际发生坏账时作为一种损失直接计入当期损益，同时冲销应收账款。这种核算方法平时的账务处理比较简单，但是确认坏账损失的时间与销售收入确认的时间不一致，因此不符合配比原则。

备抵法，是按期估计坏账损失，计入当期损益，同时建立坏账准备金，待实际发生坏账时，冲销已经提取的坏账准备金。由于确认坏账损失的时间与销售收入确认的时间一致，备抵法遵循了配比原则。同时，采用备抵法处理坏账还体现了谨慎性原

则，即充分预计可能的负债、损失和费用，尽量少计或不计可能的资产和收益，以免会计报表反映的会计信息引起报表使用者的盲目乐观。谨慎性原则要求会计确认标准稳妥合理，会计计量不得高估资产、权益和利润，会计报告提供尽可能全面、稳妥的会计信息。应收账款在会计报表上按扣除坏账准备后的应收账款净额列示，使企业应收账款可能发生的坏账损失得到及时的反映，从而会计信息使用者能更加清楚地了解企业真实的财务状况。

资产减值损失是指企业在资产负债表日，根据《企业会计准则》对资产的测试，判断资产的可收回金额（或可变现净值）低于其账面价值而计提资产减值损失准备所确认的相应损失。企业所有的资产在发生减值时，原则上都应当对所发生的减值损失及时加以确认和计量，因此，资产减值包括所有资产的减值。但是由于资产的性质不同，所适用的具体准则也不尽相同（详见5.3.1.1部分）。备抵法下估计的坏账损失也通过"资产减值损失"账户核算。"资产减值损失"属于损益类账户，核算企业计提各项资产减值准备所估计的损失。借方登记计提的各项资产减值损失，贷方登记期末结转至"本年利润"账户的资产减值损失，结转后，"资产减值损失"账户没有余额。

"坏账准备"是资产类账户的备抵账户，核算企业应收款项的坏账准备。计提坏账登记在账户的贷方，确实无法收回的应收款项，按管理权限报经批准后作为坏账，转销应收款项，登记在账户的借方，已作为坏账冲销的应收账款以后又收回也登记在该账户的贷方，期末余额在贷方，反映企业已计提但尚未转销的坏账准备。

"坏账准备"账户借贷方的增减与资产类账户正好相反，这样才能起到抵减的作用。

直接转销法下，实际发生坏账时的账务处理为借记"资产减值损失"账户，贷记"应收账款"账户，不设置"坏账准备"账户。

备抵法下，在坏账实际发生之前估计坏账损失时，借记"资产减值损失"账户，贷记"坏账准备"账户。实际发生坏账时，借记"坏账准备"账户，贷记"应收账款"账户，此时，不再借记"资产减值损失"账户，否则就重复记录了损失。

估计坏账损失的方法有以下3种。

（1）根据销售收入估计坏账——赊销百分比法

应收账款是由赊销形成的，因此可以根据本期赊销的金额来估计坏账费用的金额，然后将估计的金额加在"坏账准备"已有的余额上。比如，假设该备抵账户在调整之前有贷方余额700元，根据过去经验估计坏账占赊销收入的1%。如果本期赊销收入为300 000元，那么期末估计坏账损失的调整分录为：

借：资产减值损失　　　　　　　　　　3 000

　　贷：坏账准备　　　　　　　　　　　　　3 000

期末估计坏账损失后，坏账准备有贷方余额3700（700+3000）元。

根据销售收入估计坏账是按每一个会计年度实际发生的赊销金额确定坏账损失，但本期赊销所产生的应收账款在期末可能已经收回，不会再发生坏账损失，因此，用此法估计坏账损失比较粗糙。

（2）根据应收款项余额估计坏账——余额百分比法

根据应收款项余额估计坏账是指企业按期末应收账款余额的百分比来估计坏账损失的方法。应收账款余额百分比可以根据以往经验，结合目前、将来的有关情况加以确定。采用余额百分比估计坏账，要求应收账款余额与计提的坏账准备保持相应的比例，因此，每年计提时，要考虑调整前的坏账准备余额，然后再做调整。

【例6-7】振兴公司2014年年末应收账款余额为260 000元，按1%计提坏账，则：

估计坏账损失=260 000×1%=2 600（元）

如果振兴公司坏账准备账户调整前余额为0元，则本期实际计提的金额为2 600元。应编制会计分录如下：

借：资产减值损失　　　　　　　　　　2 600

　　贷：坏账准备　　　　　　　　　　　　　2 600

如果2015年2月13日管理层批准冲销应收账款2 000元，应编制会计分录如下：

借：坏账准备　　　　　　　　　　　　2 000

　　贷：应收账款　　　　　　　　　　　　　2 000

如果2015年11月21日已作为坏账冲销的应收账款又收回1 500元，则应编制会计分录如下：

借：应收账款　　　　　　　　　　　　1 500

　　贷：坏账准备　　　　　　　　　　　　　1 500

借：银行存款　　　　　　　　　　　　1 500

　　贷：应收账款　　　　　　　　　　　　　1 500

假设2015年年末应收账款余额为300 000元，计算的坏账损失为3 000元，则2015年度实际计提的坏账准备为900（3 000+2 000-2 600-1 500）元。应编制会计分录如下：

借：资产减值损失　　　　　　　　　　900

　　贷：坏账准备　　　　　　　　　　　　　900

应收账款				坏账准备	
2014-12-31					2014-12-31
260 000					2 600
	2015-02-13		2015-02-13		
	冲销 2 000		冲销 2 000		
2015-11-21					2015-11-21
回收 1 500					回收 1 500
	2015-11-21				2015年年末调整
	收款 1 500				900
……	……				2015-12-31
2015-12-31					3 000
300 000					

由于不同账龄的应收账款发生坏账的可能性不同，因而以同一比例估计坏账仍不够合理。

（3）根据应收款项的账龄估计坏账——账龄分析法

账龄是指客户拖欠账款的时间。应收账款持有时间越长，收回的可能性就越小。因此我们可以根据应收账款持有时间的长短来估计坏账。采用这种方法，应先分析应收账款的拖欠情况，根据不同账龄的应收账款金额，以及相应账龄的估计坏账百分比，计算出各账龄段应收账款的坏账准备，然后结合"坏账准备"账户调整前余额，确定本期应该计提的坏账损失。进行应收账款账龄分析时，可以编制按照每项应收账款的到期日进行分类的应收账款账龄分析表。应收账款过期天数就是从应收账款信用期到期日到编制账龄分析表日的间隔天数。

【例6-8】振兴公司于2015年8月31日对应收账款编制了账龄分析表，如表6-3所示。比如，应收甲公司账款的到期日为5月29日，到8月31日该笔应收账款已过期94天，计算过程如下表（6-2）：

表6-2　应收账款账龄计算（甲客户）

5月过期天数	2天
6月过期天数	30天
7月过期天数	31天
8月过期天数	31天
总过期天数	94天

应收其他客户应收账款账龄计算方法同甲。各客户的应收账款账龄计算如表6-3所示。

表6-3 振兴公司应收账款账龄分析表

2015年8月31日 　　　　　　　　　　　　　　　　单位：元

客户名称	余额	未过期	已过期				
			1~30天	31~60天	61~90天	91~180天	180天以上
甲	20 000					20 000	
乙	34 000	30 000		4 000			
丙	42 000		20 000		12 000	5 000	5 000
合计	96 000	30 000	20 000	4 000	12 000	25 000	5 000

加总每一栏得到不同账龄的应收账款合计金额后，就完成了账龄分析表的编制。然后，根据行业或者企业的经验，确定不同账龄应收账款的坏账比例，如表6-4所示。

表6-4 振兴公司估计坏账损失计算表

2015年8月31日

账 龄	应收账款余额	估计坏账比例（‰）	估计坏账损失（元）
未到期	30 000	1	30
逾期1~30天	20 000	2	40
逾期31~60天	4 000	5	20
逾期61~90天	12 000	10	120
逾期91~180天	25 000	20	500
逾期180天以上	5 000	40	200
合 计	96 000		910

根据表6-3和表6-4的计算结果，预计2015年8月31日"坏账准备"的余额为910元。将这一预计金额与该备抵账户调整前的余额进行比较，就确定了本期应调整的坏账准备金额。假设该备抵账户调整前有贷方余额510元，那么本期应调整的金额就为400（910-510）元，调整分录如下：

借：资产减值损失　　　　　　　　400
　　贷：坏账准备　　　　　　　　　　　　400

可见，与余额百分比法相比，账龄分析法估计坏账损失更加合理，因此，在实际工作中，我国企业大多采用账龄分析法。

【小案例】

珠海格力电器2013年年报披露的不同账龄计提坏账准备的比例见表6-5：

表6-5　格力电器2013年计提坏账准备的比例

账龄	应收账款计提比例（%）	其他应收款计提比例（%）
1年以内	5.00	5.00
1~2年	20.00	20.00
2~3年	50.00	50.00
3年以上	100.00	100.00

万科企业股份有限公司2015年半年度报告披露的不同账龄计提坏账准备的比例见表6-6：

表6-6　万科2015年计提坏账准备的比例

账龄	应收账款计提比例（%）	其他应收款计提比例（%）
1年以内（含1年）	1	1
1~3年（含3年）	5	5
3年以上	30	30

资料来源：上海证券交易所网站

6.3 应收票据

6.3.1 应收票据概述

应收票据是指企业因销售商品、提供劳务等而收到的商业汇票。商业汇票按承兑人不同，可以分为承兑人为付款单位的商业承兑汇票和承兑人为银行的银行承兑汇票。商业汇票按是否计息，又可分为带息票据和不带息票据。带息票据到期可以按票据的面值和规定的利率收取本金和利息，不带息票据到期按面值收取款项。商业汇票可以背书转让，可以贴现，具有流通性。

6.3.2 应收票据的会计处理

应收票据的入账价值在会计核算过程中有两种确认方法：一种是按照票据的面值确认；另一种是按照票据的未来现金流量的现值确认。在实际工作中，考虑到应收票据的期限较短，利率较低，折合成现值较繁琐，因此，一般按票据的面值入账。

为了反映应收票据增加、减少和结存的情况，企业应设置"应收票据"科目。该科目反映和监督应收票据取得、票款收回等经济业务。企业因销售商品、提供劳务而收到商业汇票，按票据的面值，借记"应收票据"科目，按确认的收入，贷记"主营业务收入"科目，按增值税额，贷记"应交税费——应交增值税（销项税额）"科目。票据到期，收到票款时，借记"银行存款"等科目，贷记"应收票据"科目。如果商业承兑汇票到期，付款人无力支付票款时，将应收票据转入应收账款，借记"应收账款"科目，贷记"应收票据"科目。此外，由于票据是一种无条件付款、可以随时背书或贴现的书面凭证，对于以某一特定单位或个人为对象的明细分类核算已无必要，因而不需要设置明细分类账户，但为了便于管理和分析票据的具体情况，应设置"应收票据"备查簿，记录每张票据的具体事项，以备查考。

带息票据和不带息票据，其会计处理有所不同。

6.3.2.1 带息票据

带息票据是指票据上列明面值、利率和到期日的票据。对于带息应收票据，应于中期期末、年度终了和票据到期时计算票据利息，增加应收票据的账面价值，同时冲减财务费用。利息计算公式为：

应收票据利息=应收票据面值×票面利率×时间

举例说明带息票据的形成、利息计算以及收回的会计处理。

【例6-9】华夏公司于2015年2月15日销售一批产品给启航公司，售价63 000元，收到启航公司开出的商业汇票一张用于支付货款，该汇票年利率为6%，期限5个月。（假设不考虑增值税）

（1）2月15日，华夏公司收到票据时，会计处理如下：

借：应收票据　　　　　　　　　63 000

　　贷：主营业务收入　　　　　　　　　63 000

（2）7月15日，票据到期时计算到期利息：

应收票据利息=63 000×6%×5/12=1 575（元）

收款金额=本金+利息=63 000+1 575=64 575（元）

借：银行存款　　　　　　　　　64 575

　　贷：应收票据　　　　　　　　　63 000

　　　　财务费用——利息收入　　　　　1 575

（3）如果该票据是商业承兑汇票，到期不能承兑，华夏公司不能按时收回款项，需要将票据到期值转入"应收账款"账户，其会计处理如下：

借：应收账款——启航公司　　　　64 575

　　贷：应收票据　　　　　　　　　63 000

　　　　财务费用——利息收入　　　　　1 575

如果该票据是银行承兑汇票，到期遭到拒付，则由银行代启航公司付款，同时将这部分款项作为启航公司的贷款处理或银行直接从启航公司存款户中扣除。

6.3.2.2 不带息票据

不带息票据是指票据上只标明票据的面值与票据的到期日，其面值一般含有利息，到期收回的就是面值。不带息票据的到期价值等于应收票据的面值。企业收到票据时，应借记"应收票据"账户，贷记"主营业务收入"、"应收账款"等有关账户。票据到期收回款项时，应借记"银行存款"账户，贷记"应收票据"账户。

【例6-10】新华公司于2015年9月15日收到天翼公司开出的商业汇票一张，面值为38 000元，期限120天，用于支付货款。（假设不考虑增值税）

（1）9月15日，新华公司收到票据时，应编制会计分录如下：

借：应收票据   38 000

  贷：主营业务收入   38 000

（2）票据到期时，新华公司应编制会计分录如下：

借：银行存款   38 000

  贷：应收票据   38 000

6.3.3 应收票据贴现

当企业需要资金时，可以将未到期的票据经过背书向银行贴现。所谓贴现，是指票据持有人将未到期票据的收款权转让给银行或其他金融机构，提前取得现金的行为。也就是贴现银行作为受让方买入未到期的票据，预先扣除贴现日起至票据到期日止的利息，而将余额付给贴现者的一种交易行为。向银行申请贴现的票据必须经过背书。所谓背书，就是票据的持有人转让票据时，在票据背面签字。签字人称为背书人，对票据到期付款负有法律责任。在应收票据贴现中，企业支付给银行的利息称为贴现息，计算贴现息采用的利率称为贴现率。企业收到银行实际支付的款项称为贴现所得。计算公式如下：

$$贴现息=票据到期值×年贴现率×贴现期$$

$$贴现所得=票据到期值-贴现息$$

6.3.3.1 不带息票据的贴现

不带息票据的到期值就是票据的面值，向银行申请贴现，应按上述公式计算贴现息和贴现所得。

【例6-11】新华公司持有一张面值为300 000元、期限为6个月的票据，在公司持有1个月以后向银行申请贴现，贴现率为5%，贴现息和贴现所得的计算如下：

贴现息=300 000×5%×5/12=6 250（元）

贴现所得=300 000-6 250=293 750（元）

贴现时，新华公司应编制如下会计分录：

借：银行存款　　　　　　　　293 750
　　财务费用　　　　　　　　　6 250
　　贷：应收票据　　　　　　　　　300 000

6.3.3.2 带息票据的贴现

带息票据到期值由本金和利息两个部分组成，若企业向银行申请贴现时，贴现所得大于应收票据面值，说明应收票据已取得的利息大于应支付的贴现息，形成企业的利息收入；如果贴现所得小于应收票据面值，说明企业取得的利息收入不足以支付贴现息，形成贴现的利息费用。

【例6-12】新华公司持有一张面值6 000元、利率6%的半年期票据，在持有5个月之后向银行申请贴现，贴现率为8%。

（1）贴现所得的计算如下：

票据到期值=6 000+6 000×6%×6/12=6 180（元）

贴现息=6 180×8%×1/12=41.2（元）

贴现所得=6 180-41.2=6 138.8（元）

（2）贴现时，新华公司应编制会计分录如下：

借：银行存款　　　　　　　　6 138.8
　　贷：财务费用　　　　　　　　　138.8
　　　　应收票据　　　　　　　　　6 000

6.4 其他应收款

其他应收款是指企业除了产品销售、劳务供应等款项以外的其他业务引起的结算款项，如应收的各种赔款罚金、出租包装物的租金、应向职工收取的各种垫付款项、存出保证金等。企业应设置"其他应收款"账户进行核算，并按应收内容、应收对象设置明细账，进行明细分类核算。

【本章小结】

本章介绍了货币资金的种类及核算方法，应收账款的入账时间、入账价值、坏账以及应收票据的核算、贴现等相关内容。作为应收账款的一个重要内容——坏账损失的估计方法，包括赊销百分比法、余额百分比法、账龄分析法等。在商品和劳务的交易中，商业汇票也是常见的结算方式，带息票据与不带息票据的核算有所不同。当企业需要资金时，可以以支付贴现息为代价，将持有的商业汇票向银行申请贴现，贴现所得等于票据到期值扣除贴现息。

【学习目标小结】

1.掌握现金管理的目的以及现金内部控制

现金管理的目标是对现金交易进行正确的会计处理，防止偷窃或舞弊损失，保持充足但不过剩的现金余额。现金交易内部控制的主要步骤如下：①将现金管理和会计职能分开；②编制部门现金预算；③为邮寄和柜台现销等收取的所有现金编制控制清单；④每日将现金收入送存银行；⑤所有支付都用支票进行；⑥开出付款支票前核对证实每笔支出；⑦每月至少一次将银行存款日记账与银行对账单进行核对。

2.掌握银行存款余额调节表的编制并解释其目的

月末银行对账单上的现金余额通常与储户分类账上的现金金额不同。差异是由储户或银行中一方已记录而另一方尚未记录的事项引起的，如在途支票和在途存款。银行存款余额调节表根据未记录项目调节账簿和银行对账单的现金余额，以核对银行存款的真实性。银行存款余额调节表只起对账的作用，不能根据银行存款余额调节表调整账面记录。

3.掌握备抵法和直接转销法对坏账进行会计处理

备抵法下，需要估计每期预期不能收回的应收账款。估计金额借记资产减值损失账户，贷记资产抵消账户坏账准备。当特定账户确定为坏账时，借记坏账准备并贷记应收账款予以冲销。

在直接转销法下，在坏账被确认不能收回的会计期间就记为费用。

备抵法在理论上更合理，因为它基于配比原则。

4.掌握应收票据贴现所得的计算

在应收票据贴现中，企业支付给银行的利息称为贴现息，计算贴现息采用的利率称为贴现率。企业收到银行实际支付的款项称为贴现所得。计算公式如下：

贴现息=票据到期值×年贴现率×贴现期

贴现所得=票据到期值—贴现息

【关键术语】

库存现金（cash on hand）是存放在财会部门由出纳员保管的现金。

现金管理（cash management）对现金交易和现金余额的计划、控制和会计处理。

银行存款（deposit in bank）是企业存放在银行或其他金融机构的货币资金。

现金折扣（cash discount）为了鼓励客户尽早支付购款项，卖方提供给买方的优惠。

未达账项（deposit in transit）是由于传递单证需要时间或者确认收付的口径不一致等原因，造成企业或银行的一方收到凭证已经入账，另一方尚未收到凭证而未能入账的款项。

银行存款余额调节表（bank reconciliation statement）解释银行对账单上现金余额和储户记录上现金余额之间差异的一种分析。

其他货币资金（other monetary funds）是指性质与库存现金、银行存款相同，但其存放地点和用途与库存现金和银行存款不同的货币资金，包括外埠存款、银行汇票存款、银行本票存款、存出投资款、信用证保证金存款和在途货币资金等。

坏账损失（bad debt loss）企业无法收回的应收账款称为企业的坏账，由于发生坏账而给企业造成的损失称为坏账损失，也称坏账费用。

直接转销法（direct write-off method）确认坏账的一种会计处理方法，是在实际发生坏账时，作为一种损失直接计入当期损益，同时冲销应收账款。该方法未将收入与相关费用配比。

备抵法（bad debt allowance method）是按期估计坏账损失，计入当期损益，同时建立坏账准备金，待实际发生坏账时，冲销已经提取的坏账准备金。由于确认坏账损失的时间与销售收入确认的时间一致，备抵法遵循了配比原则。

坏账准备（allowance for doubtful）是与应收账款相关的计价账户或资产抵消账户，用于表示应收款项中预计无法收回的部分。

应收账款账龄分析（aging the accounts receivable）将应收账款按账龄分组，如未逾期、逾期1~30天、逾期31~60天等。它是估计应收账款坏账的一个步骤。

应收账款余额百分比法（accounts receivable balance percentage method）指企业按期末应收账款余额的百分比来估计坏账损失的方法。

违约（default）指到期不能支付票据的利息或本金。

应收票据（notes receivable）指企业因销售商品、提供劳务等而收到的商业汇票。

贴现（discounted notes receivable）是指票据持有人将未到期票据的收款权转让给银行或其他金融机构，提前取得现金的行为。

背书（endorsement receivable）票据的持有人转让票据时，在票据背面签字的行为。签字人称为背书人，对票据到期付款负有法律责任。

练习题

【简答题】

1.我国企业现金管理的主要内容有哪些？

2.简述企业银行存款日记账余额与银行对账单余额产生不一致的原因。

3.什么是现金折扣？会计处理上总价法和净价法各有什么优缺点？

4.坏账准备使用备抵法遵循了哪些会计原则？

5.什么是贴现、贴现率和贴现息？请写出贴现息与贴现所得的计算公式。

6.在我国，应收账款满足哪些条件时应确认为坏账？

7.进行现金管理的主要目的是什么？

【业务题】

习题一

1.目的

练习银行存款余额调节表的编制。

2.资料

飞达公司20×5年7月31日银行存款日记账余额为535 000元，开户银行送来对账单，其银行存款余额为508 000元。经查对，发现有以下几笔未达账项。

（1）7月30日，委托银行代收货款50 000元，银行已收入企业银行存款户，收款通知尚未送达。

（2）7月30日，企业开出现金支票一张，计8 000元，企业已减少银行存款，银行尚未记账。

（3）7月31日，银行为企业支付电费1 000元，银行已入账，减少企业存款，企业尚未记账。

（4）7月31日，企业收到外单位转账支票一张，计84 000元，企业已收账，银行尚未记账。

3.要求

根据上述资料，编制飞达公司20×5年7月31日的银行存款余额调节表，并确立飞达公司月末实际可用的银行存款余额。

习题二

1.目的

练习应收票据及票据贴现的会计处理。

2.资料

枫叶公司2011年8月的有关经济业务如下。

（1）8月2日，出售给高信公司商品一批，售价为23 400元，收到高信公司转账支票一张8 400元，其余当日开出商业承兑汇票一张，90天期，年利率为8%。

（2）8月8日，收到伟林公司交来的5月2日开出的票据，面值为50 000元，利息为800元，款项已存入银行存款户。

（3）8月15日，公司急需资金，将7月1日开出的面值为40 000元、年利率为6%、期限为90天的商业汇票向银行申请贴现。贴现率为8%，收到款项存入银行。

（4）8月20日，接到银行通知，本公司7月5日将威力公司承付的银行承兑汇票申请贴现，该票据面值为10 000元，年利率为8%，期限为90天。威力公司无力付款，银行已从本公司存款户中扣除。

（5）8月27日，美兰公司面值为6 000元、年利率为8%、75天期的票据已到期。因为美兰公司账上已无存款，故银行将票据退还给本公司。

（6）8月28日，收到齐林公司票据一张，抵付前欠款项5 000元。

3.要求

根据上述资料，编制必要的会计分录。

习题三

1.目的

练习坏账的账务处理。

2.资料

合众公司2013年开始计提坏账准备。2013年年末应收账款余额为2 400 000元，提取坏账准备的比例为5‰，2014年确认坏账损失3 200元，其中甲公司坏账2 000元，乙公司坏账1 200元，2014年年末应收账款余额为2 880 000元，2015年接开户行通知，以前确认的甲公司坏账2 000元重新收回，2015年年末应收账款余额为2 000 000元。

3.要求

根据上述资料计算各年应计提的坏账准备金额，并编制有关分录。

习题四

1.目的

练习现金折扣的会计处理。

2.资料

2014年12月20日，新昌公司向汇联公司出售商品60 000元，条件是"2/10，n/30"。12月25日，收到货款的50%。

3.要求

采用总价法编制新昌公司上述交易的会计分录及年底调整分录。

【案例题】

1.九发股份（600180）2003年年报披露，根据会计的谨慎性原则，公司第二届董事会第十七次会议通过决议，对公司应收款项的坏账准备计提标准进行了调整，由原来的对账龄在1年内的应收款项不提坏账准备改为按3%计提坏账准备。由于上述会计处理方法变更，减少公司报告期利润总额5 645 564.70元。

2.查阅5家上市公司2015年年报，了解各家公司应收账款计提坏账的方法。

思考：

（1）你认为应收款项坏账准备是属于公司正常损益的范畴，还是属于会计处理方法变更的范畴？

（2）你认为期末调整对公司编制财务报表是否有必要？期末调整对公司财务数据有哪些有利影响和不利影响？

第7章 存货

【学习目标】

1. 了解不同来源存货实际成本的确定。
2. 掌握存货发出的计价方法。
3. 了解存货数量的确定方法。
4. 理解发出存货不同计价方法对利润表的影响。
5. 掌握期末存货的计量原则。
6. 了解期末存货按成本与可变现净值孰低计量的必要性。

【引导案例】

獐子岛"绝收"事件及结果

从预计盈利7 565万元到突然巨亏8.12亿元，150万亩养殖海域颗粒无收，2006年上市的獐子岛一夜之间"名扬天下"。2014年10月30日晚间，位于大连长海县的上市公司獐子岛发布公告称，因北黄海遭到几十年一遇异常的冷水团，公司在2011年全部和2012年部分播撒的100多万亩即将进入收获期的虾夷扇贝绝收。受此影响，獐子岛前三季业绩"大变脸"，由预报盈利变为亏损约8亿元，全年预计大幅亏损。[1]

2014年12月7日，獐子岛8亿元扇贝消失是否涉造假终于有了结果。证监会经核查未发现，獐子岛2011年年底播虾夷扇贝苗种采购、底播过程中存在虚假行为；未发现大股东长海县獐子岛投资发展中心存在占用上市公司资金行为；獐子岛存在决策程序、信息披露以及财务核算不规范等问题。在大量质疑面前獐子岛虽涉险过关，但或为"平息民愤"，公司还是出台了包括董事长自掏1亿元补偿上市公司、总裁办成员集体降薪并增持股票、员工持股计划等系列措施对冲利空。[2]

然而，2016年1月初，一则《2 000人实名举报称獐子岛"冷水团事件"系"弥天大谎"》的新闻引发了关注。文章称，辽宁省大连市獐子岛居民提供了一份2 000多人签字的实名举报信，称所谓"冷水团造成收获期的虾夷扇贝绝收事件"并不属实，涉嫌造假。[3]

2016年1月15日，证监会新闻发言人邓舸在例行发布会上表示，证监会已启动核查程序，对媒体报道獐子岛绝收事件进行核查。[3]

参考资料

【1】证监会：正在核查獐子岛"绝收"事件.新华网.2014-11-04

【2】獐子岛涉造假有惊无险 董事长自掏巨款补损失.新华网 .2014-12-06

【3】大连獐子岛"冷水团事件"被举报造假？证监会核查.东方网.2016-01-16

存货的会计处理是农业企业、水产养殖业、流通企业与制造企业的最大挑战。这些企业不仅要保持可供销售存货项目的记录，还必须记录这些存货采购、生产（生长）和销售的成本，而这些成本往往随时间的变动而变化。存货成本的变化大大增加了期末库存存货成本以及本期销售存货成本会计处理的复杂性。本章主要介绍存货盘存制度、存货初始计量、发出存货成本方法的选择及期末结存存货的计量。

7.1 存货的性质与分类

7.1.1 存货的性质及特点

存货是指企业在日常活动中持有以备出售的产成品或商品、处在生产过程中的在产品、在生产过程或提供劳务过程中耗用的材料和物料等，是企业流动资产的重要组成部分。存货区别于固定资产等非流动资产的最基本的特征是，企业持有存货的最终目的是出售，不论是可供直接出售如企业的产成品、商品等，还是需经过进一步加工后才能出售如原材料等。

存货作为一种重要的资产，具有以下特点。

（1）存货是有形资产

存货属于有形资产，具有物质实体。存货的这一特点使得存货与企业的其他没有实物形态的资产如应收账款、无形资产等相区别，同时也将货币资金排除在存货的范围之外。

（2）存货的变现能力强

存货在正常情况下，都能够在一年内转化为货币资金或转化为其他资产，处于不断地销售、耗用之中。

（3）存货具有实效性和发生潜在损失的可能性

存货本身属于一种非货币性资产，因而，存货在未来销售时所能取得的现金数额受未来的销售价格影响较大，带有一定的不确定性，也就是存货具有实效性和发生潜在损失的可能性，所以应该对存货计提跌价准备。

（4）存货的目的在于销售

企业持有存货的目的在于准备在正常经营过程中予以出售（如商品等），或者将在生产或提供劳务过程中耗用，制成产成品后再予以出售（如原材料等，或者仍然处在生产过程中的在产品等）。

7.1.2 存货的分类

为了加强对存货的管理，提供有用的会计信息，企业应科学合理地对存货进行分类。在不同行业的企业中，存货的内容也有所不同。一般情况下，存货可以按照经济内容、存放地点及企业的性质和经营范围并结合存货的用途等进行分类。在商品流通企业，主要是从制造企业购入商品，加价以后对外销售，其存货大部分是准备销售的商品；在服务性企业，主要是提供劳务，基本上没有存货，仅有一些办公家具；在制造企业，其业务流程是购入原材料，对原材料进行生产，加工成产品，然后对外销售。我们这里主要按照制造业企业存货的经济内容及用途的不同将其分为以下的类别。

（1）原材料

原材料是制造企业在生产过程中经加工改变其形态或性质并构成产品主要实体的各种原料和主要材料、辅助材料、外购半成品、修理用备件、包装材料和物料等。

（2）在产品

在产品是制造企业正在制造但尚未完工的产品，包括正在各个生产工序加工的产品和加工完毕但尚未检验或已检验但尚未办理入库手续的产品。

（3）半成品

半成品是制造企业经过一定生产过程并已检验合格交付半成品仓库保管，但尚未制造完工成为产成品，仍需进一步加工的中间产品。

（4）产成品

产成品是制造企业已经完成全部的加工过程并经检验合格验收入库，可以按合同规定的条件送交订货单位，或者可以作为商品对外销售的产品。

（5）商品

商品指商品流通企业外购或委托加工完成验收入库用于销售的各种商品。

（6）包装物

包装物是指企业为包装产品而储备的以及在销售中周转使用的各种包装物品，如箱、桶、坛、瓶、袋等，但是不包括包装用的纸、绳等。

（7）低值易耗品

低值易耗品是企业中使用年限在1年以内，不作为固定资产管理的各种用具、物品，如管理用具、玻璃器皿以及替换设备、劳动保护用品等。其特点是单位价值低，或者容易发生损耗，在使用过程中基本保持其原有的实物形态。

由于包装物和低值易耗品可以多次使用，也称为周转材料。

（8）委托代销商品

委托代销商品是企业委托其他单位代为销售的商品。

【小案例】

珠海格力电器2013年年度报告披露的存货分类为：本公司存货分为原材料、在产品、半成品、产成品、低值易耗品5大类。

杭州钢铁股份有限公司2015年年度报告披露的存货分类为：本公司存货包括在日常活动中持有以备出售的产成品或商品、处在生产过程中的在产品、在生产过程或提供劳务过程中耗用的材料和物料等。

金健米业股份有限公司 2015年年度报告披露的存货的分类为： 本公司存货包括在日常活动中持有以备出售的产成品或商品、处在生产过程中的在产品、在生产过程或提供劳务过程中耗用的材料和物料等。

中国北方稀土（集团）高科技股份有限公司2015年度报告披露的存货的分类为：本公司存货分为原材料、周转材料、委托加工材料、在产品、自制半成品、产成品（库存商品）、发出商品等。

资料来源：上海证券交易所网站

7.1.3 存货的确认

存货必须在符合存货定义的前提下，同时满足下列两个条件，才能予以确认。

（1）与该存货有关的经济利益很可能流入企业

我们知道，资产最重要的特征就是预期会给企业带来未来的经济利益，而存货作为企业的一项重要的流动资产，其确认的关键就是要判断存货是否很可能给企业带来经济利益或所包含的经济利益是否很可能流入企业。通常，存货的所有权是存货包含的经济利益很可能流入企业的一个重要标志，因此，确定企业存货所应包括的范围依据的一条基本原则就是：凡是在盘存日期，其法定所有权属于企业的一切存货，不管其存放地点是否在企业均属于企业的存货。

（2）该存货的成本能够可靠地计量

成本或者价值能够可靠地计量是资产确认的一项基本条件。存货作为企业资产的组成部分，要予以确认也必须能够对其成本进行可靠地计量。存货的成本能够可靠地计量必须以取得的确凿证据为依据，并且具有可验证性。如果存货成本不能可靠地计量，不能可靠地确定其成本，就不能确认为企业的存货。

7.2 存货数量的确定

企业在经营过程中，对于发出或结存的存货的成本作为一种费用或库存资产进行核算时，其一般表达式为单位成本乘以发出或结存存货的数量。存货数量的确定有赖于选择恰当的存货盘存方法。因此，本节我们将要了解确定发出和结存存货数量的两种盘存制度，即永续盘存制和实地盘存制，以便于根据不同的盘存制度采取相应的方法确定发出存货的数量。

7.2.1 永续盘存制

永续盘存制又称账面盘存制，是指在会计核算过程中，对于各种存货平时根据有关凭证，按其数量在存货明细账中既登记存货的入库数，又登记存货的出库数，可以随时根据账面记录确定存货结存数的盘存制度。在永续盘存制下确定存货数量的计算公式是：

期末结存存货数量=期初结存存货数量+本期入库存货数量–本期发出存货数量

采用永续盘存制，首先，由于存货明细账上可以随时反映库存存货的收入、发出和结存情况，因此，有利于对存货的数量和金额进行管理和控制，保证存货成本计算和利润确定的正确性，并且为存货的计划、管理和控制提供及时、准确的信息。其次，存货的账面记录与结存的实物可以经常核对，有利于查明存货溢缺的原因，及时进行纠正。但是，在这种方法下，存货明细账核算的工作量较大。

为了核对账实是否相符，仍有必要定期或不定期地进行实地盘点，以加强对存货的管理。

7.2.2 实地盘存制

实地盘存制又称定期盘存制，是指会计期末通过对各种存货进行实地清点的方法确定期末存货的结存数量，根据存货的单价计算结存金额，然后再倒轧出本期已发出（或销售）存货的成本，计算公式如下：

$$期末结存存货成本=期末结存存货数量×单位成本$$

本期发出或销售存货的成本=期初结存存货成本+本期购入存货成本−期末结存存货成本

采用实地盘存制，将期末存货实地盘存的结果作为计算本期发出存货数量的依据，平时不需要对发出的存货进行登记，核算手续比较简单。但是，采用这种方法，无法根据账面记录随时了解存货的发出和结存情况，由于是以存计销或以存计耗倒算发出存货成本，必然会将非销售或非生产耗用的损耗、短缺或贪污盗窃等管理不善造成的损失，全部混进销售或耗用成本之中，这显然是不合理的，也不利于对存货进行日常的管理和控制。同时，在存货品种、规格繁多的情况下，对存货进行实地盘点需要消耗较多的人力、物力，影响正常的生产经营活动，造成浪费，因此，这种方法一般适用于品种规格繁多且价值较低的存货，尤其适用于自然损耗大、数量不易准确确定的存货。

下面举例说明永续盘存制和实地盘存制的区别。

【例7-1】兴业公司8月原材料A的库存变动情况如表7-1所示。8月31日，实际盘点的材料数量为90件。

表7-1　8月原材料A库存变动情况

单位：元

日　期	摘　要	数量（件）	单位成本	合　计
8月1日	期初存货	500	50	25 000
8月3日	发出	300		
8月9日	购入	1 000	50	50 000
8月16日	发出	700		
8月22日	发出	400		

（1）采用永续盘存制的存货明细账如表7-2所示。

表7-2 存货明细账

（永续盘存制） 单位：元

日 期	摘 要	发 出			购 入			结 存		
		数量	单价	金额	数量	单价	金额	数量	单价	金额
8月1日	期初存货							500	50	25 000
8月3日	发出	300	50	15 000				200	50	10 000
8月9日	购入				1 000	50	50 000	1200	50	60 000
8月16日	发出	700	50	35 000				500	50	25 000
8月22日	发出	400	50	20 000				100	50	5 000
8月31日	本期发生额及期末余额	1 400	50	70 000	1 000	50	50 000	100	50	5 000

（2）采用实地盘存制的存货明细账如表7-3所示。

表7-3 存货明细账

（实地盘存制） 单位：元

日 期	摘 要	发 出			购 入			结 存		
		数量	单价	金额	数量	单价	金额	数量	单价	金额
8月1日	期初存货							500	50	25 000
8月9日	购入				1 000	50	50 000			
8月31日	本期发生额及期末余额	1 500		70 500	1 000	50	50 000	90	50	4 500

表7-3中期末结存存货成本=90×50=4 500（元）

本期发出存货成本=25 000+50 000-4 500=70 500（元）

根据所给资料，该材料账面结存数量是100件，但实际盘点的材料数量为90件，短缺的10件材料在两种盘存制度下有不同的处理方式。

永续盘存制下短缺的10件材料记录为存货的盘亏，根据责任认定分别计入管理费用、其他应收款、营业外支出等，具体处理详见7.2.3.2节介绍。实地盘存制下短缺的10件材料直接计入发出存货成本。

【小案例】

珠海格力电器2013年年报披露的存货盘存制度为：本公司存货采用永续盘存制。

资料来源：珠海格力电器2013年年报

7.2.3 存货盘点

企业按规定对存货进行定期盘点后，盘点的结果可能与账面不符，应查明原因，并进行相应的会计处理。

7.2.3.1 存货盘盈的会计处理

存货盘盈是指实际盘点的存货量大于账面的结存量。对盘盈的存货，应按其重置成本借记"原材料"账户，贷记"待处理财产损溢—待处理流动资产损溢"账户。企业按照规定程序批准转销盘盈存货价值时，冲减当期管理费用，借记"待处理财产损溢—待处理流动资产损溢"账户，贷记"管理费用"账户。

【例7-2】百姓公司在财产清查中发现一批账外原材料2 180件，估计该材料重置成本为32 600元。其批准前、后的会计处理如下：

（1）盘盈时根据估计的重置成本

借：原材料 32 600

  贷：待处理财产损溢——待处理流动资产损溢 32 600

（2）批准后冲减管理费用

借：待处理财产损溢——待处理流动资产损溢 32 600

  贷：管理费用 32 600

7.2.3.2 存货盘亏的会计处理

存货盘亏是指实际盘点的存货量小于账面的结存量。存货按规定程序批准转销盘亏存货价值时，根据导致存货盘亏的不同原因，分别借记"管理费用"（自然损耗、管理不善、收发计量不准等）、"其他应收款"（责任人赔偿或保险赔偿）、"营业外支出"（非常损失）等账户，贷记"待处理财产损溢——待处理流动资产损溢"账户。

【例7-3】好当家公司期末盘点存货时，发现A材料盘亏10 000元，盘亏原因如下：由于保管不善造成的亏损4 000元，遭受意外事故损失5 000元，仓库保管人员的责任损失1 000元。对意外事故造成的损失，经与保险公司交涉，应由保险公司赔偿金额5 000元。有关业务的会计处理如下。

（1）盘亏时根据材料账面价值处理：

借：待处理财产损溢——待处理流动资产损溢 10 000

　　贷：原材料 10 000

（2）批准后根据相应的责任归属处理：

借：管理费用 4 000

　　其他应收款——责任人 1 000

　　其他应收款——保险公司 5 000

　　贷：待处理财产损溢——待处理流动资产损溢 10 000

7.3 存货取得的计量

企业在取得存货时，应按照实际成本计量。所谓实际成本，也称历史成本，是指取得存货所发生的全部成本。包括采购成本、加工成本和使存货达到目前场所和状态所发生的其他成本3个组成部分。这些成本以发票、运输单据等为原始凭证，可以审核验证，从而使存货计量建立在客观的基础上。企业可以通过不同的途径取得不同的存货。从不同的渠道取得的存货，其核算方法不同，而且不同类型的存货，核算方法也不同。下面分别就外购存货、自制存货和其他方式取得的存货的成本内容加以说明。

7.3.1 外购存货

外购存货是指从企业以外的单位购入的存货，包括外购的原料及主要材料、辅助材料、燃料、包装物以及低值易耗品等。其实际成本主要由以下几个项目构成：①买价。指购货发票上注明的货款金额。②运杂费。指运输费、装卸费、包装费、保险费和仓储费等。③运输途中的合理损耗。指运输途中的定额内损耗。但是，在运输途中所发生的非合理的损耗，能确定由过失人员负责的，应向有关人员索赔，不计入购货成本中；如果是由于自然灾害而发生的意外损失，其净损失应作为营业外支出，不计入购货成本。④入库前的整理挑选费用。指购入的存货在进入原料仓库前进行挑选过程中发生的人工费用、残次料成本等。⑤税金。如进口货物按规定支付的进口关税。⑥其他费用。除上述项目以外的其他费用，如市内零星的运杂费、采购人员的差旅费等。

在实际成本计价方法下，外购存货一般设置的主要账户有"在途物资"、"原材料"、"应付账款"、"预付账款"和"应付票据"等账户。

"在途物资"属于资产类账户，用以核算企业采用实际成本进行材料、商品等物资的日常核算、货款已付尚未验收入库的在途物资的采购成本。该账户借方登记购入材料、商品等物资的买价和采购费用（采购实际成本），贷方登记已验收入库材料、商品等物资应结转的实际采购成本。期末余额在借方，反映企业期末在途材料、商品等物资的采购成本。该账户可按供应单位和物资品种进行明细核算。

"原材料"属于资产类账户，用以核算企业库存的各种材料，包括原料及主要材料、辅助材料、外购半成品（外购件）、修理用备件（备品备件）、包装材料、燃料等的计划成本或实际成本。该账户借方登记已验收入库材料的成本，贷方登记发出材料的成本。期末余额在借方，反映企业库存材料的计划成本或实际成本。该账户可按材料的保管地点（仓库）、材料的类别、品种和规格等进行明细核算。

"预付账款"属于资产类账户，用以核算企业按照购货合同规定预付给供应单位的款项。企业进行在建工程预付的工程价款也在该账户核算。该账户借方登记因购货而预付的款项，收到所购物资时登记在账户的贷方，期末借方余额反映企业预付的款项；期末如为贷方余额，反映企业尚未补付的款项即应付款项。本账户应按供应单位设置明细账，进行明细核算。预付款项情况不多的企业，也可以将预付的款项直接记入"应付账款"科目的借方，不设置"预付账款"账户。

"应付账款"属于负债类账户，用以核算企业因购买材料、商品和接受劳务供应等而应付给供应单位的款项。贷方登记应付未付的款项，实际支付款项时登记在账户的借方，期末贷方余额反映尚未支付的应付账款余额。该账户按债权人进行明细核算。

"应付票据"属于负债类账户，用以核算企业购买材料、商品和接受劳务供应等而开出、承兑的商业汇票，包括银行承兑汇票和商业承兑汇票。贷方登记开出并承兑的商业汇票面值，借方登记到期承兑票据的金额或无力承兑而转出的应付票据票面金额，期末余额在贷方，反映企业尚未到期的商业汇票的票面金额。该账户按照债权人进行明细核算。

企业从外部购入存货时，由于采用的结算方式和采购地点等的不同，经常会出现收料和付款时间不一致的情况，因而其账务处理也有所区别，具体说明如下。

（1）材料和有关的结算凭证同时到达企业（单料同到）

企业收到存货，办理验收入库手续，同时根据供应商开来的发票账单等结算凭证进行会计处理。

【例7-4】科达公司从红星工厂购进丙材料6 000千克，发票注明价款30 000元，材料的运杂费1 400元。材料已运达公司并已验收入库。账单、发票已到,货款已通过银行转账支付(不考虑增值税)。该公司应编制会计分录如下:

借:原材料　　　　　　　　　　31 400

　　贷:银行存款　　　　　　　　　　31 400

（2）存货已经验收入库,但有关结算凭证未到（料到单未到）

这种情况在月内一般暂不入账,待凭证到达之后再按前述情况入账。如果到了月末,有关凭证仍未到达,为了使账实相符,应按暂估价或按合同价格借记"原材料"账户,贷记"应付账款"账户,下月初用红字冲回。待有关结算凭证到达之后,再按当月收料付款处理。

【例7-5】科达公司于3月20日购入一批原材料,并已验收入库,直到月末有关发票账单也未到达公司。该批材料的估计价款为35 000元。会计处理如下。

（1）3月31日,按原料的估计价格35 000元入账:

借:原材料　　　　　　　　　　35 000

　　贷:应付账款　　　　　　　　　　35 000

（2）4月1日,用红字将以上分录冲回:

借:原材料　　　　　　　　　（35 000）

　　贷:应付账款　　　　　　　　　（35 000）

（3）4月8日,收到供应商的有关专用发票等结算凭证共计36 000元,通过银行转账付款:

借:原材料　　　　　　　　　　36 000

　　贷:银行存款　　　　　　　　　　36 000

（3）有关结算凭证已经收到,但存货尚未运到企业或未验收入库（单到料未到）

当所购货物的发票和账单已经收到,但货物尚未收到时,应通过"在途物资"账户记录存货的实际成本,待货物验收入库后,再转入"原材料"账户。

【例7-6】科达公司从外地购入一批原材料,价款100 000元,运输费等5 000元。按合同开出5个月无息商业承兑汇票支付购货款,运输费通过银行支付,材料尚未到达公司（不考虑增值税）。有关会计分录如下：

（1）收到货款发票时：

借：在途物资   105 000

  贷：银行存款   5 000

    应付票据   100 000

（2）待材料到达企业并验收入库时：

借：原材料   105 000

  贷：在途物资   105 000

7.3.2 自制存货

自制存货是企业内部的生产车间或辅助生产车间自己加工制造的原材料、包装物、低值易耗品、产成品等，其实际成本的构成包括制造过程中所消耗的材料费用、人工费用和制造费用，即生产这些存货的制造成本。

自制存货应通过"生产成本"账户核算制造过程中所发生的生产费用，包括材料费、人工费和其他生产费用。生产费用的核算详见第14章。

7.3.3 其他方式取得的存货

企业取得存货的其他方式主要包括委托加工、接受投资者投资、非货币性资产交换、债务重组、企业合并以及存货盘盈等。这里仅介绍委托加工存货的计量。委托加工存货是企业将原材料委托给其他单位按照约定的加工要求加工成另一种规格的存货，委托加工存货的实际成本包括实际耗用的原材料、加工费用、运输费用、装卸费用、保险费用以及按规定应计入成本的税金等。

7.4 存货发出的计量

7.4.1 存货的实物流转与成本流转的假设

制造型和商业型企业的主要经营过程概括地说就是存货流转过程。存货流转是指在生产经营过程经过存货的购入、领用、销售等环节，从生产领域进入消费领域的转移过程。存货的流转包括实物流转与成本流转两个方面。

存货的实物流转应该根据管理的需要，结合存货自身的特点以及有利于收、发、管理控制的要求来决定。比如，有些商品会因为保管时间太长而变质腐烂、挥发，可以采用先购入先发出的流转程序；有些商品因为体积大、分量重，需要堆放管理，先购入的堆放在下面，后购入的堆放在上面，此时，实物的发放只能是后购入的先发出，先购入的后发出；也有一些商品既不受时间的影响，也不受堆放方式的影响，实物的发放程序可以随意安排。

存货成本流转，是指发出存货成本的结转顺序。从理论上讲，存货成本流转顺序应当与实物流转顺序一致，即本期发出存货应按其入库时的实际成本结转，期末账面结存存货成本为期末结存存货的入库成本。如果存货的品种规格很少，或收发次数很少，或每批入库存货的单位成本相同，完全可以按照理论上的方法操作。但在实际工作中，企业的存货不仅品种繁多，而且由于存货购入的时间、产地不同或生产批次不同，使得相同存货的单位成本往往不一致，很难辨认出所发出存货的入库成本是多少。为了确定发出存货和期末存货的成本，会计处理上可以事先对存货的成本流转做一个合乎逻辑的假设，并以此为依据，选择本期发出存货成本和期末结存存货成本的分配方法。不同的成本流转假设构成不同的存货计价方法，即存货发出的计价方法。

7.4.2 发出存货成本的计量方法

根据不同的成本流转假设，本期发出存货成本和期末结存存货成本的计价方法主要有：个别认定法、加权平均法、移动加权平均法、先进先出法和后进先出法。

7.4.2.1 个别认定法

个别认定法是按照某批购入存货的实际单位成本作为发出存货的单位成本，期末按每批存货购入时的单位成本确定期末存货的成本。这种方法的成本流转与实物流转相一致，各种存货必须是可以具体辨认的，而且各种存货都要有平时入库时的详细记录。这种方法适用于为某一特定项目专门购入并单独保管的存货，或单位价值比较高的存货，如珠宝、古玩等。

【例7-7】佳能公司6月初结存存货甲20件，单位成本为310元。6月存货甲的购入情况如下：

（1）6月5日，购入50件，单价为300元；

（2）6月13日，购入30件，单价为320元。

当月公司存货甲的发出情况如下：

（1）6月10日，发出15件，为6月5日购入；

（2）6月15日，发出60件，其中35件为6月5日购入，25件为6月13日购入。

佳能公司6月发出存货甲的成本与期末存货的成本计算如下：

发出存货的成本=15×300+（35×300+25×320）=4 500+18 500=23 000（元）

期末存货的成本=20×310+5×320=6 200+1 600=7 800（元）

7.4.2.2 加权平均法

在加权平均法下，期末（通常为月末）计算存货的单位成本时，以期初的存货数量和本期购入的全部数量作为权数，除期初结存存货成本和本期购入存货成本之和，计算出存货的加权平均单位成本，据此确定发出存货成本和期末存货成本。计算公式如下：

$$加权平均单位成本 = \frac{期初结存存货成本+本期购入存货总成本}{期初结存存货数量+本期购入存货总数量}$$

本期发出存货成本=本期发出存货数量×加权平均单位成本

期末结存存货成本=期末结存存货数量×加权平均单位成本

采用加权平均法计算发出存货的成本，只有在月末才能计算出加权平均单位成本，因而平时的核算工作比较简单，但月末的核算工作量比较大，可能会影响有关成本计算的及时性，也不能随时从账簿中观察到各种存货的发出和结存情况，不便于对存货占用资金的日常管理。

7.4.2.3 移动加权平均法

移动加权平均法是以本次购入存货的成本加结存存货的成本，除以本次购入存货数量加结存存货数量，计算出存货平均单位成本的一种方法。只要每次购入存货的单位成本与结存存货的单位成本不一致，就应该重新计算一次加权平均单位成本，作为发出存货和期末存货的计价标准。计算公式如下：

$$移动加权平均单位成本 = \frac{上次结存存货成本+本次购入存货的成本}{上次结存存货的数量+本次购入存货的数量}$$

本次发出存货成本=本次发出存货的数量×结存存货的单位成本

结存存货成本=结存存货的数量×存货的单位成本

【例7-8】依据【例7-7】的资料，采用移动加权平均法计算存货成本：

①6月5日购入后，存货甲单位成本 $= \frac{20×310+50×300}{20+50} = 302.86$（元）

6月5日存货甲结存成本=302.86×（20+50）=21 200（元）

②6月10日存货甲的发出成本=15×302.86=4 542.90（元）

6月10日存货甲结存成本=302.86×（70-15）=16 657.10（元）

③6月13日购入后，存货甲单位成本= $\dfrac{55 \times 302.86 + 30 \times 320}{55 + 30}$ =308.91（元）

6月13日存货甲结存成本=308.91×（55+30）=26 257（元）

④6月15日存货甲的发出成本=60×308.91=18 534.60（元）

6月15日存货甲结存成本=308.91×（85-60）=7 722.40（元）

采用移动加权平均法可以及时了解存货发出的成本和结存的成本，其单位成本接近于市场价格，计算结果比较客观。但是，由于每次购入时都要重新计算一次单位成本，工作量比较大。

7.4.2.4 先进先出法

先进先出法是指在发出存货时，根据存货入库时间的先后顺序，按照先入库存货的单位成本确定发出存货成本的一种方法，也就是假定最先入库的存货最先发出。其具体操作过程是：最先发出存货的成本按照第一批入库存货的成本确定，第一批存货发完后，再按第二批存货的成本计价，依此类推。采用先进先出法对存货进行计价，可以将发出存货的计价工作分散在平时进行，减轻了月末的计算工作量，既适用于实地盘存制，也适用于永续盘存制，而且可以随时了解储备资金的占用情况，期末结存存货成本比较接近于现行成本水平，更具有财务分析意义。但是，当企业的存货种类较多、收发次数比较频繁且单位成本又各不相同时，其计算的工作量就比较大。另外，先进先出法不是以现行成本与现行收入相配比，因而，当物价上涨时，会高估企业本期利润和期末结存存货的价值，造成企业虚利实税，不利于资本的保全，显然违背了谨慎性原则的要求。先进先出法下计算发出存货成本和结存存货成本的公式为：

发出存货成本=发出存货的数量×先入库存货成本

结存存货成本=存货总成本-发出存货成本

【例7-9】依据【例7-7】的资料，在永续盘存制下，采用先进先出法的计算过程如表7-4所示。

表7-4 存货明细账

（先进先出法）

单位：元/件

日 期	摘 要	收 入			发 出			结 存		
		数量	单价	金额	数量	单价	金额	数量	单价	金额
6月1日	期初余额							20	310	6 200
6月5日	购入	50	300	15 000				20 50	310 300	6 200 15 000
6月10日	发出				15	310	4 650	5 50	310 300	1 550 15 000
6月13日	购入	30	320	9 600				5 50 30	310 300 320	1 550 15 000 9 600
6月15日	发出				5 50 5	310 300 320	1 550 15 000 1 600	25	320	8 000
6月30日	本期发生额 及期末余额	80		24 600	75		22 800	25	320	8 000

在实地盘存制下，有关存货成本的计算如下：

期末结存存货成本=25×320=8 000（元）

本期发出存货成本=6 200+15 000+9 600-8 000=22 800（元）

采用先进先出法确定的期末存货成本比较接近于当前的市场价值，但是，如果企业会计期内存货收发频繁，则工作量非常大。

7.4.2.5 后进先出法

后进先出法与先进先出法的成本流转正好相反，它假设最近购入（后进）的存货最先发出，当期销售成本或发出成本为最近购入存货的成本。在永续盘存制下，每一批发出存货都按这种顺序计算；在实地盘存制下，期末盘点的存货数量按最初购进的单价计算期末结存存货成本。

【例7-10】依据【例7-7】的资料，在永续盘存制下，采用后进先出法计算的存货成本如表7-5所示。

表7-5　存货明细账

（后进先出法）　　　　　　　　　　　单位：元/件

日　期	摘　要	收　入			发　出			结　存		
		数量	单价	金额	数量	单价	金额	数量	单价	金额
6月1日	期初余额							20	310	6 200
6月5日	购入	50	300	15 000				20 50	310 300	6 200 15 000
6月10日	发出				15	300	4 500	20 35	310 300	6 200 10 500
6月13日	购入	30	320	9 600				20 35 30	310 300 320	6 200 10 500 9 600
6月15日	发出				30 30	320 300	9 600 9 000	20 5	310 300	6 200 1 500
6月30日	本期发生额 及期末余额	80		24 600	75		23 100	20 5	310 300	6 200 1 500

在实地盘存制下，有关存货成本的计算如下：

期末结存存货成本=20×310+5×300=7 700（元）

本期发出存货成本=6 200+15 000+9 600−7 700=23 100（元）

采用后进先出法，本期销售（发出）成本是按后购入存货的单位成本确定的，其成本接近市价，由此得到的利润也接近实际。同时，由于存货购入单价不断上升，期末存货成本以较低的成本计价，体现了会计处理的稳健原则。

【延伸知识】

几乎所有国家都允许采用先进先出法编制财务报告，而国际上对后进先出法则存在许多争议。2003年修订的国际会计准则禁用后进先出法，因为它导致资产负债表上存货的金额不准确。

2006年《企业会计准则》规定，"企业应当采用先进先出法、加权平均法或者个别计价法确定发出存货的实际成本。"存货准则考虑到后进先出法并不能真实地反映存货的实际流转，因此规定企业确定发出存货的成本的方法有4种：先进先出法、加权平均法（包括移动加权平均法）和个别计价法。企业不得采用后进先出法确定发出存货的成本，这与国际会计准则的规定是一致的。

资料来源：2006年《企业会计准则第1号——存货》

7.4.3 各种计价方法对财务报表的影响

上述各种存货计价方法所确定的本期发出存货成本和期末存货成本可能不同，并影响到本期销售成本和期末存货的金额，进而影响到企业的利润和资产。

无论采用平均法计算的是库存存货的成本还是发出产品的成本，既不代表期初成本也不代表期末成本，仅是一个经平均计算的统计数据，缺乏实际含义，导致我们很难将其与市场中同种存货的价格波动对号入座，也不能从这个数据中得到有关企业成本的变动情况，即资产负债表中期末存货的成本和利润表中的销售成本都无法反映存货的现行成本。

在先进先出法下，存货的成本流转与实物的流转基本一致，存货的数据更加客观。但是，在物价上升的环境下，由于低估了发出产品的成本，高估了期末存货的价值，导致资产负债表中资产虚增，利润表中利润虚增，当期多缴所得税，增加了现金流量表中当期的现金流出量。采用先进先出法，企业的财务报表会明显好于实际，尤其是在原材料价格上升时，会使企业管理者和财务报表信息使用者忽视不断增加的成本，作出错误的预期和决策。

后进先出法与先进先出法正好相反，本期销售成本是最近购入的存货成本，期末存货成本是最早购入的存货成本。当物价持续上涨时，后进先出法确定的销售成本比其他方法要高，而利润最低；由于期末存货按最早购入的存货成本计价，存货成本被低估。因此，当存货成本呈上升趋势时，后进先出法所确定的利润和期末存货成本最低。

在实务中，企业一经选定某种计价方法，必须遵循一致性原则，不能随意变更。若要改变计价方法，必须在会计报表的附注中加以说明，并充分披露变更的原因及其对企业经营成果的影响。

【小案例】

杭州钢铁股份有限公司2015年年度报告披露的发出存货的计价方法为：发出存货采用月末一次加权平均法。

金健米业股份有限公司2015年年度报告披露的发出存货的计价方法为：发出存货采用月末一次加权平均法。

中国北方稀土（集团）高科技股份有限公司2015年年度报告披露的发出存货的计价方法为：原材料、在产品、库存商品、发出商品等发出时采用月末一次加权平均法计价。

中国船舶工业股份有限公司 2015 年年度报告披露的存货信息为：存货实行永续盘存制，存货在取得时按实际成本计价，包括采购成本、加工成本和其他成本。

子公司沪东重机有限公司原材料采用计划成本法核算，月末根据材料成本差异将出库成本调整为实际成本，专用材料及整机发出采用个别计价法。

子公司中船澄西原材料发出时按加权平均法计价。对于不能替代使用的存货以及为特定项目专门购入或制造的存货，采用个别计价法确定发出存货的成本。

子公司外高桥造船原材料除大型船用设备发出时按个别计价法计价，其余原材料发出时采用加权平均法计价，确定发出存货的实际成本。在产品发出时按个别计价法计价。

子公司上海沪东造船柴油机配套有限公司存货发出时按个别计价法计价。

子公司上海中船三井造船柴油机有限公司存货发出时除通用配件采用加权平均法外其他存货采用个别计价。

子公司上海沪临重工有限公司存货发出时钢结构件采用个别计价，铸造件采用加权平均计价。

其他子公司原材料发出时按加权平均法计价，在产品及产成品的发出按个别认定法计价。

资料来源：上海证券交易所网站

7.5 期末存货的计量

正如前面所阐述，成本是存货计价的主要基础。但由于存货价格的变化，在资产负债表日列报的存货价值不一定就是结存存货的成本。主要有两个原因导致：①当存货的可变现净值低于账面价值时；②存货无法以正常的价格出售。后一种情况可能是由于存货出现残次、磨损、样式过时及其他原因。按照谨慎性原则，需要运用成本与可变现净值孰低法计量期末存货。

7.5.1 成本与可变现净值孰低法

成本与可变现净值孰低法是指对期末存货按照成本与可变现净值两者中较低者计价的方法，即当存货的成本低于可变现净值时，存货按成本计价；当可变现净值低于成本时，存货按可变现净值计价。其中，成本是指存货的历史成本，也就是按照加权平均法、个别认定法、先进先出法等方法确定的成本；可变现净值是指企业在正常经营过程中，以存货的估计售价减去至完工时估计将要发生的成本、销售费用以及相关税费后的金额。

存货是企业的一项经济资源，其价值应该由市场决定，如果由于技术进步、产品更新等因素，使存货的价值发生较大下跌，仍按历史成本计价，将无法反映存货的真实价值，也不符合谨慎性原则的要求。当存货的可变现净值下跌至成本以下时，由此所形成的损失，应从存货价值中扣除，计入当期损益，以避免虚增企业的资产。

成本与可变现净值孰低计量的理论基础主要是使存货符合资产的定义，且符合谨慎性原则的要求。当存货的可变现净值下跌至成本以下时，表明该存货会给企业带来的未来经济利益低于其账面成本，存货资产发生了减值损失，应将这部分损失从资产价值中扣除，计入当期损益。否则，当存货的可变现净值低于成本时，如果仍然以其成本计量，就会出现虚计资产的现象。

7.5.2 成本与可变现净值孰低法的应用

当企业仅持有一种存货时，只需比较该存货的成本与可变现净值，便可获得各资产负债表日存货项目的金额和应提取存货跌价准备的金额。但在现实经济生活中，很少有企业只持有一种存货，常见的情形则是同时持有多种不同类别的存货，在开展多种经营的企业尤其如此。因此，在确定资产负债表日存货项目的金额和应提取存货跌价准备的金额时，通常有3种方法可供选择：单项比较法、分类比较法和总额比较法。

（1）单项比较法

分别比较每一项存货的成本与可变现净值，每一项存货都取成本与可变现净值中的较低者作为存货的期末价值，再分别加总，以确定资产负债表日存货项目的总金额和应提取存货跌价准备的总金额。

（2）分类比较法

分别比较每一类存货（由该类内具有某种共同特征的多种存货组成）的总成本与该类存货可变现净值的总额，每一类存货都取成本与可变现净值中的较低者作为存货的期末价值，分别加总，以确定资产负债表日存货项目的总金额和应提取存货跌价准备的总金额。

（3）总额比较法

直接比较所有存货的总成本与可变现净值总额，选择较低者作为资产负债表日存货的期末价值并计算应提取存货跌价准备的总金额。

7.5.3 成本与可变现净值孰低法的会计处理

在成本与可变现净值孰低法下，经过比较，若期末存货的成本低于可变现净值，则仍以账面成本计价，不需要调整存货账面价值；若期末存货的成本高于其可变现净值，就必须将存货的账面价值调整到可变现净值。对于存货的成本高于其可变现净值的调整主要有两种会计处理方法——直接转销法和备抵法。

期末存货按成本与可变现净值孰低计量涉及"资产减值损失"和"存货跌价准备"两个账户。"资产减值损失"账户的使用详见6.2.2.2部分。

"存货跌价准备"账户的结构类似"坏账准备"账户，"存货跌价准备"属于资产类账户，是存货的备抵账户，贷方登记本期计提的存货跌价准备，借方登记转回或转销的存货跌价准备，期末余额在贷方，反映企业已计提但尚未转销的存货跌价准备，也就是本期末存货成本高于其可变现净值的差额。

7.5.3.1 直接转销法

在直接转销法下，当存货的可变现净值低于账面成本时，发生的存货资产减值损失直接转入"资产减值损失"账户，同时调整相应的存货账户。

【例7-11】众合公司2015年12月31日存货账面价值为40 000元，预计可变现净值为38 000元。在直接转销法下众合公司的会计处理如下：

借：资产减值损失   2 000

贷：库存商品等   2 000

采用直接转销法，企业应在资产负债表日将存货成本明细账上的单位成本调整为可变现净值，工作量较大。在资产负债表中，存货项目的账面价值变为可变现净值38 000元，不能反映原有的存货实际成本，但其会计处理比较简单。我国现行实务中并不采用此法。

7.5.3.2 备抵法

与直接转销法不同，在备抵法下，存货减值损失不直接冲销存货相关账户账面余额，而另设"存货跌价准备"账户，以抵减存货价值，即在资产负债表中将"存货跌价准备"列为存货项目的减项，有关存货的各账户借方余额减去"存货跌价准备"账户的贷方余额，即为期末存货的可变现价值，存货账户始终反映其原有的实际成本。当企业期末存货发生减值损失时，借记"资产减值损失"账户，贷记"存货跌价准备"账户。这种方法的优点在于：一是不改变存货明细账记录，工作量小；二是资产负债表上可以揭示存货的成本与可变现净值两方面信息。

采用备抵法时，每一个资产负债表日都应按单个存货逐一比较其成本与可变现净值取两者中的较低者计量存货，计算出应计提的备抵数，然后与"存货跌价准备"账户余额进行比较。若应提数大于已提数，应予补提；反之，则冲销多提的部分（转回）。提取和补提跌价准备时，借记"资产减值损失"账户，贷记"存货跌价准备"账户；转回或冲销跌价损失时，作相反的会计分录。当已计提跌价准备的存货的价值以后又得以恢复时，其转回的跌价准备金额，应以"存货跌价准备"账户的余额冲减至零为限。

【例7-12】凯尔公司按照"成本与可变现净值孰低"计价每季末存货。假设，2015年12月31日，甲材料的账面成本为150 000元，由于市场价格下跌，预计可变现净值为120 000元，按照备抵法应进行会计处理如下：

借：资产减值损失　　　　　　　　　　30 000
　　贷：存货跌价准备　　　　　　　　　　30 000

2016年3月31日，由于市场价格回升，使得该材料的预计可变现净值升为142 000元，即可变现净值恢复了22 000元，则应转回存货跌价准备22 000元，即：

借：存货跌价准备　　　　　　　　　　22 000
　　贷：资产减值损失　　　　　　　　　　22 000

2016年6月30日，由于市场价格进一步回升，使得该材料的预计可变现净值升为165 000元，即可变现净值高于成本15 000元，则应按成本计价，不需要计提存货跌价准备，但该材料已提的存货跌价准备为8 000元，所以应予冲减，使"存货跌价准备"账户余额为零。

借：存货跌价准备　　　　　　　　　　8 000
　　贷：资产减值损失　　　　　　　　　　8 000

2016年6月30日，凯尔公司资产负债表中的存货价值为150 000元，计算如下：

存货　　　　　　　　　　　　　　150 000
减：存货跌价准备　　　　　　　　　　0
存货账面价值　　　　　　　　　　150 000

【小案例】

珠海格力电器2013年年报披露的存货可变现净值的确定依据及存货跌价准备的计提方法为：资产负债表日，存货按照成本与可变现净值孰低计量，对成本高于其可变现净值的，计提存货跌价准备，计入当期损益，如已计提跌价准备的存货的价值以后又得以恢复，在原计提的跌价准备金额内转回。可变现净值，是指在日常活动中，存货的估计售价减去至完工时估计将要发生的成本、估计的销售费用以及相关税费后的金额。

2013年年报中存货跌价准备见表7-6：

表7-6 格力电器2013年存货跌价准备 单位：元

存货种类	期初数	本期计提	本期减少		期末数
			转回	转销	
原材料	75 073 112.48	9 814 740.56			84 887 853.04
产成品	33 331 956.16	54 811 440.51			88 143 396.67
合计	108 405 068.64	64 626 181.07			173 031 249.71

资料来源：珠海格力电器2013年年报

【本章小结】

存货在制造型企业和流通型企业的资产中占比比较大，不同企业存货具体内容有所不同。本章介绍了存货的确认及种类、存货盘存制度、取得存货成本的确定、发出存货成本的计量方法以及期末存货计量原则。判断是否属于存货的标准是为了出售这一持有目的；本期减少存货和期末结存存货数量的确定有两种方法，即永续盘存制和实地盘存制；企业在取得存货时，应按照实际成本计量，实际成本是指取得存货所发生的全部成本，包括采购成本、加工成本和使存货达到目前场所和状态所发生的其他成本3个组成部分。不同渠道取得的存货成本构成内容有所不同；本期发出存货的计量方法包括个别认定法、加权平均法、先进先出法和后进先出法；期末存货按成本与可变现净值孰低原则计量。

【学习目标小结】

1.了解不同来源存货实际成本的确定

企业在取得存货时，应按照实际成本计量，实际成本是指取得存货所发生的全部成本。本章仅介绍了外购存货、自制存货以及委托加工存货实际成本的确定。其中，外购存货的实际成本主要由以下几个项目构成：①买价；②运杂费；③运输途中的合理损耗；④入库前的整理挑选费用；⑤税金（如关税）；⑥其他费用等。自制存货实际成本的构成包括制造过程中所消耗的材料费用、人工费用和制造费用，即生产这些存货的制造成本。委托加工存货的实际成本包括实际耗用的原材料、加工费用、运输费用、装卸费用、保险费用以及按规定应计入成本的税金等。

2.掌握存货发出的计价方法

根据不同的成本流转假设，本期发出存货成本和期末结存存货成本的计价方法主要有：个别认定法、加权平均法、移动加权平均法、先进先出法和后进先出法。个别认定法是按照某批购入存货的实际单位成本作为发出存货的单位成本，期末按每批存货购入时的单位成本确定期末存货的成本。这种方法的成本流转与实物流转相一致。

在加权平均法下，期末（通常为月末）计算存货的单位成本时，以期初的存货数量和本期购入的全部数量作为权数，除期初结存存货成本和本期购入存货成本之和，计算出存货的加权平均单位成本，据此确定发出存货成本和期末存货成本。计算公式如下：

$$加权平均单位成本 = \frac{期初结存存货成本 + 本期购入存货的总成本}{期初结存存货的数量 + 本期购入存货的总数量}$$

本期发出存货成本 = 本期发出存货的数量 × 加权平均单位成本

期末结存存货成本 = 期末结存存货的数量 × 加权平均单位成本

先进先出法是指在发出存货时，根据存货入库时间的先后顺序，按照先入库存货的单位成本确定发出存货成本的一种方法，也就是假定最先入库的存货最先发出。

后进先出法与先进先出法的成本流转正好相反，它假设最近购入（后进）的存货最先发出，当期销售成本或发出成本为最近购入存货的成本。

3.了解存货数量的确定方法

存货数量的确定有赖于选择正确的存货盘存方法。本期减少存货和期末结存存货数量的确定有两种方法，即永续盘存制和实地盘存制。永续盘存制又称账面盘存制，是指在会计核算过程中，对于各种存货平时根据有关凭证，按其数量在存货明细账中既登记存货的入库数，又登记存货的发出数，可以随时根据账面记录确定存货结存数的制度。在永续盘存制下确定存货数量的计算公式是：

期末结存存货数量 = 期初结存存货数量 + 本期入库存货数量 – 本期发出存货数量

实地盘存制又称定期盘存制，是指会计期末通过对各种存货进行实地清点实物的方法确定期末存货的结存数量，根据存货的单价计算结存金额，然后再倒轧出本期已发出（或销售）存货的成本，计算公式如下：

期末结存存货成本 = 期末结存存货数量 × 单位成本

本期发出或销售存货的成本 = 期初结存存货成本 + 本期购入存货成本 – 期末
结存存货成本

4.理解发出存货不同计价方法对利润表的影响

各种存货计价方法所确定的本期发出存货成本和期末结存存货成本可能不同，并影响到本期销售成本和期末存货的金额，进而影响到企业的利润和资产。

加权平均法计算的库存存货成本与发出产品的成本，既不代表期初成本也不代表期末成本，仅是一个经平均计算的统计数据，导致我们不能从这个数据中得到有关企业成本的变动情况，即资产负债表中期末存货的成本和利润表中的销售成本都无法反映存货的现行成本。

在先进先出法下，在物价上升的环境下，由于低估了发出产品的成本，高估了期末存货的价值，导致资产负债表中资产虚增，利润表中利润虚增，当期多缴所得税，增加了现金流量表中当期的现金流出量。

后进先出法与先进先出法正好相反，本期销售成本是最近购入的存货成本，期末存货成本是最早购入的存货成本。当物价持续上涨时，后进先出法确定的销售成本比其他方法要高，而利润最低；由于期末存货按最早购入的存货成本计价，存货成本被低估。

5.掌握期末存货的计量原则

期末存货应按成本与可变现净值孰低计量。即：当存货的成本低于可变现净值时，存货按成本计价；当可变现净值低于成本时，存货按可变现净值计价。

6.了解期末存货按成本与可变现净值孰低计量的必要性

存货是企业的一项经济资源，其价值应该由市场决定，如果存货市场价值下跌时仍按历史成本计价，将无法反映存货的真实价值，也不符合谨慎性原则的要求。当存货的可变现净值下跌至成本以下时，由此所形成的损失，应从存货价值中扣除，计入当期损益，以避免虚增企业的资产。

【关键术语】

永续盘存制（perpetual inventory system）又称账面盘存制，指在会计核算过程中，对于各种存货平时根据有关凭证，按其数量在存货明细账中既登记存货的入库数，又登记存货的出库数，可以随时根据账面记录确定存货结存数的盘存制度。

实地盘存制（physical inventory system）又称定期盘存制，是指会计期末通过对各种存货进行实地清点的方法确定期末存货的结存数量，根据存货的单价计算结存金额，然后再倒轧出本期已发出（或销售）存货的成本的盘存制度。

个别认定法（specific identification method）是按照某批购入存货的实际单位

成本作为发出存货的单位成本，期末按每批存货购入时的单位成本确定期末存货成本的方法。

加权平均成本法（weighted average cost method）亦称全月一次加权平均法，是指以当月全部进货数量加上月初存货数量作为权数，去除当月全部进货成本加上月初存货成本，计算出存货的加权平均单位成本，以此为基础计算当月发出存货的成本和期末存货的成本的一种方法。

先进先出法（first-in，first-out method）是指根据先入库的存货先发出的成本流转假设对存货的发出和结存进行计价的方法。以先进先出法计价的期末结存存货则是最后入库的存货，本期发出存货则是最先入库的存货。

后进先出法（last-in，first-out method）是指根据最后入库的存货最先发出的成本流转假设对存货的发出和结存进行计价的方法。以后进先出法计价的期末结存存货则是最先入库的存货，本期发出存货则是最后入库的存货。

移动加权平均法（moving weighted average method）是以本次购入存货的成本加结存存货的成本，除以本次购入存货数量加结存存货数量，计算出存货平均单位成本的一种方法。只要每次购入存货的单位成本与结存存货的单位成本不一致，就应该重新计算一次加权平均单位成本，作为发出存货和结存存货的计价标准。

成本与可变现净值孰低法（lower of cost and net realisable value）指期末存货以账面成本与可变现净值中较低者计价的方法。

练习题

【简答题】

1.什么是存货？存货有哪些特征？

2.采购成本持续增长期间，哪种存货成本假设会使报告利润最高？哪种存货成本假设使应纳税所得额最低？哪种存货成本假设使存货计价最接近当下的重置成本？

3.简述永续盘存制的优缺点。

4.简述实地盘存制的优缺点。

5.企业外购存货的采购成本包括哪些内容？

6.采用移动加权平均法有何优缺点？适合那类企业？

7.期末存货为什么要按成本与可变现净值孰低计量？

8.核算存货跌价损失有哪两种方法？

【业务题】

习题一

1.目的

练习存货的认定。

2.资料

20×4年年末，利华公司内部审计人员发现下列存货认定有误。

（1）委托外单位代销的货品5 000元，未列入公司存货内。

（2）采用目的地交货条件，购进货品10 000元，尚在运输途中，列入公司存货。

（3）委托外单位加工的货物4 000元，未列入存货。

（4）受托代销其他公司的货品8 000元，未列入存货中。

（5）已经付款购进货品1 000元，条件是起运点交货，尚在运输途中，而未列入存货。

（6）按合同规定明年1月才购入的货物2 500元，列入公司存货。

3.要求

计算上述错误对20×4年利润及20×5年利润的影响（假定公司采用实地盘存制）。

习题二

1.目的

练习存货收入的核算。

2.资料

好运公司8月5日从外地购进钢材8吨，材料已运达企业并验收入库，但至8月末仍未收到结算账单。月末，好运公司根据材料入库单所列数量8吨，按照合同价格每吨1 400元入账。9月10日，好运公司收到上述材料的结算凭证，发票上所列价款为11 000元（不考虑税费），对方代垫运杂费3000元。好运公司签发并承兑一个月到期的商业汇票一张，交销货单位。

3.要求

根据上述资料编制有关会计分录。

习题三

1.目的

练习存货数量确定的方法以及会计处理。

2.资料

联华公司采用实地盘存制，甲产品的生产、销售和结存情况如下表所示。

存货情况	永续盘存制	实地盘存制
期初结余200件　单价15元		
本期生产入库：		
（1）5日　1 000件　单价15元 （2）15日　2 000件　单价18元 （3）20日　1 000件　单价17元 小计　4 000件		
本期销售发出：		
（1）10日　800件 （2）15日　1 000件 （3）20日　1 500件 小计　3 300件		
期末结存　750件（盘点数）		

3.要求

（1）用加权平均法计算存货单价，分别计算有关数据，并填入表中。

（2）编制有关产品入库、发出及盘点盈亏的会计分录。

习题四

1.目的

练习先进先出法和后进先出法的会计处理。

2.资料

某礼品店采用实地盘存制，3月购销情况如下表表示。

购　入		售　出	
数量（件）	单价（元）	数量（件）	单价（元）
40	30	13	35
20	40	35	45
90	50	60	60

假设3月1日的期初存货为零。

3.要求

（1）采用用先进先出法计算3月末的期末存货成本。

（2）采用后进先出法计算3月末的期末存货成本。

（3）采用加权平均法计算3月末的期末存货成本。

习题五

1.目的

练习存货的成本与可变现净值孰低法。

2.资料

新田公司2004年、2005年、2006年的存货资料如下表所示。

新田公司2004年、2005年、2006年的存货资料

单位：元

日　　期	成　本	可变现净值
2004年1月1日	250 000	250 000
2004年12月31日	320 000	310 000
2005年12月31日	280 000	295 000
2006年12月31日	300 000	305 000

3.要求

假定该公司采用成本与可变现净值孰低法计价，存货盘点采用永续盘存制。采用备抵法分别编制2004、2005、2006年年末的相关会计分录（不需要编制分录请说明理由）。

习题六

1.目的

练习存货跌价准备的会计处理。

2.资料

太平洋股份有限公司对存货的期末计价采用成本与可变现净值孰低法。某项存货有关资料如下。

（1）2005年12月31日账面成本为20万元，可变现净值为19万元；

（2）2006年6月30日账面成本为18万元，可变现净值为16.8万元；

（3）2006年12月31日账面成本为19万元，可变现净值为18.6万元；

（4）2007年6月30日账面成本为30万元，可变现净值为31万元。

3.要求

根据上述材料，编制存货期末计提跌价准备业务的相关会计分录。

【案例题】

1.翰林和华能两家公司的资产负债表附注说明如下：翰林公司发出存货采用后进

先出法，期末存货采用成本与可变现净值孰低法；华能公司发出存货采用先进先出法，期末存货采用成本与可变现净值孰低法。假定两家公司的存货基本相同，市价都处于上升的趋势。

思考：

（1）哪家公司采用的发出存货计价方法最谨慎？

（2）在其他条件相同的前提下，哪家公司缴纳的所得税更少？为什么？

2.信息披露要求公司财务报告应该向外界提供足够的信息，以利决策，这些信息应该与公司的经济事件具有一定的相关性。从存货角度讲，应该揭示其会计政策和方法。假如花旗银行某分行正在考虑发放一笔贷款，有两家公司向该行提出了借款申请，甲公司的利润表显示的利润总额高于乙公司的利润，甲公司的财务报表中揭示了其存货的计价方法为先进先出法，而乙公司的财务报表中未揭示其存货的计价方法。

思考：银行应该如何决策？为什么？

3.查阅5家上市公司2015年年报，了解各家公司：

（1）采用的存货盘存制度；

（2）对于发出存货的计价采用了什么方法。

第8章　投资

【学习目标】

1.了解公司投资性质和对外投资的目的。

2.熟悉金融资产的分类。

3.掌握不同类别金融资产的披露。

4.熟悉长期股权投资的定义和类型。

5.掌握长期股权投资的会计处理。

【引导案例】

吉林敖东的对外投资

吉林敖东（000623）是一家以制药业为主导产业，集养殖、种植、房地产开发、商业、机械修理、仓储、饮食服务业、运输等多业经营的医药制造企业。2013年吉林敖东的总资产为121.06亿元，其中固定资产及在建工程仅为15.80亿元，占公司总资产的13.05%，远远低于同行业其他企业的固定资产占总资产的比例。

另一方面，吉林敖东的对外投资金额达77.32亿元，占总资产的63.87%。根据其2013年年报的投资状况分析，其投资主要分为两个类别：一是对金融资产的投资，年报披露中列示在交易性金融资产和可供出售金融资产项目；二是对子公司的投资，在长期股权投资项目下列示，包括对吉林敖东生物科技股份有限公司、吉林敖东世航药业股份有限公司等子公司的投资，也包括对广发证券股份有限公司、中山公用小额贷款有限责任公司等联营企业的投资。2013年吉林敖东从这些投资获得的公允价值变动损益及投资收益合计约为9.32亿元，占公司2013年净利润（10.62亿元）的88%。

资料来源：吉林敖东2013年年报

从上述案例我们可以发现，有的企业从投资上获得的收益可能远远超过其正常的经营业务收益。企业在正常的主营业务之外，其投资的目的是什么？是单纯的获利还是有其他目的？可以将企业的对外投资分为几种类型？对不同类型的投资及投资获得的收益在会计上应该怎么处理？本章将回答上述问题。

8.1 投资的性质与分类

从财务管理的角度看，企业的财务活动一般包括筹资、投资、经营和分配活动。财务管理的投资概念十分宽泛，凡是把资金投入将来能获利的生产经营活动都可以称为投资，一般来说，投资可以分为对外投资与对内投资。对外投资，顾名思义就是将资金投入企业之外的其他单位，通过直接投入资金或是购买其他单位发行的证券等形成的投资，一般我们也将对外投资称为间接投资。所谓对内投资，就是将资金投入企业内部的生产经营活动，如购置固定资产、购买无形资产等，也是一种投资行为。在财务会计中讨论投资问题时，一般使用狭义的投资概念，即对外投资。

8.1.1 投资的性质

在企业会计准则中，将投资定义为"企业为了获得收益或实现资本增值向被投资单位投放资金的经济行为"。从这个定义看，投资具有如下特点。

①投资是通过让渡其他资产而换取的另一项资产，如通过支付现金或以购买债券、以非货币性资产向其他单位投资来取得其他单位的股权等。投资与企业其他资产一样，能为企业带来未来的经济利益，即能直接或间接地增强企业未来的现金流入的能力。

②投资所流入的经济利益，与其他资产为企业带来的经济利益在形式上有所不同。企业所拥有或控制的除投资以外的其他资产，通常能为企业带来直接的经济利益，如企业生产的产品通过出售可以为企业带来直接的经济利益流入。而投资通常是将企业的部分资产转让给其他单位使用，通过其他单位使用投资者投入的资产创造效益后分配得到收益，或者通过投资改善企业的价值链达到获取利益的目的。

8.1.2 投资的分类

企业对其他被投资单位（或会计主体）进行投资，其目的和期限是多种多样的。不同的投资目的决定了投资期限的不同，投资目的与投资期限影响对投资会计处理方法的选择。按照不同的标准，投资有不同的分类，从会计学的角度出发，投资可以按照投资期限、投资对象等进行分类。

8.1.2.1 按投资期限分类

按照投资期限，可以将投资分为短期投资和长期投资2类。

（1）短期投资

短期投资，是指能够随时变现且持有时间不准备超过一年（或一个营业周期）的投资。短期投资的目的通常是利用暂时闲置的资金进行投资，获取高于银行存款利率的利益。由于短期投资所用资金是暂时性闲置而非长期可使用的资金，因此短期投资的对象必须是那些易于流通，从而能够迅速变现的股票、债券等金融资产，或者其他可以根据合同在短期内变现的资产。

（2）长期投资

长期投资是指不准备随时变现、持有时间在一年以上的投资。长期投资的意图不同于短期投资，不是为了资金的短期调度和利用，这种投资在很大程度上是为了实现企业的长期战略，对于长期的股权投资而言，往往是为了控制或影响被投资企业的重大决策，或是为了获取被投资企业的长期投资回报。

8.1.2.2 按投资对象分类

按照投资的对象，可以将投资划分为股权投资、债权投资和混合投资3类。

（1）股权投资

股权投资是指通过股票市场或其他股权交易市场上购买其他主体公开或不公开发行的股权，从而获取另一个企业的权益或净资产所进行的投资。在进行股权投资后，投资企业成为另一个企业的股东，可以分享被投资企业的利润，也可以通过参与股东大会对被投资企业施加影响，甚至控制被投资企业。股权投资中最典型的是股票投资。

按照股东权利和义务的不同，股票可以分为普通股和优先股。在股权投资中一般指的是对普通股的投资。普通股是股份公司依法发行的具有投票及表决权的股利不固定的股票，普通股具备股票最一般的特征，是股份公司资本的首要来源，是公司的基本股份。

（2）债权投资

债权投资，是指企业通过购买表明投资企业拥有债权的书面凭证进行的投资。债权投资的目的不是为了获得另一个企业的剩余资产，而是为了获取高于银行存款利率的利息，同时债权投资的投资者有到期收回本金或按期取得利息的权利，目前我国发行的国家债券、金融债券、企业债券均属于债权证券。这种证券的持有者可按规定转让自己的投资，但不能向发售方提前收回；若发行企业破产，投资者也有收不回债券本金的危险。不过相对股权投资而言，在被投资企业进行破产清算时，债权投资者对剩余财产的分配要优先于股权投资者。因此，投资于债权证券的风险相对较小，但收益也相应较小。

（3）混合投资

混合投资是指投资于兼有权益性证券和债权性证券双重性质的证券投资。它表明投资者对被投资企业拥有债权和所有权二重性质的权利。优先股股票、可转换债券等就是典型的混合性证券。

优先股是指依照公司法，在一般规定的普通种类股份之外，另行规定的其他种类股份，优先股股票一般预先约定股利率、定期分派股利，这点类似于债权性证券，但它毕竟代表着企业净资产的所有权，且很少规定到期日，又属于权益性证券之列。2013年12月9日，我国证监会发布《优先股试点管理办法》，标志着优先股在我国资本市场上的正式开展。

可转换债券是一种特殊的债券，其区别于普通债券的特点是，该种债券的持有人可以按债券发行条款所规定的时间及转换价格，将所持有的债券转换为股票。购买可转换债券的投资首先是债权投资，一旦转股就成了股权投资，因此我们将其归于混合投资。

8.1.2.3 现行会计准则对投资的分类

按照我国《企业会计准则第22号——金融工具确认和计量》，金融资产应当在初始确认时划分为下列4类：以公允价值计量且其变动计入当期损益的金融资产，包括交易性金融资产和直接指定为以公允价值计量且其变动计入当期损益的金融资产；持有至到期投资；贷款和应收款项；可供出售金融资产。此外，我国《企业会计准则第2号——长期股权投资》，专门规范了长期股权投资的确认、计量和相关信息的披露。综合这些规定，可以将投资划分为以下4类：①交易性金融资产投资；②持有至到期投资；③可供出售金融资产投资；④长期股权投资。以下将按照这种分类，分别介绍各类投资的相关会计处理方法。

8.2 交易性金融资产

交易性金融资产，是指企业为了近期内出售而持有的在活跃市场上有公开报价、公允价值能够持续可靠获得的金融资产。通常情况下，企业以赚取价差为目的，利用闲置资金从二级市场上购入的股票、债券、基金和权证等属于交易性金融资产。交易性金融资产的投资目的是获取短期的价差收益，这一投资目的决定了其投资期限一般较短，投资者会在短期内将其出售而不会长期持有，故将其称为"交易性"金融资产。

8.2.1 确认与初始计量

从交易性金融资产的定义可以发现，交易性金融资产一般应具备3个基本特征：①持有目的是主要为了近期出售，即为交易而持有；②活跃市场上有公开报价；③公允价值能够可靠获得。不具备这些特征的金融资产一般不属于交易性金融资产。

金融资产满足下列条件之一的，应当划分为交易性金融资产：①取得该金融资产或承担该金融负债的目的，主要是为了近期内出售或回购；②属于进行集中管理的可辨认金融工具组合的一部分，且有客观证据表明企业近期采用短期获利方式对该组合进行管理；③属于衍生工具。但是，被指定且为有效套期工具的衍生工具、属于财务担保合同的衍生工具、与在活跃市场中没有报价且其公允价值不能可靠计量的权益工具投资挂钩并须通过交付该权益工具结算的衍生工具除外。

企业应设置"交易性金融资产"科目，核算为交易目的而持有的债券投资、股票投资、基金投资等交易性金融资产，并按照交易性金融资产的类别和品种，分别设置"成本""公允价值变动"等二级科目进行明细核算。本科目借方反映交易性金融资产的取得及公允价值的增加，贷方反映交易性金融资产的出售及公允价值的减少，期末一般有借方余额，反映企业持有的交易性金融资产的公允价值。需要注意的是，企业持有的直接指定为以公允价值计量且其变动计入当期损益的金融资产，也通过"交易性金融资产"科目核算，不单独设置会计科目核算；划分为交易性金融资产的衍生金融资产，不通过"交易性金融资产"科目核算，应通过单独设置的"衍生工具"科目核算。

企业取得的金融资产被划分为交易性金融资产后，应该按照公允价值对其进行初始计量，借记"交易性金融资产——成本"；同时对于相关的交易费用应当直接计入当期损益，一般计入"投资收益"。在取得交易性金融资产时，如果实际支付的价款中包含已宣告但尚未发放的现金股利或已到付息期但尚未领取的债券利息，应当单独确认为应收项目（借记"应收股利"或"应收利息"），不计入交易性金融资产的初始确认金额，待实际收到现金股利或利息时，再冲减有关应收项目。

公允价值，是指市场参与者在计量日发生的有序交易中，出售一项资产所能收到或者转移一项负债所需支付的价格。相关的交易费用，是指可直接归属于购买、发行或处置金融工具新增的外部费用，即企业不购买、发行或处置金融工具就不会发生的费用。包括支付给代理机构、咨询公司、券商等的手续费和佣金及其他必要支出，但不包括债券溢价、折价、融资费用、内部管理成本及其他与交易不直接相关的费用。

【例8-1】东方股份有限公司（以下简称"东方公司"）2014年4月11日以每股16元的价格购进A公司股票15万股，其中每股包括已宣告尚未发放的现金股利0.2元，购买该股票支付的手续费为2 400元。东方公司打算短期持有该公司股票，将其划分为交易性金融资产。

其中：

应收股利=0.2×150 000=30 000（元）

交易性金融资产成本=（16-0.2）×150 000=2 370 000（元）

相关的账务处理如下：

借：交易性金融资产——成本   2 370 000

     投资收益   2 400

     应收股利   30 000

   贷：银行存款   2 402 400

8.2.2 后续计量

交易性金融资产的后续计量包括持有期间现金股利和利息的核算、资产负债表日的核算两个环节。

（1）持有期间现金股利和利息的核算

在取得交易性金融资产时，买价中包含的已宣告尚未发放的现金股利或利息，收到这部分股利或利息时，应借记"银行存款"账户，贷记"应收股利"或"应收利息"账户。除上述股利和利息之外，企业在交易性金融资产持有期间，对于被投资单位宣告发放的现金股利或在付息日确认的分期付息债券的利息，应借记"应收股利"或"应收利息"账户，贷记"投资收益"账户；收到时再借记"银行存款"账户，贷记"应收股利"或"应收利息"账户。

【例8-2】承【例8-1】。2014年4月29日，东方公司收到A公司原宣告的现金股利30 000元。2015年3月19日，A公司宣告发放2014年度的现金股利每股0.3元，东方公司于2015年4月21日收到上述股利。

相关的账务处理如下：

2014年4月29日

借：银行存款   30 000

    贷：应收股利   30 000

2015年3月19日

借：应收股利   45 000

    贷：投资收益   45 000

2015年4月21日

借：银行存款   45 000

    贷：应收股利   45 000

（2）资产负债表日的核算

交易性金融资产在初始确认时，是按公允价值入账的，反映了企业取得交易性金融资产的实际成本；但交易性金融资产的公允价值是不断变化的，会计期末的公允价值则代表了交易性金融资产的现时可变现价值。根据企业会计准则的规定，交易性金融资产的价值应按资产负债表日的公允价值反映，因此在资产负债表日应根据当日的公允价值调整交易性金融资产的账面价值，并将公允价值的变动计入当期损益。在资产负债表日，交易性金融资产的公允价值超过其原先的账面余额时，按其差额借记"交易性金融资产——公允价值变动"账户，同时贷记"公允价值变动损益"；若公允价值小于其原先的账面余额时，则作相反分录。

【例8-3】承【例8-1】。2014年6月30日，A公司股票的收盘价为每股14元；2014年9月30日，A公司股票的收盘价为每股18元。

相关的账务处理如下：

2014年6月30日，A公司股票公允价值与其账面余额的差额为：

$14 \times 150\,000 - 2\,370\,000 = -270\,000$（元）

借：公允价值变动损益   270 000

    贷：交易性金融资产—公允价值变动   270 000

2014年9月30日，A公司股票公允价值与其账面余额的差额为：

$18 \times 150\,000 - 14 \times 150\,000 = 600\,000$（元）

借：交易性金融资产—公允价值变动   600 000

    贷：公允价值变动损益   600 000

对交易性金融资产公允价值变动的核算与持有期间取得的现金股利或利息一样，都要计入当期损益，所不同的是，前者并未真正实现，所以单独设立"公允价值变动损益"账户来核算，后者是已实现的收益，因此直接计入"投资收益"。

8.2.3 处置

交易性金融资产的处置有很多情况，最常见的是交易性金融资产的出售。企业在出售交易性金融资产时，应按实际收到的金额，借记"银行存款"账户，按交易性金融资产的账面余额，贷记"交易性金融资产——成本"账户，借记或贷记"交易性金融资产——公允价值变动"账户，差额贷记或借记"投资收益"。出售交易性金融资产时，原来在"公允价值变动损益"中确认的尚未实现的损益也随之实现，因此，应将资产负债表日由于公允价值变动确认的公允价值变动损益全部转出，借记或贷记"公允价值变动损益"账户，贷记或借记"投资收益"账户。

【例8-4】承【例8-1】、【例8-3】。2014年11月22日，东方公司将其所持有的A公司股票以每股19.6元的价格售出10万股，手续费1 960元直接在出售价款中扣除。

该笔交易可取得价款：

19.6×100 000-1 960=1 958 040（元）

原来确认的公允价值变动损益转入投资收益的金额为：

18×100 000-2 370 000/15×10=220 000（元）

相关的账务处理如下：

2014年11月22日

借：银行存款   1 958 040

 贷：交易性金融资产——成本   1 580 000

      ——公允价值变动   220 000

  投资收益   158 040

借：公允价值变动损益   220 000

 贷：投资收益   220 000

8.3 持有至到期投资

持有至到期投资，是指到期日固定、可回收金额固定或可确定，且企业有明确意图和能力持有至到期的非衍生金融资产。比如，企业从二级市场上购入的固定利率国债、浮动利率公司债券等，符合持有至到期投资条件的，可以划分为持有至到期投资。持有至到期投资通常具有长期性质，但期限较短（一年以内）的债券投资，符合持有至到期投资条件的，也可将其划分为持有至到期投资。从上述定义可以发现，持有至到期投资一般应具备3个基本特征。

（1）到期日固定、可收回金额固定或可确定

对于持有至到期投资，相关合同通常明确了投资者在确定的期间内获得的现金流量金额或应收取的现金流量金额和时间。因此，持有至到期投资，可以不考虑发行方的重大支付风险，也不能因为某项债务是浮动利率而不将其划分为持有至到期投资。另外，购入的股权投资由于没有固定的到期日，可收回金额不能确定，不符合持有至到期投资的条件，不能划分为持有至到期投资也就是说，持有至到期投资只能是债券类金融资产。

（2）企业有明确意图将该金融资产持有至到期

投资者在取得投资时意图明确，将持有该金融资产至到期，而不会将其中途出售或者转让，除非遇到一些不能控制、预期不会重复发生且难以合理预计的独立事件。这些独立事件包括：因被投资单位信用状况严重恶化，将持有至到期投资予以出售；因相关税收法规取消了持有至到期投资的利息税前可抵扣的政策，或显著减少了税前可抵扣的金额，而将持有至到期投资予以出售；因发生重大企业合并或重大处置，为保持现行利率风险头寸或维持现行信用风险政策，将持有至到期投资予以出售；等等。

（3）企业有能力将该金融资产持有至到期

某项金额资产划分为持有至到期投资，要求企业要有足够的财务资源，并可以不受外部影响将该项金融资产持有至到期。存在下列情况之一的，表明企业没有能力将金融资产持有至到期：没有可利用的财务资源持续地为该金融资产提供资产支持，从而使之不能持有至到期；受法律、法规的限制，使企业难以将该金融资产投资持有至到期；其他表明企业没有能力将该金融资产持有至到期的情况。

企业应当于每个资产负债表日，对持有至到期投资的意图和能力进行评价。持有意图和能力发生变化的，应当重新将该金融资产由持有至到期投资划分为可供出售金融资产，但不能划分为交易性金融资产。

8.3.1 确认与初始计量

企业取得持有至到期投资时，应当设置"持有至到期投资"科目，核算持有至到期投资，并按照持有至到期投资的类别和品种，分别以"成本"、"利息调整"、

"应计利息"等二级科目进行明细核算。本科目的借方核算持有至到期投资的取得、取得时的溢价及折价发行时每一期的利息调整额；贷方核算持有至到期投资的处置、重分类取得时的折价及溢价发行时每一期的利息调整额；期末余额一般在借方，反映企业持有至到期投资的摊余成本。

取得持有至到期投资时，债券的购入价格可能等于债券面值，也可能高于或低于债券面值。购入价格高于债券面值的部分称为溢价，低于债券面值的部分称为折价，导致溢价或折价的根本原因是债券的票面利率与债券购买日金融市场利率的差异。如果票面利率高于市场利率，为了未来获得更多的利息收入，投资者愿意付出比债券面值更高价格购买债券，即溢价购买；反之如果票面利率低于市场利率，为了弥补未来的利息损失，投资者就会要求在购买债券时折价购买。从本质上看，债券的溢价或折价，其实是对票面利率与金融市场利率差异引起的利息差异进行调整，因此这部分差额应计入"利息调整"科目。

持有至到期投资的初始计量就是要确定持有至到期投资的入账金额。一般来说，资产要以其取得成本作为入账金额，对持有至到期投资而言，其取得成本主要包括两个部分：一是进行此项债券投资支付的金额；二是与此项投资相关的初始直接费用。在取得交易性金融资产时，与其相关的初始直接费用是直接计入当期损益的，这是因为交易性金融资产的持有目的是为了交易，流动性较强，因此可以将与之相关的初始直接费用计入当期损益。从这个角度去理解持有至到期投资的初始直接费用，如果将其直接计入当期损益，不符合配比原则，因此国际上通行的处理是将持有至到期投资的初始直接费用计入持有至到期投资的入账价值。根据我国现行准则，持有至到期投资应按购入时实际支付的价款作为初始入账价值，实际支付的价款包括支付的债券实际买价以及手续费、佣金等初始直接费用。但实际支付的价款中包含已到付息期但尚未领取的债券利息，应当将其单独确认为"应收利息"，不计入债券的初始入账价值。

【例8-5】东方公司于2014年1月1日以188 212元的价格购买了B公司于当日发行的总面值为200 000元、票面利率为6%、5年期、每年年底付息的债券，作为持有至到期投资。东方公司还以银行存款支付了购买该债券发生的交易费用2 000元。

持有至到期投资的入账金额=188 212+2 000=190 212（元）

应确认的利息调整=200 000-190 212=9 788（元）

相关的账务处理如下：

2014年1月1日

借：持有至到期投资——成本 200 000

贷：持有至到期投资——利息调整 9 788

银行存款 190 212

【例8-6】东方公司于2015年1月1日以531 208元的价格购买了C公司于2014年1月1日发行的总面值为500 000元、票面利率为6%、5年期、到期一次还本付息的债券，作为持有至到期投资。东方公司还以银行存款支付了购买该债券发生的交易费用5 000元。

东方公司取得该债券时，已包含第一年未支付的利息，因此确认应收利息=500 000×6%=30 000（元）

持有至到期投资的入账金额=531 208+5 000-30 000=506 208（元）

应确认的利息调整=500 000-506 208=-6 208（元）

2015年1月1日

借：持有至到期投资——成本 500 000

持有至到期投资——利息调整 6 208

应收利息 30 000

贷：银行存款 536 208

8.3.2 后续计量

与交易性金融资产相似，持有至到期投资的后续计量也包括持有期间利息的核算、资产负债表日的核算两个环节。对分次付息的持有至到期投资而言，在计息日，应借记"应收利息"，贷记"投资收益"，在收到利息时，应借记"银行存款"，贷记"应收利息"，若在计息日收到利息，则直接借记"银行存款"，贷记"投资收益"；对于到期一次还本付息的债券，则应于资产负债表日借记"持有至到期投资——应计利息"，贷记"投资收益"。

根据我国现行准则，企业应采用实际利率法，在资产负债表日按摊余成本对持有至到期投资进行计价。其中实际利率法是指按照（一组）金融资产（或金融负债）的实际利率计算其摊余成本及各项利息收入（或利息费用）的方法。持有至到期投资的摊余成本是指该投资的初始确认金额经下列调整后的结果：①扣除已偿还的本金；②加上或减去采用实际利率法将该初始确认金额与到期日金额之间的差额进行摊销形成的累计摊销额；③扣除已发生的减值损失。在对持有至到期投资的后续计量采用实际利率法时，需要在债券投资时即确定所购买债券的实际利率，实际利率是使所购买债券的未来现金流量的现值等于该债券入账金额的折现率，通常需要插值法来确定债券的实际利率。在资产负债日时，企业应按照摊余成本和实际利率计算确认利息收入并计入投资收益，但企业在计提或收到持有至到期投资的利息时，是按照债券的票面利率确认的，二者产生的差额冲减取得持有至到期投资时确认的利息调整项目。

【延伸知识】

实际利率法的运用

实际利率，是指某个特定的报酬率，使用该报酬率，可以使某项活动的未来现金流入的现值恰好等于其未来现金流出的现值，假设这一特定的报酬率为r，则：

$$\sum_{t=0}^{n} \frac{\text{第}t\text{期的现金流入}}{(1+r)^t} = \sum_{t=0}^{n} \frac{\text{第}t\text{期的现金流出}}{(1+r)^t}$$

从这一公式可以发现，会计上所说的"实际利率"等同于财务管理学中所说的"内含报酬率"（Internal Rate of Return， IRR）。在实践中，经常使用插值法来计算实际利率，即求出使净现值为零的那个报酬率。

净现值NPV=各期现金流入的现值−各项现金流出的现值

$$= \sum_{t=0}^{n} \frac{\text{第}t\text{期的现金流入}}{(1+r)^t} = \sum_{t=0}^{n} \frac{\text{第}t\text{期的现金流出}}{(1+r)^t}$$

使净现值为零的那个报酬率就是我们所要计算的实际利率。如果一个较高的报酬率使得净现值略小于0，而一个较低的报酬率使得净现值略大于0，使用插值法，运用比和比例的关系求出使净现值为0的报酬率。

如果某个项目需要初始投资为30 000元，在之后的4年内每年年底分别会带来5 000元、8 000元、15 000元、7 500元的现金流入。用插值法计算该项目的实际利率r，使$NPV = \dfrac{5\ 000}{1+r} + \dfrac{8\ 000}{(1+r)^2} + \dfrac{15\ 000}{(1+r)^3} + \dfrac{7\ 500}{(1+r)^4} - 30\ 000 = 0$。

尝试$r=4\%$时，计算得到NPV=1950.12元；尝试$r=6\%$时，计算得到NPV=371.94元；$r=7\%$时，计算得到NPV=−373.41元。运用插值法$\dfrac{r-6\%}{7\%-6\%} = \dfrac{0-371.94}{-373.41-371.94}$，计算得到实际利率$r=6.49\%$。

【例8-7】承【例8-5】。东方公司在购买债券后采用实际利率法对持有至到期投资进行后续计量。

根据插值法，可以计算得出实际利率 $r=7.2\%$，由此可编制表8-1。

表8-1 债券利息调整表

单位：元

年份	期初摊余成本 （a）	实际利息收入 （b）	现金流入 （c）	期末摊余成本 （d=a+b-c）
2014	190 212	13 695	12 000	191 907
2015	191 907	13 817	12 000	193 725
2016	193 725	13 948	12 000	195 673
2017	195 673	14 088	12 000	197 761
2018	197 761	14 239	212 000	0

注：数字四舍五入取整，最后一年的利息收入考虑了计算过程中出现的尾差。

根据上述计算，东方公司在资产负债表日的有关账务处理如下。

（1）2014年12月31日，确认实际利息收入、收到票面利息：

借：应收利息　　　　　　　　　　　　　　　　12 000
　　持有至到期投资——利息调整　　　　　　　 1 695
　　贷：投资收益　　　　　　　　　　　　　　　　　　13 695
借：银行存款　　　　　　　　　　　　　　　　12 000
　　贷：应收利息　　　　　　　　　　　　　　　　　　12 000

（2）2015年12月31日，确认实际利息收入、收到票面利息：

借：应收利息　　　　　　　　　　　　　　　　12 000
　　持有至到期投资——利息调整　　　　　　　 1 817
　　贷：投资收益　　　　　　　　　　　　　　　　　　13 817
借：银行存款　　　　　　　　　　　　　　　　12 000
　　贷：应收利息　　　　　　　　　　　　　　　　　　12 000

（3）2016年12月31日，确认实际利息收入、收到票面利息：

借：应收利息　　　　　　　　　　　　　　　　12 000
　　持有至到期投资——利息调整　　　　　　　 1 948
　　贷：投资收益　　　　　　　　　　　　　　　　　　13 948
借：银行存款　　　　　　　　　　　　　　　　12 000
　　贷：应收利息　　　　　　　　　　　　　　　　　　12 000

（4）2017年12月31日，确认实际利息收入、收到票面利息：

借：应收利息   12 000

  持有至到期投资——利息调整   2 088

  贷：投资收益   14 088

借：银行存款   12 000

  贷：应收利息   12 000

（5）2018年12月31日，确认实际利息收入、收到票面利息和本金：

借：应收利息   12 000

  持有至到期投资——利息调整   2 239

  贷：投资收益   14 239

借：银行存款   212 000

  贷：应收利息   12 000

    持有至到期投资——成本   200 000

【例8-8】承【例8-6】。东方公司在购买债券后采用实际利率法对持有至到期投资进行后续计量。

首先要确定该债券的实际利率，设为r。则：

（500 000+500 000×6%×4）×（1+r）-4=506 208（元）

采用插值法，可以计算得出r=5.2%，由此可编制表8-2。

表8-2 债券利息调整表

单位：元

年份	期初摊余成本 （a）	实际利息收入 （b）	现金流入 （c）	期末摊余成本 （d=a+b-c）
2015	506 208	26 323	0	532 530
2016	532 530	27 692	0	560 221
2017	560 221	29 132	0	589 353
2018	589 353	30 646	620 000	0

注：数字四舍五入取整，最后一年的利息收入考虑了计算过程中出现的尾差。

根据上述计算，东方公司在资产负债表日的有关账务处理如下。

（1）2015年12月31日，确认实际利息收入：

借：持有至到期投资——应计利息   30 000

  贷：投资收益   26 323

    持有至到期投资——利息调整   3 677

（2）2016年12月31日，确认实际利息收入：

借：持有至到期投资——应计利息　　　　　　30 000

　　贷：投资收益　　　　　　　　　　　　　　　27 692

　　　　持有至到期投资——利息调整　　　　　　 2 308

（3）2017年12月31日，确认实际利息收入：

借：持有至到期投资——应计利息　　　　　　30 000

　　贷：投资收益　　　　　　　　　　　　　　　29 132

　　　　持有至到期投资——利息调整　　　　　　　 868

（4）2018年12月31日，确认实际利息收入、收到票面利息和本金：

借：持有至到期投资——应计利息　　　　　　30 000

　　　持有至到期投资——利息调整　　　　　　　 646

　　贷：投资收益　　　　　　　　　　　　　　　30 646

借：银行存款　　　　　　　　　　　　　　 620 000

　　贷：持有至到期投资——应计利息　　　　　120 000

　　　　持有至到期投资——成本　　　　　　　500 000

企业应当在资产负债表日对持有至到期投资的账面价值进行检查，有客观证据表明该资产已发生减值的，应当计提减值准备。持有至到期投资确认减值损失后，如有客观证据表明该资产的价值得以恢复，且客观上与确认该损失后发生的事项有关，原确认的减值损失应当予以转回，计入当期损益。但是，该转回的账面价值不应超过假定不计提减值准备情况下该持有至到期投资在转回日的摊余成本。

8.3.3 处置

持有至到期投资的处置在正常情况下是到期兑现，即持有至到期投资到期时按面值收回投资及应收未收的利息。如果是一次付息的债券，到期时企业可以收回债券面值和利息；如果是分次付息的债券，到期时企业可以收回债券面值和最后一次利息。到期兑现的会计处理比较简单，在前述例题中已有涉及，不再赘述。对持有至到期投资，企业应当于每个资产负债日对其持有的意图和能力进行评价，发生变化的企业应当对其进行重分类。企业因持有至到期投资部分出售或重分类的，且不属于企业会计准则所允许的例外情况，使该投资的剩余部分不再适合划分为持有至到期投资的，企业则应将持有至到期投资划分为可供出售金融资产，并以公允价值进行后续计量。重分类日，该投资剩余部分的账面价值与其公允价值之间的差额计入"其他综合收益"，在该可供出售资产发生减值或终止确认时转出，计入当期损益。

【例8-9】东方公司于2014年1月1日支付1 000 000元平价购入D公司当日发行的债券，作为持有至到期投资。2015年D公司因财务舞弊被证监会查处，信用状况恶化，东方公司持有的原划分为持有至到期投资的D公司债券价格持续下跌。为此，东方公司于2015年12月31日对外出售该持有至到期投资的20%，收取价款140 000元，并将剩余债券转为可供出售金融资产。

2015年12月31日，出售部分持有至到期投资，并对剩余部分进行重分类。其中出售的20%持有至到期投资账面价值为200 000元，剩余的80%账面价值为800 000元，公允价值为560 000元。有关账务处理如下：

```
借：银行存款                          140 000
    投资收益                           60 000
    贷：持有至到期投资——成本                    200 000
借：可供出售金融资产                   560 000
    其他综合收益                      240 000
    贷：持有至到期投资——成本                    800 000
```

8.4 可供出售金融资产

可供出售金融资产，是指初始确认时即被指定为可供出售的非衍生金融资产，以及除下列各类资产以外的金融资产：①贷款和应收款项；②持有至到期投资；③以公允价值计量且其变动计入当期损益的金融资产。对于在活跃市场上有报价的金融资产，既可以被划分为以公允价值计量且其变动计入当期损益的金融资产，也可以划分为可供出售金融资产；若该金融资产属于有固定到期日、回收金额固定或可确定的金融资产，则该金融资产还可以被划分为持有至到期投资。金融资产的具体分类，应取决于管理层的风险管理、投资意图、投资决策等因素。

一般地，可供出售金融资产的主要特征是：持有该类金融资产的意图不十分明确，不能被归类为除可供出售金融资产之外的其他三类金融资产中的任何一类。下列金融资产应归为可供出售金融资产：①初始确认时，未被指定为以公允价值计量且其变动计入当期损益的权益性投资；②初始确认时，可划分为贷款及应收款项但持有人在初始确认时选择将其指定为可供出售金融资产；③持有人因信用恶化以外的原因无法收回几乎所有初始投资的金融资产；④可回售（持有人有权要求发行人在到期日前偿还或赎回）且有报价的债务证券因其具有可回售性，或不符合持有到期分类标准而不能被划分为持有至到期投资，或由于其有报价而不能被划分为贷款及应收款项的金融资产。

8.4.1 确认与初始计量

企业应当设置"可供出售金融资产"科目，核算持有的可供出售金融资产，并按照可供出售金融资产类别和品种，分别以"成本"、"利息调整"、"应计利息"、"公允价值变动"等科目进行明细核算。本科目的借方主要核算可供出售金融资产的取得、公允价值的增加，贷方主要核算可供出售金融资产的处置及公允价值的减少，期末余额一般在借方，反映企业可供出售金融资产的公允价值。

可供出售金融资产的取得主要有两种方式：一是购入时即指定为可供出售金融资产，二是由其他的投资重分类为可供出售金融资产。这一节主要介绍购入可供出售金融资产的初始计量。企业购入可供出售金融资产为权益投资时，应当按取得该金融资产的公允价值和相关交易费用之和，借记"可供出售金融资产——成本"科目，按支付的价款中包含的已宣告但尚未发放的现金股利，借记"应收股利"科目，按实际支付的金额，贷记"银行存款"等科目。企业取得的可供出售金融资产为债券的，应按债券的面值，借记"可供出售金融资产——成本"，按支付的价款中包含的已到付息期但尚未领取的利息，借记"应收利息"科目，按实际支付的金额，贷记"银行存款"等科目，按其差额，借记或贷记"可供出售金融资产——利息调整"科目。

【例8-10】东方公司于2014年6月1日购入E公司股票200万股，每股成交价为15元（其中包括已宣告但是尚未发放的现金股利0.1元），购入该股票共支付手续费、印花税等交易费用3万元。初始确认时，东方公司将购入的该股票划分为可供出售金融资产。

相关账务处理如下：

借：可供出售金融资产——成本   29 830 000

      应收股利   200 000

  贷：银行存款   30 030 000

8.4.2 后续计量

企业持有可供出售金融资产期间，应以公允价值进行计量，因此在资产负债表日，应当反映可供出售金融资产在本会计期间的公允价值变动。因为可供出售金融资产的持有目的不明确，其公允价值变动形成的利得和损失无法直接认定为经营损益，而是直接计入所有者权益，根据2014年修订的会计准则，可供出售金融资产公允价值变动应在"其他综合收益"账户中核算。在可供出售金融资产终止确认时，同时将计入所有者权益的公允价值变动转出并直接计入当期损益，以反映其损益的实现。

若可供出售金融资产为权益类工具的，则本期确认的公允价值变动是权益工具本期资产负债表日与上一个资产负债表日公允价值的差额。若可供出售金融资产是债权类工具，首先应确定其成本，然后再确认公允价值变动。可供出售债权类资产，其成本仍应采用与持有至到期投资相同的方法加以确定，即采用摊余成本法确定该可供出售金融资产的成本；再以公允价值对该可供出售金融资产进行后续计量时，公允价值与该可供出售金融资产摊余成本的差额为累计应确定的该可供出售金融资产公允价值变动额，累计应确认的可供出售金融资产公允价值变动额与已确认的该可供出售金融资产公允价值变动额的差额，作为当期该可供出售金融资产公允价值变动额的调整额。

【例8-11】承【例8-10】。2014年12月31日，E公司股票的市价为每股17元；2015年12月31日，E公司股票的市价为每股16元。

相关账务处理如下：

2014年12月31日

借：可供出售金融资产——公允价值变动　　　　4 170 000

　　贷：其他综合收益　　　　　　　　　　　　　　　4 170 000

2015年12月31日

借：其他综合收益　　　　　　　　　　　　　　2 000 000

　　贷：可供出售金融资产——公允价值变动　　　　　2 000 000

在资产负债表日，可供出售金融资产以公允价值计量，公允价值下跌时若只是正常的价格波动导致股票或债券价格暂时下跌，则借记"其他综合收益"，贷记"可供出售金融资产——公允价值变动"；与交易性金融资产不同的是若可供出售金融资产的公允价值发生严重或非暂时性的持续下跌，则应对可供出售金融资产计提减值准备，借记"资产减值损失"，同样贷记"可供出售金融资产——公允价值变动"。值得注意的是，可供出售金融资产发生减值时，即使该金融资产没有终止确认，原直接计入所有者权益中的因公允价值下降形成的累计损失，也应当予以转出，计入当期损益。该转出的累计损失，等于可供出售金融资产的初始取得成本扣除已收回本金和已摊余金额、当前公允价值和原已计入损益的减值损失后的金额。

【例8-12】2012年1月1日，东方公司按面值购入10万份F公司公开发行的分次付息、一次还本的5年期的债券，不考虑交易费用，款项已用银行存款支付，该债券每份面值100元，票面年利率是5%，每年年末支付利息，东方公司将该债券投资分类为可供出售金融资产。2012年11月，受金融危机影响，F公司债券价格开始下跌。2012年12月31日F公司债券价格为每份90元。2013年，F公司债券价格持续下跌，2013年12月31日F公司债券价格为每份50元，但F公司仍能如期支付债券利息。东方公司对可供出售金融资产计提减值的政策是：价格下跌持续时间在一年以上或是价格下跌至成本的50%以下（含50%）。

根据东方公司对可供出售金融资产计提减值的政策，2012年该债券并未发生减值，2013年应确认可供出售金融资产减值损失。相关账务处理如下。

（1）2012年1月1日，确认可供出售金融资产的购入

借：可供出售金融资产——成本　　　　　10 000 000

　　贷：银行存款　　　　　　　　　　　　　　10 000 000

（2）2012年12月31日，确认该项可供出售金融资产的利息收入及公允价值变动

借：银行存款　　　　　　　　　　　　　500 000

　　贷：投资收益　　　　　　　　　　　　　　500 000

借：其他综合收益　　　　　　　　　　　1 000 000

　　贷：可供出售金融资产——公允价值变动　　1 000 000

（3）2013年12月31日，确认该项可供出售金融资产的利息收入及减值损失，并确认公允价值下降形成的累计损失

借：银行存款　　　　　　　　　　　　　500 000

　　贷：投资收益　　　　　　　　　　　　　　500 000

借：资产减值损失　　　　　　　　　　　4 000 000

　　贷：可供出售金融资产——公允价值变动　　4 000 000

借：资产减值损失　　　　　　　　　　　1 000 000

　　贷：其他综合收益　　　　　　　　　　　　1 000 000

对已计提资产减值的可供出售金融资产，在随后的会计期间原确认资产减值损失的事项好转或不利因素消失，使已经计提资产减值的可供出售金融资产的公允价值又上升时，要分不同情况进行确认。可供出售债务工具投资发生的减值，在随后的会计期间公允价值已上升且客观上与原减值损失确认后发生的事项有关的，原确认的减值损失应当予以转回，计入当期损益；可供出售权益工具投资发生的减值损失，不得通过损益转回，公允价值上升计入其他综合收益。

8.4.3 处置

企业处置可供出售金融资产时，应将取得的价款与该部分金融资产账面价值之间的差额，作为投资收益处理；并将原直接计入所有者权益的公允价值变动累计额对应处置部分的金额转出，计入投资收益。

【例8-13】承【例8-11】。2016年2月19日，东方公司将E公司股票在二级市场上售出40%，每股价格18元，并支付交易费用1万元。

相关账务处理如下：

借：银行存款　　　　　　　　　　　　　14 390 000
　　贷：可供出售金融资产——成本　　　　　　11 932 000
　　　　　　　　　　　　——公允价值变动　　　868 000
　　　投资收益　　　　　　　　　　　　　1 590 000
借：其他综合收益　　　　　　　868 000
　　贷：投资收益　　　　　　　　　　　868 000

8.5 长期股权投资

8.5.1 长期股权投资概述

长期股权投资，是指企业能够对被投资企业实施控制（通常指持股比例超过50%）、共同控制或施加重大影响（通常指控股比例在20%~50%）的权益性投资。在确定长期股权投资的日常账务处理和报表列报方法时，应重点考虑投资企业与被投资企业的关系。

8.5.1.1 控制

控制，是指投资方拥有对被投资单位的权力，通过参与被投资单位的相关活动而享有可变回报，并且有能力运用对被投资单位的权力影响其回报金额。拥有控制权的投资方，一般称为母公司；被母公司控制的企业，一般称为子公司。

企业参与被投资单位的相关活动，是指对被投资方的回报产生重大影响的活动，通常包括商品或劳务的销售和购买、金融资产的管理、资产的购买和处置、研究与开发活动以及融资活动等。在实务中，判断什么是对被投资方的回报产生重大影响的活动，应遵循实质重于形式的原则，是否为"三重一大"的活动，是否要经过董事会讨论的活动，等等。企业如果有能力主导被投资单位的相关活动，而不论其是否实际行使该权利，均视为拥有控制被投资企业的权力。

企业在判断是否拥有控制被投资方的权力时，应当仅考虑与被投资方相关的实质性权利，包括自身所享有的实质性权利以及其他方所享有的实质性权利。实质性权利，是指持有人在对相关活动进行决策时有实际能力行使的可执行权利。应当综合考虑所有的相关因素来判断一项权利是否为实质性权利，包括权利持有人行使该项权利是否存在财务、价格、条款、机制、信息、运营、法律法规等方面的障碍；其他方享有的实质性权利是否会阻止投资方对被投资方的权利；等等。与实质性权利相对应的是保护性权利，若投资方仅享有对被投资方的保护性权利则不能被认为拥有对被投资方的权力。保护性权利，是指仅为了保护权利持有人利益却没有赋予持有人对相关活动决策权的一项权利。保护性权利通常只能在被投资方发生根本性改变或某些例外情况发生时才能够行使，它既没有赋予其持有人对被投资方拥有权力，也不能阻止其他方对被投资方拥有权力。

一般而言，企业拥有下列实质性权利，可以视为能够对被投资企业实施控制：①持有被投资方半数以上的表决权。②持有被投资方半数或以下的表决权，但通过与其他表决权持有人之间的协议能够控制半数以上表决权。③持有被投资方半数或以下的表决权且未与其他表决权持有人签订协议不能够控半数以上表决权，但综合考虑下列事实和情况后，如果认为企业持有的表决权足以使其目前有能力主导被投资企业相关活动：a.持有的表决权相对于其他投资方持有的表决权份额较大，以及其他投资方持有的表决权比较分散；b.持有被投资方的潜在表决权，如可转换债券、可执行认股权证等；c.其他合同安排产生的权利；d.被投资方以往的表决权行使情况等其他相关事实和情况。④在难以判断其享有的实质性权利是否足以使其拥有控制被投资方的权力时，如果存在其具有实际能力以单方面主导被投资方相关活动的证据，被评为拥有控制被投资方的权力，这些证据包括但不限于下列事项：a.能够任命或批准被投资方的关键管理人员；b.能够出于其自身利益决定或否决被投资方的重大交易；c.能够掌控被投资方董事会等类似权力机构成员的任命；d.与被投资方的关键管理人员或董事会等类似权力机构中的多数成员存在关联方关系。

8.5.1.2 共同控制

共同控制，是指按照相关约定对某项安排所共有的控制，并且该安排的相关活动必须经过分享控制权的参与方一致同意后才能决策。被各投资方共同控制的企业，一般称为投资方的合营企业。

需要说明的是，共同控制的特点是实施共同控制的任何一方都不能够单独控制某项安排，对被投资方具有共同控制的任何一个参与方均能够阻止其他参与方单独控制某项安排，仅享有保护性权利的参与方不享有共同控制，且共同控制并不要求所有参与方都对被某项安排实施共同控制。

如果所有参与方或一组参与方必须一致行动才能决定某项安排的相关活动，则称所有参与方或一组参与方集体控制该安排。在判断是否存在共同控制时，应当首先判断所有参与方或参与方组合是否集体控制该安排，其次再判断该安排相关活动的决策是否必须经过这些集体控制该安排的参与方一致同意。如果存在两个或两个以上的参与方组合能够集体控制某项安排的，不构成共同控制，即共同控制合营安排的最少参与方组合是唯一的。

举例说明：假定A公司、B公司、C公司和D公司共同设立E公司，并分别持有E公司50%、20%、20%和10%的表决权股份。协议约定，E公司相关活动的决策需要90%以上表决权通过方可做出。这一表决权安排使得A公司、B公司、C公司和D公司任何一方均不能单独控制E公司，但不需要所有参与方联合起来才能控制E公司，当A公司、B公司和C公司联合时即可控制E公司，且A公司、B公司和C公司是联合起来能够控制E公司的参与方数量最少的组合。我们称A公司、B公司和C公司集体控制E公司，这一安排也构成了共同控制。假设协议约定，E公司相关活动的决策需要80%以上表决权通过方可做出，这时能够集体控制E公司的参与方组合不止一个，A公司、B公司和C公司的组合，A公司、B公司和D公司的组合，A公司、C公司和D公司的组合均可以集体控制E公司，即存在三个参与方组合能够集体控制某项安排，这种情况不能称为共同控制。

8.5.1.3 重大影响

重大影响，是指企业对被投资方的财务和经营政策有参与决策的权力，但并不能够控制或者与其他方一起共同控制这些政策的制定。投资方能够实施重大影响的企业，一般称为投资方的联营企业。

投资方直接或通过子公司间接持有被投资方20%以上但低于50%的表决权时，一般认为对被投资方具有重大影响，除非有明确的证据表明该种情况下不能参与被投资方的生产经营决策。在确定能否对被投资方形成重大影响时，一方面应考虑投资方直接或间接持有被投资方的表决权股份，同时要考虑投资方及其他方持有的当期可执行潜在表决权在假定转换为对被投资单位的股权后产生的影响，如被投资方发行的当期可转换的认股权证、股份期权及可转换公司债券等的影响。

企业通常可以通过以下一种或几种情形来判断是否对被投资方具有重大影响：①在被投资单位的董事会或类似权力机构中派有代表；②参与被投资方财务和经营政策制定过程；③与被投资方之间发生重要交易；④向被投资方派出管理人员；⑤向被投资单位提供关键技术资料。存在上述一种或多种情形并不意味着投资方一定对被投资方具有重大影响，企业需要综合考虑所有事实和情况来做出恰当的判断。

需要说明的是，投资企业对联营企业的权益性投资，其中一部分是通过风险投资机构、共同基金、信托公司或包括投连险基金在内的类似主体间接持有的，无论以上主体是否对这部分投资具有重大影响，投资企业者可以将间接持有的该部分投资确认为交易性金融资产，将其余部分确认为长期股权投资。

对被投资企业不能实施控制、共同控制和重大影响的权益性投资，应按《企业会计准则第22号——金融工具确认和计量》等相关准则进行会计处理。

【延伸知识】

长期股权投资范围的修订

2014年3月13日财政部发布修订后的《企业会计准则第2号——长期股权投资》，与之前的长期股权投资准则相比，一个最重要的变化是对长期股权投资范围进行了重要的修订。

修订之后的长期股权投资只包括能够对被投资单位实施控制、重大影响的权益性投资，以及对其合营企业的权益性投资。投资企业对被投资单位不具有共同控制或重大影响，并且在活跃市场中没有报价、公允价值不能可靠计量的长期股权投资，被并入第22号会计准则进行规范，不再适用长期股权投资准则。这是因为，对被投资单位具有控制、共同控制或重大影响的权益性投资，投资方承担的是被投资方的经营风险；而不具有控制、共同控制或重大影响的投资，投资方承担的是投资资产的价格变动风险、被投资方的信用风险。两种投资所承担的风险特征显著不同，因此，应当由不同准则进行规范。

8.5.2 确认与初始计量

企业取得长期股权投资时，应设置"长期股权投资"科目，并按照被投资单位进行明细核算。本科目的借方核算长期股权投资的取得、被投资单位权益增加引起的长期股权投资的变动，贷方核算长期股权投资的处置、被投资单位权益减少引起的长期股权投资的变动等，期末余额在借方，反映投资主体拥有的被投资单位权益的价值。长期股权投资采用权益法的，应当分别"成本"、"损益调整"、"其他综合收益"、"其他权益变动"等进行明细核算。长期股权投资在取得时，应按初始投资成本入账。长期股权投资的初始投资成本，可以根据企业合并形成和非企业合并形成两种情况来确定。在企业合并形成的长期股权投资中，应分别同一控制下企业合并与非同一控制下企业合并两种情况确定长期股权投资的初始投资成本。

8.5.2.1 同一控制下企业合并形成的长期股权投资

同一控制下的企业合并，是指参与合并的企业在合并前后均受同一方或相同的多方最终控制，且该控制并非暂时性的。比如，A公司和B公司均为P公司的子公司，P公司将其持有A公司60%的股权转让给B公司，转让股权后，B公司持有A公司60%的股权，但B公司和A公司仍由P公司控制，这里B公司对A公司的股权投资即是同一控制下企业合并形成的长期股权投资。由于合并双方受到同一方或相同多方的控制，因此其合并行为不完全是自愿进行和完成的，这种企业合并不属于交易行为，而是参与合并各方资产和负债的重新组合，因此，合并应以被合并方所有者权益的账面价值为基础，对长期股权投资进行初始计量。

同一控制下企业合并形成的长期股权投资，合并方以支付现金、转让非现金资产或承担债务方式作为合并对价的，应在合并日按取得被合并方所有者权益在最终控制方合并财务报表中的账面价值的份额，借记"长期股权投资——投资成本"科目，按支付的合并对价的账面价值，贷记或借记有关资产、负债科目；合并方以发行权益性证券作为合并对价的，应当合并日按照被合并方所有者权益在最终控制方合并财务报表中的账面价值的份额，借记"长期股权投资——投资成本"科目，按照发行股份的面值总额，贷记"股本"。"长期股权投资——投资成本"与上述合并对价账面价值的对应科目，如出现贷方差额，则贷记"资本公积——资本溢价或股本溢价"科目；若出现借方差额，则借记"资本公积——资本溢价或股本溢价"科目，资本公积（资本溢价或股本溢价）不足冲减的，应依次借记"盈余公积"、"利润分配——未分配利润"科目。

在取得长期股权投资时，企业为合并发生的审计、法律服务、评估咨询等中介费用以及其他相关管理费用，应当于发生时借记"管理费用"科目，贷记"银行存款"等科目。若企业以发行证券取得长期股权投资，发行权益性证券发生的手续费、佣金等费用，应当抵减权益性溢价收入，溢价收入不足冲减的，冲减留存收益；发行债券或承担其他债务支付的手续费、佣金等，应当计入所发行债券及其他债务的初始成本。

【例8-14】P公司为A公司和B公司的母公司，2015年1月1日，P公司将其持有A公司60%的股权转让给B公司，双方协商确定的价格是2 000 000元，以货币资金支付；此外，B公司还以银行存款支付审计、咨询费10 000元。合并日，A公司所有者权益的账面价值为3 000 000元；B公司资本公积、盈余公积余额分别为50 000元、200 000元。

B公司初始投资成本=3 000 000×60%=1 800 000元，实际支付的股权购买价格2 000 000元，超初始投资成本1 800 000元，其差额计入"资本公积"借方，因B公司资本公积余额为50 000元，不足冲减部分计入"盈余公积"。相关账务处理如下：

借：长期股权投资——投资成本	1 800 000	
资本公积	50 000	
盈余公积	150 000	
管理费用	10 000	
贷：银行存款		2 010 000

假设双方协商确定的价格是1 600 000元，则相关账务处理如下：

借：长期股权投资——投资成本	1 800 000	
管理费用	10 000	
贷：银行存款		1 610 000
资本公积		200 000

假设B公司以发行每股面值1元的股票1 000 000股，换取P公司持有A公司60%的股权，除了支付审计、咨询费10 000元之外，还以银行存款支付发行股票手续费150 000元，合并日B公司股票的市价为每股3元。相关账务处理如下：

借：长期股权投资——投资成本	1 800 000	
管理费用	10 000	
贷：股本		1 000 000
银行存款		160 000
资本公积		650 000

8.5.2.2 非同一控制下企业合并形成的长期股权投资

非同一控制下的企业合并，是指参与合并的企业在合并前后不受同一方或相同的多方控制。相对同一控制下的企业合并是合并各方自愿进行的交易，是一种市场行为，作为一种公平的交易，应当以公允价值为基础进行计量。非同一控制下的企业合并，在购买日取得对其他参与合并企业控制权的一方为购买方，参与合并的其他企业为被购买方。购买日，是指购买方实际取得对被购买方控制权的日期。

购买方在购买日以支付货币资金的方式取得被购买方的股权，应以支付的货币资金作为初始投资成本，借记"长期股权投资——投资成本"科目，贷记"银行存款"科目，购买方支付的价款中如果含有已宣告发放但尚未支取的现金股利，应作为应收股利，不计入长期股权投资成本。

购买方在购买日以转让非现金资产取得被购买方的股权，转让的资产应按资产处理的方式进行处理，按照资产的公允价值作为初始投资成本，借记"长期股权投资——投资成本"科目；按照资产的公允价值，贷记"主营业务收入"或"其他业务收入"、"固定资产清理"及相应的"应交税费——应交增值税（销项税额）"等科目；同时结转非现金资产的成本，将其公允价值与账面价值的差额计入当期损益。

购买方以承担债务的方式取得被购买方的股权，应按照债务的公允价值作为初始投资成本，借记"长期股权投资——投资成本"科目，贷记有关负债科目。

购买方以发行股票等方式取得被购买方的股权，应按照购买日发行股票等的公允价值作为初始投资成本，借记"长期股权投资——投资成本"科目；按照发行股份的面值总额作为股本，贷记"股本"科目；按照长期股权投资初始投资成本与所发行股份面值总额之间的差额，贷记"资本公积——资本溢价或股本溢价"科目。

与同一控制企业合并取得的长期股权投资相同，非同一控制企业合并取得长期股权投资时，企业为合并发生的审计、法律服务、评估咨询等中介费用以及其他相关管理费用，应当于发生时借记"管理费用"科目，贷记"银行存款"等科目。若企业以发行证券取得长期股权投资，发行权益性证券发生的手续费、佣金等费用，应当抵减权益性溢价收入，溢价收入不足冲减的，冲减留存收益；发行债券或承担其他债务支付的手续费、佣金等，应当计入所发行债券及其他债务的初始成本。

【例8-15】M公司于2014年1月1日以货币资金3 000 000元以及机器设备、一批库存商品购入N公司60%的股权，M公司与N公司为独立的两个公司。机器设备的原始价值为6 000 000元，累计折旧2 400 000元，不含增值税的公允价值为4 500 000元，增值税销项税额为765 000元；库存商品的账面价值为1 000 000元，未计提存货跌价准备，不含增值税的公允价值为1 200 000元，增值税销项税额为204 000元。此外，M公司还以货币资金支付了审计、评估咨询费用180 000元，不考虑其他税费。购买日，N公司所有者权益的账面价值为20 000 000元。

在非同一控制下企业合并形成的长期股权投资中，初始投资成本为支付对价的公允价值，因此，M公司初始投资成本为：

3 000 000+4 500 000+765 000+1 200 000+204 000=9 669 000（元）

相关账务处理如下。

（1）确认长期股权投资的初始成本：

借：长期股权投资——投资成本   9 669 000

    管理费用   180 000

    贷：银行存款   3 180 000

        固定资产清理   4 500 000

        主营业务收入   1 200 000

        应交税费——应交增值税（销项税额）   969 000

（2）确认非现金资产的转让：

借：固定资产清理   3 600 000

    累计折旧   2 400 000

    贷：固定资产   6 000 000

借：固定资产清理   900 000

    贷：营业外收入   900 000

借：主营业务成本   1 000 000

    贷：库存商品   1 000 000

8.5.2.3 以非企业合并方式形成的长期股权投资

以非企业合并方式形成的长期股权投资，其初始投资成本的确定与形成非同一控制下企业合并的长期股权投资成本的确定方法基本相同。但需要注意的是，这种方式下为取得长期股权投资发生的审计、评估咨询等中介费用以及其他相关费用应计入长期股权投资成本。

8.5.3 后续计量

长期股权投资的后续计量，有成本法和权益法两种处理方法。成本法适用于对子公司的长期股权投资，权益法适用于对合营企业和联营企业的长期股权投资。

8.5.3.1 长期股权投资核算的成本法

长期股权投资核算的成本法，是指以取得长期股权投资的实际成本作为长期股权投资的初始入账成本，后续期间，如果没有增加和减少投资、或发生减值，其金额一般不发生变化。因此，投资企业在被投资企业宣告发放现金股利时，应作为投资收益处理，借记"应收股利"等科目，贷记"投资收益"科目；收到现金股利时，应借记"银行存款"等科目，贷记"应收股利"科目。如果被投资企业在宣告发放股票股利时，则只在备查簿上记录持股数量的变化，不作账务处理。

【例8-16】承【例8-15】。N公司于2014年3月23日宣告发放现金股利共计1 000 000元，2014年4月27日M公司收到N公司发放的现金股利。

M公司收到的现金股利=1 000 000×60%=600 000（元）

M公司相应的账务处理如下。

（1）2014年3月23日确认投资收益：

借：应收股利　　　　　　　　　　　　600 000
　　贷：投资收益　　　　　　　　　　　　　600 000

（2）2014年4月27日确认收到的现金股利：

借：银行存款　　　　　　　　　　　　600 000
　　贷：应收股利　　　　　　　　　　　　　600 000

8.5.3.2 权益法

长期股权投资核算的权益法，是指投资企业对被投资单位的长期股权投资按取得成本入账后，要随着其占被投资单位所有者权益份额的变动而作相应的调整。采用权益法进行长期股权投资的核算，可以在"长期股权投资"科目下，设置"投资成本"、"损益调整"、"其他综合收益"、"其他权益变动"等明细科目。权益法下，"长期股权投资"科目的余额，反映全部投资成本。其中，"投资成本"明细科目反映购入股权时在被投资企业按公允价值确定的所有者权益中占有的份额及初始投资成本大于占有份额形成的商誉；"损益调整"明细科目反映购入股权以后随着被投资企业留存收益的增减变动而享有份额的调整数；"其他综合收益"明细科目反映购入股权以后随着被投资企业其他综合收益的增减变动而享有份额的调整数，"所有者权益其他变动"明细科目反映购入股权以后随着被投资企业资本公积的增减变动而享有份额的调整数。

在长期股权投资核算的权益法下，一般包括初始投资成本的调整、投资损益的确认、取得现金股利或利润的处理和其他综合收益的处理等等，以下逐一介绍。

（1）初始投资成本的调整

投资企业取得对联营企业或合营企业的投资以后，对于取得投资时投资成本与应享有被投资单位被投资单位可辨认净资产公允价值份额之间的差额，应区别情况分别处理。

初始投资成本大于取得投资时应享有被投资单位可辨认净资产公允价值份额的，该部分差额从本质上是投资企业在取得投资过程中通过购买作价体现出的与所取得股权份额相对应的商誉价值，这种情况下不要求对长期股权投资的成本进行调整。

初始投资成本小于取得投资时应享有被投资单位可辨认净资产公允价值份额的，两者之间的差额体现为双方在交易作价过程中转让方的让步，该部分经济利益流入应计入取得投资当期的营业外收入，同时调整增加长期股权投资的账面价值。

【例8-17】2014年1月，W公司取得Z公司20%的股权，支付价款300万元，取得投资时，被投资企业净资产公允价值为1 400万元。W公司在取得Z公司的股权后，能够对Z公司施加重大影响，不考虑相关税费等其他因素的影响。

长期股权投资初始投资成本300万元大于取得投资时被投资企业可辨认净资产公允价值份额为280万元（1 400万元×20%），该差额不调整长期股权投资的账面价值。

相关账务处理如下：

借：长期股权投资——投资成本   3 000 000

　　贷：银行存款   3 000 000

假设本例中取得长期股权投资时被投资企业可辨认净资产公允价值为1 600万元，W公司按持股比例20%计算确定应享有320万元，大于初始投资成本300万元，二者之间的差额20万元应计入取得投资当期的营业外收入。

相关账务处理如下：

借：长期股权投资——投资成本   3 200 000

　　贷：银行存款   3 000 000

　　　　营业外收入   200 000

可以发现，以非企业合并方式取得的长期股权投资，应以支付对价的公允价值和取得投资时应享有被投资单位可辨认净资产公允价值份额二者孰高者作为其初始投资成本。

（2）投资损益的确认

采用权益法核算的长期股权投资，应当按照应享有（或分担）被投资企业的净利润（或净亏损）的份额，调整长期股权投资的账面价值，并确认为当期投资损益。值得注意的是，在评估投资方对被投资企业是否具有重大影响时，应当考虑潜在表决权的影响，但在确定应享有的被投资企业实现的净损益、其他综合收益和其他所有者权益变动的份额时，不考虑潜在表决权所对应的权益份额。

【例8-18】承【例8-17】。2014年Z公司实现净利润400万元，没有其他调整项目。

则：W公司应享有的净利润份额=4 000 000×20%=800 000（元）

相关账务处理如下：

借：长期股权投资——损益调整　　　　　　　　800 000

　　贷：投资收益　　　　　　　　　　　　　　　　800 000

（3）取得现金股利或利润的处理

被投资企业实现利润时，投资方按照应享有净利润的份额，确认投资收益并调整长期股权投资的账面价值，其中包括从被投资企业取得的现金股利或利润。因此，被投资企业宣告分配现金股利或利润时，投资方应按照被投资企业宣告分派现金股利或利润计算应分得的部分，相应减少长期股权投资的账面价值，即借记"应收股利"科目，贷记"长期股权投资——损益调整"。实际收到股利或利润时，借记"银行存款"科目，贷记"应收股利"科目。若被投资单位宣告分配股票股利，投资方不作会计处理，仅作备查登记，于除权日注明所增加的股数，以反映股份的变化情况。

（4）被投资企业其他综合收益或所有者权益变动的处理

被投资企业其他综合收益（所有者权益）发生变动的，投资方应当按照归属于本企业的部分，相应调整长期股权投资的账面价值，同时增加或减少其他综合收益。

【例8-19】承【例8-17】。2014年Z公司因持有的可供出售金融资产公允价值的变动计入其他综合收益的金额为150万元，当期Z公司实现净利润400万元，无其他调整事项，不考虑所得税影响因素。

相关账务处理如下：

借：长期股权投资——损益调整   800 000

     ——其他综合收益 300 000

  贷：投资收益   800 000

    其他综合收益   300 000

每年年末，企业应对长期股权投资的账面价值进行检查。如果存在减值迹象的，应当按照《企业会计准则第8号——资产减值》等相关准则的规定计提减值准备。当某项长期股权投资的预计可收回金额低于其账面价值时，即表明该长期股权投资发生了减值，企业应当确认其资产减值损失，并把长期股权投资的账面价值减记至预计可收回金额，借记"资产减值损失"科目，贷记"长期股权投资减值准备"科目。需要说明的是，长期股权投资减值损失一经确认，在以后会计期间不得转回。

【延伸知识】

成本法与权益法

2014年3月13日财政部发布修订后的《企业会计准则第2号——长期股权投资》，修订后的准则除了变更长期股权投资范围之外，还对成本法下投资企业确认投资收益对累积净利润的分配、权益法下投资企业确认应享有被投资方净损益和其他原因导致的净资产变动的份额等方面进行了重要的修订。

对成本法下被投资单位宣告分派的现金股利或利润，确认为当期投资收益，即不再区分投资前获得的净利润分配额和投资后的分配额分别进行会计处理。主要原因是由于重述投资前的留存收益难度较大且成本较高，某些情况下甚至是不可行的。有时，此类重述还可能涉及主观运用后见之明，从而降低了信息的相关性和可靠性。

同时，对于权益法核算的长期股权投资，被投资单位除净损益、其他综合收益和利润分配以外所有者权益的其他变动，应当调整长期股权投资的账面价值并计入所有者权益。

8.5.4 转换与处置

8.5.4.1 长期股权投资核算方法的转换

长期股权投资在持有期间，因持股比例、投资协议等的变化，可能导致其核算由一种方法转换为另一种方法。

（1）成本法转为权益法

因处置投资导致对被投资企业的影响能力下降，由控制转为具有重大影响、或是与其他投资一起实施共同控制的情况下，在投资企业的个别财务报表中，首先应按处置或收回投资的比例结转应终止确认的长期股权投资的成本。同时，比较剩余的长期股权投资成本与按照剩余持股比例计算原投资时应享有被投资企业可辨认净资产公允价值的份额，属于投资作价中体现的商誉部分，不调整长期股权投资的账面价值；属于投资成本小于应享有被投资企业可辨认净资产公允价值份额的，调整长期股权投资成本并调整留存收益。对于原取得投资后至转变为权益法核算之间被投资企业实现的净损益中应享有的份额，一方面应调整长期股权投资的账面价值，同时对于原取得投资时至处置投资当期期初被投资单位实现的净损益（扣除已发放及已宣告发放的现金股利及利润）中应享有的份额，调整留存收益，对于处置投资当期期初至处置投资之日被投资企业实现的净损益中享有的份额，调整当期损益；在被投资企业其他综合收益变动中应享有的份额，在调整长期股权投资账面价值的同时，应当计入其他综合收益；其他原因导致被投资企业所有者权益变动中应享有的份额，在调整长期股权投资账面价值的同时，应当计入"资本公积——其他资本公积"。

【例8-20】2013年1月1日，A公司支付700万元取得B公司70%的股权，投资当时B公司可辨认净资产的公允价值为900万元，2013年1月1日至2014年12月31日，B公司的净资产增加了100万元，其中按购买日公允价值计算实现的净利润80万元，持有可供出售金融资产的公允价值升值20万元。2015年1月4日，A公司转让B公司35%的股权，取得价款420万元，转让后A公司对B公司的持股比例为35%，能对其施加重大影响。假定A、B公司提取盈余公积的比例均为10%，B公司未分配现金股利，不考虑其他因素的影响。

转让部分长期股权投资之间，该项投资采用成本法进行核算，A公司长期股权投资的初始成本始终为700万元，出售35%部分的成本相应为350万元，则这一部分股权处置的收益为420万元−350万元=70万元。同时比较剩余的长期股权投资成本（350万元）与按照剩余持股比例计算原投资时应享有被投资企业可辨认净资产公允价值的份额（900万元×35%=315万元），前者大于后者，不调整长期股权投资的账面价值。并确认剩余股权从原取得投资后至转变为权益法核算之间被投资企业实现的净损益中应享有的份额（100万元×35%=35万元）。相关账务处理如下。

（1）确认部分股权处置收益：

借：银行存款   4 200 000

  贷：长期股权投资——投资成本   3 500 000

    投资收益   700 000

（2）对剩余股权改按权益法核算：

借：长期股权投资——损益调整   280 000

     ——其他综合收益 70 000

  贷：盈余公积   28 000

    利润分配——未分配利润   252 000

    其他综合收益   70 000

（2）成本法转为公允价值计量

因处置投资导致对被投资企业的影响能力下降，由控制转为不具有控制、共同控制或重大影响的，在确认部分股权处置收益的基础上，将剩余股权改按金融工具确认和计量准则的要求进行确认，并于丧失控制权日将剩余股权按公允价值重新计量，公允价值与其账面价值的差额计入当期损益。

【例8-21】承【例8-20】。2015年1月4日，A公司转让B公司60%的股权，取得价款720万元，转让后A公司对B公司的持股比例为10%，不能对其施加重大影响，剩余10%股权当日的公允价值为110万元，A公司将其分类为可供出售金融资产。

相关账务处理如下。

（1）确认部分股权处置收益：

借：银行存款   7 200 000

  贷：长期股权投资——投资成本   6 000 000

    投资收益   1 200 000

（2）确认剩余股权：

借：可供出售金融资产   1 100 000

  贷：长期股权投资——投资成本   1 000 000

    投资收益   100 000

（3）公允价值计量转为权益法

投资方对原持有的被投资企业的股权不具有控制、共同控制或重大影响，按照金融工具确认和计量准则进行会计处理的，因追加投资等原因导致持股比例增加，使其能够对被投资企业实施共同控制或重大影响而转为权益法核算的，应在转换日，按照原股权的公允价值加上为取得新增投资而应支付对价的公允价值，作为改按权益法核算的初始投资成本。原股权投资于转换日的公允价值与账面价值之间的差额，以及原计入其他综合收益的累计公允价值变动转入改按权益法核算的当期损益。在此基础上，比较初始投资成本与获得被投资企业共同控制重大影响时应享有被投资单位可辨认净资产公允价值份额之间的差额，前者大于后者的，不调整长期股权投资的账面价值；前者小于后者的，差额调整长期股权投资账面价值，并计入当期营业外收入。

【例8-22】M公司于2013年3月购入N公司10%股权，对N公司不具有控制、共同控制和重大影响，M公司将其分类为可供出售金融资产，投资成本为600万元，取得股权时N公司可辨认净资产公允价值总额为5 400万元（假定公允价值与账面价值相同）。2015年8月6日，M公司又以1 200万元购入N公司15%的股权，当日N公司可辨认净资产公允价值7 000万元。取得该部分股权后，按照N公司章程规定，M公司能够派人参与N公司的财务和生产经营决策，对该项长期股权投资转为采用权益法核算。2015年8月6日，M公司对N公司投资原10%股权的公允价值为840万元，原计入其他综合收益的累计公允价值变动收益为100万元。

2015年8月6日，M公司对N公司股权增持后，持股比例为25%，长期股权投资的初始投资成本为2 040（840+1 200）万元，应享有N公司可辨认净资产公允价值份额为1 750（7 000×25%）万元，前者大于后者，所以不调整长期股权投资的账面价值。当日可供出售金融资产的账面价值为700（600+100）万元。

相关账务处理如下。

（1）确认长期股权投资的初始投资成本：

借：长期股权投资——投资成本　　　　　　20 400 000

　　贷：银行存款　　　　　　　　　　　　　12 000 000

　　　　可供出售金融资产　　　　　　　　　7 000 000

　　　　投资收益　　　　　　　　　　　　　1 400 000

（2）原公允价值变动收益转出

借：其他综合收益　　　　　　　　　　　　1 000 000

　　贷：投资收益　　　　　　　　　　　　　1 000 000

（4）公允价值计量或权益法转为成本法

投资企业因追加股权投资形成非同一控制下的企业合并，应当按照原持有的股权账面价值与新增投资成本之和，作为改按成本法核算的初始投资成本。调整原投资账面价值时，借记"长期股权投资"科目，贷记"长期股权投资"科目（原采用权益法核算的账面价值）或"交易性金融资产"科目、"可供出售金融资产"科目等。

原持有的股权投资确认为可供出售金融资产的，原计入其他综合收益的累计公允价值变动应当在改按成本法核算时转出，确认为投资收益。原持有的股权投资确认为长期股权投资的，因采用权益法核算而确认的其他综合收益或资本公积，同样要转出，确认为投资收益。

8.5.4.2 处置

企业处置长期股权投资时，应相应结转与所售股权相对应的长期股权投资的账面价值，出售所得价款与处置长期股权投资账面价值之间的差额，应确认为投资损益。按实际收到的金额，借记"银行存款"科目，按其账面余额，贷记"长期股权投资"科目，如有尚未领取的现金股利或利润，贷记"应收股利"科目，按其差额，贷记或借记"投资收益"科目。已计提减值准备的还应同时结转长期股权投资减值准备。采用权益法核算的长期股权投资，原计入其他综合收益或资本公积的金额，在处置时应同时进行结转，将与所出售股权相对应的部分在处置时转入当期损益。借记或贷记"其他综合收益"、"资本公积——其他资本公积"科目，贷记或借记"投资收益"科目。

【本章小结】

企业在正常的主营业务之外，其投资的目的和动机有许多。根据企业会计准则，结合投资目的和期限，可以将投资分为交易性金融资产、持有至到期投资、可供出售金融资产、长期股权投资等类别。这4类投资的确认、计量、披露各有不同，归纳起来主要有：交易性金融资产在资产负债表上以公允价值进行披露，同时公允价值变动损益在利润表上作为净损益的一部分进行披露；可供出售金融资产在资产负债表上也以公允价值进行披露，但其公允价值变动损益作为其他综合收益的一部分披露，不影响当期利润；持有至到期投资在资产负债表上以摊余成本进行披露；长期股权投资根据持有股份比例的不同在资产负债表上以成本法或权益法进行披露。

【学习目标小结】

1.了解公司投资性质和对外投资的目的

投资是指企业为了获得收益或实现资本增值向被投资单位投放资金的经济行为，是通过让渡其他资产而换取的另一项资产，如通过支付现金或以购买债券、以非货币性资产向其他单位投资并取得其他单位的股权等；投资所流入的经济利益，与其他资产为企业带来的经济利益在形式上有所不同。企业在正常的主营业务之外，其投资的目的和动机有许多。有的是为了将暂时闲置的货币资金用于投资，以获取比银行存款利率更高的回报率，并在生产经营业务发展需要补充资金时，将这类投资出售变现；有的是为了长期获得比较高又相对稳定的投资收益；有的则通过影响或控制被投资企业实现资源共享、上下游融合、产业升级、行业扩张等战略规划。

2.熟悉金融资产的分类

金融资产应当在初始确认时划分为下列4类：①以公允价值计量且其变动计入当期损益的金融资产，包括交易性金融资产和直接指定为以公允价值计量且其变动计入当期损益的金融资产；②持有至到期投资；③贷款和应收款项；④可供出售金融资产。

3.掌握不同类别金融资产的披露

交易性金融资产在资产负债表上以公允价值进行披露，同时公允价值变动损益在利润表上作为净损益的一部分进行披露；可供出售金融资产在资产负债表上也以公允价值进行披露，但其公允价值变动损益作为其他综合收益的一部分披露，不影响当期利润；持有至到期投资在资产负债表上以摊余成本进行披露；长期股权投资根据持有股份比例的不同在资产负债表上以成本法或权益法进行披露。

4.熟悉长期股权投资的定义和类型

长期股权投资是指企业能够对被投资企业实施控制（通常指持股比例超过50%）、共同控制或施加重大影响（通常指控股比例在20%~50%）的权益性投资。长期股权投资的主要目的是为了企业的长远利益，通过投资影响、控制其他在经济业务上相关联或是与未来公司战略发展相关的企业。长期股权投资根据持股比例的不同可以分为对子公司的投资、对合营企业的投资与对联营企业的投资，对子公司的投资即是企业合并形成的长期股权投资，其余两类则是非企业合并形成的长期股权投资，企业合并形成的长期股权投资又可以分为同一控制下的企业合并与非同一控制下的企业合并，不同类型的长期股权投资其会计处理有所不同。

5.掌握长期股权投资的会计处理

长期股权投资的初始计量，原则上采用长期股权投资取得时发生的实际成本，但是以非货币性资产交换等方式取得的长期股权投资，则应按资产的公允价值来计量。长期股权投资的后续计量有成本法与权益法之分，成本法适用于投资方对被投资企业能够实施控制的长期股权投资，权益法适用于投资方对被投资企业能够实施共同控制或重大影响的长期股权投资。用成本法进行核算的长期股权投资在持有投资期间，如果没有增加和减少投资、或发生减值，其金额一般不发生变化；在权益法核算下，长期股权投资的账面价值要随着其占被投资单位所有者权益份额的变动而作相应的调整。

【关键术语】

股权投资（equity investment），是指通过股票市场或其他股权交易市场上购买其他主体公开或不公开发行的股权，从而获取另一个企业的权益或净资产所进行的投资。

债权投资（debt investment），是指企业通过购买表明投资企业拥有债权的书面凭证进行的投资。

交易性金融资产（trading securities），是指企业为了近期内出售而持有的，在活跃市场上有公开报价、公允价值能够持续可靠获得的金融资产。

持有至到期投资（held-to-maturity securities），是指到期日固定、可回收金额固定或可确定，且企业有明确意图和能力持有至到期的非衍生金融资产。

可供出售金融资产（available-for-sale securities），是指初始确认时即被可供出售的非衍生金融资产，以及除下列各类资产以外的金融资产：①贷款和应收款项；②持有至到期投资；③以公允价值计量且其变动计入当期损益的金融资产。

长期股权投资（long-term equity investment），是指企业能够对被投资企业实施控制（通常指持股比例超过50%）、共同控制或施加重大影响（通常指控股比例在20%~50%）的权益性投资。

控制（control），是指投资方拥有对被投资单位的权力，通过参与被投资单位的相关活动而享有可变回报，并且有能力运用对被投资单位的权力影响其回报金额。

共同控制（joint control），是指按照相关约定对某项安排所共有的控制，并且该安排的相关活动必须经过分享控制权的参与方一致同意后才能决策。

重大影响（significant influence），是指企业对被投资方的财务和经营政策有参与决策的权力，但并不能够控制或者与其他方一起共同控制这些政策的制定。

同一控制下的企业合并（a business combination involving enterprises under common control），是指参与合并的企业在合并前后均受同一方或相同的多方最终控制，且该控制并非暂时性的。

非同一控制下的企业合并（a business combination not involving enterprises under common control），是指参与合并的企业在合并前后不受同一方或相同的多方控制。

公允价值（fair value），是指市场参与者在计量日发生的有序交易中，出售一项资产所能收到或者转移一项负债所需支付的价格。

实际利率法（effective-interest method），是指按照（一组）金融资产（或金融负债）的实际利率计算其摊余成本及各项利息收入（或利息费用）的方法

成本法（cost method），是指以取得长期股权投资的实际成本作为长期股权投资的初始入账成本，后续期间，如果没有增加和减少投资、或发生减值，其金额一般不发生变化。

权益法（equity method），是指投资企业对被投资单位的长期股权投资按取得成本入账后，要随着其占被投资单位所有者权益份额的变动而作相应的调整。

练习题

【简答题】

1.简述投资的性质及分类。

2.什么是交易性金融资产，有何特点？

3.什么是持有至到期投资？

4.什么是可供出售的金融资产？

5.交易性金融资产与可供出售金融资产公允价值变动的会计处理有何不同？

6.企业持有的投资哪些股权投资应划分为长期股权投资？

7.什么是同一控制下的企业合并？如何确定其初始投资成本？

8.什么是非同一控制下的企业合并？如何确定其初始投资成本？

【业务题】

习题一

1.目的

练习交易性金融资产的会计处理。

2.资料

2014年5月13日，新华公司支付价款1 060 000元从二级市场购入A公司发行的股票100 000股，每股价格10.60元（含已宣告但尚未发放的现金股利0.60元），另支付交易费用1 000元。新华公司将持有的A公司股权划分为交易性金融资产，且持有A公司股权后对其无重大影响。

新华公司的其他相关资料如下。

（1）5月23日，收到A公司发放的现金股利；

（2）6月30日，A公司股票价格涨到每股13元；

（3）8月15日，将持有的A公司股票全部售出，每股售价15元。

假定不考虑其他因素。

3.要求

编制新华公司上述有关经济业务的会计分录。

习题二

1.目的

练习持有至到期投资的会计处理。

2.资料

2015年1月1日，甲公司自证券市场购入面值总额为2 000万元的债券。购入时实际支付价款2 078.98万元，另支付相关交易费用10万元。该债券发行日为2015年1月1日，系分期付息、到期还本债券，期限为5年，票面年利率为5%，实际年利率为4%，每年12月31日支付当年利息。甲公司将该债券作为持有至到期投资核算。

3.要求

（1）编制甲公司取得持有至到期时的会计分录；

（2）计算该项持有至到期投资在2015年12月31日的账面价值；

（3）计算甲公司由于持有该项持有至到期投资2016年应确认的投资收益。

习题三

1.目的

练习持有至到期投资的会计处理。

2.资料

2015年1月1日，甲公司按面值从证券市场购入乙公司于当日发行的债券（不考虑相关税费），作为持有至到期投资。该债券期限3年，面值1 000万元，票面利率为4%，到期日为2017年12月31日，每年分期付息。2015年年底，由于受贷款基准利率的变动和其他市场因素的影响，甲公司持有的乙公司债券价格持续下跌。为此，甲公司决定于2016年1月1日对外出售该持有至到期债券投资10%，共收取价款120万元。假定不考虑债券出售等其他相关因素的影响。

3.要求

编制甲公司与该持有至到期投资有关的会计分录。

习题四

1.目的

练习可供出售金融资产的会计处理。

2.资料

甲公司于2015年5月10日购入丁公司股票2 000万股作为可供出售金融资产核算，每股购入价格为10元，另支付相关税费60万元。2015年12月31日，该公司的收盘价为每股8元。2016年4月1日，甲公司将该可供出售金融资产全部对外出售，收到款项18 000万元存入银行。

3.要求

假定不考虑其他因素。根据上述资料，编制甲公司相关会计分录。

习题五

1.目的

练习长期股权投资的会计处理。

2.资料

2016年3月31日，A公司以一项固定资产、一项专利技术和2 400万元银行存款取得B公司70%的股权，同时发生评估费用300万元。A公司和B公司原来为两个独立公司，A公司取得B公司70%股权后，可以控制B公司。该项固定资产原价6 600万元，已发生累计折旧600万元，该专利技术原价3 000万元，已累计摊销600万元。2016年3月31日，该项固定资产与专利技术的公允价值分别为9 600万元和3 000万元。2016年12月31日，因对B公司投资出现减值迹象，A公司对该项长期股权投资进行减值测试，确定其可收回金额为13 000万元。

3.要求

假定不考虑其他相关税费。根据上述资料，编制A公司有关会计分录。

习题六

1.目的

练习长期股权投资的转换。

2.资料

A公司于2015年2月取得B公司10%股权，对B公司不具有控制、共同控制和重大影响，A公司将其分类为可供出售金融资产，投资成本为900万元，取得时B公司可辨认净资产公允价值总额为8 400万元（假定公允价值与账面价值相同）。2016年3月1日，A公司又以1 800万元取得B公司12%股权，当日B公司可辨认净资产公允价值总额为12 000万元。取得该部分股权后，按照B公司章程规定，A公司能够派人参与B公司的财务和生产经营决策，对该项长期股权投资转为采用权益法核算。假定A公司在取得B公司10%的股权后，双方未发生任何内部交易。B公司通过生产经营活动实现的净利润为900万元，未派发现金股利或利润。除所实现净利润外，未发生其他所有者权益变动事项。2016年3月1日，A公司对B公司投资原10%股权的公允价值为1 300万元，原计入其他综合收益的累计公允价值变动收益为120万元。

3.要求

根据上述资料，编制A公司将原有投资转为长期股权投资的相关会计分录。

【案例分析题】

1.在格力电器2013年年度财务报告关于对合营企业投资和联营企业投资的附注中有这样一条说明，"本公司已对（越南）格力电器股份有限公司的投资全额计提减值准备，目前已不参与该公司的生产经营和管理"。请查阅相关资料，分析为什么格力电器要对这一联营企业全额计提减值准备。

2.2015年8月，京东集团与永辉超市达成战略合作，京东集团以每股9元，共计43.1亿元人民币入股永辉超市。通过这一交易，京东集团将持有永辉超市10%的股份，并可以任命两个独立董事。请查阅相关资料，判断京东集团对该项投资应如何进行确认、计量。

第9章 固定资产

【学习目标】

1.了解固定资产的性质和分类。

2.掌握固定资产取得的计价方法。

3.掌握固定资产的折旧方法和会计处理。

4.掌握固定资产使用中的后续支出。

5.掌握固定资产的处置和清查。

【引导案例】

神州租车

2014年9月19日，神州租车在港交所上市，这家成立于2007年9月的公司仅用了7年时间就成功登陆资本市场，并成为中国市场上最大的租车公司。截至2014年二季度末，神州租车拥有规模达到5.25万辆的庞大车队，超过后面九大租赁公司规模的总和，是第二名的4倍以上，是一个特别典型的重资产公司。根据其招股说明书，截至2014年6月，神州租车的固定资产中仅车辆一类的账面净值就达到40亿元，约占总资产的75%。重资产固然给神州租车带来了远远领先于竞争对手的服务，比如异地还车、全国救援支持等，帮助其占领市场份额，但其固定资产的折旧负担也非常沉重。2014年上半年，神州租车的车辆折旧达3.4亿元，占营业收入的25%。且神州租车购置的新车运营寿命仅为30个月，固定资产的折旧期间比一般的机器设备要短许多，为保持日常经营的正常运转及未来的规模扩张需要不断投入资金以更新车辆。同时，在这些车辆的使用过程中，相应的保养、维修等后续支出也非常可观。

资料来源：神州租车有限公司招股说明书及财务报表

从上述案例我们可以发现，在一些公司中，固定资产对有效的日常经营至关重要。各公司使用的固定资产的具体类型和金额取决于公司及其经营模式。固定资产金额大小也会影响企业的营业成本，主要表现在折旧的计提。固定资产的初始成本如何确定？如何计提固定资产的折旧？在固定资产的使用中，其后续支出应如何确认？如何进行固定资产的处置和清查？这些都是本章要回答的问题。

9.1 固定资产的性质与分类

资产是企业所拥有或控制的经济资源，这些经济资源能为企业带来未来经济利益的流入，这些未来经济利益流入的持续时间有长也有短，根据资产的变现能力，我们可以把资产分为流动资产和非流动资产。非流动资产往往是企业经营能力的源泉，企业在其可使用年限内通过对其的使用从中获取效益。非流动资产又可以分为有形的非流动资产和无形的非流动资产，有形的非流动资产即本章所要介绍的固定资产。

9.1.1 固定资产的特点与分类

固定资产，是指同时具有下列特征的有形资产：①为生产商品、提供劳务、出租或经营管理而持有；②使用寿命超过一个会计年度。

9.1.1.1 固定资产的特点

从固定资产的定义看，固定资产具有以下3个特点。

（1）为生产商品、提供劳务、出租或经营管理而持有

企业持有固定资产的目的是为了生产商品、提供劳务、出租或经营管理，即企业持有的固定资产是企业的劳动工具或手段而不是用于出售的产品。其中"出租"的固定资产，是指企业以经营租赁方式出租的机器设备类固定资产，不包括以经营租赁方式出租的房屋、建筑物，后者属于企业的投资性房地产，不属于固定资产。

（2）使用寿命超过一个会计年度

固定资产的使用寿命，是指企业使用固定资产的预计期间，或者该固定资产所能生产产品或提供劳务的数量。通常情况下，固定资产的使用寿命是指使用固定资产的预计期间，如自用房屋建筑物的使用寿命表现为企业对该建筑物的预计使用年限。对于某些机器设备或运输设备等固定资产，其使用寿命表现为以该固定资产所能生产产品或提供劳务的数量，如汽车或飞机等，按其预计行驶或飞行里程估计使用寿命。

固定资产使用寿命超过一个会计年度，意味着固定资产属于非流动资产，随着使用和磨损，通过计提折旧方式逐渐减少账面价值。对固定资产计提折旧，是对固定资

产进行后续计量的重要内容。

（3）固定资产是有形资产

固定资产具有实物特征，这一特征将固定资产与无形资产区别开来。有些无形资产可能同时符合固定资产的其他特征，如无形资产为生产商品、提供劳务而持有，使用寿命超过一个会计年度，但是，由于其没有实物形态，所以，不属于固定资产。

9.1.1.2 固定资产的分类

企业固定资产的种类繁多，为了正确进行固定资产核算和固定资产管理，应按不同标准对固定资产进行分类。

（1）按所有权分类

固定资产按所有权分类，可以分为自有固定资产和融资租入固定资产两种类型。

自有固定资产是指所有权属于本企业、可由本企业自由支配使用的固定资产。

租入固定资产是指企业以租赁方式租入的固定资产，包括经营租赁方式租入和融资租赁方式租入的，虽然在两种租入方式下企业对所租入的固定资产都没有所有权，但在融资租入时，与所有权相关的风险和报酬实际上都已经转移给承租方，因此在会计实务上一般把融资租入的固定资产作为自有固定资产进行核算和管理。

（2）按经济用途分类

固定资产按经济用途分类，可以分为生产经营用固定资产和非生产经营用固定资产。

生产经营用固定资产是指直接参加企业生产经营活动或服务于生产经营的各类固定资产，如房屋及建筑物、机器设备、运输设备、动力传导设备和工具器具等。

非生产经营用固定资产是指不直接服务于企业生产经营活动的各类固定资产，如用于职工住宅、公用事业、文化生活、卫生保健等方面的固定资产。

（3）按使用情况分类

固定资产按使用情况分类，可以分为使用中、未使用和不需用的固定资产。

使用中的固定资产是指企业正常使用中的固定资产，包括经营用固定资产和非经营用固定资产，也包括由于季节性原因或者大修理原因暂时停止使用的固定资产。企业出租给别人使用的固定资产也属于使用中的固定资产。

未使用的固定资产是指企业已完工或已购建的尚未交付使用的新增固定资产，以及由于改建或扩建等原因暂时停止使用的固定资产，如企业购建的尚待安装的固定资产等。

不需用的固定资产是指本企业多余或不适用而需要等待调配处理的各种固定

资产。

由于企业的经营性质不同、经营规模不同，因此，在固定资产管理中，企业应当根据固定资产的性质，结合本企业的具体情况，制定适合本企业的固定资产目录、分类方法、每类或每项固定资产的折旧年限、折旧方法，作为进行固定资产核算的依据。一般按照经济用途和是否使用进行综合分类，如果使用情况比较单一，则直接按照经济用途分类即可，如格力电器，只将固定资产分为房屋及建筑物、机器设备、电子设备、运输设备等几类。

9.1.2 固定资产的计价标准

固定资产是企业重要的生产资料，一般在企业中所占比重较大，特别是有些制造企业固定资产的金额非常庞大，是企业重要的财产。为了加强固定资产的管理和核算，企业应对固定资产进行合理的计价。与固定资产相关的计价标准主要有四种：一是历史成本；二是净值；三是重置价值；四是现值。

历史成本，又称原始成本或原始价值，是指企业取得某项固定资产所实际支付的现金或者其他等价物，包括买价、进口关税、包装费、运杂费和安装费等相关费用，以及为使它达到预定可使用状态所必要的支出。净值，又称折余价值，是指固定资产原值减去累计折旧（及减值准备）后的余额，反映的是固定资产的现存账面价值。重置价值，又称重置成本、现行成本，是指按照当前市场条件，重新取得同样一项资产所需支付的现金或现金等价物金额。现值，是指对未来现金流量以恰当的折现率进行折现后的价值。

历史成本是各国会计准则通用的一种基本计量属性，我国固定资产准则也规定：固定资产应当按照成本进行初始计量，即按照固定资产购置时支付的现金或者现金等价物的金额，或者按照购置资产时所付出的对价的公允价值计量。但是有时在某些特定情况下，如捐赠、接受固定资产投资等，企业无法取得固定资产的历史成本信息或在确定原始价值有困难时，也可以采用净值或重置价值等作为计价基础。另外，在对融资租入固定资产进行确认时，要计算租赁开始日最低租赁付款额的现值来确定租入资产的入账价值。

9.2 固定资产的取得

9.2.1 固定资产的确认

固定资产在符合定义的前提下，应当同时满足以下两个条件，才能加以确认。

（1）与该固定资产有关的经济利益很可能流入企业

资产最重要的特征是预期会给企业带来经济利益。企业在确认固定资产时。需要判断与该项固定资产有关的经济利益是否很可能流入企业。如果与该项固定资产有关的经济利益很可能流入企业，并同时满足固定资产确认的其他条件，那么，企业应将其确认为固定资产；否则，不应将其确认为固定资产。

在实务中，判断与固定资产有关的经济利益是否很可能流入企业，主要判断与该固定资产所有权相关的风险和报酬是否转移到了企业。与固定资产所有权相关的风险，是指由于经营情况变化造成的相关收益的变动，以及由于资产闲置、技术陈旧等原因造成的损失；与固定资产所有权相关的报酬，是指在固定资产使用寿命内使用该资产而获得的收入，以及处置该资产所实现的利得等。

通常，取得固定资产的所有权是判断与固定资产所有权相关的风险和报酬转移到企业的一个重要标志。但是，所有权是否转移，不是判断与固定资产所有权相关的风险和报酬转移到企业的唯一标志。在有些情况下，某项固定资产的所有权虽然不属于企业，但是，企业能够控制与该项固定资产有关的经济利益流入企业，这就意味着与该固定资产所有权相关的风险和报酬实质上已转移到企业，在这种情况下，企业应将该项固定资产予以确认。比如，融资租入的固定资产，企业虽然不拥有固定资产的所有权。但与固定资产所有权相关的风险和报酬实质上已转移到了企业（承租人），因此，符合固定资产确认的第一个条件。

对于购置的环保设备和安全设备等资产，其使用不能直接为企业带来经济利益，但是有助于企业从相关资产获得经济利益，或者将减少企业未来经济利益的流出，因此。对于这类设备，企业应将其确认为固定资产。比如，为净化环境或者满足国家有关排污标准的需要购置的环保设备，这些设备的使用虽然不会为企业带来直接的经济利益，却有助于企业提高对废水、废气、废渣的处理能力，有利于净化环境，企业为此将减少未来由于污染环境而需要支付的环境净化支出或者罚款，因此，也符合固定资产确认的第一个条件。

对于工业企业所持有的工具、用具、备品备件、维修设备等资产，施工企业所持有的模板、挡板、架料等周转材料，以及地质勘探企业所持有的管材等资产，企业应当根据实际情况，分别管理和核算。尽管该类资产具有固定资产的某些特征，比如，使用期限超过一年，也能够带来经济利益，但由于数量多单价低，考虑到成本效益原则，在实务中，通常确认为存货。但符合固定资产定义和确认条件的，比如企业（民用航空运输）的高价周转件等，应当确认为固定资产。

固定资产的各组成部分，如果各自具有不同使用寿命或者以不同方式为企业提供经济利益，从而适用不同折旧率或折旧方法的，各组成部分实际上是以独立的方式为企业提供经济利益，企业应当分别将各组成部分确认为单项固定资产。比如，飞机的引擎。如果其与飞机机身具有不同的使用寿命，适用不同折旧率或折旧方法，则企业应当将其确认为单项固定资产。

（2）该固定资产的成本能够可靠地计量

成本能够可靠地计量是资产确认的一个基本条件。企业在确定固定资产成本时必须取得确凿证据，但是，有时需要根据所获得的最新资料，对固定资产的成本进行合理的估计。比如，企业对于已达到预定可使用状态但尚未办理竣工决算的固定资产，需要根据工程预算、工程造价或者工程实际发生的成本等资料，按估计价值确定其成本，办理竣工决算后，再按照实际成本调整原来的暂估价值。

9.2.2 不同方式取得的固定资产的初始计量

确认固定资产的取得之后，还要对固定资产进行计量。固定资产的计量原则主要包括：①固定资产应按其取得成本进行初始计量，取得成本即前述所说的历史成本；②预计弃置费用应折现计入固定资产入账价值。弃置费用是指根据国家法律和行政法规、国际公约等规定，企业承担的环境保护和生态恢复等义务所确定的将要在资产弃置时发生的支出。弃置费用仅仅是对特殊行业的特定固定资产而言的，比如，石油天然气开采企业油气资产的弃置和恢复环境义务等，一般企业的固定资产发生的报废清理费用不属于弃置费用；③购买固定资产的价款超过正常信用条件延期付款的，实质上具有融资性质的，固定资产的成本以购买价款的现值为基础确定。

基于这些计量原则，再按取得方式的不同对固定资产进行计价。固定资产取得的方式主要有：购入的固定资产、自行建造的固定资产、投资者投入的固定资产、融资租入的固定资产、改扩建的固定资产、债务人用以抵债的固定资产、以非货币性交易换入的固定资产、接受捐赠的固定资产、盘盈的固定资产、经批准无偿调入的固定资产等。企业设置"固定资产"账户，对固定资产的相关业务进行核算。这一账户的借方核算购买固定资产时发生的买价、可以计入固定资产成本的增值税、运杂费、包装费、安装成本，自行建造的固定资产由在建工程转入的建造过程中发生的全部支出等，贷方核算固定资产清理出转出的固定资产原价。该账户期末有借方余额，反映企业各项固定资产的原价。

9.2.2.1 购入的固定资产

（1）现金购买固定资产

如果直接以现金购买固定资产，其成本的确定最为简单。使该固定资产处于可使用状态的一切现金支出均构成了该固定资产的历史成本，包括购买价格、运输费、税金、安装费等。值得注意的是，我国最新的增值税相关法规规定，企业购建生产用机器设备及交通工具类固定资产所发生的增值税进项税额可以从销项税额中抵扣，因此，涉及增值税的生产用固定资产的入账价值不包括允许抵扣的增值税进项税额。

外购固定资产分为购入不需要安装的固定资产和需要安装的固定资产。

购入不需要安装的固定资产，如购入机器设备等固定资产，按应计入固定资产成本的金额，借记"固定资产"科目，按可以抵扣的增值税进项税额，借记"应交税费——应交增值税（进项税额）"科目。按实际支付或应付的金额贷记"银行存款"、"其他应付款"等科目。

【例9-1】东方公司为增值税一般纳税人。2014年10月，东方公司购入一台不需要安装的机器设备并承担运费，取得的增值税专用发票上注明的设备价款为500 000元，运费为3 000元，二者的增值税税额分别为85 000元和330元，另外还支付装卸费4 000元，款项已通过银行存款支付。

相关账务处理如下。

借：固定资产　　　　　　　　　　　　　　　　　507 000
　　应交税费——应交增值税（进项税额）　　　　 85 330
　　贷：银行存款　　　　　　　　　　　　　　　　　592 330

如果企业购入需要安装的固定资产，则在达到可使用状态前，为购买和安装该固定资产的全部支出先通过在建工程核算。设置"在建工程"账户，核算企业基建、更新改造等在建工程发生的支出。该账户的借方登记建造该项资产达到预定可使用状态前所发生的必要支出，贷方登记在建工程达到预定可使用状态时结转到固定资产的建造成本。本账户期末有借方余额，反映企业尚未达到预定可使用状态的在建工程的成本。

【例9-2】2013年2月，东方公司购入一台需要安装的机器设备，取得的增值税专用发票上注明的设备价款为260 000元，增值税进项税额为44 200元，支付的运输费为2 500元（含增值税，扣除率为11%），款项已通过银行支付；安装设备时，领用本公司原材料一批，价值24 200元，购进该批原材料时支付的增值税进项税额为4 114元；支付安装工人的工资为4 800元；假定不考虑其他相关税费。

相关账务处理如下。

（1）支付设备价款、增值税、运输费合计为306 700元：

借：在建工程 262 225

应交税费——应交增值税（进项税额） 44 475

贷：银行存款 306 700

（2）领用本公司原材料，支付安装工人工资等费用合计为33 114元：

借：在建工程 29 000

贷：原材料 24 200

应付职工薪酬 4 800

（3）设备安装完毕达到预定可使用状态时：

借：固定资产 291 225

贷：在建工程 291 225

如果企业一次性同时购买几项可独立使用的资产，这种购货方式叫作"一揽子购货"，这种情况下的购买价格要在各项独立资产之间进行分配，分配的基础一般是按照各项资产的相对公允价值。

【例9-3】东方公司支付现金200万元购入机器一台和建筑物一栋。机器和建筑物各自的相对公允价值分别为20万元和140万元，不考虑相关税费，则购进成本需要按公允价值进行分摊：

机器的分摊成本=200万×（20万/160万）=25（万元）

建筑物的分摊成本=200万×（140万/160万）=175（万元）

会计分录如下：

借：固定资产——机器 250 000

——建筑物 1 750 000

贷：现金 2 000 000

（2）分期付款购入固定资产

大多数企业在实际经营过程中，会选择分期付款方式来购置固定资产，以免一次性占用企业过多的资金而致使资金周转不灵。若在正常信用条件期限内付款，则按各期付款额之和参考前述购入固定资产的会计处理进行确认和计量；若分期付款的期限比较长，超过了正常的信用条件，则这种购入方式实质上具有融资性质，购入固定资产的成本不能简单以各期付款额之和确定，而应以各期付款额的现值之和确定。

在确定固定资产购买价款的现值时，应当按照各期支付的价款选择恰当的折现率进行折现后的金额加以确定。折现率是反映当前市场货币时间价值和延期付款债务特定风险的利率，该折现率实质上是供货企业的必要报酬率。各期实际支付的价款之和与其现值之间的差额，在达到预定可使用状态之前符合《企业会计准则第17号——借款费用》中规定的资本化条件的，应当通过在建工程计入固定资产成本，其余部分应当在信用期间内确认为财务费用，计入当期损益。其账务处理为：购入固定资产时，按购买价款的现值，借记"固定资产"或"在建工程"等科目，按应支付的金额，贷记"长期应付款"科目，按其差额，借记"未确认融资费用"科目，并将"未确认融资费用"在各期内进行资本化或费用化处理。

【例9-4】2007年1月1日，东方公司与某公司签订一项购货合同，东方公司从某公司购入一台需要安装的特大型设备。合同约定，东方公司采用分期付款方式支付价款。该设备价款共计900万元（不考虑增值税），在2007年至2011年的5年内每半年支付90万元，每年的付款日期分别为当年6月30日和12月31日。

2007年1月1日，设备如期运抵东方公司并开始安装，已用银行存款付讫。2007年12月31日，设备达到预定可使用状态，发生安装费398 530.60元，已用银行存款付讫。

假定东方公司的适用的半年折现率为10%。

（1）购买价款的现值为：900 000×（P/A，10%，10）=900 000×6.1446=5 530 140（元）。

2007年1月1日甲公司的账务处理如下：

借：在建工程 5 530 140

未确认融资费用 3 469 860

贷：长期应付款 9 000 000

（2）确定信用期间未确认融资费用的分摊额，如表9-1所示。

表9-1 未确认融资费用的分摊

单位：元

日期	分期付款额	确认的融资费用	应付本金减少额	应付本金余额
①	②	③=期初⑤×10%	④=②-③	期末⑤=期初⑤-④
2007年1月1日				5 530 140.00
2007年6月30日	900 000	553 014.00	346 986.00	5 183 154.00
2007年12月31日	900 000	518 315.40	381 684.60	4 801 469.40
2008年6月30日	900 000	480 146.94	419 853.06	4 381 616.34
2008年12月31日	900 000	438 161.63	461 838.37	3 919 777.97
2009年6月30日	900 000	391 977.80	508 022.20	3 411 755.77
2009年12月31日	900 000	341 175.58	558 824.42	2 852 931.35
2010年6月30日	900 000	285 293.14	614 706.86	2 238 224.47
2010年12月31日	900 000	223 822.45	676 177.55	1 562 046.92
2011年6月30日	900 000	156 204.69	743 795.31	818 251.61
2011年12月31日	900 000	81 748.39*	818 251.61	0
合计	900 000	3 469 860	5 530 140	0

*尾数调整：81 748.39=900 000-818 251.61元，818 251.61元为最后一期应付本金余额。

*2007年12月31日未确认融资费用摊销（确认的融资费用）=[（9 000 000-900 000）-（3 469 840-553 014）]×10%=518 315.40（元）。

（3）2007年1月1日至20×7年12月31日为设备的安装期间，未确认融资费用的分摊额符合资本化条件，计入固定资产成本。

2007年6月30日甲公司的账务处理如下：

借：在建工程 553 014

　贷：未确认融资费用 553 014

借：长期应付款 900 000

　贷：银行存款 900 000

2007年12月31日甲公司的账务处理如下：

借：在建工程 518 315.40

　贷：未确认融资费用 518 315.40

借：长期应付款 900 000

　贷：银行存款 900 000

借：在建工程   398 530.60
 贷：银行存款   398 530.60
借：固定资产   7 000 000
 贷：在建工程   7 000 000

固定资产成本=5 530 140+553 014+518 315.40+398 530.60=7 000 000（元）

（4）2008年1月1日至2011年12月31日，该设备已经达到预定可使用状态，未确认融资费用的分摊额不再符合资本化条件，应计入当期损益。

2008年6月30日：

借：财务费用   480 146.94
 贷：未确认融资费用   480 146.94
借：长期应付款   900 000
 贷：银行存款   900 000

9.2.2.2 自行建造固定资产

企业自行建造的固定资产，按建造该项资产达到预定可使用状态前所发生的必要支出，作为入账价值。这里所讲的"建造该项资产达到预定可使用状态前所发生的必要支出"，包括工程用物资成本、人工成本、应予以资本化的固定资产借款费用、交纳的相关税金以及应分摊的其他间接费用等。企业自行建造固定资产包括自营建造和出包建造两种方式，它们所形成的固定资产的成本又有所不同。

（1）自营方式建造固定资产

企业自营方式建造的固定资产，按建造该项资产达到预定可使用状态前所发生的必要支出，借记"在建工程"科目，贷记"银行存款"、"原材料"、"应付职工薪酬"等科目。工程达到预定可使用状态交付使用的固定资产，借记"固定资产"科目，贷记"在建工程"科目。

【例9-5】2013年1月，东方股份有限公司准备自行建造一座厂房，为此发生以下业务。

（1）购入工程物资一批，价款为250 000元，支付的增值税进项税额为42 500元，款项以银行存款支付；

（2）1月至6月，工程先后领用工程物资220 000元（不含增值税进项税额）；剩余工程物资转为该公司的存货；

（3）领用生产用原材料一批，价值为32 000元，购进该批原材料时支付的增值税进项税额为5 440元；

（4）辅助生产车间为工程提供有关的劳务支出为35 000元；

（5）支付工程人员工资为65 800元；

（6）6月底，工程达到预定可使用状态，但尚未办理竣工决算手续，工程按暂估价值结转固定资产成本；

（7）7月中旬，该项工程决算实际成本为400 000元，经查，其与暂估成本的差额为应付职工薪酬；

（8）假定不考虑其他相关税费。

相关账务处理如下。

（1）购入为工程准备的物资：

借：工程物资 250 000
　　应交税费——应交增值税（进项税额） 42 500
　　贷：银行存款 292 500

（2）工程领用物资：

借：在建工程——厂房 220 000
　　贷：工程物资 220 000

（3）工程领用原材料：

借：在建工程——厂房 32 000
　　贷：原材料 32 000

（4）辅助生产车间为工程提供劳务支出：

借：在建工程——厂房 35 000
　　贷：生产成本——辅助生产成本 35 000

（5）支付工程人员工资：

借：在建工程——厂房 65 800
　　贷：应付职工薪酬 65 800

（6）6月底，工程达到预定可使用状态，尚未办理结算手续，固定资产成本按暂估价值入账：

借：固定资产——厂房 352 800
　　贷：在建工程——厂房 352 800

（7）剩余工程物资转作存货，转出原计入资产入账价值的增值税进项税额：

借：原材料   30 000

 贷：工程物资   30 000

（8）7月中旬，按竣工决算实际成本调整固定资产成本：

借：固定资产——厂房   47 200

 贷：应付职工薪酬   47 200

（2）出包方式建造固定资产

相对来说，出包工程的成本计算比较简单。一般是以承建方最后提交的竣工工程决算表为依据，来进行确认固定资产的会计处理。企业通过出包工程方式建造的固定资产，按应支付给承包单位的工程价款作为该固定资产的成本。支付工程价款时，借记"在建工程"科目，贷记"银行存款"、"应付账款"等科目。工程达到预定可使用状态交付使用时，借记"固定资产"科目，贷记"在建工程"科目。

9.2.2.3 投资者投入的固定资产

投资者投入的固定资产，在办理了固定资产移交手续之后，按投资各方确认的价值加上应支付的相关税费作为固定资产的入账价值；但在投资合同或协议约定价值不公允时，应按照该项固定资产的公允价值作为入账价值。按投资各方确认的价值在其注册资本中所占的份额，确认为实收资本或股本；按投资各方确认的价值与实收资本或股本的差额，确认为资本公积；按应支付的相关税费，确认为银行存款或应交税费。

【例9-6】甲公司的注册资本为1 000 000元。2013年6月5日，乙公司以一台设备对甲公司进行投资。该台设备的原价为560 000元，已计提折旧166 200元，双方经协商确认的价值为423 800元，占甲公司注册资本的30%。假定不考虑其他相关税费。

相关账务处理如下：

借：固定资产   423 800

 贷：股本——乙公司   300 000

  资本公积——资本溢价   123 800

9.2.2.4 接受捐赠的固定资产

企业接受捐赠所增加的固定资产，往往缺乏资料来表明该项资产的原始价值。对这部分资产，最常用的办法是以合理的现行市价作为入账依据。

我国企业会计准则规定，接受捐赠的固定资产，按以下规定确定其入账价值。

捐赠方提供了有关凭据的，按凭据上标明的金额加上应当支付的相关税费，作为入账价值。

捐赠方没有提供有关凭据的，按以下顺序确定其入账价值：

①同类或类似固定资产存在活跃市场的，按同类或类似固定资产的市场价格估计的金额，加上应当支付的相关税费，作为入账价值；

②同类或类似固定资产不存在活跃市场的，按该接受捐赠的固定资产的预计未来现金流量现值，作为入账价值。如接受捐赠的系旧的固定资产，按依据上述方法确定的新固定资产价值，减去按该项资产的新旧程度估计的价值损耗后的余额，作为入账价值。

当接受捐赠的固定资产达到可使用状态时，借记"固定资产"科目，贷记"资本公积"科目。

9.2.2.5 盘盈的固定资产

企业盘盈的固定资产，由于没有原始记录可以考证，因而会计上往往是按同类或类似固定资产的重置价值作为其入账价值的。我国企业会计准则规定，盘盈的固定资产，按以下规定确定其入账价值。

①同类或类似固定资产存在活跃市场的，按同类或类似固定资产的市场价格，减去按该项资产的新旧程度估计的价值损耗后的余额，作为入账价值。

②同类或类似固定资产不存在活跃市场的，按该项固定资产的预计未来现金流量现值，作为入账价值。

当发现盘盈资产时，按该类资产的重置成本借记"固定资产"科目，按该项资产的损耗程度贷记"累计折旧"科目，按两者的差额记入"待处理财产损溢"，并于编表前作为前期差错转入"以前年度损益调整"账户。

【例9-7】2013年12月31日，东方股份有限公司进行盘点，发现有一台使用中的机器设备未入账，该机器设备八成新，该型号机器设备存在活跃市场，市场价格为500 000元，假设不考虑相关税费。

本例中，由于盘盈的固定资产存在活跃的市场，因此，该公司盘盈的固定资产入账价值为：500 000×80%=400 000（元）。

相关账务处理如下。

（1）盘盈时：

借：固定资产　　　　　　　　　　　　　　　　　　　500 000

贷：累计折旧   100 000

     待处理财产损溢——待处理固定资产损溢   400 000

（2）盘盈固定资产报经批准后处理：

借：待处理财产损溢——待处理固定资产损溢   400 000

    贷：以前年度损益调整   400 000

9.2.2.6 其他方式取得的固定资产

企业通过融资租赁租入的固定资产，应当遵循《企业会计准则第21号——租赁》的相关规定处理。

企业通过非货币性资产交换、债务重组、企业合并等方式取得的固定资产，其成本应当分别按照《企业会计准则第7号——非货币性资产交换》、《企业会计准则第12号——债务重组》、《企业会计准则第20号——企业合并》等的规定确定。但是，该项固定资产的后续计量和披露应当执行固定资产准则的规定。

为了加强管理，企业应设置固定资产登记簿和固定资产卡片，按固定资产类别、使用部门和每项固定资产进行明细核算。对临时租入的固定资产，应当另设备查簿进行登记。企业对固定资产的购建、出售、清理、报废和内部转移等，都应当办理会计手续，并设置固定资产明细账（或者固定资产卡片），进行明细分类核算。

9.3 固定资产折旧

9.3.1 折旧的性质

固定资产不同于存货，它不是通过销售等方式一次性、完全耗用而转化为现金。作为一种服务性资产，固定资产可以在较长的时期内为企业经营活动服务，并且，它的服务潜力是随着企业在经营活动中的使用而逐渐降低以至于消逝。它的价值会随着经营过程的磨损分批、逐渐地转移到所形成的价值中去，并从企业的最终收入中得到补偿。会计上，将这种在固定资产预计使用寿命内，按照确定的方法对应计折旧额进行系统分摊的过程，称为折旧。

折旧是有关固定资产取得成本的系统分配过程，是将资本性的支出通过折旧实现费用化，是系统地分配成本的过程。这种分配所依据的基础是固定资产服务潜能的递减程度。造成固定资产服务潜能下降的原因归纳起来，可以分为有形损耗和无形损耗两种。有形损耗包括机械磨损和自然磨损，是指固定资产由于使用和自然力的影响而

引起的使用价值和价值的损失；无形损耗是指因技术进步、市场经济情况或生产经营
情况的改变使固定资产已陈旧过时，不再适用而引起的固定资产价值的损失。在科学
技术发展突飞猛进、日新月异的现代社会，固定资产的无形损耗有时比有形损耗更为
严重，对折旧的影响更为巨大。

折旧是一个资本回收的过程。一个公司期望既实现资本回收，又获得资本收益。
在公司获得资本收益（用会计利润衡量）前，必须回收所有的成本。固定资产的折旧
正好与收益相对应。在历史成本会计下，折旧的过程正好考虑到资产成本的回收。从
财务管理的角度看，折旧是一种本期现金流入。这是因为，企业利润是全部收入减全
部费用后的差额，而企业现金余额等于现金收入减全部现金支出。折旧不是本期的现
金支出，但却是本期的费用，因此，每期的现金增加等于利润与折旧之和。折旧费用
源于前期将资金投入了固定资产，只是将其一部分在本期补偿支出而已。固定资产折
旧就是固定资产的价值转移和补偿过程。但应注意，折旧并不意味着企业将现金单独
保存，并在资产提足折旧时对其进行更新。

9.3.2 折旧计提范围与影响因素

9.3.2.1 折旧的计提范围

确定固定资产折旧的范围：一是要从空间范围上确定哪些固定资产应当提取折
旧，哪些固定资产不应当提取折旧；二是要从时间范围上确定应提折旧的固定资产什
么时间开始提取折旧，什么时间停止提取折旧。

我国企业会计准则规定，除以下情况外，企业应对所有固定资产计提折旧：

①已提足折旧仍继续使用的固定资产；

②按规定单独估价作为固定资产入账的土地；

③持有待售的固定资产；

④经营租入的固定资产和融资租出的固定资产；

⑤处于更新改造转入在建工程的固定资产。

也就是说，企业在用的固定资产，一般均应计提折旧，具体范围包括：

①房屋和建筑物（不管使用与否）；

②在用的机器设备、仪器仪表、运输工具、工具器具；

③季节性停用、大修理停用的固定资产；

④融资租入和以经营方式租出的固定资产。

另外，需要注意的是，在年度内尚未办理竣工结算的，应当按照暂估价值暂估入
账，并计提折旧；待办理了竣工决算手续后，再按照实际成本调整原来的暂估价值，

但不需要调整已计提的折旧额。

企业在具体计提折旧时，一般应按月提取折旧，当月增加的固定资产，当月不提折旧，从下月起计提折旧；当月减少的固定资产，当月照提折旧，从下月起不提折旧。固定资产提足折旧后，不论能否继续使用，均不再提取折旧；提前报废的固定资产，也不再提取折旧。

9.3.2.2 影响折旧的因素

影响折旧计提金额的因素主要有以下几个方面，即固定资产原价、固定资产的使用寿命、预计净残值、固定资产减值准备和折旧方法。

（1）固定资产原价

固定资产原价是固定资产初始计量时确定的初始成本。

（2）固定资产的使用寿命

资产的估计使用年限即资产对拥有它的主体提供收益的会计期间。如前文所述，折旧是实物损耗的过程，是由于设备或工艺的改变、型号的变化、或其他与资产的实物状况无关的原因而使资产失去有用性。我们把一项资产从开始使用到用坏为止的时间称为它的物理寿命。把从开始使用到过时或要进行处置的时间称为它的使用年限。很多情况下，由于过时或主体打算在资产的物理寿命结束以前对其进行处置，资产的使用寿命可能比物理寿命短。比如，尽管汽车一般具有大约10年的物理寿命，但很多公司每5年就将旧汽车折价出售后再添一些钱购买一辆新车，在这些公司里，汽车的使用寿命只有5年。如果对某一特定主体，资产的使用寿命明显低于该资产的可用物理寿命，那么使用寿命结束时，资产的预计残值应该大于零。

根据我国企业会计准则，企业在确定固定资产的使用寿命时，主要应当考虑下列因素：

①该资产的预计生产能力或实物产量；

②该资产的有形损耗，如设备使用中发生磨损，房屋建筑物受到自然侵蚀等；

③该资产的无形损耗，如因新技术的出现而使现有的资产技术水平相对陈旧、市场需求变化使产品过时等；

④有关资产使用的法律或者类似的限制。

另外，具体到某一固定资产的预计使用寿命，企业应在考虑上述因素的基础上，结合不同固定资产的性质、消耗方式、所处环境等因素，进行判断。在相同环境条件下，对于同样的固定资产的预计使用寿命应具有相同的预期。

（3）预计净残值

使用寿命结束时的资产预计净残值，即最后通过出售、作为折价物或废物利用所收回的金额，对主体来说，资产的净成本等于资产的原始成本减去其残值。也正是这个净成本而不是原始成本应该被计提为资产寿命期间内的费用。在一些情况下，估计的残值很小或不确定，可能被忽略不计。

在固定资产使用过程中，其所处的经济环境、技术环境以及其他环境有可能对固定资产使用寿命和预计净残值产生较大影响。比如，固定资产使用强度比正常情况大大加强，致使固定资产实际使用寿命大大缩短；替代该项固定资产的新产品的出现致使其实际使用寿命缩短，预计净残值减少等。为真实反映固定资产为企业提供经济利益的期间及每期实际的资产消耗。企业至少应当于每年年度终了，对固定资产使用寿命和预计净残值进行复核。如果固定资产使用寿命预计数与原先估计数有差异，应当调整固定资产使用寿命；如果固定资产预计净残值预计数与原先估计数有差异，应当调整预计净残值。

（4）固定资产减值准备

固定资产减值准备是指固定资产已计提的固定资产减值准备累计金额。固定资产计提减值准备后，应当在剩余使用寿命内根据调整后的固定资产账面价值（固定资产账面价值余额扣减累计折旧和累计减值准备后的金额）和预计净残值重新计算确定折旧率和折旧额。

（5）折旧方法

折旧方法就是将资产的净成本分配给资产各个使用期间的方法。应计折旧额，是指应当计提折旧的固定资产的原价扣除其预计净残值后的余额，这一金额与折旧方法无关，但是在不同的折旧方法下，每一期计提的折旧金额会有所不同。下面详细介绍不同折旧方法下的折旧计提。

9.3.3 折旧方法

目前企业可供选择的折旧方法主要有以下3类。

9.3.3.1 年限平均法

年限平均法又称直线法，是将固定资产的应计折旧额均衡地分摊到固定资产预计使用寿命内的一种方法。采用这种方法计算的每期折旧额均是等额的。计算公式如下：

$$年折旧率 = \frac{1-预计净残值率}{预计使用年限} \times 100\%$$

月折旧率 = 年折旧率/12

月折旧额＝固定资产原价×月折旧率

上述折旧率是按个别固定资产单独计算的，称为个别折旧率。此外，还有分类折旧率和综合折旧率。分类折旧率是指先把性质、结构和使用年限接近的固定资产归为一类，再按类计算平均折旧率的方法；综合折旧率是指某一期间企业全部固定资产折旧额与全部固定资产原价的比率。其各自的计算公式如下：

$$某类固定资产分类折旧率 = \frac{该类固定资产年折旧额之和}{该类固定资产原价之和} \times 100\%$$

$$固定资产综合年折旧率 = \frac{各项固定资产年折旧额之和}{各项固定资产原价之和} \times 100\%$$

与采用个别折旧率与分类折旧率相比，采用综合折旧率计算固定资产折旧，其计算结果的准确性较差。

【例9-8】假设东方公司在2012年12月购入一台生产用机器设备，成本为50 000元，估计残值为5 000元，预计有5年的使用寿命，可以运转45 000小时，每年分别运转12 000小时、15 000小时、9 000小时、5 000小时、4 000小时。

公司从2013年1月开始对该项设备计提折旧，每月的折旧额为：

（50 000 － 5 000）/（5×12）＝ 750（元）

年限平均法的优点在于比较简便，易于理解，在物价水平保持不变的情况下能较好地反映无形损耗的影响，所以是财务报表中普遍使用的方法，并且一般被认为是一种适用于多数固定资产折旧的好方法。其缺点在于，没有考虑到随着固定资产使用时间的推移，企业生产经营过程中所发生的固定资产的使用成本并不均衡，而且固定资产的服务效能在不同期间发挥的程度可能不同，对有形损耗反映得不够全面。

9.3.3.2 工作量法

工作量法，是根据实际工作量计提固定资产折旧额的一种方法。计算公式如下：

$$单位工作量折旧额 = \frac{固定资产原价 \times （1-预计净残值率）}{预计总工作量}$$

某项固定资产月折旧额＝该项固定资产当月工作量×单位工作量折旧额

【例9-9】承【例9-8】，假设东方公司在该机器设备使用的第一年，由于其运转效能比较好，每个月平均运转1 000小时。则：

单位小时折旧额=（50 000 - 5 000）/45 000 =1（元/小时）

第一年每个月该项设备应计提的折旧额为=1×1 000=1 000（元）

工作量法将固定资产的折旧建立在其服务潜能随着使用程度的增加而相应递减的假设上，符合受益与成本之间的因果关系。而且工作量法克服了直线法只注重资产使用年限的不足，也具有计算简便和实用的优点。但是，工作量法只关心固定资产的使用程度，把资产在使用过程中的物质损耗作为计提折旧的唯一因素，而忽视了固定资产的无形损耗。此外，在实务中，假定固定资产的有形损耗相当均衡，每单位分配等额折旧费用并无根据。这种方法一般适用于运输工具、采矿设备等。

9.3.3.3 加速折旧法

加速折旧法是指固定资产在使用年限内所计提的折旧额呈递减趋势的一种折旧方法。其依据在于随着固定资产越来越陈旧，它的盈利能力也随之下降，因此，资产在使用早期应多提折旧，后期少提折旧，每期计提的折旧数，随着固定资产使用时间的推移而逐渐减少。在实践中最广泛使用的加速折旧法有双倍余额递减法和年数总和法两种。

（1）双倍余额递减法

双倍余额递减法，是在不考虑固定资产预计净残值的情况下，根据每年年初固定资产净值和双倍的直线法折旧率计算固定资产折旧额的一种方法。应用这种方法计算折旧额时，由于每年年初固定资产净值没有扣除预计净残值，而在计算固定资产折旧额时，又不能使固定资产的账面折余价值降低到其预计净残值以下，因此在我国会计实务中，采用双倍余额递减法计提固定资产折旧时，应在其折旧年限到期前两年内，将固定资产净值扣除预计净残值后的余额平均摊销。计算公式如下：

年折旧率=2/预计的使用年限

月折旧率=年折旧率/12

月折旧额=固定资产年初账面余额×月折旧率

【例9-10】承【例9-8】的资料，采用双倍余额递减法计算各年折旧额。

年折旧率= 2/5 =40 %

第一年应提的折旧额=50 000×40 % =20 000（元）

第二年应提的折旧额=（50 000-20 000）×40 % =12 000（元）

第三年应提的折旧额=（30 000-12 000）×40 % =7 200（元）

从第四年起，将固定资产净值扣除预计净残值后的余额平均摊销：

第四、第五年应提的折旧额

=（50 000-20 000-12 000-7 200-5 000）/2=2 900（元）

（2）年数总和法

年数总和法，又称合计年限法，是将固定资产的原价减去预计净残值后的余额，乘以一个以固定资产尚可使用寿命为分子，以预计使用寿命逐年数字之和为分母的逐年递减的分数计算每年的折旧额。计算公式如下：

年折旧率=年初尚可使用寿命／预计使用寿命的年数总和

月折旧率=年折旧率/12

月折旧额=（固定资产原价-预计净残值）×月折旧率

【例9-11】承【例9-8】，采用年数总和法计算各年折旧额如下：

预计可使用寿命的年数综合为1+2+3+4+5=15，每年的折旧率分别为5/15、4/15、3/15、2/15、1/15。

第一年应提的折旧额=（50 000-5 000）×5/15=15 000（元）

第二年应提的折旧额=（50 000-5 000）×4/15=12 000（元）

第三年应提的折旧额=（50 000-5 000）×3/15=9 000（元）

第四年应提的折旧额=（50 000-5 000）×2/15=6 000（元）

第五年应提的折旧额=（50 000-5 000）×1/15=3 000（元）

与直线法相比，加速折旧法并不缩短固定资产折旧的年限，但可使企业在固定资产使用早期就将应提折旧额的大部分提取，而不像直线法那样，每年计提一个固定的折旧额。

加速折旧法是目前国际上许多国家折旧会计所推崇的方法，支持它的主要理由有：

第一，一般情况下，随着固定资产使用寿命的延长，其服务潜能将下降，而各种维修、养护等费用将增加，前期多提折旧，后期少提折旧会对固定资产的使用成本起均衡作用。

第二，新机器设备往往在开始投入时服务效能大，而后逐渐衰退，采用加速折旧法符合资产的服务效能与费用配比之间的关联性。

第三，在收入一定的情况下，加速折旧法可以递延企业所得税的纳税期间，使纳税人获得一定的财务利益。

第四，在固定资产投入使用的早期，就将设备价值的大部分通过折旧收回，可减少或减低企业持有设备所可能承担的各种风险，尤其是物价持续上涨时带来的通货膨胀的风险。

9.3.3.4 几种折旧方法的比较

依据上述例9-8至例9-11的资料，4种折旧方法计算的折旧额比较如表9-2所示。

表9-2　每年折旧额　　　　　　　　　　　　　　　单位：元

年份	年限平均法	工作量法	双倍余额递减法	年数总和法
1	9 000	12 000	20 000	15 000
2	9 000	15 000	12 000	12 000
3	9 000	9 000	7 200	9 000
4	9 000	5 000	2 900	6 000
5	9 000	4 000	2 900	3 000
合计	45 000	45 000	45 000	45 000

各种方法下每年的折旧额各不相同，但这4种方法都能把45 000元的应计折旧成本费用化。图9-1画出了在直线法、工作量法和加速折旧法下每年的折旧额。直线法的线是水平的，因为每期的折旧额都相等。工作量法的折旧额没有什么特定的模式，因为其折旧额取决于对资产的使用，使用得越多，折旧额就越大。加速折旧法在资产使用的第一年最多，最后一年最少。

图9-1　折旧方法比较

评估固定资产成本应如何与未来收入配比已成为一个越来越具有挑战性的问题，从折旧方法的发展即可略见一斑。现行会计准则要求企业估计这些资产的预计使用期限和使用期满预计残值，然后运用这些估计在固定资产的使用期限内系统分配成本。

企业对这些影响固定资产折旧的因素的预计可能取决于公司的经营战略以及他们以往经营、管理和出售类似资产的经验。

【小案例】

折旧的计提政策

1998年，德尔塔航空公司（Delta Air Lines）对新飞机按照25年的期限计提折旧，并预计残值为飞机成本的5%，新加坡航空公司对新飞机按照10年的期限计提折旧，并预计残值为飞机成本的20%。这两种不同的预计在一定程度上反映了两家航空公司经营战略的差异。新加坡航空公司将顾客定位于通常不注重价格且要求可靠服务的商务舱乘客，与此相对照，德尔塔航空公司更重视对价格高度敏感以及并不重视准时到达的经济舱乘客。因此，两家航空公司采取截然不同的经营战略：新加坡航空公司经常更换旧飞机以保持较新的机群，从而降低了因维修问题而延迟航班的风险，使公司拥有很高的准时到达率。与此相对照，德尔塔的飞机使用时间更长，从而降低了设备支出，但这种降低是以维修成本增加和准时到达率较低为代价。这些经营差异反映在两家公司对折旧进行的预计上。

当然，也可能存在影响两家管理层所作估计的其他因素。比如，在向所有者报告利润时，德尔塔航空公司可能面临更大的压力，因为它是完全的公开招股公司，而新加坡航空公司主要归新加坡政府所有。

9.3.4 折旧的计提与披露

根据不同的折旧方法确定每期应计提的折旧金额之后，对固定资产计提折旧，应根据固定资产的用途，借记"生产成本"、"制造费用"、"管理费用"、"销售费用"、"其他业务支出"等科目，贷记"累计折旧"科目。"累计折旧"账户是固定资产的备抵账户，在资产负债表中作为固定资产的减项进行列示。累计折旧的借方登记固定资产处置时结转的金额，贷方登记每一个会计期间计提的固定资产折旧金额，余额一般在贷方，表示固定资产计提的累计折旧总额。企业在选择折旧方法时，必须符合一致性原则，即所选择的折旧方法在各会计期间应当前后一致的加以应用，直至因条件变动而有充分理由需要改变时为止。同时，企业应当定期对固定资产的折旧方法进行复核，如果固定资产包含的经济利益的预期实现方式有重大改变，则应当相应改变固定资产折旧方法。如果在某个会计期间折旧方法有所改变，其对企业利润的影响应以具体的金额在资产负债表的附注中进行揭示，并说明折旧方法变更的理由。

【延伸知识】

不一般的加速折旧法

加速折旧法是一个笼统的概念，是相对于等额折旧来说"加速"计算折旧的各种方法，一般有双倍余额递减法和年数总和法。在加速折旧法下，固定资产使用前期费用较大，利润较少。

虽然会计准则要求企业根据与固定资产相关的经济利益的预期实现方式，合理选择企业的折旧方法，允许使用加速折旧法。但是，《企业所得税法》及其实施条例却规定税前只能列支固定资产按照直线法计算的折旧，并对不同类型的固定资产规定了相应的最低折旧年限。企业超过税法规定计提的固定资产折旧，要在企业所得税汇算清缴时进行纳税调整。

2014年9月24日，国务院总理李克强主持召开国务院常务会议，其中一项内容是完善固定资产加速折旧政策，主要包括：①对所有行业企业2014年1月1日后新购进用于研发的仪器、设备，单位价值不超过100万元的，允许一次性计入当期成本费用在税前扣除；超过100万元的，可按60%比例缩短折旧年限，或采取双倍余额递减等方法加速折旧。②对所有行业企业持有的单位价值不超过5 000元的固定资产，允许一次性计入当期成本费用在税前扣除。③对生物药品制造业，专用设备制造业，铁路、船舶、航空航天和其他运输设备制造业，计算机、通信和其他电子设备制造业，仪器仪表制造业，信息传输、软件和信息技术服务业等行业企业2014年1月1日后新购进的固定资产，允许按规定年限的60%缩短折旧年限，或采取双倍余额递减等加速折旧方法，促进扩大高技术产品进口。

为什么在现有的经济背景下，中央政府要提出企业固定资产加速折旧政策？这是因为当前我国经济正处于转型期，其中一个很重要的目标就是提质增效，途径之一就是加快技术革新，采用更先进的生产技术。采用加速折旧法，可以使企业尽早收回投资，更新固定资产，提高劳动生产率和产品质量，提高企业在行业内部的竞争能力。通过企业加速折旧法的实施，淘汰那些劳动生产率低下、产品质量低劣的企业，从而完成国家整个产业的转型升级。这也是中央政府出台各项具体措施，推动企业固定资产折旧的根本目的所在。所以，固定资产折旧不仅仅是企业的一项简单的会计政策，还与国家的产业转型升级战略密切相关。

9.4 固定资产的后续支出

固定资产的后续支出是指固定资产使用过程中发生的更新改造支出和维护修理费等。后续支出的处理原则为：与固定资产有关的更新改造等后续支出，符合固定资产确认条件的，应当计入固定资产成本，同时将被替换部分的账面价值扣除。与固定资产有关的修理费用等后续支出，不符合固定资产确认条件的，应当计入当期损益。

9.4.1 资本化的后续支出

固定资产发生可资本化的后续支出时，企业一般应将该固定资产的原价、已计提的累计折旧和减值准备转销，将固定资产的账面价值转入在建工程，并在此基础上重新确定固定资产原价。因已转入在建工程，因此停止计提折旧。固定资产发生的可资本化的后续支出，通过"在建工程"科目核算，借记"在建工程"科目，贷记"银行存款"、"应付职工薪酬"、"原材料"等科目。在固定资产发生的后续支出完工并达到预定可使用状态时，再从在建工程转为固定资产，并按重新确定的固定资产原价、使用寿命、预计净残值和折旧方法计提折旧。

【例9-12】A公司有关固定资产更新改造的资料如下。

（1）2010年12月2日，该公司自行建成了一条生产线并投入使用。建造成本为80万元；采用年限平均法计提折旧；预计净残值率为4%，预计使用寿命为8年。

（2）2013年1月1日，由于生产的产品适销对路，现有生产线的生产能力已难以满足公司生产发展的需要，A公司决定对现有生产线进行改扩建，以提高其生产能力。假定该生产线未发生减值。

（3）2013年1月1日至6月30日，经过6个月的改扩建，完成了对这条生产线的改扩建工程，共发生支出10万元，全部以银行存款支付，同时发生本公司基建部门员工薪酬1.2万元。

（4）该生产线改扩建工程达到预定可使用状态后，大大提高了生产能力，完工后剩余使用年限还有10年。假定改扩建后的生产线的预计净残值率为改扩建后固定资产账面价值的3%，折旧方法仍为年限平均法，公司按年度计提固定资产折旧。

本例中，生产线改扩建后，生产能力将大大提高，能够为企业带来更多的经济利益，改扩建的支出金额也能可靠计量，因此该后续支出符合固定资产的确认条件，应计入固定资产的成本。

假定不考虑相关税费，相关计算和账务处理如下。

（1）计提2011年、2012年折旧：

2011年、2012年计提的折旧额=800 000×（1-4%）÷8=96 000（元）

借：制造费用   96 000

 贷：累计折旧   96 000

（2）2013年1月1日将改扩建的固定资产转入在建工程：

借：在建工程   608 000

  累计折旧   192 000

 贷：固定资产   800 000

（3）2013年1月1日至6月30日，发生改扩建工程支出：

借：在建工程   112 000

 贷：银行存款   100 000

   应付职工薪酬   12 000

（4）2013年6月30日，重新转入固定资产：

借：固定资产   720 000

 贷：在建工程   720 000

（5）2013年12月31日，计提本年折旧：

2013年计提的折旧额=720 000×（1-3%）÷10×6/12=34 920（元）

借：制造费用   34 920

 贷：累计折旧   34 920

剩余各年的折旧计算及账务处理，略。

企业在发生某些固定资产后续支出时，可能涉及替换原固定资产的某组成部分，当发生的后续支出符合固定资产确认条件时，应当将用于替换的部分资本化，计入固定资产账面价值，同时终止确认被替换部分的账面价值。这样可以避免将替换部分的成本和被替换部分的成本同时计入固定资产成本，导致固定资产成本高计。

9.4.2 费用化的后续支出

与固定资产有关的修理费用等后续支出，不符合固定资产确认条件的，应当根据不同情况分别在发生时计入当期管理费用或销售费用。

一般情况下，固定资产投入使用之后，由于固定资产磨损、各组成部分耐用程度不同，可能导致固定资产的局部损坏，为了维护固定资产的正常运转和使用，充分发挥其使用效能，企业将对固定资产进行必要的维护。固定资产的日常修理费用等支出只是确保固定资产的正常工作状况，一般不产生未来的经济利益。因此，通常不符合固定资产的确认条件，在发生时应直接计入当期损益。企业生产车间（部门）和行政管理部门等发生的固定资产修理费用等后续支出计入"管理费用"；企业设置专设销售机构的，其发生的与专设销售机构相关的固定资产修理费用等后续支出，计入"销售费用"。对于处于修理、更新改造过程而停止使用的固定资产，如果其修理、更新改造支出不满足固定资产的确认条件，在发生时也应直接计入当期损益。在固定资产进行正常维修期间，应如期计提固定资产折旧。

9.5 固定资产的处置

固定资产的处置主要涉及固定资产的报废和毁损、出售、转让等，发生上述情况时，首先要对固定资产进行终止确认。固定资产终止确认应满足下列条件之一：①该固定资产处于处置状态。固定资产处置包括固定资产的出售、转让、报废或毁损、对外投资、非货币性资产交换、债务重组等。处于处置状态的固定资产不再用于生产商品、提供劳务、出租或经营管理，因此不再符合固定资产的定义，应予终止确认；②该固定资产预期通过使用或处置不能产生经济利益。固定资产的确认条件之一是"与该固定资产有关的经济利益很可能流入企业"。如果一项固定资产预期通过使用或处置不能产生经济利益，那么它就不再符合固定资产的定义和确认条件，应予终止确认。

9.5.1 固定资产处置的会计处理

企业出售、转让、报废固定资产或发生固定资产毁损，应当将处置收入扣除账面价值和相关税费后的金额计入当期损益。固定资产处置一般通过"固定资产清理"科目进行核算，固定资产清理账户是个中间核算账户，清理的固定资产的净值以及清理过程中发生的费用和出售固定资产发生的税金等都记入该账户的借方，清理过程中发生的固定资产的变价收入及应由保险公司或相关责任人承担的损失都记入该账户的贷方。本账户期末的借方余额，反映企业尚未清理完毕的固定资产清理净损失；本账户期末的贷方余额，反映企业尚未清理完毕的固定资产清理净收益。清理完毕后，再将这一账户的余额结转到营业外收入或营业外支出。具体而言，其会计处理一般经过以下几个步骤。

（1）固定资产转入清理

固定资产转入清理时，按固定资产账面价值，借记"固定资产清理"科目，按已计提的累计折旧，借记"累计折旧"科目，按已计提的减值准备金额，借记"固定资产减值准备"科目，按固定资产账面余额，贷记"固定资产"科目。

（2）发生清理费用的处理

固定资产处置过程中发生的有关费用及应支付的相关税费，借记"固定资产清理"科目，贷记"银行存款"、"应交税费"等科目。

（3）出售收入和残料等的处理

企业收回出售固定资产的价款、残料价值和变价收入等，应冲减清理支出。按实际收到的出售价款以及残料变价收入等，借记"银行存款"、"原材料"等科目，贷记"固定资产清理"、"应交税费——应交增值税"等科目。

（4）保险赔偿的处理

企业计算或收到的应由保险公司或过失人赔偿的损失，应冲减清理支出，借记"其他应收款"、"银行存款"等科目，贷记"固定资产清理"科目。

（5）清理净损益的处理

固定资产清理完成后的净损失，属于生产经营期间正常的处理损失，借记"营业外支出——处置非流动资产损失"科目，贷记"固定资产清理"科目；属于生产经营期间由于自然灾害等非正常原因造成的，借记"营业外支出——非常损失"科目，贷记"固定资产清理"科目。固定资产清理完成后的净收益，借记"固定资产清理"科目，贷记"营业外收入"科目。

【例9-13】东方公司出售一台机器设备，原价200万元，已使用6年，计提折旧30万元，还计提了10万元的固定资产减值准备，支付清理费用1万元，出售收入为180万元，另有部分残料作价1.5万元，由仓库收作维修材料，假设不考虑相关税费。

相关账务处理如下。

（1）固定资产转入清理：

借：固定资产清理	1 600 000
累计折旧	300 000
固定资产减值准备	100 000
贷：固定资产	2 000 000

（2）支付清理费用：

借：固定资产清理	10 000
贷：银行存款	10 000

（3）收到价款，材料入库：

借：银行存款   1 800 000

      原　材　料   15 000

   贷：固定资产清理   1 815 000

（4）结转固定资产清理净收益：

借：固定资产清理   205 000

   贷：营业外收入   205 000

固定资产还可能会出现提前报废和延后报废的情况。当企业已使用的固定资产在使用期满之前进行报废时，就会出现固定资产的已提折旧额小于应提折旧额的情况。这时仍然按照固定资产处置的步骤进行账务处理，未提足的累计折旧直接在固定资产清理损益中转出。固定资产的延后清理指固定资产在使用期满还可继续使用，在继续使用过程中因为已经提足折旧，所以不需要进行账务处理，待固定资产报废时再结转至"固定资产清理"并作相应处理。

9.5.2 固定资产盘亏的会计处理

为了保证固定资产的安全使用，企业对固定资产应当定期或者至少每年实地盘点一次。对盘盈、盘亏、毁损的固定资产，应当查明原因，写出书面报告，并根据企业的管理权限，经股东大会或董事会或经理会议或类似机构批准后，在期末结账前处理完毕。

盘盈的固定资产，前已述及。对于盘亏的固定资产，按盘亏固定资产的账面价值借记"待处理财产损溢——待处理固定资产损溢"科目，按已提的累计折旧，借记"累计折旧"科目，按已计提的减值准备金额，借记"固定资产减值准备"科目，按固定资产原价，贷记"固定资产"科目。按管理权限报经批准后处理时，按可收回的保险赔偿或过失人赔偿，借记"其他应收款"科目，按应计入营业外支出的金额借记"营业外支出——盘亏损失"科目，贷记"待处理财产损溢——待处理固定资产损溢"科目。

【本章小结】

固定资产作为企业资产的重要组成部分，对有效的日常经营至关重要。固定资产由于其支出金额较大，受益期较长，其价值不能直接确认为当期的费用，而是需要采用一定的摊销方法分期摊销到不同的会计期间，这个价值摊销的过程即是固定资产的折旧。使用不同的固定资产折旧方法不会影响其应计折旧总额，但会影响每一期固定资产计提的折旧额。

在每个期末除了对固定资产计提折旧之外，还应对固定资产的账面价值进行检查，如果有证据表明固定资产已出现减值迹象，应对固定资产的可收回金额进行估计，可收回金额低于其账面价值的，应将固定资产的账面价值减记至可收回金额，计提固定资产减值准备。固定资产减值损失一经确认，在以后会计期间不得转回。

由于固定资产的使用期限较长，在长期的使用过程中还会发生后续的支出，对不同性质的后续支出或者进行资本化，或者费用化计入当期损益。在处置固定资产时，必须先终止该资产，一般通过"固定资产清理"这一中间账户进行，清理完毕再结转至营业外收入或营业外支出。

【学习目标小结】

1.了解固定资产的性质和分类

固定资产具有以下3个特点：①为生产商品、提供劳务、出租或经营管理而持有；②使用寿命超过一个会计年度；③有形资产。根据不同的标准，固定资产有不同分类。按所有权进行分类，可以分为自有固定资产和融资租入固定资产两种类型；固定资产按经济用途进行分类，可以分为生产经营用固定资产和非生产经营用固定资产；固定资产按使用情况进行分类，可以分为使用中、未使用和不需用的固定资产。

2.掌握固定资产取得的计价方法

通过不同方式取得的固定资产计价方法也有不同，固定资产取得的方式主要有：购入的固定资产、自行建造的固定资产、投资者投入的固定资产、融资租入的固定资产、改扩建的固定资产、债务人用以抵债的固定资产、以非货币性交易换入的固定资产、接受捐赠的固定资产、盘盈的固定资产、经批准无偿调入的固定资产等。但不管是哪一种方式，固定资产取得的计价都遵循一定的计量原则，主要包括：①固定资产应按其取得成本进行初始计量，取得成本即前述所说的历史成本；②预计弃置费用应折现计入固定资产入账价值；③购买固定资产的价款超过正常信用条件延期付款的，实质上具有融资性质的，固定资产的成本以购买价款的现值为基础确定。

3.掌握固定资产的折旧方法和会计处理

折旧方法就是将资产的净成本分配给资产各个使用期间的方法，目前常见的固定资产折旧方法有年限平均法、工作量法、双倍余额递减法和年数总和法。固定资产的折旧方法不会影响其应计折旧总额，但会影响每一期固定资产计提的折旧额。双倍余额递减法和年数总和法在固定资产使用早期就计提了大部分的应提折旧额，我们称为加速折旧法，考虑到税收的因素，加速折旧法在一定程度上会节约企业在固定资产使用初期的现金流，且可以均衡固定资产的使用成本，也更符合资产的服务效能与费用之间的配比关系。

根据不同的折旧方法确定每期应计提的折旧金额之后，对固定资产计提折旧，应根据固定资产的用途，借记"生产成本"、"制造费用"、"管理费用"、"销售费用"、"其他业务支出"等科目，贷记"累计折旧"科目。"累计折旧"账户是固定资产的备抵账户，在资产负债表中作为固定资产的减项列示。

4.掌握固定资产使用中的后续支出

与流动资产不同，固定资产在长期的使用过程中还会发生后续的支出。与固定资产有关的更新改造等后续支出，符合固定资产确认条件的，应当计入固定资产成本，同时将被替换部分的账面价值扣除。与固定资产有关的修理费用等后续支出，不符合固定资产确认条件的，应当计入当期损益。

5.掌握固定资产的处置和清查

固定资产在企业开始使用后，可能会由于各种原因退出企业，这时需要对固定资产进行处置。固定资产的处置需要一个过程，通过设置"固定资产清理"科目，可以更好地反映固定资产处置过程中所发生的各项收支，最后再将这一账户的余额结转，体现为当期的营业外收入或营业外支出。

固定资产的清查，是指企业对固定资产应当定期或者至少每年实地盘点一次。对盘盈、盘亏、毁损的固定资产，应当查明原因，写出书面报告，并根据企业的管理权限，经股东大会或董事会或经理会议或类似机构批准后，在期末结账前处理完毕。

【关键术语】

固定资产（fixed assets），是指同时具有下列特征的有形资产：①为生产商品、提供劳务、出租或经营管理而持有；②使用寿命超过一个会计年度。

历史成本（history cost），又称原始成本或原始价值，是指企业取得某项固定资产所实际支付的现金或者其他等价物，包括买价、进口关税、包装费、运杂费和安装费等相关费用，以及为使它达到预定可使用状态所必要的支出。

净值（net value），又称折余价值，是指固定资产原值减去累计折旧（及减值准备）后的余额，反映的是固定资产的现存账面价值。

重置价值（replacement value），又称重置成本、现行成本，是指按照当前市场条件，重新取得同样一项资产所需支付的现金或现金等价物金额。

现值（present value），是指对未来现金流量以恰当的折现率进行折现后的价值。

弃置费用（retirement obligation），是指根据国家法律和行政法规、国际公约等规定，企业承担的环境保护和生态恢复等义务所确定的将要在资产弃置时发生的支出。

资本化支出（capital expenditures），是指支出的效益包含了几个会计期间（或营业周期）的各项支出。资本化支出与本期和以后各期的收益都相关，所以应由本期和以后各期共同负担，发生时一般先列作资产，然后根据受益的会计期间将其价值逐期分摊，转为各项费用。

费用化支出（expense），也称收益性支出，是指支出的效益仅及于本会计期间（或一个营业周期）的各项支出。这类支出在发生时直接确认为本期的费用。

折旧（depreciation），是指在固定资产预计使用寿命内，按照确定的方法对应计折旧额进行系统分摊的过程。

年限平均法（straight-line method），又称直线法，是将固定资产的应计折旧额均衡地分摊到固定资产预计使用寿命内的一种方法。

工作量法（units-of-production method），是根据实际工作量计提固定资产折旧额的一种方法。

加速折旧法（accelerated depreciation method），是指固定资产在使用年限内所计提的折旧额呈递减趋势的折旧方法。

双倍余额递减法（double declining-balance depreciation method），是在不考虑固定资产预计净残值的情况下，根据每年年初固定资产净值和双倍的直线法折旧率计算固定资产折旧额的一种方法。

年数总和法（sum-of-the-years-digits method），又称合计年限法，是将固定资产的原价减去预计净残值后的余额，乘以一个以固定资产尚可使用寿命为分子，以预计使用寿命逐年数字之和为分母的逐年递减的分数计算每年的折旧额。

练习题

【简答题】

1.固定资产具有哪些特点？

2.固定资产有哪些分类？

3.固定资产的计价标准有哪些？其含义是什么？

4.我国对固定资产折旧的范围是如何规定的？

5.加速折旧法有哪些特点？

【业务题】

习题一

1.目的

练习固定资产取得的会计处理。

2.资料

友爱公司从海外购入一台不需要安装的生产用设备，价款为35 000元，支付的增值税为5 950元，运杂费1 820元，包装费680元，同时进口支付关税3 500元，款项均以银行存款支付。

3.要求

假设不考虑其他因素。诸编制相关会计分录。

习题二

1.目的

练习固定资产取得的会计处理。

2.资料

2015年10月，企业购入一台需要安装的管理用机器设备，取得的增值税专用发票上注明的设备买价为500 000元，增值税额为85 000元，支付的运输费为2 500元，款项已通过银行支付；安装设备时，领用本企业原材料一批，价值 3万元，购进该批原材料时支付的增值税进项税额为5 100元；支付安装工人的工资为 4 900元。假定不考虑其他相关税费。

3.要求

根据上述材料，编制该企业取得该固定资产的会计分录。

习题三

1.目的

练习固定资产取得多种方式的会计处理。

2.资料

黄河公司为一般纳税企业，适用的增值税率为17%。有关资料如下。

（1）2013年8月6日，购入一台需要安装的管理用机器设备，取得的增值税专用发票上注明的设备价款为3 900万元，增值税进项税额为663万元，支付的运输费为125万元，款项已通过银行支付。安装设备时，领用原材料一批，价值363万元；领用本公司所生产的产品一批，成本为480万元，计税价格500万元，消费税率为10%，支付安装工人的薪酬为72万元。假定不考虑其他相关税费。

（2）2013年9月8日达到预定可使用状态，预计使用年限为10年，净残值为200万元，采用双倍余额递减法计算年折旧额。

（3）2015年4月30日，公司决定对现有设备进行改扩建，以提高其生产力能力。同日将该设备账面价值转入在建工程。

（4）2015年5月10日，以出包方式进行改扩建，预付工程款1 500万元，均通过银行结算。

（5）2015年5月30日，根据工程进度结算工程款1 560万元，差额通过银行结算。

（6）2015年6月进行负荷联合试车发生的费用，以银行存款支付200万元，试车形成的产品对外销售取得银行存款100万元。

（7）2015年6月30日改扩建工程达到预定可使用状态。改扩建后固定资产包含的经济利益的预期实现方式有重大改变，改按新的折旧方法年数总和法计提折旧，同时对预计使用寿命进行复核，预计尚可使用年限为5年，预计净残值为300万元。

3.要求

（1）编制固定资产安装及安装完毕的有关会计分录。

（2）计算2013年折旧额并编制会计分录。

（3）编制有关固定资产改扩建的会计分录。

（4）计算2015年应计提的折旧额。

习题四

1.目的

练习固定资产改扩建与修理的会计处理。

2.资料

恒通公司为增值税一般纳税人，适用的增值税税率为17%。有关经济业务如下。

（1）2012年7月1日，恒通公司对一台生产设备进行改扩建，当日，该生产设备的原价为2 000万元，已提折旧800万元，已提减值准备40万元。

（2）在改扩建过程中，领用工程物资300万元（不含增值税）；领用自产产品一批，其成本为300万元，公允价值（等于计税价格）为500万元；领用生产用原材料80万元，原材料的进项税额为13.6万元。发生改扩建工程人员工资90万元，福利费12.6万元。用银行存款支付其他相关费用167.4万元（符合资本化条件）。

（3）2012年9月2日，该生产设备达到预定可使用状态。该公司对改扩建后的固定资产采用年数总和法计提折旧，预计尚可使用年限为5年，预计净残值为10万元。

（4）2015年，恒通公司为该项资产发生修理支出5万元，用银行存款支付。

（5）2015年12月31日，由于经营方向的改变，恒通公司将该项资产出售，不含税售价为400万元，已收到款项，存入银行，支付清理费用3万元。

3.要求

（1）编制上述与固定资产改扩建有关业务的会计分录。

（2）计算改扩建后的固定资产在2012年、2013年、2014年、2015年应计提的折旧额并编制相关的会计分录。

（3）编制2015年固定资产发生修理支出的账务处理。

（4）编制2015年恒通公司出售固定资产的账务处理。

习题五

1.目的

练习固定资产清理的会计处理。

2.资料

2016年4月24日，公司出售一座建筑物，原价2 000 000元，已使用6年，计提折旧300 000元，以银行存款支付清理费用10 000元，出售价格收入为1 900 000元，收到价款存入银行，假设不考虑相关税费。

3.要求

根据上述资料，编制相关会计分录。

习题六

1.目的

练习固定资产的报废的会计处理。

2.资料

生远公司拥有一台生产用的设备，因使用期满经批准报废后转入清理。该设备原始价值为330 000元，累计折旧金额为299 000元，已计提减值准备的金额为13 000元。在清理过程中，以银行存款支付清理费用11 000元，残料变卖收入为7 500元。该项资产清理完毕，结转清理净损益，假设不考虑相关税费。

3.要求

根据上述资料，编制相关会计分录。

第10章 无形资产与其他资产

【学习目标】

1.了解无形资产的特征和分类。

2.掌握不同方式无形资产取得的会计处理。

3.掌握无形资产摊销、处置的会计处理。

4.了解其他长期资产的核算。

【引导案例】

王老吉

2012年5月11日，广州药业集团发布公告称，根据中国国际经济贸易仲裁委员会裁决书，加多宝所属的鸿道集团停止使用"王老吉"商标，广药集团最终收回了"王老吉"的商标使用权。至此，从2011年4月广药集团递交"王老吉商标"仲裁申请起持续了380多天的商标争夺战画上了句号。

商标顾名思义是商品的标记，用以区别不同企业的商品和商品质量。对于一个知名商标，其价值体现在：由于商标代表了企业的良好信誉，使得使用该商标销售的产品，能比普通商标的产品取得更好的经济效益，获得超额利润。因此才有了广药集团和鸿道集团的商标之争。

资料来源：广药集团官方网站及相关公告

商标是企业中最常见的一种无形资产，对于这些不具实物形态、可辨认的、非货币性的、不确定经济利益流入的资产，应当如何对其进行初始确认和计量？后续的支出、处置如何核算？这些都是本章所要回答的问题。

10.1 无形资产的性质与分类

10.1.1 无形资产的性质

无形资产，是指企业拥有或者控制的没有实物形态的可辨认非货币性资产。

无形资产具有以下特征。

（1）由企业拥有或者控制并能为其带来未来经济利益的资源

预计能为企业带来未来经济利益，是作为一项资产的本质特征，无形资产也不例外。通常情况下，企业拥有或者控制的无形资产应当拥有其所有权并且能够为企业带来未来经济利益。但在某些情况下并不需要企业拥有其所有权。如果企业有权获得某项无形资产产生的经济利益，同时又能约束其他人获得这些经济利益，则说明企业控制了该无形资产。或者说控制了该无形资产产生的经济利益，具体表现为企业拥有该无形资产的法定所有权，或者使用权并受法律的保护。比如，企业自行研制的技术通过申请依法取得专利权后，在一定期限内拥有了该专利技术的法定所有权；再如，企业与其他企业签订合约转让商标权，由于合约的签订，使商标使用权转让方的相关权利受到法律的保护。

（2）无形资产不具有实物形态

无形资产通常表现为某种权利、某项技术或是某种获取超额利润的综合能力。它们不具有实物形态，看不见，摸不着。比如，土地使用权、非专利技术等。无形资产为企业带来经济利益的方式与固定资产不同，固定资产是通过实物价值的磨损和转移为企业带来未来经济利益，而无形资产很大程度上是通过自身所具有的技术等优势为企业带来未来经济利益，不具有实物形态是无形资产区别于其他资产的特征之一。

需要指出的是，某些无形资产的存在有赖于实物载体。比如，计算机软件需要存储在磁盘中。但这并不改变无形资产本身不具有实物形态的特性。在确定一项包含无形和有形要素的资产是属于固定资产，还是属于无形资产时。需要通过判断来加以确定。通常以哪个要素更重要作为判断的依据。比如，计算机控制的机械工具没有特定计算机软件就不能运行时，则说明该软件是构成相关硬件不可缺少的组成部分，该软件应作为固定资产处理；如果计算机软件不是相关硬件不可缺少的组成部分，则该软件应作为无形资产核算。无论是否存在实物载体，只要将一项资产归类为无形资产，则不具有实物形态仍然是无形资产的特征之一。

（3）无形资产具有可辨认性

要作为无形资产进行核算，该资产必须是能够区别于其他资产可单独辨认的，如企业持有的专利权、非专利技术、商标权、土地使用权、特许权等。从可辨认性角度考虑，商誉是与企业整体价值联系在一起的，无形资产的定义要求无形资产是可辨认的，以便与商誉清楚地区分开来。企业合并中取得的商誉代表了购买方为从不能单独辨认并独立确认的资产中获得预期未来经济利益而付出的代价。这些未来经济利益可能产生于取得的可辨认资产之间的协同作用，也可能产生于购买者在企业合并中准备支付的，但不符合在财务报表上确认条件的资产。从计量上来讲，商誉是企业合并成本大于合并中取得的各项可辨认资产、负债公允价值份额的差额，商誉代表的是企业未来现金流量大于每一单项资产产生未来现金流量的合计金额。其存在无法与企业自身区分开来，由于不具有可辨认性。虽然商誉也是没有实物形态的非货币性资产，但不构成无形资产。符合以下条件之一的，则认为其具有可辨认性。

①能够从企业中分离或者划分出来，并能单独用于出售或转让等，而不需要同时处置在同一获利活动中的其他资产，则说明无形资产可以辨认。某些情况下无形资产可能需要与有关的合同一起用于出售、转让等，这种情况下也视为可辨认无形资产。

②产生于合同性权利或其他法定权利，无论这些权利是否可以从企业或其他权利和义务中转移或者分离。如一方通过与另一方签订特许权合同而获得的特许使用权，通过法律程序申请获得的商标权、专利权等。

（4）无形资产属于非货币性资产

非货币性资产，是指企业持有的货币资金和将以固定或可确定的金额收取的资产以外的其他资产。无形资产由于没有发达的交易市场，一般不容易转化成现金，在持有过程中为企业带来未来经济利益的情况不确定，不属于以固定或可确定的金额收取的资产属于非货币性资产。货币性资产主要有现金、银行存款、应收账款、应收票据和短期有价证券等。它们的共同特点是直接表现为固定的货币数额，或在将来收到一定货币数额的权利。应收款项等资产也没有实物形态，其与无形资产的区别在于无形资产属于非货币性资产，而应收款项等资产则不属于非货币性资产。另外，虽然固定资产也属于非货币性资产，但其为企业带来经济利益的方式与无形资产不同，固定资产是通过实物价值的磨损和转移来为企业带来未来经济利益，而无形资产很大程度上是通过某些权利、技术等优势为企业带来未来经济利益。

10.1.2 无形资产分类

无形资产可以采用多种方法来分类，通常按取得方式、经济寿命期限以及经济内容进行分类。

10.1.2.1 按取得方式的不同分类

按取得方式的不同，可以将无形资产分为外部取得无形资产和内部自创无形资产两大类。其中，外部取得无形资产又可以细分为外购无形资产、通过非货币性交易换入无形资产、投资者投入无形资产、通过债务重组取得无形资产、接受捐赠取得无形资产等；内部自创无形资产指企业自行研究与开发取得的无形资产。从会计的角度看，企业自行研究、开发的无形资产在核算上与外购的无形资产有较大的区别，因为前者通常存在更大的不确定性，会计处理也应遵循更为审慎的原则。不同取得方式下形成的无形资产，其在初始计量方面的要求也会有所不同。

10.1.2.2 按经济寿命期限分类

按照经济寿命期限分类，无形资产分为使用寿命有限的无形资产和使用寿命不确定的无形资产。前者是指有关法律法规中规定了最长有效期限或通过其他方式能够合理预计其有效期限的无形资产，如专利权、著作权、特许权等，对这些无形资产法律法规都会规定其有效的使用期限，并予以合法的保护。后者是指没有法律法规规定其最长有效期限或通过其他方式不能够合理预计其有效期限的无形资产，如非专利技术等，这类无形资产通常没有相应的法规规定其有效使用期限，有时也难以通过其他方式合理估计其使用寿命。从会计的角度，使用寿命有限的无形资产和使用寿命不确定的无形资产在核算上也存在较大区别，前者可以在有限的使用寿命内进行摊销，后者则无法按期摊销。

10.1.2.3 按经济内容分类

（1）专利权

专利权是指国家专利主管机关依法授予发明创造专利申请人，对其发明创造在法定期限内所享有的制造、使用和出售等方面的专有权利。它给予其持有者独家使用或控制某项发明的特殊权利，但它并不一定能给持有者带来经济利益，有的专利可能经济价值很小，有的专利可能会被更有经济价值的其他专利所淘汰。因此，企业不应将其所拥有的一切专利权都确认为无形资产。通常，只有那些从外单位购入、投资者投入或企业自行开发并按法律程序申请取得的，并且能够为企业带来较大经济利益的专利，才确认为无形资产。这类专利往往能通过降低成本、提高质量或被转让给他人而使企业获利。

（2）非专利技术

非专利技术是指不为公众所知、在生产经营中已采用了的、未申请专利从而不享有法律保护的、但可以带来经济效益的各种技术知识和经验。它包括工业专有技术、商业专有技术和管理专有技术。在生产经营过程中，非专利技术表现出经济性、机密性和动态性等特征。首先，通过使用非专利技术，能够提高企业的生产效率和经营能力，从而给企业带来较高的经济利益。正因为如此，一方面企业往往不愿意公开其掌握的非专利技术，因为一旦被公开，它就失去了经济价值；另一方面，非专利技术是企业或技术人员经过长期的经验积累而形成的，尚需随着科技的进步而不断发展。与专利权相比，非专利技术不受法律保护，也没有法律规定的期限，只要能够保密，企业就可以长期享有其利益。

（3）商标权

商标权是指专门在某类指定的商品或产品上使用特定的名称或图案的权利。商标经过注册登记，就获得了法律保障。经商标局核准注册的商标为注册商标，商标权的一个重要特点是具有排他性，它给予其持有人在商标注册的范围内享有独家使用权和排斥甚至禁止他人对其独占使用权进行侵犯的权利。很多时候，名牌商标能为企业带来未来的超额经济利润，其经济价值甚至可能超过企业的有形资产。

（4）著作权

著作权又称版权，是指作者对其创作的文学、科学和艺术作品依法享有的某些特殊权利。著作权包括作品署名权、发表权、修改权和保护作品完整权，还包括复制权、发行权、出租权、展览权、表演权、放映权、广播权、信息网络传播权、摄制权、改编权、翻译权、汇编权以及应当由著作权人享有的其他权利。著作权属于作者，受法律保护。

（5）特许权

特许权也称为专营权，是指企业间签订合同，将企业在某一地区经营或销售某种特定商品的权利或是一家企业接受另一家企业使用其商标、商号、技术秘密等的权利，如设立连锁商店。

（6）土地使用权

土地使用权是指国家准许某一企业在一定期间内对国有土地享有开发、利用、经营的权利。根据我国土地管理法的规定，我国土地实行公有制，任何单位和个人不得侵占、买卖或者以其他形式非法转让。企业可以通过行政划拨、外购（如以缴纳土地出让金方式取得）以及投资者投入等几种方式取得土地使用权。通常情况下，作为投资性房地产或者作为固定资产核算的土地使用权，应该按照投资性房地产或者固定资产核算；外购的土地使用权、投资者投入的土地使用权，应该作为无形资产核算。

10.2 无形资产的会计处理

对无形资产进行会计处理首先要对其进行确认，无形资产确认是指将符合无形资产确认条件的项目，作为企业的无形资产加以记录并将其列入企业资产负债表的过程。无形资产在满足以下两个条件时，企业才能加以确认。

（1）该资产产生的经济利益很可能流入企业

作为企业无形资产予以确认的项目，必须具备产生的经济利益很可能流入企业这个基本条件。实务中，要确定无形资产创造的经济利益是否很可能流入企业，需要实施职业判断。在实施这种判断时，需要考虑相关的因素。比如，企业是否有足够的人力资源、高素质的管理队伍、相关的硬件设备、相关的原材料等来配合无形资产为企业创造经济利益。当然，最为重要的是应关注外界因素的影响，比如是否存在相关的新技术、新产品冲击与无形资产相关的技术或据其生产的产品的市场等。总之，在实施判断时，企业的管理部门应对无形资产在预计使用年限内存在的各种因素作出最稳健的估计。

（2）成本能够可靠地计量

成本能够可靠地计量是资产确认的一个基本条件。对于无形资产来说，这个条件显得十分重要。比如，企业自创商誉符合无形资产的定义，但自创商誉过程中发生的支出却难以计量，因而不能作为企业的无形资产予以确认。再如，一些高新科技企业的科技人才，假定其与企业签订了服务合同，且合同规定其在一定期限内不能为其他企业提供服务。在这种情况下，虽然这些科技人才的知识在规定的期限内预期能够为企业创造经济利益，但由于这些技术人才的知识难以辨认，加之为形成这些知识所发生的支出难以计量，从而不能作为企业的无形资产加以确认。

10.2.1 无形资产的取得

在对无形资产进行确认之后，应首先确定无形资产取得时的入账成本。企业无形资产取得的方式不同，其入账成本也大不相同。其中，非货币性资产交换和债务重组取得的无形资产，其初始计量分别遵循《企业会计准则第7号——非货币性资产交换》和《企业会计准则第12号——债务重组》的相关规定。企业设置"无形资产"账户，对无形资产的相关业务进行核算。这一账户的借方核算企业外购无形资产时应计入无形资产成本的金额或自行开发无形资产时应予资本化的支出等，贷方核算处置无形资产时转出的无形资产成本。该账户期末有借方余额，反映企业无形资产的成本。

以下主要介绍外购、自创开发和投资者投入方式取得无形资产的核算。

10.2.1.1 外购无形资产

购入的无形资产，其成本应包括购买价款、相关税费以及直接归属于使该项资产达到预定用途所发生的其他支出。其中，直接归属于使该项资产达到预定用途所发生的其他支出包括使无形资产达到预定用途所发生的专业服务费用、测试无形资产是否能够正常发挥作用的费用等。但下列各项不包括在无形资产的初始成本中：①为引入新产品进行宣传发生的广告费、管理费用及其他间接费用；②无形资产已经达到预定用途以后发生的费用。

企业在外购无形资产的过程中，如果购买的价款超过正常信用条件延期支付，实质上具有融资性质的，无形资产的初始成本应以购买价款的现值为基础确定。此时，应按未来应付款项的现值，借记"无形资产"科目；按未来应付的款项总额，贷记"长期应付款"科目；按两者之间的差额，借记"未确认融资费用"科目。

对于外购的土地使用权，通常应当按照取得时所支付的价款及相关税费确认为无形资产。土地使用权用于自行开发建造厂房等地上建筑物时，土地使得权的账面价值不得与地面上建筑物合并计算其成本，而仍作为无形资产进行核算。但是，如果房地产开发企业取得的土地使用权用于建造对外出售的商品房，其相关的土地使用权的价值应当计入所建造的房屋和建筑物的成本，即作为存货进行核算。

企业外购房屋建筑物所支付的价款中包括土地使用权以及建筑物价值的，则应当对实际支付的价款按合理的方法在土地使用权和地上建筑物之间进行分配，并分别确认为无形资产和固定资产；如果确实无法合理分配的，应当全部作为固定资产，按照固定资产确认和计量的原则进行处理。

企业改变土地使用权的用途，停止自用土地使用权而用于赚取租金或资本增值时，应将其账面价值转为投资性房地产。

另外，对于一揽子购入的无形资产，其成本通常应按该无形资产和其他资产的公允价值相对比例确定。但要注意，采用公允价值相对比例来确定与其他资产一同购入的无形资产的成本，须以该无形资产的相对价值是否较大为前提。如果相对价值较小，则无须单独核算，可以计入其他资产的成本，视为其他资产的组成部分核算；反之，则需要单独核算。比如，只是作为电脑必不可少的附件随机购入的、金额相对较小的软件，就不必单独核算；但如果是连同一组电脑购入、金额也相对较大（甚至占主要部分）的管理系统软件，则应单独核算。

【例10-1】2013年1月，A公司从B公司购买了一项专利技术，实际支付款项60万元，为购买上述专利技术，A公司还支付了相关的评估、咨询等费用1万元。

相关账务处理如下：

借：无形资产 610 000
　　贷：银行存款 610 000

10.2.1.2 投资者投入无形资产

我国会计准则规定，投资者投入的无形资产，应当按照投资合同或协议约定的价值确定，但合同或协议约定价值不公允的除外。企业收到所有者投入无形资产时，按无形资产的公允价值，借记"无形资产"科目；按投资方在企业注册资本中所占份额，贷记"实收资本"或"股本"科目；按两者之间的差额贷记或借记"资本公积"科目。

10.2.1.3 自创开发无形资产

（1）确认和计量的总体要求

基于对未来经济利益不确定性和成本能否可靠计量等因素的考虑，通常情况下，企业自创商誉以及企业内部产生的品牌、报刊名等都不确认为无形资产。但是，对于企业内部研发的专利权、非专利技术等，如果其符合无形资产定义并满足无形资产的确认条件，就应当考虑将其确认为一项无形资产。不过，鉴于研究开发费用的特殊性，在将其确认为无形资产时，还应满足一些特定的条件。在我国现行会计实务中，企业应将研发过程分为研究阶段和开发阶段两个部分。对于研究阶段发生的支出，全部作费用化处理，计入当期损益；对于开发阶段发生的支出，在符合一定条件的情况下，确认为无形资产，否则也作费用化处理。无法区分研究阶段和开发阶段的支出，应当在发生时作为管理费用，全部计入当期损益。

（2）研究阶段与开发阶段的区分

①研究阶段，是指为获取新的技术和知识等进行的有计划的调查阶段，其主要特点是不确定性、计划性和探索性。

不确定性是指研究是否能在未来形成成果，即通过开发后是否会形成无形资产具有很大的不确定性，企业在研究阶段也无法证明其能够带来未来经济利益的无形资产的存在。计划性是指研究阶段是建立在有计划的调查基础上，即研发项目已经董事会或者相关管理层的批准，并着手收集相关资料，进行市场调查等。探索性是指研究阶段基本上是探索性的，主要为进一步的开发活动进行资料及相关方面的准备，在这一阶段通常不会形成阶段性成果。

研究活动具体包括意在获取新的知识而进行的活动，各类知识或成果的应用研究、评价和最终选择活动，材料、工艺、产品等替代品的研究活动，等等。

②开发阶段，是指在进行商业性生产或使用前，将研究成果或其他知识应用于某项计划或设计，以生产出新的或具实质性改进的材料、装置、产品等的阶段，其主要特点是较大的确定性和针对性。

确定性是指进入开发阶段的项目形成最终成果的可能性较大，通常是具备了形成一项新产品或新技术的基本条件。针对性是指开发阶段是建立在研究阶段基础上的，具有明确的意图并针对具体的目标、产品、工艺等。

开发活动具体包括生产前或使用前的原型和模型的设计、建造和测试，包含新技术的工具、模具的设计；新的或经改造的材料、工艺、产品等的替代品的设计、建造和测试等。

（3）开发阶段相关支出资本化的条件

对于开发阶段发生的支出，在同时满足以下条件时，应将其资本化，计入无形资产的成本。

①完成该无形资产以使其能够使用或出售在技术上具有可行性；

②具有完成该无形资产并使用或出售的意图；

③无形资产产生经济利益的方式，包括能够证明运用该无形资产生产的产品存在市场或无形资产自身存在市场，无形资产将在内部使用的，应当证明其有用性；

④有足够的技术、财务和其他资源支持，以完成该无形资产的开发，并有能力使用或出售该无形资产；

⑤归属于该无形资产开发阶段的支出能够可靠地计量。

（4）自创开发无形资产成本的计量和处理

企业自创开发无形资产的成本，应由可直接归属于该资产的创造、生产并使该资产达到预定可使用状态的所有必要支出组成。可直接归属成本包括：开发该无形资产时耗费的材料、劳务成本、注册费、在开发该无形资产过程中使用的其他专利权和特许权的摊销，以及按照借款费用的处理原则可资本化的利息支出。在开发无形资产过程中发生的除上述可直接归属于无形资产开发活动的其他销售费用、管理费用等间接费用、无形资产达到预定用途前发生的可辨认的无效和初始运作损失、为运行该无形资产发生的培训支出等不构成无形资产的开发成本。

值得说明的是，内部开发无形资产的成本仅包括在满足资本化条件的时点至无形资产达到预定用途前发生的支出总和，对于同一项无形资产在开发过程中达到资本化条件之前已经费用化计入当期损益的支出不再进行调整。

企业设置"研发支出"账户，该账户为费用类账户，核算企业在研究与开发无形资产过程中发生的各项支出。该账户可按研究开发项目，分别"费用化支出"、"资本化支出"进行明细核算。借方登记在研究开发过程中发生的各项支出，贷方登记期末结转的费用化支出，或研究开发项目达到预定用途形成无形资产时结转的资本化支出。本账户的期末借方余额，反映企业正在进行无形资产研究开发项目满足资本化条件的支出。具体地说，企业自创开发无形资产发生的研发支出，满足资本化条件的，借记"研发支出——资本化支出"科目，贷记"原材料"、"银行存款"、"应付职工薪酬"等科目；研究开发项目达到预定用途形成无形资产的，应按"研发支出——资本化支出"科目的余额，借记"无形资产"科目，贷记"研发支出——资本化支出"科目。对于不符合资本化条件的研发支出，借记"研发支出——费用化支出"科目，贷记"原材料"、"银行存款"、"应付职工薪酬"等科目；会计期末，借记"管理费用"科目，贷记"研发支出——费用化支出"科目。

【例10-2】2014年6月，东方公司经董事会批准自创研发某项专利技术，该公司在研究开发过程中发生材料费用150万元、人工费用40万元，负担另外一项非专利技术的摊销费用10万元，并用银行存款支付注册费等相关费用24万元，总计224万元，其中符合资本化条件的支出为160万元。2014年12月20日，该项专利技术达到预定用途并注册成功。

不考虑相关税费，账务处理如下。

（1）发生研发支出时：

借：研发支出——费用化支出   640 000

         ——资本化支出   1 600 000

    贷：原材料   1 500 000

        应付职工薪酬   400 000

        累计摊销   100 000

        银行存款   240 000

（2）2014年12月20日：

借：管理费用   640 000

    无形资产   1 600 000

贷：研发支出——费用化支出	640 000
——资本化支出	1 600 000

最后，需要注意的是，无形资产入账后，为确保该无形资产能够给企业带来预定的经济利益，可能还会发生一些后续支出，如相关的宣传活动支出等。由于这些支出仅是为了确保已确认的无形资产能够为企业带来预定的经济利益，因而应在发生当期确认为费用，而不增加无形资产的账面价值。

10.2.2 无形资产的摊销

无形资产与固定资产一样，其价值随生产经营等活动而逐渐减少以至消失，因此也应当遵循配比原则在无形资产的有效使用年限内体现价值的损耗过程。使用寿命确定的无形资产，应在其预计的使用寿命内采用系统合理的方法对其应摊销金额进行摊销，即无形资产摊销。无形资产摊销主要涉及无形资产成本、摊销开始月份、摊销方法、摊销年限、残值等因素。要确定无形资产在使用过程中的累计摊销额，基础是估计其使用寿命。使用寿命有限的无形资产才需要在估计使用寿命内采用系统合理的方法进行摊销，对于使用寿命不确定的无形资产则不需要摊销。

10.2.2.1 无形资产的成本

用于摊销的无形资产成本即为无形资产入账价值。通常情况下，无形资产的残值应假定为零。但是，如果有第三方承诺在无形资产使用寿命结束时购买该无形资产，那么应将其承诺的付款额作为预计的残值。如果无形资产计提了减值准备，那么其随后期间的应摊销额还应扣除已计提的减值准备。

10.2.2.2 无形资产的摊销期限

通常情况下，无形资产成本应在其预计使用年限内摊销。在确定无形资产的预计使用年限时，企业应注意考虑多种因素。比如，企业对该无形资产的预期使用情况、根据该无形资产生产的产品的寿命周期、相关技术和工艺的发展情况、与该无形资产相配套的其他资产的预计使用年限等。

某些无形资产的取得源自合同性权利或其他法定权利，其使用寿命不应超过合同性权利或其他法定权利的期限。但如果企业使用资产的预期期限短于合同性权利或其他法定权利规定的期限的，应当按照企业预期使用的期限确定其使用寿命。比如，企业取得一项专利技术，法律保护期间为20年，企业预计运用该专利生产的产品在未来10年内会为企业带来经济利益，同时第三方向企业承诺在5年以其取得之日公允价值的60%购买该专利权，从企业管理层目前的持有计划来看，准备在5年内将其出售给第三方。因此，该项专利权的实际寿命是5年，应以5年作为该无形资产的摊销期限。

但是，当预计使用年限超过了相关合同规定的受益年限或法律规定的有效年限时，我国会计准则要求按如下顺序确定摊销年限：①法律法规有规定期限的，通常应以法律法规规定的期限为基础，将其认定为使用寿命有限的无形资产。如发明专利权的期限为20年，实用新型专利权和外观设计专利权的期限为10年，自申请日起计算；注册商标的有效期为10年，自核准注册之日起计算；等等。②无法律法规规定的，看相关合同是否有规定年限，如果企业签订的具有法律效力的合同有规定期限的，应据此将其认定为使用寿命有限的无形资产。如企业签订了一项特许权受让合同，合同规定对该特许权的使用期限为5年，则这项特许权就是使用寿命有限的无形资产。

由于无形资产的使用寿命依赖于会计人员的分析和判断，因此，企业至少应当于每年年度终了，对使用寿命有限的无形资产的使用寿命进行复核。无形资产摊销年限一经确定，不能随意变更。因为客观经济环境改变确实需要变更摊销年限的，应将变更作为会计估计变更处理，并在未来期间改变其摊销期限；否则，应视作滥用会计估计变更，按重大会计差错处理。

10.2.2.3 无形资产的摊销方法

理论上讲，无形资产的摊销方法应反映企业消耗无形资产内含经济利益的方式；或者说，应反映无形资产为企业带来经济利益的方式，并一致地运用于不同会计期间。因而无形资产的摊销方法可以有多种，比如直接法、产量法（对公路经营权采用车流量法）、加速折旧法等。我国会计准则规定，无形资产的成本应自取得当月起在预计使用年限内分期摊销。受技术陈旧因素影响较大的专利权和专有技术等无形资产，可采用类似固定资产加速折旧的方法进行摊销；有特定产量限制的特许经营权或专利权，应采用产量法进行摊销；无法可靠确定其预期实现方式的，应当采用直线法进行摊销。

某项无形资产包含的经济利益通过所生产的产品或其他资产实现的，其摊销金额应当计入相关资产的成本。即按无形资产的使用对象，将其每期摊销额计入"管理费用"、"制造费用"等科目，并设置"累计摊销"科目，对无形资产的账面价值进行抵减。累计摊销的借方登记无形资产处置时结转的金额，贷方登记每一个会计期间计提的无形资产摊销金额，余额一般在贷方，表示无形资产计提的累计摊销总额。

【例10-3】承【例10-1】。该项专利权法律规定的有效年限为20年，合同规定的受益年限为15年，企业预计运用该专利技术生产的产品在未来10年内会为企业带来经济利益。该企业采用年限平均法对无形资产按年摊销，预计净残值为0。

根据以上资料，应按10年对该专利权进行摊销，年摊销额为610 000/10=61 000（元）。

相关账务处理如下：

借：制造费用　　　　　　　　　　　　　　61 000

　　贷：累计摊销　　　　　　　　　　　　　　61 000

10.2.2.4 无形资产的减值

在每个会计期末对无形资产进行摊销后，还应对其进行减值测试。如果出现减值迹象，应对无形资产的可收回金额进行估计。可收回金额应根据无形资产的公允价值减去处置费用后的净额与无形资产预计未来现金流量的现值两者之间较高者确定。若无形资产的可收回金额低于其账面价值的，应当将无形资产的账面价值减记至可收回金额，借记"资产减值损失"科目，贷记"无形资产减值准备"科目。

无形资产减值损失确认后，减值无形资产的摊销费用应当在未来期间作相应调整，以使该无形资产在剩余使用寿命内，系统地分摊调整后的无形资产账面价值。与固定资产一样，无形资产减值损失一经确认，在以后会计期间不得转回。

10.2.3 无形资产的处置

无形资产的处置，主要是指无形资产出售、对外出租，或是无法为企业带来经济利益时，应予转销并终止确认等。

10.2.3.1 无形资产出售

无形资产出售是指企业转让无形资产的所有权，无形资产的所有权是指企业在法律规定的范围内对无形资产所享有的占有、使用、收益和处置等权利。我国会计准则规定，企业出售无形资产时，应将所得价款与该无形资产的账面摊余价值之间的差额计入当期损益。按出售无形资产所得价款，借记"银行存款"等科目，按累计摊销额，借记"累计摊销"科目，按已计提的减值准备，借记"无形资产减值准备"科目，按无形资产的初始入账价值，贷记"无形资产"科目，按应缴纳的税费，贷记"应交税费"科目，按其差额贷记"营业外收入"或借记"营业外支出"科目。

【例10-4】承【例10-1】，【例10-3】。2015年1月A公司因产品升级，将该专利技术出售，收取价款54万元，假设不考虑相关税费，同时用银行存款支付相关费用0.3万元。该无形资产未计提减值准备。

根据以上资料，该无形资产已提摊销为12.2万元。

相关账务处理如下：

借：银行存款　　　　　　　　　　　　540 000

　　累计摊销　　　　　　　　　　　　122 000

　　贷：无形资产　　　　　　　　　　　　　610 000

　　　银行存款　　　　　　　　　　　　　　3 000

　　　营业外收入　　　　　　　　　　　　　49 000

10.2.3.2 无形资产出租

无形资产出租是指将无形资产的使用权让渡给他人，企业仍保留对该无形资产的所有权。企业出租无形资产取得的收入，应作为其他业务收入处理。取得收入时，应借记"银行存款"等科目，贷记"其他业务收入"科目。企业在出租无形资产的过程中，还可能支付律师费、咨询费等相关费用，这些费用也应由取得的收入来补偿，摊销时，应借记"其他业务成本"科目，贷记"银行存款"等科目。

企业出租无形资产后，对无形资产的摊销，按照不同情况，一般有以下几种方法：①全部计入其他业务成本，由取得的收入来补偿。如果企业在出租无形资产以后，自己不再使用该项无形资产，则其摊销价值应全部计入其他业务成本，而不应再计入管理费用。摊销时，应借记"其他业务成本"科目，贷记"累计摊销"科目。②一部分计入其他业务成本，由取得的收入来补偿；另一部分计入管理费用或制造费用等。如果企业在出租无形资产以后，自己也继续使用该项无形资产，则其摊销价值应按一定标准进行分配，一部分计入其他业务成本，由其他业务收入来补偿；另一部分仍按原来的无形资产摊销来处理。③全部计入管理费用或制造费用。如果企业出租无形资产取得的收入所占比例不大，按照重要性原则，可以将无形资产的摊销价值全部计入管理费用或制造费用。

【例10-5】M公司2012年1月将一项用于甲产品生产的专利权出租给N公司，收取当月租金8万元，该项专利权的初始成本为200万元，预计生产产品的产量为40万件，采用产量法进行摊销。2012年1月M公司生产甲产品1 000件，N公司生产产品2 000件，假设不考虑相关税费。

单位产量摊销额=2 000 000÷400 000=5（元）

自用专利权应负担摊销额=5×1 000=5 000（元）

出租专利权应负担摊销额=5×2 000=10 000（元）

相关账务处理如下：

借：银行存款   80 000

  贷：其他业务收入   80 000

借：制造费用   5 000

  其他业务成本   10 000

  贷：累计摊销   15 000

10.2.3.3 无形资产报废

无形资产报废是指无形资产由于已被其他新技术所代替或不再受法律保护等原因，预期不能为企业带来未来经济利益而进行的处置。无形资产报废时，应按其累计摊销额和计提的减值准备，借记"累计摊销"、"无形资产减值准备"科目，按照无形资产的原始价值，贷记"无形资产"科目，最后再按其差额确认转销损失（借记"营业外支出"科目）。

10.3 其他长期资产

除了长期股权投资、固定资产和无形资产外，企业还有一些其他形式的长期资产，常见的一项长期资产是长期待摊费用。

长期待摊费用，是指企业已经发生但应由本期和以后各期负担的分摊期限在一年以上的各项费用，如以经营租赁方式租入的固定资产发生的改良支出、股票发行费用等。企业设置"长期待摊费用"账户，核算企业已经发生但应由以后各项负担的分摊期限在一年以上的各项费用。该账户是一项资产类账户，借方登记应在以后期间分摊的各项费用，贷方登记各个期间实际分摊的费用。本账户期末有借方余额，反映企业尚未摊销完毕的长期待摊费用。即企业发生长期待摊费用时，借记"长期待摊费用"科目，贷记"银行存款"、"原材料"等科目。摊销长期待摊费用，借记"管理费用"、"销售费用"等科目，贷记"长期待摊费用"科目。

长期待摊费用，从本质上说是一种递延资产，即不能全部计入当年损益，而需要在若干毗连会计期间内，把它的价值进行摊销，或计入制造费用、或计入当期损益的资产。从定义可以看出，递延资产尽管作为资产列示于资产负债表中，但其本质却是费用。为了更深刻地理解递延资产，将其与其他长期资产项目分开，我们有必要介绍递延资产另外的特点：①递延资产的出现，是会计核算遵循配比原则，运用权责发生制对部分费用支出进行递延的结果。②递延资产在企业资产重估时一般不会出现增值。③目前企业按收入与费用配比的原则确定收益，对收入和费用进行处理时，先要满足配比的要求，以保证利润表的可靠性。这样，基于递延支出所产生的一些借方余额账户，即使不符合资产的本质涵义，也放在资产负债表的资产方反映，而未在当期将其支出金额全部费用化。

【本章小结】

无形资产是不具实物形态的可辨认非货币性资产，它往往反映了企业的"软实力"，在有些企业中，其占比甚至超过了有形资产。无形资产按照不同的标准有许多分类，常见的有按取得方式分类、按有无使用寿命分类和按经济内容分类。不同的取得方式下，无形资产的初始确认和计量方法也有不同；对有确定使用寿命的无形资产应进行摊销，对没有确定使用寿命的无形资产则应于每个会计期末进行减值测试；无形资产通常按经济内容来设置明细科目。

企业除了长期股权投资、固定资产和无形资产外，还有一些其他形式的长期资产。这些长期资产从本质上说是一种递延资产，即不能全部计入当年损益，而需要在若干毗连会计期间内把它的价值进行摊销的资产。

【学习目标小结】

1.了解无形资产的特征和分类

无形资产是由企业拥有或者控制并能为其带来未来经济利益的资源，它不具实物形态，具有可辨认性，且属于非货币资产。按取得方式的不同，可以将无形资产分为外部取得无形资产和内部自创无形资产两大类；按照经济寿命期限分类，无形资产分为使用寿命有限的无形资产和使用寿命不确定的无形资产；按照经济内容分类，无形资产可以分为：专利权、非专利技术、商标权、著作权、特许权和土地使用权。

2.掌握不同方式无形资产取得的会计处理

对于外购的无形资产，应以包括购买价款、相关税费以及直接归属于使该项资产达到预定用途所发生的其他支出作为初始确认成本。对于投资者投入的无形资产，应当按照投资合同或协议约定的价值确定，但合同或协议约定价值不公允的除外。对于企业内部研发的专利权、非专利技术等，如果其符合无形资产定义并满足无形资产的确认条件，就应当考虑将其确认为一项无形资产。在我国现行会计实务中，企业应将研发过程分为研究阶段和开发阶段两个部分：对于研究阶段发生的支出，全部作费用化处理，计入当期损益；对于开发阶段发生的支出，在符合一定条件的情况下，确认为无形资产，否则也作费用化处理。

3.掌握无形资产摊销、处置的会计处理

对于使用寿命确定的无形资产，应在其预计的使用寿命内采用系统合理的方法对其应摊销金额进行摊销；对于使用寿命不确定的无形资产则不需要摊销，每期对其使用寿命进行复核，寿命确定时做会计估计变更，并且在每个会计期末进行减值测试。无形资产的处置，主要是指无形资产出售、对外出租，或是无法为企业带来经济利益时，应予转销并终止确认等。企业出售无形资产时，应将所得价款与该无形资产的账面摊余价值之间的差额计入当期损益；企业出租无形资产取得的收入，应作为其他业务收入处理；无形资产报废时，应分别结转无形资产的原始价值和无形资产的累计摊销额及其计提的减值准备，最后再按其差额确认转销损失。

4.了解其他长期资产的核算

除了长期股权投资、固定资产和无形资产外，企业还有一些其他形式的长期资产，常见的一项长期资产是长期待摊费用，是指企业已经发生但应由本期和以后各期负担的分摊期限在一年以上的各项费用。企业发生长期待摊费用时，在"长期待摊费用"的借方确认，并通过"管理费用"、"销售费用"等科目，摊销长期待摊费用。

【关键术语】

无形资产（intangible assets），是指企业拥有或者控制的没有实物形态的可辨认非货币性资产。

研究开发成本（research & development cost），无形资产的研究开发成本，包括研究阶段和开发阶段的所有支出。对于研究阶段发生的支出，全部作费用化处理，计入当期损益；对于开发阶段发生的支出，在符合一定条件的情况下，确认为无形资产，否则也作费用化处理；无法区分研究阶段和开发阶段的支出，应当在发生时作为管理费用，全部计入当期损益。

摊销（amortization），使用寿命确定的无形资产，应在其预计的使用寿命内采用系统合理的方法对其应摊销金额进行摊销。

长期待摊费用（long-term deferred expenses），是指企业已经发生但应由本期和以后各期负担的分摊期限在一年以上的各项费用，如以经营租赁方式租入的固定资产发生的改良支出、股票发行费用等。

递延资产（deferred assets or deferral charges），是指不能全部计入当年损

益，而需要在若干毗连会计期间内，把它的价值进行摊销，或计入制造费用或计入当期损益的资产。

练习题

【简答题】

1.什么叫无形资产？它具有哪些特征？

2.简述无形资产的分类。

3.企业内部开发阶段相关支出资本化的条件是什么？

【业务题】

习题一

1.目的

练习自创研发无形资产的确认。

2.资料

甲公司自行研究、开发一项技术，截至2014年12月31日，发生研发支出合计1 000 000元，经测试该项研发活动完成了研究阶段，从2015年1月1日开始进入开发阶段。2015年发生开发支出200 000元，假定符合《企业会计准则第6号——无形资产》规定的开发支出资本化条件。2015年6月30日，该项研发活动结束，最终开发出一项非专利技术。

3.要求

编制上述有关会计分录。

习题二

1.目的

练习无形资产处置的会计处理。

2.资料

2015年1月1日，B公司拥有某项专利技术的成本为1 000万元，已摊销金额为500万元，已计提的减值准备为20万元。该公司于2015年将该项专利技术出售给C公司，取得出售收入600万元，假设不考虑相关税费。

3.要求

根据上述资料，编制B公司处置该项专利技术的有关分录。

习题三

1.目的

练习无形资产出租的会计处理。

2.资料

2015年1月1日，A企业将一项商标权出租给B企业使用，该商标权账面余额为500万元，摊销期限为10年，出租合同规定，承租方每销售一件与该商标权有关的产品，必须付给出租方10万元商标使用费。假定承租方当年销售该产品10件（不考虑相关税费）。

3.要求

编制A企业有关会计分录。

第11章 负债

【学习目标】

1. 理解负债、流动负债与非流动负债的性质和分类。

2. 掌握流动负债主要项目的会计核算。

3. 掌握非流动负债主要项目的会计核算。

4. 理解借款费用资本化的原则和会计核算。

5. 了解或有事项、预计负债和或有负债的概念。

【引导案例】

格力电器的负债项目合并资产负债表（部分）

2013年12月31日

编制单位：珠海格力电器股份有限公司 单位：元

项目	期末余额	期初余额
流动资产合计	103 732 522 181.91	85 087 645 122.13
非流动资产合计	29 969 581 177.63	22 479 254 797.82
资产总计	133 702 103 359.54	107 566 899 919.95
流动负债：		
短期借款	3 316 971 153.31	3 520 642 063.91
向中央银行借款	37 413 972.46	
吸收存款及同业存款	542 265 495.74	81 078 010.98
拆入资产	300 000 000.00	
交易性金融负债		
应付票据	8 230 208 196.99	7 983 581 180.17
应付账款	27 434 494 665.72	22 665 011 613.66
预收款项	11 986 433 741.28	16 630 113 200.83
卖出回购金融资产	186 000 000.00	350 000 000.00

续表

项目	期末余额	期初余额
应付职工薪酬	1 640 155 578.39	1 357 672 403.95
应交税费	6 157 486 617.37	2 522 100 351.45
应付利息	25 480 292.28	20 199 098.55
应付股利	707 913.60	707 913.60
其他应付款	4 793 778 485.35	5 441 614 890.93
一年内到期的非流动负债	923 447 998.14	2 513 763 694.23
其他流动负债	30 916 369 463.68	15 743 875 054.32
流动负债合计	96 491 213 574.31	78 830 359 476.58
非流动负债：		
长期借款	1 375 348 442.79	984 463 173.32
应付债券		
长期应付款		
专项应付款		
预计负债		
递延所得税负债	328 943 054.49	160 405 437.91
其他非流动负债	39 920 603.17	11 469 703.49
非流动负债合计	1 744 212 100.45	1 156 338 314.72
负债合计	98 235 425 674.76	79 986 697 791.30
所有者权益合计	35 466 677 684.78	27 580 202 128.65
负债和所有者权益总计	133 702 103 359.54	107 566 899 919.95

资料来源：珠海格力电器股份有限公司 2013年年度报告

负债是企业不可缺少的一项资金来源，企业的资产负债表详细列示了企业所要承担的负债项目，并且根据偿还期限的不同将其分为流动负债和非流动负债两大部分。从格力电器2013年的合并资产负债表可以看到，该公司2013年末的负债合计为98 235 425 674.76元，占到资产总额的73.47%；而负债中流动负债合计为96 491 213 574.31元，占到负债总额的98.22%；应付账款和其他流动负债的金额分别为27 434 494 665.72元和30 916 369 463.68元，这两项占到流动负债总额的60.47%。通过一些负债项目的比例和财务比率指标，会计信息使用者会对企业的负债状况、偿债能力等方面进行判断，同时还会结合财务报表的其他项目、报表附注以及其他信息，对企业的财务状况、盈利能力、融资成本等进行全面的评价。

11.1 负债的性质与分类

企业有两种基本的融资来源：负债和所有者权益。在会计基本等式"资产=负债+所有者权益"中，左边是归企业所有的一系列资产；右边是对应这些财产的一系列权益：一是以投资者的身份向企业投入资产而形成的权益，称为所有者权益；二是以债权人的身份向企业提供资产而形成的权益，称为债权人权益或负债。

所有负债都要偿还，负债应偿还的日期被称为到期日，而所有者权益没有到期日。根据到期日不同，负债划分为流动负债和非流动负债，企业主要负债的到期日是判断企业偿债能力的因素之一。

11.1.1 负债的性质

我国《企业会计准则——基本准则》对负债（liabilities）的定义是："负债是指企业过去的交易或者事项形成的、预期会导致经济利益流出企业的现时义务。"负债通常具有以下特征。

（1）负债是由过去的交易或事项产生的

过去的交易或事项是指已经完成的经济业务。只有过去的交易或者事项才形成负债。企业将在未来发生的承诺、签订的合同等交易或者事项，不形成负债。比如，企业已经购进商品但尚未付款，在这种情况下，企业就有偿付货款的义务，这就是企业的负债。如果企业只是制订商品采购计划，而尚未进行采购，就不能形成企业的负债。

（2）负债是企业承担的现时义务

现时义务是指企业在现行条件下已承担的义务，未来发生的交易或者事项形成的义务，不属于现时义务，不应当确认为负债。现时义务可以是法定义务，也可以是推定义务。其中法定义务是指具有约束力的合同或者法律法规规定的义务，通常在法律意义上需要强制执行。推定义务是指根据企业多年来的习惯做法、公开的承诺或者公开宣布的政策而导致企业将承担的责任。比如，某企业多年来制定有一项销售政策，对于售出商品提供一定期限内的售后保修服务，预期将为售出商品提供的保修服务就属于推定义务，应当将其确认为一项负债。

（3）负债的清偿会导致企业未来经济利益的流出

负债的清偿可以采用若干方式，一般有①支付现金；②转让资产；③提供劳务；④以另一项义务替换该项义务；⑤将义务转为权益。不论是哪种方式，都表明负债的偿还是以牺牲企业的经济利益为代价的。

（4）负债是能用货币计量或合理估计的

大多数负债通常都有一个到期要偿还的可确定金额，有的负债可能暂时没有确切的金额，但通过合理估计后，就可以确定一个比较正确和客观的金额。比如，企业对其售出的商品承诺提供保修、保退、保换服务所构成的负债，这项负债的金额，通常需要企业根据担保的内容和期限等做出合理的估计。

11.1.2 负债的分类

负债按偿还期限，可分为流动负债和非流动负债两大类。流动负债（current liabilities）是指将在一年（含一年）或者超过一年的一个营业周期内偿还的债务，包括短期借款、应付账款、预收账款等。非流动负债（non-current liabilities）是指偿还期在一年或者超过一年的一个营业周期以上的债务，包括长期借款、应付债券、长期应付款等。这种分类与资产的分类相似，其目的是为了便于分析企业的财务状况和偿债能力。比如，用流动资产和流动负债的相对比例，反映企业的短期偿债能力；通过可用于支付的流动资产（包括库存现金、银行存款等）与近期需支付的流动负债（包括短期借款、应付账款等）的比例，了解企业短期内的清偿能力。

11.2 流动负债

11.2.1 流动负债的性质与分类

流动负债是指将在一年（含一年）或超过一年的一个营业周期内偿还的债务，它的最大特点是偿还期短。流动负债按照债权人的不同，可以分为①对银行或其他贷款人的负债，如短期借款、应付利息等；②对供应商的负债，如应付票据、应付账款等；③对客户的负债，如预收账款等；④对职工的负债，如应付职工薪酬等；⑤对税务部门的负债，如应交税费等；⑥对所有者的负债，如应付股利等；⑦其他的流动负债，如其他应付款和一年内到期的非流动负债等。

11.2.2 流动负债具体项目的会计核算

11.2.2.1 对银行或其他贷款人的负债

企业向银行或其他金融机构借入的期限在一年以下的各种借款通过"短期借款"账户来核算，专门用来核算企业借入期限在一年或一个营业周期以内的各种借款。该账户贷方登记借入的各种短期借款额；借方登记归还的借款额。期末余额在贷方，表示尚未归还的短期借款数额。企业归还借款时，除了归还债权人本金，还应支付相应的利息。由于借款利息属于企业的筹资成本，应该记入"财务费用"账户，最终转入当期损益。如果借款利息是按季、按半年支付，或者到期一次还本付息且利息数额较大，为了正确计算各期的盈亏，通常采用预先提取的办法进行会计处理，即设置"应付利息"账户，通过这个账户记录企业已经发生但是尚未支付的利息费用。在预提各期的借款利息时，借记"财务费用"账户，贷记"应付利息"账户；实际支付时，按已经预提的利息金额借记"应付利息"账户，按实际支付的利息金额贷记"银行存款"账户，按实际支付的利息金额与预提数的差额（尚未提取的部分）借记"财务费用"账户。

短期借款一般按以下三个时点来进行会计处理：第一，取得短期借款的处理；第二，短期借款利息的处理；第三，归还短期借款的处理。

【例11-1】东方公司于2015年1月1日从银行取得短期借款20万元，年利率6%，期限为12个月，根据相关协议，利息于每月末支付，本金年末到期归还，相关账务处理如下。

（1）1月1日，借入款项时：

借：银行存款　　　　　　　　　　　　200 000

　　贷：短期借款　　　　　　　　　　　　200 000

（2）每月末支付利息1 000元（200 000×6%÷12）时：

借：财务费用　　　　　　　　　　　　1 000

　　贷：银行存款　　　　　　　　　　　　1 000

（3）12月31日，归还借款本金时：

借：短期借款　　　　　　　　　　　　200 000

　　贷：银行存款　　　　　　　　　　　　200 000

【例11-2】承【例11-1】，如果该笔借款的利息于每季末支付，则相关账务处理如下。

（1）1月1日，借入款项时：

借：银行存款　　　　　　　　　　　　200 000

　　贷：短期借款　　　　　　　　　　　　200 000

（2）每月末预提利息费用1 000元（200 000×6%÷12）时：

借：财务费用　　　　　　　　　　　　1 000

　　贷：应付利息　　　　　　　　　　　　1 000

以后每月末预提利息费用均需作上述相同的会计分录。

（3）各季末支付利息3 000元（1 000×3）时：

借：应付利息   3 000

  贷：银行存款   3 000

（4）12月31日，归还借款本金时：

借：短期借款   200 000

  贷：银行存款   200 000

【例11-3】承【例11-1】，如果该笔借款的利息于年末借款到期时一次性支付，相关账务处理如下。

（1）1月1日，借入款项时：

借：银行存款   200 000

  贷：短期借款   200 000

（2）每月末预提利息费用1 000元（200 000×6%÷12）时：

借：财务费用   1 000

  贷：应付利息   1 000

以后每月末预提利息费用均需作上述相同的会计分录。

（3）12月31日，归还借款本金和利息时：

借：应付利息   12 000

  短期借款   200 000

  贷：银行存款   212 000

11.2.2.2 对供应商的负债

企业的供应商是指向企业提供商品或劳务的组织，企业因购买材料、商品或接受劳务供应等业务而应支付给供应商的款项，通过"应付账款"账户核算。企业开出商业票据与供应商进行款项结算的，通过"应付票据"账户核算。

（1）应付账款

为了及时而准确地记录和报告因购买材料、商品或接受劳务供应等而发生的债务及其偿还情况等方面的信息，企业应设置"应付账款"账户和相关的明细账户。贷方登记应付账款的发生额，借方登记应付账款的偿还和抵减额，期末余额一般在贷方，表示尚未偿还的应付账款。

【例11-4】东方公司从万盛公司购入材料一批，材料价款为10 000元，适用的增值税税率为17%。相关账务处理如下。

（1）购货时：

借：在途物资　　　　　　　　　　　　　　　　　　10 000

　　应交税费——应交增值税（进项税额）　　　　　 1 700

　　贷：应付账款——万盛公司　　　　　　　　　　　　　11 700

（2）材料验收入库时：

借：原材料　　　　　　　　　　　　　　　　　　　10 000

　　贷：在途物资　　　　　　　　　　　　　　　　　　　10 000

（3）支付货款时：

借：应付账款——万盛公司　　　　　　　　　　　　11 700

　　贷：银行存款　　　　　　　　　　　　　　　　　　　11 700

应付账款一般在较短期限内支付，但有时由于债权单位撤销或其他原因而使应付账款无法清偿。企业应将确实无法支付的应付账款予以转销，按其账面余额计入营业外收入，借记"应付账款"科目，贷记"营业外收入"科目。

【例11-5】2015年12月31日，东方公司确定一笔应付账款3 000元为无法支付的款项，应予转销。相关账务处理如下：

借：应付账款　　　　　　　　　　　　　　　　　　 3 000

　　贷：营业外收入　　　　　　　　　　　　　　　　　　 3 000

随着企业间竞争的加剧，企业为了吸引顾客，往往采用赊销等方式。按照国际惯例，企业赊销商品时通常约定信用期限为30天。但为了鼓励买方尽早付款，卖方通常还提供一个比信用期限更短的折扣期限，通常称之为现金折扣。现金折扣的条件可以表达为"2/10，n/30"等，即买方若在发票日起10天内付款，可享受2%的现金折扣，只需付98%的现款；若放弃这个折扣，须在开出发票的30天内付清全部货款，否则视为拖欠货款。

对于现金折扣的会计处理方法主要有总价法和净价法。我国目前采用总价法处理，在此只对总价法进行介绍。在总价法下，"在途物资"和"应付账款"账户按照扣除现金折扣前的发票价格入账。采用这种方法，如在折扣期内付款而享受折扣，应该按照发票价格借记"应付账款"账户，按照实付金额贷记"银行存款"账户，两者之间的差额被视为企业有效理财而形成的一项收益，贷记"财务费用"账户。

【例11-6】东方公司于2015年4月2日购入一批原材料，价款为200 000元，相应的付款条件是"2/10，n/30"，适用的增值税税率为17%。按照总价法，相关账务处理如下。

（1）购入原材料时：

借：在途物资　　　　　　　　　　　　　　200 000
　　应交税费—应交增值税（进项税额）　　　34 000
　　　贷：应付账款　　　　　　　　　　　　　　234 000

（2）原材料验收入库时：

借：原材料　　　　　　　　　　　　　　　200 000
　　　贷：在途物资　　　　　　　　　　　　　　200 000

（3）10天内付款，可得到货款的2%的折扣：

借：应付账款　　　　　　　　　　　　　　234 000
　　　贷：银行存款　　　　　　　　　　　　　　229 320
　　　　　财务费用　　　　　　　　　　　　　　4 680

（4）如超过10天的折扣期限后付款：

借：应付账款　　　　　　　　　　　　　　234 000
　　　贷：银行存款　　　　　　　　　　　　　　234 000

（2）应付票据

应付票据是在经济往来活动中由于采用商业汇票结算方式而发生的，由出票人签发，承兑人承兑的票据。按照《支付结算办法》的规定，在银行开立存款账户的法人及其他组织之间，具有真实的交易关系或债权债务关系，才可使用商业汇票。签发票据的原因一般是卖方对买方的资信程度不太了解，或买方的资信程度较低，或信用期限较长，双方交易金额较大等。通常，票据的偿付金额和付款日期都相当明确。根据有关规定，商业汇票的付款期限最长不超过6个月。因此，应付票据应归入流动负债来进行管理和核算。

为了反映因签发票据而承担的负债及其归还情况，企业应该设置"应付票据"账户。该账户属于负债类账户，贷方登记企业开出的承兑汇票金额，借方登记实际支付票据的金额，期末余额在贷方，表示尚未到期的票据金额。

应付票据经过承兑以后，企业应按票据的面值借记"在途物资"、"应交税费——应交增值税"等账户，贷记"应付票据"账户；不带息票据到期支付款项时，按支付的票据面值借记"应付票据"账户，贷记"银行存款"账户。带息票据按支付的票据面值借记"应付票据"账户，利息借记"财务费用"账户，支付的票据本金及利息贷记"银行存款"账户。

如果应付商业承兑汇票到期，企业无力支付款项，应按票据面值借记"应付票据"账户，贷记"应付账款"账户。如果企业签发票据经过银行承兑，在企业到期无力支付的情况下，承兑银行一方面向持票人无条件付款，另一方面将出票人欠付的汇票金额转作逾期贷款处理，并根据逾期付款金额和逾期天数，按一定比率计算逾期付款赔偿金。企业应借记"应付票据"账户，贷记"短期借款"账户，对计收的逾期付款赔偿金，按短期借款利息的处理办法确认和记录。

【例11-7】东方公司赊购一批原材料，不含税价格为15 000元，增值税税率17%，东方公司开出一张等值的4个月期限的不带息商业承兑汇票。

（1）购货时：

借：在途物资 15 000

应交税费——应交增值税（进项税额） 2 550

贷：应付票据 17 550

（2）原材料验收入库时：

借：原材料 15 000

贷：在途物资 15 000

（3）到期付款时：

借：应付票据 17 550

贷：银行存款 17 550

（4）假如该票据到期，东方公司无力支付这笔款项，则应将其转为应付账款：

借：应付票据 17 550

贷：应付账款 17 550

（5）假如该票据为银行承兑汇票，东方公司到期不能支付这笔款项，则应由银行先行支付，作为对东方公司的短期借款：

借：应付票据 17 550

贷：短期借款 17 550

11.2.2.3 对客户的负债

企业在经营中所发生的对客户的负债主要是预收客户的订金或货款。企业在收到款项后，应在合同规定的期限内给购货单位发出货物或提供劳务；否则，必须如数退还预收的款项。预收账款的偿还一般不需要支出货币资金，而是用商品或劳务来偿付。预收账款代表了未实现的营业收入，它只有通过发送商品或提供劳务后才能转化为真正实现的收入。

企业通常单独设置"预收账款"账户，收到预收货款时记入该账户的贷方，待企业以商品或劳务偿还后，再记入该账户的借方。这种核算方法能完整地反映这项流动负债的发生及偿付情况，并便于填报会计报表。也有企业将预收的货款直接作为应收账款的减项，记入"应收账款"账户的贷方，偿付债务时，再记入"应收账款"账户的借方。这种方法也能完整地反映购货方预付货款的发生和结算情况，但在编制资产负债表时，预收账款项目需根据"应收账款"账户的明细账户分析填列。

【例11-8】东方公司为增值税一般纳税人。2015年6月3日，东方公司与万盛公司签订供货合同，向万盛公司出售一批产品，货款金额共计100 000元，应交增值税17 000元。根据购货合同的规定，万盛公司在购货合同签订后一周内，应当向东方公司预付货款60 000元，剩余货款在交货后付清。2015年6月9日，东方公司收到万盛公司预付货款60 000元存入银行，6月19日东方公司将货物发运到万盛公司并开具增值税专用发票，万盛公司验收货物后付清了剩余货款。东方公司应做如下账务处理。

（1）收到万盛公司预付的货款：

借：银行存款	60 000	
贷：预收账款——万盛公司		60 000

（2）向万盛公司发出货物：

借：预收账款——万盛公司	117 000	
贷：主营业务收入		100 000
应交税费——应交增值税（销项税额）		17 000

（3）收到万盛公司补付的货款：

借：银行存款	57 000	
贷：预收账款——万盛公司		57 000

11.2.2.4 对职工的负债

企业对职工的负债主要是指应付职工薪酬。职工薪酬是指企业为获得职工提供的服务或解除劳动关系而给予的各种形式的报酬或补偿。职工薪酬的范畴很广，主要包括①短期薪酬，具体包括职工工资、奖金、津贴和补贴；职工福利费；医疗保险费、工伤保险费和生育保险费等社会保险费；住房公积金；工会经费和职工教育经费；短期带薪缺勤；短期利润分享计划等；②离职后福利；③辞退福利；④其他长期职工福利。

企业应当设置"应付职工薪酬"科目，核算应付职工薪酬的计提、结算、使用等情况。该科目的贷方登记已分配计入有关成本费用项目的职工薪酬的数额，借方登记实际发放职工薪酬的数额，包括扣还的款项等；该科目期末贷方余额，反映企业应付未付的职工薪酬。"应付职工薪酬"科目应当按照"工资、奖金、津贴和补贴"、"职工福利费"、"非货币性福利"、"社会保险费"、"住房公积金"、"工会经费和职工教育经费"、"带薪缺勤"、"利润分享计划"、"设定提存计划"、"设定受益计划义务"、"辞退福利"等职工薪酬项目设置明细账进行明细核算。

企业应当在职工为其提供服务的会计期间，将实际发生的职工薪酬确认为负债，计入"应付职工薪酬"的贷方，同时根据职工提供服务的受益对象不同，分别计入企业的成本费用或有关资产的成本，即对于生产工人的职工薪酬，计入"生产成本"账户的借方；车间管理人员的职工薪酬，计入"制造费用"账户的借方；行政管理人员的职工薪酬，计入"管理费用"账户的借方；销售人员的职工薪酬，计入"销售费用"账户的借方；在建工程人员的职工薪酬，计入"在建工程"账户的借方；无形资产研发人员的职工薪酬，计入"研发支出"账户的借方。

【例11-9】东方公司2015年5月应付职工薪酬总额694 100元，"职工薪酬分配汇总表"中列示的产品生产人员薪酬为460 000元，车间管理人员薪酬为115 100元，企业行政管理人员薪酬为100 500元，专设销售机构人员薪酬为18 500元。东方公司相关账务处理如下：

借：生产成本——基本生产成本　　　　　　　　460 000
　　制造费用　　　　　　　　　　　　　　　　115 100
　　管理费用　　　　　　　　　　　　　　　　100 500
　　销售费用　　　　　　　　　　　　　　　　 18 500
　　贷：应付职工薪酬——职工工资、奖金、津贴和补贴　　694 100

实务中，企业一般在每月发放工资前，根据"职工薪酬分配汇总表"中的"实发金额"栏的合计数，通过开户银行支付给职工或从开户银行提取现金，然后再向职工发放。企业按照有关规定向职工支付工资、奖金、津贴、补贴等，借记"应付职工薪酬——工资、奖金、津贴和补贴"科目，贷记"银行存款"、"库存现金"等科目。

【例11-10】承【例11-9】，东方公司根据"职工薪酬分配汇总表"结算本月应付职工薪酬总额694 100元。东方公司相关账务处理如下。

（1）向银行提取现金：

借：库存现金 694 100

　　贷：银行存款 694 100

（2）用现金发放工资：

借：应付职工薪酬——工资、奖金、津贴和补贴 694 100

　　贷：库存现金 694 100

注：如果通过银行发放工资，该企业应编制如下会计分录：

借：应付职工薪酬——工资、奖金、津贴和补贴 694 100

　　贷：银行存款 694 100

对于国家规定了计提基础和计提比例的医疗保险费、养老保险费、工伤保险费、生育保险费等社会保险费和住房公积金，以及按规定提取的工会经费和职工教育经费，企业应当在职工为其提供服务的会计期间，根据规定的计提基础和计提比例计算确定相应的职工薪酬金额，并确认相关负债，按照受益对象计入当期损益或相关资产成本，借记"生产成本"、"制造费用"、"管理费用"等科目，贷记"应付职工薪酬"科目。

【例11-11】承【例11-9】，2015年5月，东方公司根据相关规定，分别按照职工工资总额的2%和1.5%的计提标准，确认应付工会经费和职工教育经费。东方公司账务处理如下：

借：生产成本——基本生产成本 16 100

　　制造费用 4 028.5

　　管理费用 3 517.5

　　销售费用 647.5

　　贷：应付职工薪酬——工会经费 13 882

　　　　　　　　——职工教育经费 10 411.5

本例中，应确认的应付职工薪酬=694 100×（2%+1.5%）= 24 293.5（元），其中，工会经费为13 882元。应记入"生产成本"科目的金额=460 000×（2%+1.5%）=16 100（元）；应记入"制造费用"科目的金额=115 100×（2%+1.5%）= 4 028.5（元）；应记入"管理费用"科目的金额=100 500×（2%+1.5%）=3 517.5（元）；应记入"销售费用"科目的金额=18 500×（2%+1.5%）=647.5（元）。

11.2.2.5 对税务部门的负债

企业应按照法律规定向国家缴纳各种税费。在企业发生纳税义务时，应该按照权责发生制的要求，将有关税费计入费用。这些税费在缴纳之前暂时留在企业，就等同于借用了政府一笔无息资金，从而形成企业对税务部门的负债。

企业根据税法规定应交纳的各种税费包括：增值税、消费税、营业税、城市维护建设税、教育费附加、企业所得税、土地增值税、土地使用税、房产税、车船税、印花税等。

为了反映各种税费的计算和缴纳情况，企业应设置"应交税费"账户，并在该账户下设置有关明细账户进行核算。该账户的贷方登记应缴纳的各种税费，借方登记已缴纳或应抵扣的各种税费，期末贷方余额为欠缴税费。企业代扣代交的个人所得税等，也通过"应交税费"科目核算，而企业交纳的印花税、耕地占用税等不需要预计应交数的税金，不通过"应交税费"科目核算。

（1）应交增值税

增值税是以商品（含应税劳务）在流转过程中产生的增值额作为计税依据而征收的一种流转税。增值税的纳税人是在我国境内销售货物、进口货物，或提供加工、修理修配劳务的企业单位和个人。按照纳税人的经营规模及会计核算的健全程度，增值税纳税人分为一般纳税人和小规模纳税人。一般纳税人应纳增值税税额，根据当期销项税额减去当期进项税额计算确定；小规模纳税人应纳增值税税额，按照销售额和规定的征收率计算确定。

2008年，我国修订了《中华人民共和国增值税暂行条例》，自2009年1月1日起在全国范围内实施。自2012年起，我国部分地区实施了营业税改征增值税试点方案，交通运输业和部分现代服务业由营业税改征增值税。2016年3月国务院常务会议决定全面推开营改增试点，对原有征收营业税的各待业改征增值税。按照《中华人民共和国增值税暂行条例》规定，企业购入货物或接受应税劳务支付的增值税（即进项税额），可从销售货物或提供应税劳务支付的增值税（即销项税额）中抵扣。准予从销项税额中抵扣的进项税额通常包括：①从销售方取得的增值税专用发票上注明的增值税税额；②从海关取得的完税凭证上注明的增值税税额。

为了核算企业应交增值税的发生、抵扣、交纳、退税及转出等情况，增值税一般纳税人应在"应交税费"科目下设置"应交增值税"明细科目，并在"应交增值税"明细账内设置"进项税额"、"已交税金"、"销项税额"、"出口退税"、"进项税额转出"等专栏。

企业从国内采购商品或接受应税劳务等，根据增值税专用发票上记载的应计入采购成本或应计入加工、修理修配等物资成本的金额，借记"固定资产"、"材料采购"、"在途物资"、"原材料"、"库存商品"或"生产成本"、"制造费用"、"委托加工物资"、"管理费用"等科目，根据增值税专用发票上注明的可抵扣的增值税税额，借记"应交税费——应交增值税（进项税额）"科目，按照应付或实际支付的总额，贷记"应付账款"、"应付票据"、"银行存款"等科目。购入货物发生的退货，做相反的会计分录。

按照增值税暂行条例，购进或者销售货物以及在生产经营过程中支付运输费用的，按照运输费用结算单据上注明的运输费用金额和规定的扣除率计算进项税额。

按照增值税暂行条例，企业购入免征增值税货物，一般不能抵扣增值税进项税额。但是对于购入的免税农产品，可以按照买价和规定的扣除率计算进项税额，并准予从企业的销项税额中抵扣。

企业购入免税农产品，按照买价和规定的扣除率计算进项税额，借记"应交税费——应交增值税（进项税额）"科目，按买价扣除按规定计算的进项税额后的差额，借记"材料采购"、"原材料"、"商品采购"、"库存商品"等科目，按照应付或实际支付的价款，贷记"应付账款"、"银行存款"等科目。

【例11-12】东方公司为增值税一般纳税人，适用的增值税税率为17%，原材料按实际成本核算，销售商品价格为不含增值税的公允价格。2015年7月发生的经济交易或事项以及相关的账务处理如下。

（1）5日购入原材料一批，增值税专用发票上注明货款100 000元，增值税税额17 000元，货物尚未到达，货款和进项税额已用银行存款支付。用银行存款支付运输公司的运输费用5 000元，运输费用的进项税额扣除率为7%。

借：在途物资　　　　　　　　　　　　　　　　　　104 650

　　应交税费——应交增值税（进项税额）　　　　　17 350

贷：银行存款   122 000

本例中，进项税额=17 000+5 000×7%=17 350（元）

材料成本=100 000+5 000×（1-7%）=104 650（元）

（2）15日，购入不需要安装生产用设备一台，价款及运输保险等费用合计150 000元，增值税专用发一票上注明的增值税税额25 500元，款项尚未支付。

借：固定资产   150 000

 应交税费——应交增值税（进项税额） 25 500

  贷：应付账款   175 500

根据增值税暂行条例，企业购进生产型固定资产所支付的增值税税额25 500元，允许在购置当期全部一次性扣除。

（3）20日，购入免税农产品一批，价款100 000元，规定的扣除率为13%，货物尚未到达，货款已用银行存款支付。

借：在途物资   87 000

 应交税费——应交增值税（进项税额） 13 000

  贷：银行存款   100 000

进项税额=购买价款×扣除率=100 000×13%=13 000（元）

企业交纳的增值税，借记"应交税费——应交增值税（已交税金）"科目，贷记"银行存款"科目。"应交税费——应交增值税"科目的贷方余额，表示企业应交纳的增值税。

【例11-13】2015年7月东方公司发生销项税额合计147 000元，进项税额合计80 650元。东方公司当月应交增值税=147 000-80 650=66 350（元），用银行存款交纳增值税，东方公司应编制如下会计分录：

借：应交税费——应交增值税（已交税金） 66 350

  贷：银行存款   66 350

需要说明的是，企业购入材料不能取得增值税专用发票的，发生的增值额应计入材料采购成本，借记"材料采购"或"在途物资"等科目，贷记"银行存款"等科目。

小规模纳税企业应当按照不含税销售额和规定的增值税征收率计算交纳增值税，

销售货物或提供应税劳务时只能开具普通发票，不能开具增值税专用发票。小规模纳税企业不享有进项税额的抵扣权，其购进货物或接受应税劳务支付的增值税直接计入有关货物或劳务的成本。因此，小规模纳税企业只需在"应交税费"科目下设置"应交增值税"明细科目，不需要在"应交增值税"明细科目中设置专栏。"应交税费——应交增值税"科目贷方登记应交纳的增值税，借方登记已交纳的增值税；期末贷方余额反映尚未交纳的增值税，借方余额反映多交纳的增值税。

小规模纳税企业购进货物和接受应税劳务时支付的增值税，直接计入有关货物和劳务的成本，借记"材料采购"或"在途物资"等科目，贷记"应交税费——应交增值税"科目。

【例11-14】西北公司为增值税小规模纳税人，适用增值税税率为3%，原材料按实际成本核算。该企业发生经济交易如下：购入原材料一批，取得的专用发票中注明货款15 000元，增值税2 550元，款项以银行存款支付，材料验收入库。销售产品一批，所开出的普通发票中注明的货款（含税）为51 500元，款项已存入银行。用银行存款交纳增值税。西北公司账务处理如下。

（1）购入原材料时，小规模纳税人不能抵扣增值税：

借：原材料　　　　　　　　　　　　　　17 550

　　贷：银行存款　　　　　　　　　　　　　17 550

（2）销售产品时，按征收率计算应纳增值税金额：

借：银行存款　　　　　　　　　　　　　51 500

　　贷：主营业务收入　　　　　　　　　　　50 000

　　　　应交税费——应交增值税　　　　　　1 500

不含税销售额＝含税销售额÷（1+征收率）＝51 500÷（1+3%）＝50 000（元）

应纳增值税＝不含税销售额×征收率＝50 000×3%＝1 500（元）

（3）交纳增值税：

借：应交税费——应交增值税　　　　　　1 500

　　贷：银行存款　　　　　　　　　　　　　1 500

（2）应交消费税

消费税是指在我国境内生产、委托加工和进口应税消费品的单位和个人，按其流转额交纳的一种税。消费税有从价定率和从量定额两种征收方法。采取从价定率方法征收的消费税，以不含增值税的销售额为税基，按照税法规定的税率计算。企业的销售收入包含增值税的，应将其换算为不含增值税的销售额。采取从量定额计征的消费税，根据按税法确定的企业应税消费品的数量和单位应税消费品应缴纳的消费税计算确定。

企业应在"应交税费"科目下设置"应交消费税"明细科目，核算应交消费税的发生、交纳情况。该科目贷方登记应交纳的消费税，借方登记已交纳的消费税；期末贷方余额反映企业尚未交纳的消费税，借方余额反映企业多交纳的消费税。企业销售应税消费品应交的消费税，应借记"营业税金及附加"科目，贷记"应交税费——应交消费税"科目。

【例11-15】东方公司销售所生产的化妆品，价款2 000 000元（不含增值税），适用的消费税税率为30%，不考虑其他相关税费。东方公司账务处理如下：

借：营业税金及附加　　　　　　　　　　　　　600 000

贷：应交税费——应交消费税　　　　　　　　　　600 000

应纳消费税=2 000 000×30%=600 000（元）

企业将生产的应税消费品用于在建工程等非生产机构时，按规定应交纳的消费税，借记"在建工程"等科目，贷记"应交税费——应交消费税"科目。

【例11-16】万盛公司在建工程领用自产柴油成本为100 000元，应纳消费税12 000。不考虑其他相关税费。万盛公司账务处理如下：

借：在建工程　　　　　　　　　　　　　　　　112 000

贷：库存商品　　　　　　　　　　　　　　　　100 000

应交税费——应交消费税　　　　　　　　　　12 000

（3）应交城市维护建设税

城市维护建设税（简称城建税）是以增值税、消费税、营业税为计税依据征收的一种税。其纳税人为交纳增值税、消费税、营业税的单位和个人，以纳税人实际缴纳的增值税、消费税、营业税税额为计税依据，并分别与三项税金同时缴纳。税率因纳税人所在地不同从1%~7%不等。公式为：

应纳税额=（应交增值税+应交消费税+应交营业税）×适用税率

企业按规定计算出应交纳的城市维护建设税，借记"营业税金及附加"等科目，

贷记"应交税费——应交城市维护建设税"科目。交纳城市维护建设税，借记"应交
税费——应交城市维护建设税"科目，贷记"银行存款"科目。

【例11-17】东方公司本期实际应交增值税350 000元、消费税250 000元、营业
税130 000元，适用的城市维护建设税税率为7%。东方公司账务处理如下。

（1）计算应交城市维护建设税：

借：营业税金及附加　　　　　　　　　　　　　51 100

　　贷：应交税费——应交城市维护建设税　　　　　　　51 100

应交的城市维护建设税=（350 000+250 000+130 000）×7%=51 100（元）

②用银行存款上交城市维护建设税：

借：应交税费——应交城市维护建设税　　　　　51 100

　　贷：银行存款　　　　　　　　　　　　　　　　　51 100

11.2.2.6 对所有者的负债

企业作为独立核算的经济实体，对其实现的经营成果除了按照税法及有关法规规
定缴纳所得税外，还必须对投资者给予一定的回报，即向投资者分配股利或利润。企
业分配给投资者的现金股利或利润，在实际支付给投资者之前，便形成了一笔对所有
者的负债。

股利是股份公司股东对公司净利润的分享。在我国，股利的支付通常有两种基
本形式，即现金股利和股票股利。所谓现金股利，是企业以现金形式向股东派发的股
利；而股票股利则是企业用增发的股票向股东派发的股利。当作股利发放的股票，又
称红股，俗称送股。当企业经股东大会或类似机构决议确定分配现金股利时，自宣告
之日起，应付的股利就构成企业的一项流动负债；如果股东大会决议确定发放股票股
利，则并不构成企业的负债，因为它只是从未分配利润转增股本，是企业权益内部的
一种变化，不会引起任何经济利益的流出。

按现行制度规定，企业应设置"应付股利"账户，用以核算现金股利的分配和支
付情况。该账户属于负债类账户，其贷方登记应分配给投资者的现金股利或利润，借
方登记实际支付的现金股利或利润，期末如有余额在贷方，反映尚未支付的现金股利
或利润。

通常，企业分配现金股利需经历两个步骤或阶段：首先是股东大会或类似机构
决议确定并宣告股利分配方案，这时，按应支付的现金股利，借记"利润分配——应

付股利"账户，贷记"应付股利"账户；然后，企业如数拨出一笔现款存入受托的证券公司或银行，用于实际支付股东的现金股利，此时，借记"应付股利"账户，贷记"银行存款"等账户。

【例11-18】2015年1月21日东方公司股东大会根据2014年盈利情况，公告股利分配方案为：每10股普通股派发0.6元的现金股利，共计600 000元。相关账务处理如下。

（1）公告发放现金股利时：

借：利润分配——应付股利　　　　　　　　　　600 000

　　贷：应付股利——现金股利　　　　　　　　　　600 000

（2）支付现金股利时：

借：应付股利——现金股利　　　　　　　　　　600 000

　　贷：银行存款　　　　　　　　　　　　　　　　600 000

11.2.2.7 其他流动负债

在企业资产负债表中，除了上述6类比较常见的流动负债以外，还有一些其他原因形成的流动负债，如其他应付款等。

其他应付款是指除了应付票据、应付账款、应付职工薪酬等以外与企业活动直接或间接相关的其他各种应付和暂收款项，包括应付租入固定资产和包装物的租金、存入保证金，以及计算职工薪酬过程中的各种代扣应付款项。这些暂收、应付或代扣的款项也构成了企业的流动负债，在我国会计实务中，通过设置"其他应付款"账户对其进行核算。

【例11-19】东方公司2015年4月收到购货客户租用周转包装物的押金4 000元存入银行。相关账务处理如下。

（1）收到包装物押金时：

借：银行存款　　　　　　　　　　　　　　　　4 000

　　贷：其他应付款——存入保证金　　　　　　　　　4 000

（2）收回包装物，退还押金时：

借：其他应付款——存入保证金　　　　　　　　4 000

　　贷：银行存款　　　　　　　　　　　　　　　　4 000

11.3 非流动负债

11.3.1 非流动负债的性质与分类

非流动负债是指偿还期限在一年或者超过一年的一个营业周期以上的负债，它是企业向债权人筹集的可供长期使用的资金。与流动负债相比，非流动负债具有偿还期限较长、债务金额较大、偿还本息的方式多样化等特点。非流动负债可分为长期借款、应付债券和长期应付款。如果一项非流动负债将在一年或一个经营周期内到期，并且计划用流动资产来偿还，则应视为一项流动负债，以"一年内到期的非流动负债"项目列示在资产负债表的流动负债部分，但不需作任何账务处理。

11.3.2 长期借款

11.3.2.1 长期借款的日常核算

长期借款是指企业向银行或其他金融机构借入的期限在一年以上（不含一年）的各项借款。就长期借款的用途来讲，企业一般用于固定资产的购建、改扩建工程、大修理工程、对外投资以及为了保持长期经营能力等方面的需要。与短期借款相比，长期借款除数额大、偿还期限较长外，其借款费用需要根据权责发生制的要求，按期预提计入所构建资产的成本或直接计入当期财务费用。由于长期借款的期限较长，至少是在一年以上，因此，在资产负债表非流动负债项目中列示。

为了核算长期借款的取得、计息和归还情况，企业应设置"长期借款"账户。该账户属于负债类账户，贷方登记取得的长期借款本金及利息，借方登记归还的本金及利息，期末余额在贷方，反映尚未归还的借款本金及利息。该账户可按"本金"、"利息调整"、"应计利息"等设置明细账进行核算。

对长期借款的利息费用等，应根据《企业会计准则第17号——借款费用》的规定和要求，按期预提计入所构建资产的成本即资本化，或直接计入当期损益即费用化。因此，企业取得长期借款时，应借记"银行存款"账户，贷记"长期借款"账户；计算利息时应借记"在建工程"、"财务费用"等账户，贷记"长期借款"账户；偿还借款、支付利息时应借记"长期借款"账户，贷记"银行存款"账户。

（1）长期借款取得与使用

企业借入长期借款，应按实际收到的金额，借记"银行存款"科目，贷记"长期借款——本金"科目；如存在差额，还应借记"长期借款——利息调整"科目。

【例11-20】东方公司为增值税一般纳税人，于2012年11月30日从银行借入资金2 000 000元，借款期限为3年，借款年利率为6.9%，到期一次还本付息，不计复利，所借款项存入银行。东方公司用该借款于当日购买不需安装的设备一台，价款1 200 000元，增值税税额204 000元，另支付保险等费用17 000元，设备于当日投入使用。东方公司账务处理如下。

（1）取得长期借款时：

借：银行存款 　　　　　　　　　　　　　　　　2 000 000

　　贷：长期借款——本金 　　　　　　　　　　　　　2 000 000

（2）支付设备款及保险费：

借：固定资产 　　　　　　　　　　　　　　　　1 217 000

　　应交税费——应交增值税（进项税额）　　　　204 000

　　贷：银行存款 　　　　　　　　　　　　　　　　1 421 000

（2）长期借款利息的确认

长期借款利息费用应当在资产负债表日按照实际利率法计算确定，实际利率与合同利率差异较小的，也可以采用合同利率计算确定利息费用。长期借款按合同利率计算确定的应付未付利息，如果属于分期付款的，记入"应付利息"科目，如果属于到期一次还本付息的，记入"长期借款——应计利息"科目。

长期借款计算确定的利息费用，应根据《企业会计准则第17号——借款费用》的规定：如果长期借款用于购建固定资产等符合资本化条件的资产，在资产尚未达到预定可使用状态前，所发生的利息支出数应当资本化，计入在建工程等相关资产成本；资产达到预定可使用状态后发生的利息支出，以及按规定不予资本化的利息支出，计入财务费用。账务处理方法为借记"在建工程"、"制造费用"、"财务费用"、"研发支出"等科目，贷记"应付利息"或"长期借款——应计利息"科目。

【例11-21】承【例11-20】东方公司于2012年12月31日计提长期借款利息。相关账务处理如下：

借：财务费用 　　　　　　　　　　　　　　　　11 500

　　贷：长期借款——应计利息 　　　　　　　　　　11 500

2012年12月31日计提的长期借款利息=2 000 000×6.9%÷12=11 500（元）

2013年1月至2015年10月每月末预提利息分录同上。

（3）长期借款归还

企业归还长期借款的本金时，应按归还的金额，借记"长期借款——本金"科目，贷记"银行存款"科目；按归还的利息，借记"应付利息"或"长期借款——应计利息"科目，贷记"银行存款"科目。

【例11-22】承【例11-20】和【例11-21】，东方公司于2015年11月30日偿还该笔银行借款本息。东方公司财务处理如下：

借：财务费用   11 500

  长期借款——本金   2 000 000

      ——应计利息   402 500

  货：银行存款   2 414 000

应计利息=2 000 000×6.9%÷12×35=402 500（元）

以上举例是以长期借款单利计息的方式来说明问题的。在实际工作中，长期借款也可以采用复利计息的方法。在长期借款复利计息的情况下，尽管长期借款的本金、利率和偿还期限可能都相同，但在不同的偿付条件下（到期一次还本付息、分期偿还本息和分期付息到期还本3种方式），企业实际真正使用长期借款的时间是不同的，所支付的利息费用也有所不同。

11.3.2.2 借款费用

借款费用（borrowing costs）是指企业因借款而发生的利息、折价或溢价的摊销和辅助费用，以及因外币借款而发生的汇兑差额。因借款而发生的辅助费用包括手续费等。对借款费用的会计处理有两种方法可供选择：一是在发生时直接计入当期费用；二是予以资本化。所谓"借款费用的资本化"，是指企业将借款费用作为所购建的某项资产的历史成本的一部分。

我国《企业会计准则第17号——借款费用》规定：企业发生的借款费用，可直接归属于符合资本化条件的资产的购建或者生产的，应当予以资本化，计入相关资产成本；其他借款费用，应当在发生时根据其发生额确认为费用，计入当期损益。所谓"符合资本化条件的资产"，是指需要经过相当长时间的购建或者生产活动才能达到预定可使用或者可销售状态的固定资产、投资性房地产和存货等资产。这里的"存货"主要是指房地产开发企业开发的用于出售的房地产开发产品、机械制造企业制造的用于对外出售的大型机械设备等。

借款通常包括专门借款和一般借款。专门借款是指为购建或者生产符合资本化条件的资产而专门借入的款项。专门借款通常有明确的用途，并通常应当具有标明该用途的借款合同。一般借款是指除专门借款之外的借款，在借入时，其用途通常没有特指用于符合资本化条件的资产的购建或者生产。

专门借款发生的辅助费用，在所购建或者生产的符合资本化条件的资产达到预定可使用或者可销售状态之前发生的，应当在发生时根据其发生额予以资本化，计入符合资本化条件的资产的成本；在所购建或者生产的符合资本化条件的资产达到预定可使用或者可销售状态之后发生的，应当在发生时根据其发生额确认为费用，计入当期损益。

一般借款发生的辅助费用，应当在发生时根据其发生额确认为费用，计入当期损益。

当同时满足以下3个条件时，企业发生的借款费用应当开始资本化。

①资产支出已经发生，资产支出包括为购建或者生产符合资本化条件的资产而以支付现金、转移非现金资产或者承担带息债务形式发生的支出。

②借款费用已经发生。

③为使资产达到预定可使用或者可销售状态所必要的购建或者生产活动已经开始。

应当注意的是，在资本化期间内，每一会计期间的利息资本化金额，不应当超过当期相关借款实际发生的利息金额。

符合资本化条件的资产在购建或者生产过程中发生非正常中断，并且中断时间连续超过3个月的，应当暂停借款费用的资本化。在中断期间发生的借款费用应当确认为费用，计入当期损益，直至资产的购建或者生产活动重新开始。如果中断是所购建或者生产的符合资本化条件的资产达到预定可使用或者可销售状态必要的程序，则借款费用的资本化应当继续进行。

【例11-23】东方公司为购建一条新的生产线（工期2年），于2015年1月1日向某金融机构取得期限为3年的人民币借款5 000 000元，并当即将该资金投入到生产线的购建工程中，2016年12月31日该生产线达到预定可使用状态。该借款年利率6%，合同规定到期一次还本付息，单利计息。相关账务处理如下。

（1）取得借款时：

借：银行存款　　　　　　　　　　　　　5 000 000

　　贷：长期借款——本金　　　　　　　　　　5 000 000

（2）2015年、2016年，借款利息为每月25 000元（5 000 000×6%÷12），符合资本化条件，应计入在建工程：

借：在建工程　　　　　　　　　　　　　25 000

　　贷：长期借款——应计利息　　　　　　　　　25 000

（3）2017年，借款利息为每月25 000元（5 000 000×6%÷12），因为工程已经完工不符合借款费用资本化条件，应计入财务费用：

借：财务费用　　　　　　　　　　　　　25 000

　　贷：长期借款——应计利息　　　　　　　　　25 000

（4）2017年年末，全部偿还该笔借款的本金和利息时：

借：长期借款——本金　　　　　　　5 000 000

　　长期借款——应计利息　　　　　　900 000

　　贷：银行存款　　　　　　　　　　　　5 900 000

11.3.3 应付债券

应付债券（bonds payable）是企业依照法定程序发行，约定在一定期限内还本付息的有价证券，是企业为筹集（长期）资金而发行的债券。通过发行债券取得的资金，构成了企业一项非流动负债，企业会在未来某一特定日期按债券所记载的利率、期限等约定还本付息。根据不同的标准，债券可以分为以下几类。

①按债券发行有无担保，可分为有担保债券和无担保债券。有担保债券又称抵押债券，是指以特定的资产做抵押，以保证其还本付息的债券。一旦债券发行人违约，信托公司就可变卖处置抵押品，以偿还积欠债券持有人的款项。无担保债券又称信用债券，是指没有抵押物作为保证的债券，其发行完全基于发行者的信用。这种债券风险较大，所以利率较高。

②按债券到期日，可分为定期偿还债券和分期偿还债券。同期发行的全部债券在相同的到期日一次偿还的债券，称为定期偿还债券；若同期发行的债券分为不同的到期日分次偿还，则称为分期偿还债券。

③按债券的特殊偿还方式，可分为可赎回债券和可转换债券。发行公司有权于债券到期前，按特定价格赎回的债券，称为可赎回债券。发行一定时间后，可以按一定价格转换成发行公司股票的债券，称为可转换债券。

债券发行有面值发行、溢价发行和折价发行3种情况，这通常取决于债券票面利率和市场实际利率的关系。债券票面利率是企业在筹划期间制定的，并事先印刷在债券票面上，不管资金市场的行情如何，发行者都必须按照这种利率支付利息；而债券发行日资金市场的利率则称为市场实际利率。当市场利率等于债券票面利率时，债券就会按其面值价格发行，称为面值发行。当市场利率低于债券票面利率时，债券就会以高于债券面值的价格发行，称为溢价发行。因为企业要按高于市场利率的票面利率支付债权人利息，所以溢价发行是对未来多付利息所作的事先补偿。当市场利率高于债券票面利率时，债券就会以低于债券面值的价格发行，称为折价发行。因为当债券票面利率低于市场利率时，潜在投资者会把资金投向其他高利率的项目，这时债券就应以低于票面价值的价格发行以吸引投资者。因此债券溢价或折价不是债券发行企业的收益或损失，而是发行债券企业在债券存续期内对利息费用的一种调整，这一调整在应付债券的会计处理中有所体现。

企业应通过设置"应付债券"科目，核算应付债券发行、计提利息、还本付息等情况。该科目贷方登记应付债券的本金和利息；借方登记归还的债券本金和利息；期末贷方余额表示企业尚未偿还的长期债券。本科目可按"面值"、"利息调整"、"应计利息"等设置明细科目进行明细核算。

企业应当设置"企业债券备查簿"，详细登记每一企业债券的票面金额、债券票面利率、还本付息期限与方式、发行总额、发行日期和编号、委托代售单位、转换股份等资料。企业债券到期结清时，应当在备查簿内逐笔注销。

11.3.3.1 面值发行

（1）发行债券

企业按面值发行债券时，应按实际收到的金额，借记"银行存款"等科目，按债券票面金额，贷记"应付债券——面值"科目。

【例11-24】东方公司于2015年1月1日发行3年期，面值为20 000 000元的债券，票面利率为8%，债券每年12月31日支付利息，最后一次支付本金。假定市场利率等于票面利率，该债券按面值发行。东方公司账务处理如下：

```
借：银行存款                          20 000 000
    贷：应付债券——面值                  20 000 000
```

（2）债券利息的确认

发行长期债券的企业，应按期计提利息：对于按面值发行的债券，在每期采用票面利率计算计提利息时，应当按照与长期借款相一致的原则计入有关成本费用，借记

"在建工程"、"制造费用"、"财务费用"、"研发支出"等科目；其中，对于分期付息、到期一次还本的债券，其按票面利率计算确定的应付未付利息通过"应付利息"'科目核算；对于一次还本付息的债券，其按票面利率计算确定的应付未付利息通过"应付债券——应计利息"科目核算，应付债券按实际利率（实际利率与票面利率差异较小时也可按票面利率）计算确定的利息费用，应按照与长期借款相一致的原则计入有关成本、费用。

【例11-25】承【例11-24】，东方公司发行债券所筹资金于当日用于建造固定资产，该在建工程于2015年12月31日完工，因此本年　计提的应付债券利息应按照《企业会计准则第17号——借款费用》的规定预计资本化，即作为在建工程成本。东方公司账务处理如下：

借：在建工程　　　　　　　　　　　　1 600 000

　　贷：应付利息　　　　　　　　　　　　1 600 000

本例中，至2015年12月31日，企业债券发行在外的时间为一年，该年应计的债券利息为：20 000 000×8%=1 600 000（元）。由于该长期债券为分期付息、到期一次还本的债券，因此利息1 600 000元应记入"应付利息"科目，支付该利息时：

借：应付利息　　　　　　　　　　　　1 600 000

　　贷：银行存款　　　　　　　　　　　　1 600 000

（3）债券还本付息

长期债券到期，企业支付债券本息时，借记"应付债券——面值"和"应付债券——应计利息"等科目，贷记"银行存款"等科目。

【例11-26】承【例11-24】和【例11-25】，2017年12月3l日，东方公司确认实际利息、支付票面利息和偿还债券本金。相关财务处理如下：

借：财务费用　　　　　　　　　　　　1 600 000

　　贷：应付利息　　　　　　　　　　　　1 600 000

借：应付利息　　　　　　　　　　　　1 600 000

　　贷：银行存款　　　　　　　　　　　　1 600 000

借：应付债券——面值　　　　　　　　20 000 000

　　贷：银行存款　　　　　　　　　　　　20 000 000

11.3.3.2 溢折价发行

【例11-27】承【例11-24】，如果票面利率仍为8%，而市场利率为6%，则债券的发行价格计算如下：

发行价格=债券面值×（PV，i，n）+各期利息×（PA，i，n）

= 20 000 000×（PV，6%，3）+1 600 000×（PA，6 %，3）

= 20 000 000×0.840+1 600 000×2.673

= 21 076 800（元）

其中，PV表示复利现值系数，PA表示年金现值系数，i表示实际利率，n表示计息次数。从计算结果看，由于票面利率高于市场利率，故债券溢价发行。

按实际利率法进行摊销，则可编制利息费用表，如表11-1所示。

表11-1 债券溢价摊销表（实际利率法）

单位：元

计息日期	应付利息 （1）=面值× 票面利率	利息费用 （2）=上一期 （5）×实际利率	摊销的利息 调整 （3）=（1） -（2）	未摊销的利息 调整 （4）=上一期 （4）-（3）	债券的摊销 成本 （5）=上一期 （5）-（3）
2015年1月1日				1 076 800	21 076 800
2015年12月31日	1 600 000	1 264 608	335 392	741 408	21 076 800
2016年12月31日	1 600 000	1 244 484	355 516	385 892	20 385 892
2017年12月31日	1 600 000	1 214 108	385 892	0	20 000 000
合计	4 800 000	3 723 200	1 076 800	——	——

各年的会计分录如下：

（1）2015 年 1 月 1 日：

借：银行存款　　　　　　　　　　　21 076 800

　　贷：应付债券——面值　　　　　　　　20 000 000

　　　　　　——利息调整　　　　　　　　1 076 800

（2）2015 年 12 月 31 日：

借：在建工程　　　　　　　　　　　1 264 608

　　应付债券——利息调整　　　　　335 392

　　贷：应付利息　　　　　　　　　　　　1 600 000

借：应付利息   1 600 000

 贷：银行存款   1 600 000

（3）其余各年会计分录：

略。

（4）2017年12月3l日，确认实际利息、支付票面利息和偿还债券本金：

借：财务费用   1 214 108

  应付债券——利息调整   385 892

 贷：应付利息   1 600 000

借：应付利息   1 600 000

 贷：银行存款   1 600 000

借：应付债券——面值   20 000 000

 贷：银行存款   20 000 000

【例11-28】承【例11-24】，如果票面利率仍为8%，市场利率为10%，其他条件不变，则债券发行价格可计算如下：

发行价格=20 000 000×（PV，10%，3）+ 1 600 000×（PA，10 %，3）

=20 000 000×0.751+1 600 000×2.487

=18 999 200（元）

这表明债券折价发行。仍采用实际利率法，则可编制债券折价摊销表，如表11-2所示。

表11-2 债券折价摊销表（实际利率法）

单位：元

计息日期	应付利息	利息费用	摊销的利息调整	未摊销的利息调整	债券的摊销成本
	（1）=面值×票面利率	（2）=上一期（5）×实际利率	（3）=（2）-（1）	（4）=上一期（4）-（3）	（5）=上一期（5）+（3）
2015年1月1日				1 000 800	18 999 200
2015年12月31日	1 600 000	1 899 920	299 920	700 880	19 299 120
2016年12月31日	1 600 000	1 929 912	329 912	370 968	19 629 032
2017年12月31日	1 600 000	1 970 968	370 968	0	20 000 000
合计	4 800 000	5 800 800	1 000 800	——	——

各年会计分录如下：

（1）2015年1月1日：

借：银行存款	18 999 200	
应付债券——利息调整	1 000 800	
贷：应付债券——面值		20 000 000

（2）2015年12月31日，支付利息时：

借：在建工程	1 899 920	
贷：应付利息		1 600 000
应付债券——利息调整		299 920
借：应付利息	1 600 000	
贷：银行存款		1 600 000

（3）其余各年会计分录：

略。

11.3.4 或有事项、预计负债与或有负债

11.3.4.1 或有事项

或有事项（contingencies），是指过去的交易或者事项形成的，其结果须由某些未来事项的发生或不发生才能决定的不确定事项。比如，企业因违反有关环境保护的规章制度而被起诉，如无特殊情况，企业很可能会败诉。但是，在诉讼成立时，该企业因败诉将支出多少金额，或支出发生在何时，是难以确知的，只能由未来的判决结果来确定。这就是一种典型的或有事项。常见的或有事项包括：未决诉讼或未决仲裁、债务担保、产品质量保证（含产品安全保证）、亏损合同、重组义务、承诺、环境污染整治等。

11.3.4.2 预计负债的确认

如果与或有事项相关的义务同时符合以下条件，企业应将其确认为负债。

（1）该义务是企业承担的现时义务而非潜在的义务

比如，甲公司因违反安全生产条例造成严重生产事故，为此，甲公司将要承担赔偿义务。违规事项发生后，甲公司随即承担的是一项现时义务。再如，甲公司与乙公司发生经济纠纷，调解无效，甲公司向法院提起诉讼。至会计年度末法院尚未做出判决，但法庭调查表明，乙公司的行为违反了国家的有关经济法规。这种情况表明，对乙公司而言，一项现时义务已经产生。

（2）该义务的金额能够可靠地计量

即因或有事项产生的现时义务的金额能够合理估计。由于或有事项具有不确定性，因此，因或有事项产生的现时义务的金额也具有不确定性，需要估计。比如，甲企业（被告）涉及一桩诉讼案。根据以往的审判案例推断，甲企业很可能要败诉，相关的赔偿金额也可以估算出一个范围。这种情况下，可以认为甲企业因未决诉讼承担的现时义务的金额能够可靠地估计，从而应对未决诉讼确认一项负债。但是，如果没有以往的案例可与甲企业涉及的诉讼案作比照，而相关的法律条文又没有明确解释，那么即使甲企业可能败诉，在判决以前通常也不能推断现时义务的金额能够可靠估计，对此，甲企业不应对未决诉讼确认一项负债。

（3）该义务的履行很可能导致经济利益流出企业

比如，丙企业与丁企业签订协议，承诺为丁企业的两年期银行借款提供全额担保。丙企业由于担保事项而承担了一项现时义务。这项义务的履行是否很可能导致经济利益流出企业，需依据丁企业的经营情况和财务状况等因素来定。假定丁企业财务状况良好，如果没有其他特殊情况，一般可以认定丁企业不会违约，从而丙企业履行承担的现时义务不是很可能导致经济利益流出。假定丁企业的财务状况恶化，且没有迹象表明可能发生好转。此种情况出现，表明丁企业很可能违约，从而丙企业履行承担的现时义务将很可能导致经济利益流出企业。

根据《企业会计准则》的规定，各种可能性及其对应的概率如表11-3所示。

表11-3 义务履行导致经济利益流出企业的可能性

结果的可能性	对应的概率区间
基本确定	大于95%但小于100%
很可能	大于50%但小于或等于95%
可能	大于5%但小于或等于50%
极小可能	大于0但小于或等于5%

企业因或有事项而履行现时义务时，导致经济利益流出企业的可能性超过50%以上，而且其损失金额可以合理估计的，则必须确认为一项负债，计入"预计负债"账户，该负债应在资产负债表中单项列示；如果或有负债实际发生的可能性超过50%以上，但是相关的金额无法可靠估计，则企业应于附注中加以披露，披露的内容包括或有负债的形成原因、产生的影响、金额无法估计的理由等；企业因义务的履行而导致经济利益流出企业的可能性介于0～5%之间，且对财务和经营影响较大的，或可能性介于5%～50%之间的或有损失，均应以附注形式加以披露。

11.3.4.3 预计负债的计量

根据《企业会计准则》的规定，当与或有事项有关的义务符合确认为负债的条件时，应当将其确认为预计负债，预计负债应当按照履行相关现时义务所需支出的最佳估计数进行初始计量。其中，最佳估计数的确定应分以下两种情况考虑。

（1）所需支出存在一个金额范围

如果所需支出存在一个金额范围，则最佳估计数应该按该范围的上、下限金额的平均数确定。比如甲公司认为很可能赔偿的金额在50万元至70万元之间，则按其中间值确定预计负债60万元。

（2）所需支出不存在一个金额范围

如果所需支出不存在一个金额范围，则最佳估计数应按以下方法确定：

①或有事项涉及单个项目时，最佳估计数按最可能发生金额确定。所谓"涉及单个项目"，是指或有事项涉及的项目只有一个，比如一项未决诉讼、一项未决仲裁或一项债务担保等。比如，根据专业人士的判断，甲公司在案件中胜诉的可能性为40%，败诉的可能性为60%。如果败诉，将要赔偿90万元，则甲公司应确认的负债金额（最佳估计数）为最可能发生的金额90万元。

②或有事项涉及多个项目时，最佳估计数按各种可能发生额及其概率计算确定。比如，在产品质量保证中，可能有许多客户提出产品保修要求，企业对这些客户负有保修义务。比如，甲公司2015年销售产品4万件，销售额为2.4亿元。根据公司的产品质量保证条款，在产品售出后的一年内，公司将免费修理有正常质量问题的产品。根据以往的经验，质量问题较小的，修理费一般为销售额的1%；发生较大质量问题的，则修理费一般为销售额的2%。另据估计，本年度所售产品中有85%将不会发生质量问题，有10%将发生较小的质量问题，有5%将发生较大的质量问题。则该公司年末应确认的负债金额（最佳估计数）为48[（2.4亿元×1%）×10%+（2.4亿元×2%）×5%]万元。

在某些情况下，企业清偿因或有事项而确认的负债所需支出的全部或部分预期可以得到第三方或其他方的补偿。比如，发生交通事故时，企业可以从保险公司获得合理补偿；再如，在某些索赔诉讼中，企业可以通过反诉讼的方式对索赔人或第三方另行提出赔偿要求。当企业预期的补偿金额基本确定能收到时，则可以作为一项资产单独确认，且确认的补偿金额不能超过所确认负债的账面价值。所谓"基本确定"，是指预期获得补偿的可能性大于95%但小于100%的情形。这里有两点需要说明：一是企业应将基本确定能收到的金额单独确认为一项资产。比如，某公司因或有事项确认了一项负债60万元；同时，又因该或有事项，公司可以从其他单位获得35万元的赔偿，且这项金额基本确定能收到。这时，该公司应分别确认一项负债60万元和一项资产35万元，而不能只确认一项金额为25（60-35）万元的负债。二是确认的补偿金额不应超过所确认负债的账面价值（本例中为60万元）。

【例11-29】2015年11月，东方公司因违约被万盛公司起诉，要求其赔偿损失共计人民币150万元。直到2015年12月31日，该案仍在审理中。根据东方公司法律顾问的意见，东方公司败诉的可能性为60%，胜诉的可能性为40%。如果败诉，估计需要赔偿135万元（含诉讼费5万元）。

由于东方公司败诉的可能性为60%（很可能），其最可能赔偿的金额也是确定的，因此，东方公司应确认一项负债，并在报表附注中披露。其会计分录为：

借：管理费用——诉讼费   50 000

  营业外支出——赔偿支出   1 300 000

 贷：预计负债——未决诉讼   1 350 000

11.3.4.4 预计负债的披露

在资产负债表中，因或有事项确认的负债应与其他负债项目区别开来，单独反映；同时，还应在财务报表附注中对各项预计负债形成的原因及金额做相应的披露，以使报表使用者获得充分、详细的有关或有事项的信息。同时需要说明的是，如果企业因多项或有事项确认了预计负债，则在资产负债表中一般只需通过"预计负债"项目进行总括反映。在对或有事项确认负债的同时，应确认一项支出或费用。这项支出或费用在利润表中应与其他费用支出项目，如管理费用、销售费用等合并反映，而不需单独列项反映。如果企业基本确定能获得补偿，那么，企业在利润表中反映因或有事项确认的费用或支出时，应将这些补偿金额预先抵减。比如，某公司因违约而确认了4万元的一项负债和一项支出，同时又基本确定可以从第三方获得金额为1.5万元的补偿。这时，该公司应在利润表中确认损失2.5万元，该项损失在利润表中应并入"营业外支出"项目。

企业还应当在附注中披露以下信息：

①预计负债的种类、形成原因以及经济利益流出不确定性的说明；

②各类预计负债的期初、期末余额和本期变动情况；

③与预计负债有关的预期补偿金额和本期已确认的预期补偿金额。

11.3.4.5 或有负债

或有事项还可能形成或有负债。或有负债是指企业由于已发生的交易引起的一种潜在债务，其存在需通过未来不确定事项的发生或不发生予以证实；或过去的交易或事项形成的现时义务，履行该义务不是很可能导致经济利益流出企业，或该义务的金额不能可靠地计量。这类负债无论作为潜在义务还是现时义务，均不符合负债确认的条件，因而不予确认。

对极小可能导致经济利益流出企业的或有负债一般不予披露，但是，对某些经常发生或对企业财务状况和经营成果有较大影响的或有负债，即使其导致经济利益流出企业的可能性极小，也应予以充分披露，以确保会计信息使用者获得足够充分和详细的信息。

根据《企业会计准则》的规定，企业应在财务报表附注中披露或有负债的相关信息，比如：

①或有负债的种类及其形成原因，包括已贴现商业承兑汇票、未决诉讼、未决仲裁、对外提供担保等形成的或有负债；

②经济利益流出不确定性的说明；

③或有负债预计产生的财务影响，以及获得补偿的可能性；无法预计的，应当说明原因。

【本章小结】

企业融资有两种基本来源：负债和所有者权益。纵观本章，我们已经学习了绝大多数大型企业常见的流动负债、非流动负债和或有负债。流动负债方面，我们从不同类型债权人的角度，分别学习了短期借款、应付利息、应付票据、应付账款等流动负债的会计处理方法；非流动负债方面，我们主要学习了长期借款、借款费用和应付债券的会计处理方法。

通过负债的性质，我们已经知道负债在几个方面不同于所有者权益，其中最明显的区别是，所有负债实际上最终都会到期。在第12章中，我们将注意力转向所有者权益，详细了解所有者权益的重要组成部分。

【学习目标小结】

1.理解负债、流动负债与非流动负债的性质和分类

负债是指企业过去的交易或者事项形成的、预期会导致经济利益流出企业的现时义务；流动负债是指将在一年（含一年）或者超过一年的一个营业周期内偿还的债

务，包括短期借款、应付账款、预收账款等；非流动负债是指偿还期在一年或者超过一年的一个营业周期以上的债务，包括长期借款、应付债券、长期应付款项等。

2.掌握流动负债主要项目的会计核算

本章主要从以下几个角度学习了流动负债主要项目的核算：①对银行或其他贷款人的负债，如短期借款、应付利息等；②对供应商的负债，如应付票据、应付账款等；③对客户的负债，如预收账款等；④对职工的负债，如应付职工薪酬等；⑤对税务部门的负债，如应交税费等；⑥对所有者的负债，如应付股利等；⑦其他的流动负债，如其他应付款等。

3.掌握非流动负债主要项目的会计核算

本章主要学习了长期借款、借款费用和应付债券3个会计科目的核算。

4.理解借款费用资本化的原则和会计核算

根据《企业会计准则第17号——借款费用》规定：企业发生的借款费用，可直接归属于符合资本化条件的资产的购建或者生产的，应当予以资本化，计入相关资产成本；其他借款费用，应当在发生时根据其发生额确认为费用，计入当期损益。

当同时满足以下3个条件时，企业发生的借款费用应当开始资本化：

①资产支出已经发生，资产支出包括为购建或者生产符合资本化条件的资产而以支付现金、转移非现金资产或者承担带息债务形式发生的支出；

②借款费用已经发生；

③为使资产达到预定可使用或者可销售状态所必要的购建或者生产活动已经开始。

5.了解或有事项、预计负债和或有负债的概念

或有事项是指过去的交易或者事项形成的，其结果须由某些未来事项的发生或不发生才能决定的不确定事项；或有负债是指企业由于已发生的交易引起的一种潜在债务，其存在需通过未来不确定事项的发生或不发生予以证实，或过去的交易或事项形成的现时义务，履行该义务不是很可能导致经济利益流出企业，或该义务的金额不能可靠地计量；当或有负债满足下列3个条件则应确认为预计负债：①该义务是企业承担的现时义务而非潜在的义务；②该义务的金额能够可靠地计量；③该义务的履行很可能导致经济利益流出企业。

【关键术语】

负债（liabilities）是指企业过去的交易或者事项形成的、预期会导致经济利益

流出企业的现时义务。

流动负债（current liabilities）是指将在一年（含一年）或者超过一年的一个营业周期内偿还的债务，包括短期借款、应付账款、预收账款等。

非流动负债（non-current liabilities）是指偿还期在一年或者超过一年的一个营业周期以上的债务，包括长期借款、应付债券、长期应付款项等。

借款费用（borrowing costs）是指企业因借款而发生的利息、折价或溢价的摊销和辅助费用，以及因外币借款而发生的汇兑差额。

应付债券（bonds payable）是企业依照法定程序发行，约定在一定期限内还本付息的有价证券，是企业为筹集（长期）资金而发行的债券。

或有事项（contingencies）是指过去的交易或者事项形成的，其结果须由某些未来事项的发生或不发生才能决定的不确定事项。

练习题

【简答题】

1.何谓负债？负债具有哪些特征？

2.流动负债与非流动负债有何区别？各包括哪些内容？

3.短期借款的利息与长期借款的利息在账务处理上有何不同？

4.如何计算应交增值税、应交消费税、应交城建税及教育费附加？

5.或有事项有哪些特征？请举几个例子。

6.或有负债和预计负债有何区别？

【业务题】

习题一

1.目的

练习应付票据的会计处理。

2.资料

2015年11月1日，华强公司购入一批原材料，价值为35 500元。用银行存款支付5 500元，剩余货款开出一张面值为30 000元、期限为3个月的商业票据。假设：①票据为带息票据，利率为6%；②票据为不带息票据。

3.要求

分别按照两种假设，编制2015年11月至2016年1月底有关的会计分录。

习题二

1.目的

练习应付账款的会计处理。

2.资料

华强公司2015年6月发生部分经济业务如下。

（1）6月1日，赊购材料10 000元，付款条件为2/10、n/30。

（2）6月6日，赊购材料50 000元，付款条件为5/10、2/20、n/30。

（3）6月9日，以银行存款支付6月1日的购货款。

（4）6月12日，以银行存款支付6月6日货款的一半。

（5）6月25日，以银行存款支付6月6日的剩余货款。

（6）6月28日，开出一张面值为40 000元3个月期的带息票据，利率为6%，以偿付上月30日购料款（上月赊购材料40 000元，付款条件为2/10、n/30）。

3.要求

根据上述资料，请按总价法编制会计分录。

习题三

1.目的

练习应交税费的会计处理。

2.资料

华强企业委托外单位加工材料（非金银首饰），原材料价款为20万元，加工费用为5万元，由受托方代收代缴的消费税为0.5万元（不考虑增值税），材料已经加工完毕验收入库，加工费尚未支付。假定该企业材料采用实际成本核算。

3.要求

根据上述资料，分别按照继续生产应税消费品和直接用于销售两种假设编制有关会计分录。

习题四

1.目的

练习长期借款的会计处理。

2.资料

华强公司为购建一栋新的办公大楼，于2012年1月1日从银行借入资金1 000万元，借款期限为3年，年利率为10%。该项借款当月立即被用于办公大楼的构建（合同规定到期一次还本付息，单利计息）。

3.要求

根据上述资料，编制有关会计分录。

习题五

1.目的

练习应付债券的会计处理。

2.资料

华强公司于2012年1月1日发行面值为1 000 000元的债券，期限为5年，票面利率为6%。利息在每年的12月31日支付。假设：

（1）债券发行日的市场利率为6%；

（2）债券发行日的市场利率为7%；

（3）债券发行日的市场利率为5%。

3.要求

根据以上3种假设，分别编制2012年至2016年的有关会计分录。

习题六

1.目的

练习或有事项的处理。

2.资料

华强公司2013年11月因多次违规排放污染物而遭到附近居民的起诉，要求赔偿有关损失共计600 000元。截至当年12月31日，该案还在审理之中。该公司的法律顾问估计，公司有75%的可能会败诉，败诉后将支付40 000元的诉讼费，赔偿的金额可能在300 000~500 000元之间。

3.要求

请问该公司对这一或有事项应该怎样进行会计处理？如果公司败诉的可能性是40%，公司又应该如何处理？

【案例题】

东方公司准备建造一条新的生产流水线，需要筹集资金1 000 000元，公司正考虑是通过举借长期负债还是通过发行股票来筹措资金。公司目前没有任何长期负债，该公司最近一期资产负债表的有关数据摘录如表11-4所示。

表11-4　东方公司资产负债表

2015年12月31日　　　　　　　　　　　　　　　　　　单位：元

资　产		负债和所有者权益	
流动资产	200 000	流动负债	146 000
非流动资产	3 000 000	股本	500 000
		资本公积	500 000
		未分配利润	2 054 000
资产合计	3 200 000	权益合计	3 200 000

讨论：

（1）东方公司如果举借长期负债筹资，会对企业的资本结构，未来的经营业绩、现金流量产生哪些影响？

（2）东方公司如果通过发行股票来筹资，会对企业的资本结构，未来的经营业绩、现金流量产生哪些影响？

（3）上面两种不同的筹资方式各有什么优缺点？

第12章 所有者权益

【学习目标】

1.了解所有者权益的性质与分类。

2.掌握不同组织形式下所有者投入资本的会计处理。

3.熟悉资本公积的来源及会计处理。

4.掌握留存收益的组成及会计处理。

5.了解其他综合收益的内容及会计处理。

6.了解弥补亏损的会计处理。

【引导案例】

格力电器的实际控制人与公司之间的产权关系

格力电器（交易代码000651），公司股票发行与上市情况。

（1）近三年公司发行股票情况

依据中国证监会证监许可〔2011〕1500号《关于核准珠海格力电器股份有限公司增发股票的批复》，2012年公司公开发行189 976 689股，发行价格为17.16元/股，募集资金总额3 259 999 983.24元，扣除发行费用64 712 976.37元，募集资金净额3 195 287 006.87元。经深圳证券交易所批准，公司本次增发的新股共计189 976 689股，于2012年2月3日上市。

（2）公司没有内部职工股。

（3）公司股东情况

报告期末股东总数58 820家，年度报告披露日前第5个交易日末股东总数81 556家。第一大股东持股比例（%）与报告期末持股数量：珠海格力集团有限公司（国有法人）18.22% 548 127 812股；报告期内增减变动情况0；质押或冻结股份数量464 073 750股。

（4）公司控股股东情况

法定代表人/单位负责人为董明珠，控股股东为珠海格力集团有限公司。

格力集团是目前珠海市国企规模最大、实力最强的企业集团之一，除本公司外，格力集团直接控股格力地产股份有限公司51.94%的股份。

2014年12月31日实际控制人与公司之间的产权和控制关系如下。

2014年年末公司资本公积余额3 191 266 065.71元，其中资本溢价（股本溢价）3 114 364 528.83元，其他资本公积76 901 536.88元；盈余公积余额2 958 088 564.43元，其中法定盈余公积1 989 000 298.98元，任意盈余公积969 088 265.45元。未分配利润余额34 841 323 981.28元。

公司经本次董事会审议通过的利润分配预案为：以公司2013年末总股本为基数，向全体股东每10股派发现金红利15元（含税），不送红股（含税），不以公积金转增股本。

资料来源：根据格力电器2014年年报资料整理

12.1 所有者权益的性质与分类

12.1.1 所有者权益的性质

所有者权益又称净资产，是企业全部资产扣除全部负债后，由所有者享有的剩余权益。所有者权益反映了所有者对企业净资产的要求权，它可以通过对基本会计等式"资产=负债+所有者权益"的转换推导而得出，即：资产−负债=所有者权益，其金额为企业全部资产减去全部负债后的余额。所有者权益包括投入资本和留存收益等。

企业从事生产经营活动所需的全部资产来自于两个渠道：一是负债，二是投资者的投资及其增值。因此，债权人和投资者对企业的资产均拥有要求权，都反映在资产负债表的右方，负债和所有者权益的合计总额等于资产总额。负债（债权人权益）和所有者权益（投资人权益）统称为权益，但是，负债和所有者权益之间主要有以下区别。

（1）性质不同

所有者权益是投资者享有的对投入资本及其运用所产生盈余（或亏损）的权利；负债是在经营或其他活动中所发生的债务，是债权人要求企业清偿的权利。

（2）享受的权利不同

所有者可通过股东大会或董事会，对企业生产经营及盈利分配等政策施加影响。享有参与收益分配、参与经营管理等多项权利，但对企业资产的要求权在顺序上置于债权人之后，即只享有对剩余资产的要求权；债权人无权过问企业的重大生产经营政策，也无权分享企业的盈利，只享有到期收回本金及利息的权利，在企业清算时，有优先获取资产赔偿的要求权。

（3）偿还期限不同

所有者权益一般只有在企业解散清算时（按法律程序减资等除外），或在破产清算时才可能将剩余的权益返还给投资者，即不存在约定的偿还日期，因而是企业的一项可以长期使用的资金；负债必须于一定时期（特定日期或确定的日期）偿还。为了保证债权人的利益不受侵害，法律规定债权人对企业资产的要求权优先于投资者，因此债权又称为第一要求权。投资者具有对剩余财产的要求权，故又称剩余权益。

（4）风险不同

所有者能够获得多少收益具有不确定性，需视企业的盈利水平及经营政策而定，风险较大；债权人获取的收益是按一定利率计算的利息，一般预先可以确定固定数额，无论盈亏，债务人都要按期付息，风险相对较小。

企业的组织形式不同所有者权益的表现形式也不同：①独资企业。所有者权益以"业主权益"的形式出现，所有者权益由一人独享；②合伙制企业。所有者权益由合伙人分享，所有者权益表现为"合伙人权益"；③公司制企业。包括有限责任公司和股份有限公司。采用公司组织形式的企业，所有者权益就是股东权益。

无论规模大小，公司制是许多企业选择的组织形式。企业采用公司制的原因很多。其中，最重要的原因有两个：一是有限的股东责任，二是所有权的可转让性。

不同组织形式的企业，对于资产、负债、收入、费用和利润的会计核算大同小异，但对所有者权益核算却存在一定差别，公司制企业，尤其是股份有限公司对所有者权益的核算比其他类型企业更为复杂和详细。

12.1.2 所有者权益的分类

所有者权益按形成的来源不同，可分为投入资本、直接计入所有者权益的利得和损失、留存收益；为了反映所有者权益的构成情况，便于会计信息使用者了解企业所有者权益的来源及其变动情况，在会计实务中，会计核算和财务报表上将所有者权益划分为实收资本（股本）、资本公积、其他综合收益、盈余公积、未分配利润5个部分，需要分别设置总账（或明细账）进行核算，在资产负债表中单列项目予以反映；所有者权益各项目的变动情况，则在"所有者权益变动表"中予以反映；至于各种投资主体的资本构成，可在会计报表附注中予以说明。

图12-1 所有者权益两种分类的关系

目前，我国的企业组织形式有公司制、合伙制企业、个人独资企业等。由于企业的特性和法律规范的不同，其所有者权益的构成也有所不同。由于股份有限公司最能够体现所有者权益的特征，其会计处理也最为复杂和最具代表性，本章将主要以股份有限公司为例阐述所有者权益的核算。

12.2 投入资本

12.2.1 投入资本的性质

投入资本是指投资者投入到企业的各种资产的价值，包括实收资本（或股本）和资本公积。实收资本是投资者作为资本投入企业的各种财产的价值，是企业注册登记的法定资本总额的来源，它表明所有者对企业的基本产权关系。是企业正常运行所必须的资金，企业在一般情况下无须偿还，可以长期周转使用。在股份制企业，实收资本称为股本。

《中华人民共和国公司法》（以下简称《公司法》）所称的公司，是指依法在中国境内设立的有限责任公司和股份有限公司。《公司法》第六条规定："设立公司，应当依法向公司登记机关申请设立登记。符合本法规定的设立条件的，由公司登记机关分别登记为有限责任公司或者股份有限公司。"第七条规定："依法设立的公司，由公司登记机关发给公司营业执照。公司营业执照签发日期为公司成立日期。"如图12-2所示。

图12-2 企业法人营业执照

【延伸知识】

2016年6月3日，国务院办公厅发布了（2016）53号文件《关于加快推进"五证合一、一照一码"登记制度改革的通知》，从2016年10月1日起正式实施登记制度改革。五证合一、一照一码，即营业执照、组织机构代码证、税务登记证、社会保险登记证、统计登记证在一个科学编码的基础上，企业实现了工商、质检、税务、社保以及统计登记统一办理，实施五证联办以后，将有利于政府信息的共享，能降低交易成本，提高交易透明度，企业注册公司更快捷便利，在更大范围、更深层次实现信息共享和业务协同。

按照我国《公司法》第二十三条规定，设立有限责任公司，必须有符合公司章程规定的全体股东认缴的出资额；第七十六条规定，设立股份有限公司，必须有符合公司章程规定的全体发起人认购的股本总额或者募集的实收股本总额。因此，投资者设立企业必须具有投资者投入并依法登记的注册资本等条件。

我国实行的是注册资本制度，要求企业的实收资本与其注册资本一致。

"注册资本"与"实收资本"是两个不同的概念。实收资本是企业投资者按照企业章程或合同、协议的约定，实际投入企业的资本。按照《公司法》第二十六条规定，有限责任公司的注册资本为企业在工商机关依法登记的全体股东认缴的出资额。由于我国《公司法》允许分期出资，因此，有限责任公司有时是分阶段收到股东的出资额的。"实收资本"是全体股东实际交付并经公司登记机关依法登记的出资额。在股东尚未缴齐注册资本以前，实收资本在某段时间内可能少于注册资本；在股东缴齐了注册资本后，实收资本等于注册资本。公司的注册资本与实收资本最终应当一致。

【延伸知识】

2014年3月1日实施的《公司法》在放宽公司注册资本登记条件方面的修改内容：

（1）放宽了注册资本登记条件，取消了公司注册资本最低限额制度。①将第二十三条有限责任公司设立条件中的"股东出资达到法定资本最低限额"修改为"有符合章程规定的全体股东认缴的出资额"；②删去第五十九条第一款、第二十六条第二款和第八十一条第三款中有关公司注册资本最低限额的规定；③将第七十七条股份有限公司设立条件中的"发起人认购和募集的股本达到法定资本最低限额"修改为"有符合章程规定的全体发起人认购的股本总额或者募集的实收股本总额"；④删去第一百七十八条第三款有关公司减资后注册资本不得低于法定的最低限额的规定。

如此，除了法律行政法规以及国务院决定对公司注册资本最低限额另有规定的情况之外，取消了有限责任公司最低注册资本3万元，一人有限责任公司最低注册资本10万元，股份有限公司最低注册资本500万元的限制。

（2）不再限制公司设立时股东的首次出资比例，也不再限制股东的货币出资比例缴足出资期限。①删去第二十六条第一款和第八十一条第一款中有关公司全体股东（发起人）的首次出资比例的规定；②将第八十四条第一款中的"一次缴纳的发起人应即缴纳全部出资，分期缴纳的发起人应即缴纳首期出资"修改为"并按照章程规定缴纳出资"。

资料来源：根据《公司法》整理

实收资本的构成比例，即投资者的出资比例或股东的股份比例，通常是确定所有者在企业所有者权益中所占的份额和参与企业经营决策的基础，也是企业进行利润分配或股利分配的依据，同时还是企业清算时确定所有者对净资产的要求权的依据。

12.2.2 所有者投入资本

为了全面反映企业投入资本的形成过程和结果，在会计核算上，股份有限公司需要设置"股本"账户，其他类型企业对所有者投入的资本，设置"实收资本"账户来总括反映其增减变动情况。"实收资本"（或股本）账户应按投资者设置明细账，进行明细核算。

《公司法》第二十七条规定"股东可以用货币出资，也可以用实物、知识产权、土地使用权等可以用货币估价并可以依法转让的非货币财产作价出资"，即投资者可以用现金投资，也可以用房屋、建筑物、机器设备、原材料和库存商品等有形资产投资，符合国家规定的还可以用专利权、商标、土地使用权等无形资产投资。

不同组织形式的企业，所有者投入资本的会计处理方法也有所不同。

12.2.2.1 非股份制企业投入资本的核算

非股份制企业是指除股份有限公司以外的企业，如有限责任公司、个人独资企业、合伙企业。由于个人独资企业、合伙企业会计核算具有特殊性，本章不介绍其投入资本的会计处理。

有限责任公司的股东人数有一定的限制，由50人以下股东共同出资设立，股东以各自的出资额为限对公司承担有限财产责任，其全部资本不分为等额股份，不公开募集资本，公司向股东签发出资证明而不发行股票，有限责任公司股东转让出资，须经股东会讨论通过，公司的规模可大可小，适应性强，设立程序简单，组织机构灵活。

与有限责任公司不同，股份有限公司股东人数有下限，一般情况下，公司发起人为2人以上、200人以下，其中须有半数以上在中国境内有住所，其全部资本划分为等额股份，以发行股票方式筹集资本，股票可以交易或转让，一般规模较大，是典型的合资公司，在设立程序上也比较复杂。

企业为全面反映非股份制企业投入资本的形成过程和结果，在会计上需要设立"实收资本"账户，并按投资机构的名称（或投资者个人的姓名）设置明细账户进行明细核算。有限责任公司应当置备股东名册，记载于股东名册的股东，可以依股东名册主张行使股东权利。"实收资本"账户属所有者权益类账户，核算企业实际收到投资人投入的资本。企业实际收到投资者投入的资本或将资本公积、盈余公积转增资本时，借记"银行存款"、"资本公积"、"盈余公积"账户，贷记"实收资本"账户。按规定减少投资时登记在该账户的借方，该账户的期末贷方余额反映企业实际拥有的并经由公司登记机关依法登记的资本数额。下面分别以现金方式和非现金方式投资的会计核算进行说明。

（1）现金投资的核算

【例12-1】2015年12月18日宏成公司成立时，接受甲公司投入现金900 000元，存入银行。公司应编制的会计分录如下：

借：银行存款　　　　　　　　　　　　　　　　900 000

　　贷：实收资本——甲公司　　　　　　　　　　900 000

（2）非现金资产投资的核算

投资者以房屋、建筑物、机器设备等固定资产对企业进行投资时，可按投资合同或协议约定的价值，借记"固定资产"账户，按投资合同或协议约定的在企业注册资本中所占份额的部分贷记"实收资本"账户，投资合同或协议约定的价值（约定价值不公允的除外）超过在企业注册资本中所占份额的部分，贷记"资本公积—资本溢价"账户。

【例12-2】2015年12月9日光明公司接受丙投资者投入大型设备一台，该设备的账面价值为300 000元，已提折旧40 000元，投资合同约定该设备的价值为260 000元，假定合同约定的该设备的价值与公允价值相符。丙投资者投入的资产占企业注册资本6 000 000元的4%，该大型设备已验收。光明公司应编制的会计分录如下：

借：固定资产   260 000

  贷：实收资本——丙投资者   240 000

    资本公积——资本溢价   20 000

12.2.2.2 股份有限公司投入资本的核算

股份有限公司，简称股份公司，是指其全部资本分为等额股份，股东以其所持股份为限对公司承担责任，公司以其全部资产对公司的债务承担责任的企业法人。

股份有限公司与有限责任公司相比具有以下特点。

（1）股份有限公司的全部资本分为等额股份，每股金额相等，由发起人或股东认购并持有

股份作为公司资本的基本单位，是股份有限公司最重要的特征；股份有限公司股东对公司的责任仅以其所持股份为限，公司则以其全部资产对外承担责任。这与有限责任公司的股东所负的有限责任是同样的。

（2）开放性与社会性

股份有限公司可以通过对外公开发行股票，向社会募集资金。任何投资者都可以通过购买股票而成为股份有限公司的股东，从而使股份有限公司具有了最广泛的社会性。股东可以自由转让其持有的公司股份。并且，为了便于投资者的决策及有利于对公司的法律监管，法律规定了股份有限公司的信息披露制度。所以，股份有限公司也被称为开放性公司。

股份公司的股份按照股东权利不同可以分为普通股和优先股。

普通股是一种最普遍、最重要的形式。我国股份有限公司目前发行的主要是普通股。普通股股东具有以下权利：①投票表决权，即有权参与股份有限公司的重大经营决策和财务决策，一股一投票权；②收益分配权，即对公司实现的税后利润有权按其持股比例予以分享，股息是不固定的，由公司赢利状况及其分配政策决定。普通股股东必须在优先股股东取得固定股息之后才有权享受股息分配权；③优先认股权，即如果公司需要扩张而增发普通股股票时，公司往往赋予普通股股东按其持股比例优先认购新增发行股票的权利，从而保持其对企业所有权的原有比例；④剩余财产要求权，即在公司歇业清算时，拍卖资产所得收入在偿还债务及优先股股东的投资以后，如果还有剩余资产，将按普通股股东的持股比例进行分配。

优先股是相对于普通股而言的，是指优先于普通股股东分配公司收益和剩余资产的股份。其性质介于公司债券和普通股之间。优先股股东的权利体现在以下方面：①在分

派给普通股股东股利之前，采取固定股息率或固定的金额，优先分得股息；②在公司终止营业清算解散时，清偿了公司全部债务后，先于普通股股东分得剩余财产；③优先股的权利范围小，优先股股东对公司日常经营管理的一般事项没有表决权，仅在股东大会表决与优先股股东自身利益直接相关的特定事项时，优先股股东才有投票权。

公司发行优先股主要出于以下考虑：①清偿公司债务；②帮助公司渡过财政难关；③欲增加公司资产，又不影响普通股股东的控制权。

【延伸知识】

在我国，发行优先股的公司除按《国务院关于开展优先股试点的指导意见》制定章程有关条款外，还应当按《优先股试点管理办法》在章程中明确优先股股东的有关权利和义务。

（1）在利润分配上。优先股股东按照约定的票面股息率，优先于普通股股东分配公司利润。公司应当以现金的形式向优先股股东支付利息，在完全支付约定的利息之前，不得向普通股股东分配利润。优先股股东的利润分配优先权也可以采取多种形式，应当在公司章程中作出明确规定。公司应当在公司章程中明确以下事项：①优先股股息率是采用固定股息率还是浮动股息率，并相应明确固定股息率水平或浮动股息率计算方法；②公司在可分配税后利润的情况下是否必须分配利润；③如果公司因本会计年度可分配利润不足而未向优先股股东足额派发股息、差额部分是否累积到下一个会计年度；④优先股股东按照约定的股息率分配股息后，是否有权同普通股股东一起参加剩余利润分配；⑤优先股利润分配涉及的其他事项。

（2）在优先分配剩余财产上。当公司因解散、破产等原因进行清算时，公司财产在按照公司法和破产法有关规定进行清偿后的剩余财产，应当优先向优先股股东支付未派发的股息和公司章程约定的清算金额，不足以支付的按照优先股股东持股比例分配。

（3）优先股股东不出席股东大会。出现以下情况之一的，公司召开股东大会会议应通知优先股股东，并遵循《公司法》及公司章程通知普通股股东的规定程序。优先股股东有权出席股东大会会议，就以下事项与普通股股东分类表决，其所持每一优先股有一表决权，但公司持有的本公司优先股没有表决权：①修改公司章程中与优先股相关的内容；②一次或累计减少公司注册资本超过10%；③公司合并、分立、解散或变更公司形式；④发行优先股；⑤公司章程规定的其他情形；此外，如果公司累计3个会计年度或连续2个会计年度未按约定支付优先股股息的，优先股股东有权出席股东大会，每股优先股股份享有公司章程规定的表决权。对于股息可累积到下一个年度的优先股，表决权恢复直至公司全额支付所欠股息。对于股息不可累积的优先股，表决权恢复直至公司全额支付当年股息。当然公司章程可规定优先股表决权恢复的其他情形。

（4）优先股转股回购的规定。公司还可以在公司章程中规定优先股转为普通股、发行人回购优先股的条件、价格和比例。

资料来源：2014年3月21日中国证券监督管理委员会【第97号令】《优先股试点管理办法》

股份公司的投入资本在进行会计处理时，设置"股本"账户核算其股东投入企业的股本。在"股本"账户下应按股份的类别及股东单位或姓名设置明细账，提供企业股份的构成情况。此外，还可以设置股本备查簿，详细记录企业核定的股本总额、股份总数及每股面值等情况。"股本"账户属所有者权益类账户。该账户贷方登记企业已发行的股票面值或实际收到的投资者投入的股本数；借方登记企业按法定程序报经批准减少的注册资本数，该账户的期末贷方余额，反映的是股份有限公司实有的股本总额。企业实际收到投资者投入的资本或将资本公积、盈余公积转增资本时，借记"银行存款"、"资本公积"、"盈余公积"账户，贷记"股本"账户。

股份有限公司应根据不同的设立方式，选择不同的会计处理方法。

（1）股份有限公司的设立方式

股份有限公司可以采取发起设立或者募集设立的方式。

①发起设立，是指由发起人认购公司应发行的全部股份而设立的公司。按照《公司法》第八十条规定，股份有限公司采取发起设立方式设立的，注册资本为在公司登记机关登记的全体发起人认购的股本总额。在发起人认购的股份缴足前，不得向他人募集股份。发起设立方式的特点是：公司的全部股份全部由发起人认购，不向发起人之外的任何人募集股份，一般不会发生设立公司失败的情况，因此，其筹资风险小；采用发起式筹集资本，因为股东是固定的，所以无须聘请证券商向社会广泛募集资金。在一般情况下，其筹集费用很低，仅发生一些股权证印刷费之类的小额费用，可以直接计入管理费用。

②募集设立，是指由发起人认购公司应发行股份的一部分，其余股份向社会公开募集或者向特定对象募集而设立的公司。按照《公司法》第八十条规定，股份有限公司采取募集方式设立的，注册资本为在公司登记机关登记的实收股本总额。募集设立方式的特点是：公司股份由发起人认购的股份不得少于公司发行股份总数的35%，其

余部分可以采用向其他法人或自然人以发行股票的方式进行募集，其筹资对象广泛，在资本市场不景气或股票的发行价格不恰当的情况下，有发行失败（即股票未被全部认购）的可能，按照有关规定发行失败损失由发起人承担，其筹资风险大，因此，企业往往需要委托第三方（券商）发行股票。由于募集过程中从投资者认购到实际缴纳认股款要经过大量工作并发生比较多的费用，所以，支付给证券商的发行费一般较高。发行费在会计上的处理方法是：如果该公司的股票是溢价发行，则可以从溢价金额中扣除发行费等费用，冲减"资本公积—股本溢价"，溢价不足抵扣的，冲减盈余公积和未分配利润；股票发行没有溢价或溢价金额不足支付发行费用的部分，应将不足支付的发行费用冲减盈余公积和未分配利润。

【延伸知识】

2010年6月23日，中国证监会会计部发布的《上市公司执行企业会计准则监管问题解答（2010年第一期，总第四期）》（以下简称《问题解答》）中对上市公司在发行权益性证券过程中发生的各种交易费用及其他费用，应如何进行会计核算的解答中规定，上市公司为发行权益性证券发生的承销费、保荐费、上网发行费、招股说明书印刷费、申报会计师费、律师费、评估费等与发行权益性证券直接相关的新增外部费用，应自所发行权益性证券的发行收入中扣减，在权益性证券发行有溢价的情况下，自溢价收入中扣除，在权益性证券发行无溢价或溢价金额不足以扣减的情况下，应当冲减盈余公积和未分配利润；发行权益性证券过程中发行的广告费、路演及财经公关费、上市酒会费等其他费用应在发生时计入当期损益。

财会[2010]25号文件第七条上市公司对因发行权益性证券而发生的有关费用进行会计处理也做出如下特别规定，即企业为发行权益性证券（包括作为企业合并对价发行的权益性证券）发生的审计、法律服务、评估咨询等交易费用，应当分别按照《企业会计准则解释第4号》和《企业会计准则第37号——金融工具列报》的规定进行会计处理；但是，发行权益性证券过程中发生的广告费、路演费、上市酒会费等费用，应当计入当期损益，并自2010年1月1日起施行。

由上所及，《上市公司执行企业会计准则监管问题解答》与财会[2010]25号文件皆对因发行权益性证券而发生的有关费用做出了应区分上述两种情形进行财务处理，而不能将股票发行费用完全从发行收入中冲减。也就是说《问题解答》及财会[2010]25号文件对股票发行费用的处理是分两步处理，即直接归属于发行权益工具新增外部费用从发行收入中处理，其他费用计入当期损益，后一种处理的结果从财务层面上而言则将直接导致上市公司利润的减少，也进而影响上市公司的"业绩"。

（2）公司发行股票筹集资金的核算

股份有限公司不同于其他企业最显著的特点就是将企业的全部资本划分为等额股份，并通过发行股票方式来筹集资本。股本就是股票的面值与股份总数的乘积，股本应等于企业的注册资本。按照国家有关规定，股份有限公司的股本应在核定的股本总额及核定的股份总额范围内通过发行股票取得，企业发行股票取得的实际收入与股本总额往往不一致。公司发行股票取得的收入大于股本总额的，称为溢价发行；小于股本总额的，称为折价发行；等于股本总额的，称为面值发行。按照《公司法》的有关规定，我国不允许公司折价发行股票。无论是面值发行还是溢价发行，记入"股本"账户的金额必须是股票面值。因此，在溢价发行的情况下，企业应将相当于股票面值的部分记入"股本"账户，发行价格超过面值的部分在扣除发行手续费、佣金等发行费以后记入"资本公积"账户。

【例12-3】2015年5月29日新华股份有限公司委托某证券公司代理发行1 000万股普通股股票，股票每股面值1元，发行价格每股为2.5元。在股票发行过程中发生了发行费用100 000元，从发行收入中扣除。新华公司应计入"股本"的金额是1 000万元。应计入"资本公积"的金额是：1 000×2.5-1 000-10=1490（万元）

借：银行存款 24 900 000

　贷：股本——普通股 10 000 000

　　资本公积——股本溢价 14 900 000

12.3 资本公积

由上述可见，实收资本是投资者为谋求价值增值而对公司的一种原始投资，从法律上讲属于公司的法定资本。所有者投入资本需要分别在"实收资本"或"股本"和"资本公积"账户进行核算。

资本公积是归所有者所共有的、非收益转化而形成的资本，是由投资人在投入资本过程中所发生的与投入资本有直接关系，但又不能构成实收资本的积存资金，以及从其他特定来源取得属于所有者共同享有的资金。主要由发行股票时的溢价收入和其他资本公积等构成。从会计上讲，资本公积是投入资本的一部分，与上述实收资本并无区分的必要，但从法律上讲，实收资本（法定资本或股本）不得任意减少，而资本公积则是一定条件下可以减少的资本，如以资本公积转增股本等，所以两者必须区别处理。

企业应设置"资本公积"账户核算资本公积的增减变动情况。该账户属所有者权益类账户。其贷方登记企业取得的资本公积金数额；借方登记资本公积金的减少数；期末贷方余额，表示企业资本公积金的实际结存数额。"资本公积"应设置"资本溢价"、"股本溢价"、"其他资本公积"等明细账户。

12.3.1 资本溢价（或股本溢价）

资本溢价主要是指企业在吸收新的投资者时，因企业经营了一段时间后，其资本利润会高于初创阶段，因此，相同数量的投资由于其出资时间不同，其对企业的影响程度也不完全一样。所以新加入的投资者应比原投资者付出更多的投资额，才能拥有相同的出资比例，并享有其权利。出资额超过出资比例的部分应记入"资本公积——资本溢价"账户。

股本溢价是股份公司溢价发行股票时，股票价格超过股本的溢价额。会计处理时，计入"股本"账户的只能按面值计价，超过股票面值的部分在扣除有关股票发行的手续费、佣金后的差额记入"资本公积——股本溢价"账户。

12.3.2 其他资本公积

其他资本公积是资本溢价或股本溢价项目以外原因所形成的资本公积。具体是指除记入其他综合收益以外的直接计入所有者权益额的利得和损失。主要包括以下内容。

（1）以权益结算的股份支付

《企业会计准则第11号——股份支付》规范了企业按规定实施的职工期权激励计划的会计处理和相关信息的披露要求。

股份支付，是指企业为获取职工和其他方提供的服务而授予权益工具或者承担以权益工具为基础确定的负债的交易。股份支付包括以权益结算的股份支付和以现金结算的股份支付。

以权益结算的股份支付是指企业为获取服务以股份或其他权益工具作为对价进行结算的交易。

其他资本公积只核算以权益结算的股份支付。

股份支付包括4个环节：

①授予日。是指股份支付协议获得批准的日期。"获得批准"，指企业与职工或

其他方就股份支付的协议条款和条件已达成一致，该协议获得股东大会或类似机构的批准。"达成一致"，指双方在对该计划或协议内容充分形成一致理解的基础上，均接受其条款和条件。

②可行权日。是指可行权条件得到满足、职工或其他方具有从企业取得权益工具或现金权利的日期。只有达到可行权条件的股票期权，是职工真正拥有的"财产"，才能去择机行权。从授予日至可行权日的时段，是可行权条件得到满足的期间，因此称为"等待期"，又称"行权限制期"。

③行权日。是指职工和其他方行使权利、获取现金或权益工具的日期。持有股票期权的职工行使了以特定价格购买一定数量本公司股票的权利，该日期即为行权日。行权是按期权的约定价格实际购买股票，一般是在可行权日之后到期权到期日之前的可选择时段内行权。

④出售日。是指股票的持有人将行使期权所取得的期权股票出售的日期。按照我国法规规定，用于期权激励的股份支付协议，应在行权日与出售日之间设立禁售期，其中国有控股上市公司的禁售期不得低于2年。

以权益结算的股份支付包括换取职工服务的权益结算的股份支付和换取其他方服务的权益结算的股份支付。

换取其他方服务，指企业以自身权益工具换取职工以外其他有关方面为企业提供的服务。

①对于换取职工服务的股份支付，企业应当以股份支付所授予的权益工具的公允价值计量。对于换取其他服务方服务的股份支付，企业应当以股份支付所换取的服务的公允价值计量。

②企业应在等待期内的每个资产负债表日，以对可行权权益工具数量的最佳估计为基础，按照权益工具在授予日的公允价值，将当期取得的服务计入相关资产成本或当期费用，同时计入资本公积中的其他资本公积。

③行权日，按实际行权的权益工具数量计算确定的金额，将其从"资本公积——其他资本公积"科目转入"实收资本（或股本）"、"资本公积——资本溢价（或股本溢价）"等科目。对于授予后立即可行权的换取职工提供服务的权益结算的股份支付（如授予限制性股票的股份支付），应在授予日按照权益工具的公允价值，将取得的服务计入相关资产成本或当期费用，同时计入资本公积。

【例12-4】新华公司2015年7月1日采用授权后立即行权的方式授予高管人员股份

100万股普通股股票，每股面值1元，每股发行价格为8元。

（1）授权时：

借：管理费用   8 000 000

    贷：资本公积——其他资本公积   8 000 000

（2）行权时：

借：资本公积——其他资本公积   8 000 000

    贷：股本   1 000 000

       资本公积——股本溢价   7 000 000

（2）权益法下，被投资单位发生的不属于其他综合收益的权益变动份额，如被投资单位其他股东的资本性投入；其他股东增减资等因素导致对被投资单位股权比例变动等，第8章已有阐述，此处不再赘述。

资本公积的主要用途是转增资本（或股本）。企业用资本公积转增资本需经股东大会或类似机构决议并向原登记机关办理有关法律手续，用资本公积转增资本时，借记"资本公积——资本溢价或股本溢价"账户，贷记"实收资本"（或"股本"）账户。

12.4 其他综合收益

企业综合收益由净利润和其他综合收益两个部分组成。

根据《企业会计准则30号——财务报表列报》（2014年修订）第三十三条规定，其他综合收益，泛指直接计入所有者权益的利得和损失。也就是说，所有未计入当期收益（即未纳入利润表中予以反映）的利得和损失，均被称为其他综合收益。

该部分损益未作为当期损益确认的原因是未在当期实现。比如，可供出售的金融资产公允价值变动损益确认为其他综合收益，就是因为股票尚未出售且不打算在近期出售，不能计入当期损益。

其他综合收益项目根据相关会计准则的规定分为下列两类：①以后会计期间不能重分类进损益的其他综合收益项目；②以后会计期间在满足规定的条件时将重分类进损益的其他综合收益项目。

会计上设置"其他综合收益"总账科目，该账户属于所有者权益账户，该账户的借方登记应计入其他综合收益的损失及满足条件后重新分类进损益的利得，贷方登记应计入其他综合收益的利得及满足条件后重新分类进损益的损失。该总账科目下应按不同项目设置明细科目进行明细核算。

12.4.1 将重分类进损益的其他综合收益的核算

将重分类进损益的其他综合收益，是指以后会计期间在满足规定的损益确认条件时，需将其作为当期损益的其他综合收益。主要包括：

（1）采用权益法核算的长期股权投资

在权益法下，如果被投资单位存在"以后会计期间在满足规定条件时将重新分类计入损益的其他综合收益项目"，即投资方长期股权投资采用权益法时，投资企业对于被投资单位以后会计期间在满足损益确认条件时将重分类进损益的其他综合收益项目中所享有的份额，相应调整长期股权投资的账面价值，同时增加或减少其他综合收益。即借记或贷记"长期股权投资——其他综合收益"账户，贷记或借记"其他综合收益——权益法下能重分类进损益的份额"账户。

【例12-5】新新公司持有B企业30%的股份，能够对B企业施加重大影响。当期B企业因持有的可供出售金融资产公允价值的变动计入其他综合收益的金额为1 200万元，B企业当期实现的净利润为6 000万元。假定新新公司与B企业适用的会计政策和会计期间相同。投资时B企业有关资产、负债的公允价值与其账面价值也相同，双方在当期及以前期间未发生任何内部交易。

新新公司在确认应享有被投资单位所有者权益变动时：

借：长期股权投资——所有者权益其他变动　　18 000 000

　　　　　　　　　——其他权益变动　　　　　3 600 000

　　贷：投资收益　　　　　　　　　　　　　　　　18 000 000

　　　　其他综合收益——其他资本公积　　　　　　3 600 000

（2）可供出售金融资产公允价值变动形成的利得和损失

资产负债表日，可供出售金融资产的公允价值高于其账面余额的差额，借记"可供出售金融资产——公允价值变动"账户，贷记"其他综合收益"账户；公允价值低于其账面余额的差额，做相反的会计分录。

【例12-6】2015年4月30日，甲上市公司持有某可供出售金融资产的月初公允价值为520 000元，月末公允价值为560 000元。假定不考虑其他因素，甲公司应编制如下会计分录：

借：可供出售金融资产——公允价值变动　　　　40 000

　　贷：其他综合收益　　　　　　　　　　　　　　40 000

（3）持有至到期投资重分类为可供出售金融资产形成的利得和损失

根据《企业会计准则第22号——金融工具确认与计量》准则的规定，将持有至到期投资重分类为可供出售金融资产时，应在重分类日，按照该项持有至到期投资的公允价值，借记"可供出售金融资产——公允价值变动"账户，已计提减值准备的，借记"持有至到期投资减值准备"账户，按其账面余额，贷记"持有至到期投资——成本、利息调整、应计利息"账户，按其差额，贷记或借记"其他综合收益"账户。

【例12-7】2015年6月30日，乙公司因持有意图和能力发生改变，原作为持有至到期投资的某债券不再符合作为持有至到期投资进行核算的条件，按照规定应重分类为可供出售金融资产进行核算。当日该持有至到期投资的账面余额为420 000元，已提减值准备60 000元，公允价值为400 000元。假定不考虑其他因素，乙公司应编制如下会计分录：

借：可供出售金融资产——公允价值变动　　　　400 000

　　持有至到期投资减值准备　　　　　　　　　　60 000

　　贷：持有至到期投资　　　　　　　　　　　　420 000

　　　　其他综合收益　　　　　　　　　　　　　　40 000

（4）自用房地产或存货转换为采用公允价值模式计量的投资性房地产时该项房地产在转换日形成的利得和损失

（5）现金流量套现工具产生的利得和损失中属于有效套期的部分

（6）外币报表折算差额等内容详见相应的会计准则的规定

12.4.2 不能重分类进损益的其他综合收益的核算

以后会计期间不能重分类进损益的其他综合收益项目，主要包括重新计量设定收益计划净负债或净资产导致的变动、按照权益法核算的在被投资单位以后会计期间不能重新分类进损益的其他综合收益项目中所享受的份额。

所谓重新计量设定收益计划净负债或净资产导致的变动，是指对设定收益计划净负债或净资产重新计量形成的利得和损失。

有设定收益计划的企业，重新计量设定收益计划净负债或净资产导致变动计入其他综合收益，并且在后续会计期间不允许转回至损益。权益法下被投资单位不能重分类进损益的其他综合收益数额中投资企业拥有的份额，核算方法与将重分类进损益的其他综合收益数额中投资企业拥有的份额相同，但在利润表中要将其列示于"以后不能重分类进损益的其他综合收益"大类里的"权益法下在被投资单位不能重新分类进损益的其他综合收益中享有的份额"项目内。

12.5 留存收益

12.5.1 留存收益的性质与形成

留存收益是企业生产经营活动所产生的利润在向国家缴纳所得税后留存在公司的部分，包括计提的盈余公积和未分配利润。企业缴纳所得税后的利润（净利润）可以股利形式分派给股东，也可以提取盈余公积作为积累资金，以满足扩大生产规模、弥补亏损等需要。税后利润尚未分配的部分形成未分配利润。这种分类方法既有助于清晰地反映企业所有者权益的形成原因，为保护债权人利益提供重要的信息，又利于投资者考核企业管理当局的管理效率。

留存收益来源于公司的生产经营活动所实现的净利润，它与实收资本和资本公积的区别在于，实收资本和资本公积来源于企业的资本投入，而留存收益来源于企业的资本增值，是由企业经营活动赚取利润而来。

企业要生存和发展壮大，就必须通过生产经营活动获取利润。企业利润总额扣除按国家规定上缴的所得税后，称为税后利润或净利润。税后利润可以按照法规、协议、合同、公司章程等有关规定进行分配。在分配税后利润时，一方面应按照国家的规定提取盈余公积（包括法定盈余公积金、任意盈余公积金），将当年实现的利润留存于企业，形成内部积累，成为留存收益的组成部分；另一方面向投资者分配利润或股利，分配利润或股利后的剩余部分作为未分配利润。未分配利润是留待以后年度分配的利润，可用于企业扩大生产经营活动的资金需要，也可用于弥补以后年度亏损，还可以留待以后年度向投资者分配利润或股利。未分配利润同样成为企业留存收益的组成部分。见图12-3。

图12-3　留存收益的构成

根据我国《公司法》等有关法律的规定，企业当年实现的利润分配顺序如下。

①弥补以前年度亏损（在不超过税法规定的弥补期限之内）。

②缴纳所得税。

③弥补企业在税前利润弥补亏损之后仍存在的亏损。

④提取法定盈余公积。法定盈余公积按照税后利润（减弥补亏损）的10%提取。当法定盈余公积累计额已达公司注册资本的50%时，可不再提取。

⑤提取任意盈余公积。公司制企业在提取法定盈余公积后，按照公司章程规定或股东会决议，可以提取任意盈余公积。

⑥向投资者分配利润或股利。企业弥补亏损和提取盈余公积后的剩余利润，有限责任公司按照股东的出资比例向股东分配利润，股份有限公司按照股东持有股份比例分配股利。

12.5.2 盈余公积

（1）盈余公积的来源

盈余公积是企业按照规定从税后利润中提取的各种积累资金。提取盈余公积的主要目的是限制股利的过量分派，即向投资者表明，税后利润所代表的资财应提取一部分，以满足将来扩大企业生产规模、弥补日后发生的亏损等的需要，而不能全部以股利的形式分派给投资者。

盈余公积金按其提取的依据和用途不同可分为法定盈余公积金和任意盈余公积金两种。法定盈余公积按照税后利润的10%提取，法定盈余公积累计额已达注册资本的50%时可以不再提取。任意盈余公积金是指提足法定盈余公积后，企业按照公司章程规定或股东大会决议自行决定提取的盈余公积金。法定盈余公积和任意盈余公积的区别在于其各自计提的依据不同，前者以国家的法律或行政规章为依据提取，后者则由公司自行决定提取。

为了反映盈余公积的增减变动情况，企业应设置"盈余公积"账户。"盈余公积"账户所有者权益账户，该账户贷方登记企业按照规定从净利润中提取而形成的盈余公积，借方登记企业将盈余公积用于弥补亏损、转增资本数额，以及分配现金股利或利润而减少的数额，期末余额一般在贷方，反映企业提取的尚未使用的盈余公积结余额。本账户应下设"法定盈余公积"和"任意盈余公积"明细账户。

【例12-8】甲企业2015年12月31日实现税后利润5 000 000元，即"本年利润"账户的年末贷方余额为5 000 000元，按规定提取10%的法定盈余公积、4%的任意盈余公积。该企业应编制会计分录如下：

（1）结转本年税后利润（净利润）：

借：本年利润   5 000 000

   贷：利润分配——未分配利润   5 000 000

（2）提取盈余公积：

借：利润分配——提取法定盈余公积   500 000

            ——提取任意盈余公积   200 000

   贷：盈余公积——法定盈余公积   500 000

            ——任意盈余公积   200 000

（3）结转利润分配各明细账：

借：利润分配——未分配利润   700 000

   贷：利润分配——提取法定盈余公积   500 000

            ——提取任意盈余公积   200 000

（2）盈余公积的用途

盈余公积是企业专门用于维持和发展企业生产经营的准备金，其主要用途为：弥补亏损、转增资本。

①弥补亏损。按照现行税法规定，企业某年度发生的亏损，在其后5年内可以用实现的税前利润来弥补，从第6年开始，只能用税后利润弥补。如果企业发生的亏损用税后利润仍不足弥补的，则可以用发生亏损以前所提取的盈余公积来加以弥补。用盈余公积弥补亏损时，应当由董事会提议，并经股东大会批准，或者由类似的机构批准方可进行。

【例12-9】2015年12月31日，某公司以前年度累计未弥补亏损为300 000元，按照规定，已超过了以税前利润弥补亏损的期限。本年由公司董事会决议，并经股东大会批准用提取的法定盈余公积金弥补当期亏损。账务处理如下：

  借：盈余公积——法定盈余公积金   300 000

    贷：利润分配——未分配利润   300 000

  ②转增资本。当企业提取的盈余公积累积额较大时，可以将盈余公积转增资本，在实际将盈余公积转增资本时，必须经投资人同意或股东大会决议批准并办理相应的增资手续，按照投资人原持股比例予以转增。用盈余公积转增资本后，留存的盈余公积数额不得少于转增前公司注册资本的25%。

  企业将盈余公积转增资本时，应当按照转增资本前的资本结构比例，将盈余公积转增资本的数额记入"实收资本"（或股本）账户下各所有者的明细账，相应增加各所有者对企业的资本投资。

  【例12-10】2015年12月31日，某公司经批准同意，在本期将盈余公积500 000元转增资本。该企业账务处理如下：

  借：盈余公积   500 000

    贷：实收资本（或股本）   500 000

  这里需要说明的是：用盈余公积弥补亏损或转增资本，只是在所有者权益内部不同项目之间转换，这种转换表明其指定用途的金额发生变化，如企业以盈余公积弥补亏损时，实际是减少盈余公积留存的数额，以此抵补未弥补亏损的数额，并不引起企业所有者权益总额的变动；企业以盈余公积转增资本时，也只是减少盈余公积结存的数额，但同时增加企业实收资本或股本的数额，这并不影响所有者权益总额的增减变动。

  盈余公积的提取实际上是企业当期实现的净利润向投资者分配利润的一种限制。提取盈余公积本身就属于利润分配的一部分，一经提取形成盈余公积后相对应的金额，在一般情况下不得用于向投资者分配利润或股利。提取盈余公积并非将这部分资金从企业资金周转过程中单独抽出并留置起来。至于企业盈余公积的结存数，实际只表现企业所有者权益的组成部分，表明企业生产经营资金的一个来源而已，其形成的资金可能表现为一定的货币资金，也可能表现为一定的实物资产，如存货和固定资产等，随同企业的其他来源所形成的资金进行循环周转。

12.5.3 未分配利润

  未分配利润就是企业经过弥补亏损、提取盈余公积以及分配股利或利润之后，留待以后年度进行分配的结存利润。从数量上来说，未分配利润是期初未分配利润，加上本期实现的税后利润，减去提取的各种盈余公积和已分配出去的利润后的余额，即历年积存的未分配利润。未分配利润有两层含义：一是这部分税后利润没有分给投资者，留待以后年度处理；二是这部分税后利润未指定特定用途。这部分留待以后年度分配的利润，可用于满足企业扩大生产经营活动的资金需要，也可用于弥补以后年度的亏损，还可以留待以后年度向投资者分配。相对于所有者权益的其他部分而言，企业对未分配利润的使用有较大的自主权。

企业一般通过"利润分配——未分配利润"账户对未分配利润进行核算。"利润分配——未分配利润"是所有者权益账户。在会计期末，公司将本期实现的各项收入全部转入"本年利润"账户的贷方，将本期发生的各项成本费用全部转入"本年利润"账户的借方，从而计算出本期的经营成果，然后将"本年利润"借贷方的差额转入"利润分配——未分配利润"账户，期末结存于该账户的贷方余额即为未分配利润，如果出现借方余额则为未弥补亏损。

应注意"利润分配——未分配利润"明细账户的余额反映的是企业历年累积未分配利润或累积未弥补亏损额，而不仅仅是一个会计年度的结果。举例说明如下。

【例12-11】某企业2015年的年初未分配利润为30万元，本年实现净利润200万元，经股东大会批准的利润分配方案为本年提取法定盈余公积20万元，提取任意盈余公积5万元，向投资者分配现金股利45万元。年度终了，企业的账务处理如下。

（1）结转本年实现的净利润时：

借：本年利润 2 000 000

　贷：利润分配——未分配利润 2 000 000

（2）按规定进行利润分配时：

借：　利润分配——提取法定盈余公积 200 000

　　　　　　——提取任意盈余公积 50 000

　　　　　　——应付现金股利 450 000

　贷：盈余公积——法定盈余公积 200 000

　　　　　　——任意盈余公积 50 000

　　　应付股利 450 000

（3）派发现金股利时：

借：应付股利 450 000

　　　　贷：银行存款　　　　　　　　　　　　　450 000

　　　（4）结转本年利润分配时：

　　借：利润分配——未分配利润　　　　　　　700 000

　　　　贷：利润分配——提取法定盈余公积　　　200 000

　　　　　　　　　　——提取任意盈余公积　　　 50 000

　　　　　　　　　　——应付现金股利　　　　　450 000

　　经过上述分配处理，"利润分配——未分配利润"账户的贷方余额为160（30+200-20-5-45）万元，即为公司2015年年末未分配利润的数额。

12.5.4　弥补亏损

　　企业在生产经营过程中既可能发生盈利，也可能出现亏损。企业在当年发生亏损的情况下，与实现利润的情况相同，应当将本年发生的亏损自"本年利润"账户的贷方转入"利润分配——未分配利润"账户的借方，即借记"利润分配——未分配利润"账户，贷记"本年利润"账户。结转后，"利润分配"账户的借方余额，即为未弥补亏损的数额。同时，还应通过"利润分配"账户反映有关亏损的弥补情况。

　　企业发生亏损，可由企业税前利润、税后利润及盈余公积等来弥补。用盈余公积弥补亏损的处理，在盈余公积的用途中已阐述，此处不再赘述。

　　公司用当年实现的利润弥补以前年度结转的未弥补亏损时不必专门作会计分录，只需在年末结账时，将实现的利润自"本年利润"账户结转至"利润分配——未分配利润"账户贷方，结转后自然抵减了借方的未弥补的亏损。

　　由于未弥补亏损形成的时间长短不一等原因，用利润弥补亏损，无论是税前利润补亏，还是税后利润补亏，会计处理方法均相同，区别在于纳税申报时，税法规定准予税前利润补亏的，可以作为应税利润减少的调整数；而准予税后利润补亏的，不能调整减少应税利润。

【本章小结】

　　所有者权益也称净资产，是资产减去负债的净额。本章讨论了所有者权益的性质与分类，按所有者权益按形成的来源不同分为投入资本、留存收益以及直接计入所有者权益的利得和损失。我们比较了负债和所有者权益之间的主要区别。

　　所有者权益主要来源于投入资本。有限责任公司的注册资本是企业在工商行政管理部门登记的全体股东认缴的出资额。而股份有限公司的注册资本需要根据不同的设立方式分别进行处理。

股份公司的普通股和优先股股东具有不同权利。主要体现在投票表决权、收益分配权、优先认股权、剩余财产要求权方面。

所有者权益的另一个重要来源是为满足企业扩张等其他目标而留存的以前年度的收益累积，即留存收益。

虽然缴入资本和留存收益是股东权益的两个不同方面，但它们紧密相关，因而不可能完全独立地讨论其中一种。为此，本章也涉及了留存收益。同样，在第5章投资部分与第14章利润部分中也会看到在本章讲述的与股东权益等相关的内容。将本章与第5章和第14章内容结合起来，就可以对股东权益及其与资产、负债共同构建的资产负债表有全面的了解。

【学习目标小结】

1.了解所有者权益的性质与分类

所有者权益是所有者对企业净资产的要求权。所有者可通过股东大会或董事会，对企业生产经营及盈利分配等政策施加影响并享有参与收益分配、参与经营管理的权利。所有者权益不存在约定的偿还日期，是企业的一项可以长期使用的资金。所有者权益按形成的来源不同，可分为投入资本、直接计入所有者权益的利得和损失、留存收益；为了反映所有者权益的构成情况，便于会计信息使用者了解企业所有者权益的来源及其变动情况，在会计实务中，会计核算和财务报表上将所有者权益划分为实收资本（股本）、资本公积、其他综合收益、盈余公积、未分配利润5个部分。

2.掌握不同组织形式下所有者投入资本的会计处理

公司制是许多企业选择的组织形式。不同组织形式的企业，所有者投入资本的会计处理方法也有所不同。为了全面反映企业投入资本的形成过程和结果，在会计核算上，股份有限公司需要设置"股本"账户，其余企业对所有者投入的资本，设置"实收资本"账户来总括反映其增减变动情况。"实收资本"（或股本）账户应按投资者设置明细账，进行明细分类核算。

3.熟悉资本公积的来源及会计处理

资本公积是由投资人在投入资本过程中所发生的与投入资本有直接关系，但又不能构成实收资本的积存资金，以及从其他特定来源取得属于所有者共同享有的资金。主要来源于资本溢价、股本溢价等明细项目。其主要用途是转增资本（或股本）。

4.掌握留存收益的组成及会计处理

留存收益是企业从历年实现的净利润中提取或形成的留存于企业内部的积累，是由企业内部所形成的资本。它是来源于公司的生产经营活动所实现的净利润，来源于企业的资本增值。留存收益项目在我国对应的是盈余公积和未分配利润。其主要用途是弥补亏损、转增资本和扩大企业生产经营。盈余公积是有特定用途的累积盈余，未分配利润是没有指定用途的累积盈余，留待以后年度处理或这部分税后利润未指定特定用途。这部分留待以后年度分配的利润，可用于满足企业扩大生产经营活动的资金需要，也可用于弥补以后年度的亏损，还可以留待以后年度向投资者分配。相对于所有者权益的其他部分而言，企业对未分配利润的使用有较大的自主权。

5.了解其他综合收益的内容及会计处理

其他综合收益，泛指直接计入所有者权益的利得和损失。也就是说，所有未计入当期收益（即未纳入利润表中予以反映）的利得和损失，是未作为当期损益确认的那部分损益。会计上设置"其他综合收益"总账科目，该科目借方登记应计入其他综合收益的损失及满足条件后重新分类进损益的利得，贷方登记应计入其他综合收益的利得及满足条件后重新分类进损益的损失。该总账科目下应按不同项目设置明细科目进行明细核算。

6.了解弥补亏损的会计处理

企业发生亏损，可由企业税前利润、税后利润及盈余公积等来弥补。公司用当年实现的利润弥补以前年度结转的未弥补亏损时不必专门作会计分录，只需在年末结账时，将实现的利润自"本年利润"账户转至"利润分配——未分配利润"账户贷方，结转后自然抵减了"利润分配——未分配利润"借方的未弥补的亏损。用利润弥补亏损，无论是税前利润补亏，还是税后利润补亏，会计处理方法均相同。

【关键术语】

所有者权益（owner's equity）所有者权益又称净资产，是企业全部资产扣除全部负债后，由所有者享有的剩余权益。

投入资本（invested capital ）是指所有者在企业注册资本的范围内实际投入的资本，是指出资人作为资本实际投入企业的资金数额，进一步划分为投入资本与资本公积。

实收资本（paid-in capital）是投资者按照企业章程，或合同、协议的约定，实际投入企业的资本。

股本（capital stock）是经公司章程授权、代表公司所有权的全部股份，既包括普通股也包括优先股，是构成公司股东权益的组成部分之一。

资本公积（capital reserve）资本公积是由投资人在投入资本过程中所发生的与投入资本有直接关系，但又不能构成实收资本的积存资金，以及从其他特定来源取得属于所有者共同享有的资金。

其他资本公积（other capital reserve）是除资本溢价或股本溢价项目以外所形成的资本公积。

其他综合收益（other comprehensive income，简称oci）是企业根据企业会计准则规定未在损益中确认的各项利得和损失扣除所得税影响后的净额。

留存收益（retained earnings）是公司在经营过程中所创造的，但由于公司经营发展的需要或法定的原因等，没有分配给所有者而留存在公司的盈利。

盈余公积（surplus reserves）是企业从税后利润中提取形成的、存留于企业内部、具有特定用途的收益积累。

未分配利润（undistributed profits）是企业未作分配的利润。它在以后年度可继续进行分配，在未进行分配之前，属于所有者权益的组成部分。

练习题

【简答题】

1.简述所有者权益的构成。

2.简述所有者权益与负债之间的联系。

3.什么是实收资本？企业资本金的来源有哪些？

4.解释为何将股东权益分为投入资本和留存收益两部分。

5.留存收益包括哪些内容？各有何用途？如何进行核算？

6.阐述股份制公司和有限责任公司会计核算的主要区别。

7.解释何谓企业所有权，为何是企业投资者而不是债权人拥有企业所有权。

【业务题】

习题一

1.目的

掌握所有者权益相关会计分录。

2.资料

M公司在2015年发生了以下交易事项，具体交易情况如下。

（1）按法定程序办完增资手续后增发普通股400万股，每股面值1元，每股售价为7元。按2%支付证券公司手续费。

（2）用任意盈余公积80万元来弥补以前年度亏损。

（3）经股东大会同意并按规定办完增资手续后，将1 200万元法定盈余公积用于增加资本。

（4）M公司的税后净收益为500万元，分别按10%、8%提取法定盈余公积、任意盈余公积。

（5）收到股东投入资本100 000元，款项存入银行。

（6）将200 000元盈余公积转增资本。

3.要求

根据上述交易事项，编写相关会计分录。

习题二

1.目的

掌握所有者权益相关会计分录。

2.资料

甲股份有限公司委托某证券公司代理发行普通股1 000万股，每股面值1元，每股发行价格4元。假定根据约定，甲公司按发行收入的1%向证券公司支付发行费用。假设发行收入已全部收到，发行费用已全部支付，不考虑其他因素。

3.要求

编制甲公司有关的会计分录。

习题三

1.目的

掌握增资时与所有者权益相关的会计分录。

2.资料

乙公司原由投资者A和投资者B共同出资成立，每人出资200 000元，各占50%的股份。经营两年后，投资者A和投资者B决定增加公司资本，此时有一新的投资者C要加入乙公司。经有关部门批准后，乙公司实施增资，将实收资本增加到900 000元。经三方协商，一致同意，完成下述投入后，三方投资者各拥有乙公司300 000元实收资本，并各占乙公司1/3的股份。各投资者的出资情况如下。

（1）投资者A以一台设备投入乙公司作为增资，该设备原价180 000元，已提折旧95 000元，评估确认原价180 000元，评估确认净值126 000元。

（2）投资者B以一批原材料投入乙公司作为增资，该批材料账面价值105 000元，评估确认价值110 000元，税务部门认定应交增值税额为18 700元。投资者B已开具了增值税专用发票。

（3）投资者C以银行存款投入乙公司390 000元。

3.要求

根据以上资料，分别编制乙公司接受投资者A、投资者B增资时以及投资者C出资时的会计分录。

习题四

1.目的

掌握所有者权益相关会计分录。

2.资料

丙公司2015年年初未分配利润为250 000元，本年实现净利润为1 500 000元。本年提取法定盈余公积金150 000元，支付现金股利400 000元。因扩大经营规模的需要，经批准，丙公司决定将资本公积100 000元和盈余公积200 000元转增资本。

3.要求

（1）编制丙公司上述业务的会计分录。

（2）计算丙公司2015年末"利润分配——未分配利润"科目的期末余额。

【案例题】

新华公司2015年12月31日资产负债表上的股东权益部分如下：

股本（1 000 000股）　　　　　1 000 000元

资本公积（股本溢价）　　　　　600 000元

盈余公积　　　　　　　　　　　800 000元

未分配利润　　　　　　　　　　500 000元

股东权益　　　　　　　　　　2 900 000元

新华公司在过去的3年中，每年每股发放现金股利0.18元。公司考虑今后的现金需要，董事会宣告并发放股票股利200 000股。在股票股利发放后不久，公司又宣告发放现金股利每股0.15元。

业余证券投资者张平在几年前曾以每股30元购得该公司普通股1 000股。

讨论：

（1）新华公司发放股票股利前后的净资产是否有变化？为什么？

（2）张平今年收到的现金股利与以前年度收到的现金股利是否一样？

（3）在发放股票股利的当天，股票的每股市价从30元跌至25元，请分析张平是否有损失。

第三篇

收入费用利润篇

第13章　营业收入

【学习目标】

1.了解营业收入的性质及其分类。

2.掌握营业收入的实现原则。

3.了解销售商品、提供劳务和让渡资产使用权等不同形式收入的确认条件。

4.掌握商品销售收入的会计处理方法。

5.了解委托代销方式销售收入确认的时点及其会计处理。

【引导案例】

张家界营业收入持续增长

张家界旅游集团股份有限公司（简称张家界），证券代码000430。主营业务包括：旅游资源开发、旅游基础设施建设、旅游配套服务、与旅游有关的高科技开发；旅游环保产品开发、生产、销售；旅游信息咨询服务。还从事国家法律法规及政策允许范围内的产业投资。以及销售百货、五金交化、化工（不含危险品及监控化学产品）、建筑材料、机械电子设备及政策允许的矿产品、金属材料。

2015年8月17日晚间公司发布2015年半年度报告，截至6月30日，公司上半年实现营业收入24 271.35万元，比上年同期17 025.24万元增长7 246.11万元，增幅42.56%；实现归属于上市公司股东的净利润4 889.4万元，比上年同期1 985.5万元增长2 903.9万元，增幅146.25%。营业利润率25.72%。

张家界2015年上半年的利润增长主要源于旅游经济高增长、稳发展的大环境，加上公司继续加大营销力度，推出了一系列优质景点联票政策，旗下的杨家界索道、宝峰湖、十里画廊观光电车等游客人数都比上年大幅增长；与此同时严控成本。

作为营业收入主要来源的武陵源大景区不断推出营销措施和旅游线路新产品，

客流增速良好，今年上半年游客量同比增22%，从而带动公司营业收入快速增长。其中，宝峰湖景区实现营业收入2 970万元，同比增长66.30%。

张家界索道成为公司新的利润增长点。该景点自2014年4月18日开始运营，2014年全年接待游客近34万人次，2015年一季度接待游客18.5万人次。2015年上半年就实现营业收入5 360万元，同比增14倍，索道票价为76元，据估算张家界索道上半年游客接待量超过80万人次。张家界索道为公司下半年及长期发展提供稳定业绩支撑。另外，张家界交通改善将使公司直接受益。荷花机场二期扩建工程最新工程进度预计8月底投入使用；张桑高速、宜张高速及黔张常铁路已经开工建设，景区交通条件未来改善空间大，而公司则将直接受益交通改善带来的客流增量。还有公司在营销模式上一直积极探索，包括APP产品、与携程进行战略合作，推出景区联票和旅游线路组合产品等都将使该公司的营业收入实现增长。

资料来源：根据中国证券报（2015-08-17）整理

13.1 营业收入的性质与确认原则

13.1.1 营业收入的性质

会计准则中所提及的"收入"是指狭义的收入。也就是通常所称的"营业收入"。是指企业在日常活动中形成的、会导致所有者权益增加的、与所有者投入资本无关的经济利益的总流入。

企业要开展业务，就必须到工商行政管理部门办理登记并领取营业执照，某些特殊经营项目或特殊行业还必须预先办理相应的许可证（如工业企业产品生产许可证、药品经营许可证、食盐专营许可证等）。企业的营业执照上面注有"经营范围"信息，这些信息与企业章程和企业制定的管理制度中的信息一致。企业依照营业执照上面列示的营业范围从事生产经营活动所取得的收入在会计学中被称为"营业收入"。通俗地说，营业收入就是企业开展常规业务所获取的收入。

企业的有些活动属于为完成其经营目标所从事的经常性活动，如工业企业制造并销售产品、商业企业购进和销售商品、租赁企业出租资产、商业银行对外贷款、保险公司签发保单、咨询公司提供咨询服务、软件企业为客户开发软件、安装公司提供安装服务、广告商提供广告策划服务等，由此产生的经济利益的总流入构成收入；企业还有一些活动属于与经常性活动相关的活动，如工业企业转让无形资产使用权、出售不需用的原材料等，由此产生的经济利益的总流入也构成收入。

营业收入具有以下特征。

①营业收入从企业的日常生产经营活动中产生，而不是从偶发的交易或事项中产生。有些交易或事项也能为企业带来经济利益，但不属于企业的日常活动，其流入的经济利益是利得，而不是营业收入。比如，出售固定资产，因固定资产是为使用而不是为出售而购入的，将固定资产出售并不是企业的经营目标，也不属于企业的日常活动，出售固定资产取得的收益不作为营业收入。

此外，营业收入是企业通过其自身的生产经营活动所获得的收入，所以，它也有别于从投资活动中获得的投资收入。当然，这是就一般企业而言的，若企业本身为投资公司，投资收入是其主要经营活动所获得的收入，则构成其营业收入。

②营业收入可能表现为企业资产的增加，如增加银行存款、应收账款等；也可能表现为企业负债的减少，比如以商品或劳务抵偿债务；或者两者兼而有之；再如，商品销售的货款中部分抵偿债务，部分收取现款。这里所指的以商品或劳务抵债，不包括债务重组中的以商品抵债。

③营业收入能导致企业所有者权益的增加。如上所述，营业收入能增加资产或减少负债，或两者兼而有之。因此，根据"资产-负债=所有者权益"公式，企业取得收入会增加所有者权益。收入扣除相关成本费用后的净额，则可能增加所有者权益，也可能减少所有者权益。

④营业收入只包括本企业经济利益的流入，不包括为第三方或客户代收的款项，如企业代税务机关收取的税款、代收利息等。代收的款项一方面增加企业的资产，另一方面增加企业的负债，因此，既不增加企业的所有者权益，也不属于本企业的经济利益，不能作为本企业的收入。

【延伸知识】

关于收入、收益与利得的关系。收入是企业在日常活动中形成的，利得源于企业日常活动以外的活动，收入与利得共同构成收益。实务中，区分收入和利得需要注意以下3点。

（1）利得是企业边缘性或偶发性交易或事项的结果，如出售无形资产所有权、处置固定资产所产生的收益。

（2）利得属于那种不经过经营过程就能取得或不曾期望获得的收益，如政府补贴收入、因其他单位违约所收取的违约金等。

（3）利得在利润表中通常以净额反映。

13.1.2 确认营业收入的原则

营业收入的获取是各种相互联系、相互协调的经济活动（如销货、筹资、购货、生产管理等）的综合结果。每一项经济活动都有助于营业收入的实现，因此，营业收入实际上是逐渐实现的。为了及时提供信息，需要假定企业持续不断的经营活动可划分为不同的期间，因此，营业收入是指归属于某一会计期间的收入，这样，就出现了在哪个期间确认营业收入的问题。

确认营业收入应解决两个问题：一是何时确认，就是确定营业收入实现的时刻，划清本期营业收入和前期、后期营业收入的界限；二是如何计量，就是确定所实现的营业收入的金额。在会计上，遵循实现原则确认营业收入并记入相应的账户，应满足以下3个条件。

（1）营业收入的实现通常伴随着资产的增加或债务的减少

营业收入实现的重要标志是企业通过商品产品的交付、劳务的提供等交易，获得了某项资产，如收到现金、应收票据等；或减少了某项债务，如以商品、产品或劳务抵偿了预收账款等。

（2）营业收入是可以计量的

营业收入在表现为某项资产增加的同时，应能表明该项资产是可以计量的，如营业收入表现为流入的现金，则不存在计量问题；如为一笔应收账款，也不难确定其价值；如为非货币性资产，则应按该项资产的公允价值计价。

（3）企业已向其客户尽了一切重大的应尽义务

即产品或商品已经交付，劳务已经提供，客户的正当需求已经得到满足。这一条件规定了向客户收取的预收款不能作为企业的营业收入，预收货款应作为债务处理，当所有重大的应尽义务已经履行时，才能将其转作营业收入。即需要分清当期营业收入与前期或后期营业收入的界限。可见，营业收入的确认，并不是以收到现金的时刻为依据，不管现金在何时收到，营业收入总是在实现时予以确认。

13.1.3 营业收入的分类

营业收入可以有不同的分类。按照营业收入的性质分类见表13-1。

表13-1 营业收入的主要形式

收入形式	示例说明
销售商品收入	工业企业生产并销售产品、商业企业销售商品的收入
提供劳务收入	咨询公司提供咨询服务、软件公司为客户开发软件、安装公司提供安装服务、商业银行对外贷款、保险公司签发保单、租赁公司出租资产等的收入
让渡资产使用权收入	企业对外转让无形资产使用权实现的收入

按照企业经营业务的主次划分，可以分为主营业务收入和其他业务收入。

通常，不论是工业、农业还是商业企业，商品的销售总被视为是企业的主要经济活动，相应地，商品的销售收入就被视为是企业的主营业务收入。与商品销售业务相比，企业出租固定资产、出租无形资产、出租包装物和商品及销售材料等业务，相对地居于次要地位，因此，此类业务所产生的收入一般被认为是企业的其他业务收入。

就具体企业而言，一项营业收入是列为主营业务收入还是列为其他业务收入，应视企业具体情况而定。作为生产型企业，产品修理收入应列为其他业务收入；而对修理商店来说，此项业务则应列为主营业务收入。划分主营业务收入和其他业务收入，一般是将营业执照上注明的主营业务所取得的收入，作为主营业务收入；将营业执照上注明的兼营业务所取得的收入，作为其他业务收入。但是，在实际工作中，如果营业执照上注明的兼营业务量较大，并且是经常性发生的收入，也可归为主营业务收入。

当然，主营业务与兼营业务的区分并没有统一的标准。对于一家企业而言的主营业务与兼营业务，对于另一家企业而言可能恰恰是相反的。因此，会计准则中以工商企业为常规情形对会计科目的用法给出了例示。企业在实际工作中需根据管理需要自行确定所适用的会计科目。

显然，不同的行业其营业收入的含义不同。本章以工商企业为例来讲解营业收入的会计处理。

13.2 商品销售收入

13.2.1 商品销售收入的确认条件

企业在销售商品时，应同时满足以下5个条件，才能确认为收入。

（1）企业已将商品所有权上的主要风险和报酬转移给购货方

企业已将商品所有权上的主要风险和报酬转移给购货方，是指与商品所有权有关的主要风险和报酬同时转移。与商品所有权有关的风险，是指商品可能发生减值或毁损等形成的损失；与商品所有权有关的报酬，是指商品价值增值或通过使用商品等形成的经济利益。如果一项商品发生的任何损失均不需要本企业承担，所带来的经济利益也不由本企业享有，则意味着该商品所有权上的风险和报酬已经发生了转移。

（2）企业既没有保留通常与所有权相联系的继续管理权，也没有对已售出的商品实施有效控制

企业将商品所有权上的主要风险和报酬转移给购货方，如果仍然保留通常与所有

权相联系的继续管理权，或仍然对售出的商品实施有效控制，如某制造商将商品销售给中间商后，仍能要求中间商转移或退回商品，一般表明制造商对售出的商品仍在实施控制，则此项销售不能成立，不能确认收入。

（3）收入的金额能够可靠地计量

收入的金额能够可靠地计量，是收入确认的基本前提。企业应按照从购货方已收或应收的合同或协议价款的公允价值确定销售商品收入的金额。

（4）相关的经济利益很可能流入企业

经济利益是指直接或间接流入企业的现金或现金等价物。收入的金额能够可靠地计量，是指对收入的金额能够合理地估计，这是确认收入的基本前提。否则，就无法确认收入。

通常情况下，企业在销售商品时，商品销售价格已经确定。但是，在销售商品过程中，由于受某些不确定因素的影响，商品销售价格也有可能发生变动。在新的商品销售价格未确定前，通常不应确认商品的销售收入。

（5）相关的已发生或将发生的成本能够可靠地计量

根据配比原则，与同一销售相关的收入和成本应在同一会计期间予以确认。因此，如果成本不能可靠地计量，相关的收入也不能予以确认。

13.2.2 商品销售收入的账务处理

企业在销售商品时，在同时满足以上5个条件时，按已收或应收的合同或协议价款，加上应收取的增值税销项税额，借记"银行存款"、"应收账款"或"应收票据"等账户，按确定的金额，贷记"主营业务收入"账户，按应收取的增值税销项税额，贷记"应交税费——应交增值税"账户；同时或在资产负债表日按已销商品的账面价值结转商品销售成本，借记"主营业务成本"账户，贷记"库存商品"账户。

【例13-1】联华实业股份有限公司是增值税一般纳税人，2015年11月18日向甲公司销售一批A产品。A产品的生产成本为120 000元，合同约定的销售价格为150 000元，增值税税额为25 500元。联华公司开出发票账单并按合同约定的品种和质量发出A产品，甲公司收到A产品并验收入库。根据合同约定，甲公司须于30天内付款。

在这项交易中，联华实业股份有限公司已按照合同约定的品种和质量发出产品，甲公司也已将该批产品验收入库，表明产品所有权上的风险和报酬已经转移给了甲公司，联华实业股份有限公司既没有保留与所有权相联系的继续管理权，也不再对该批售出的商品实施控制；虽然此时甲公司尚未付款，但无证据表明甲公司会不按合同约定支付货款；收入可以按照合同约定的销售价格计量，产品的实际成本也已确定。因此，按照收入确认的条件，该项销售商品的收入已经实现，联华实业股份有限公司应确认销售收入，并结转销售成本。联华实业股份有限公司的会计处理如下：

（1）确认收入时：

借：应收账款——甲公司　　　　　　　　　　　175 500

　　贷：主营业务收入　　　　　　　　　　　　　　150 000

　　　　应交税费——应交增值税（销项税额）　　　25 500

（2）结转销售成本时：

借：主营业务成本　　　　　　　　　　　　　　120 000

　　贷：库存商品　　　　　　　　　　　　　　　　120 000

13.2.3 销售折让与退回的会计处理

销售折让，是指在销售过程中，企业售出的商品质量不合格、品种或规格与所签订合同不符等原因而在售价上给予购买方一定的减让。通常情况下，销售折让发生在企业确认收入之后，因此，销售折让发生时应直接冲减当期的商品销售收入；如果按规定允许冲减当期销项税额的，还要同时冲减相应税项。但已确认收入的销售折让属于资产负债表日后事项的，应当按照资产负债表日后事项的相关规定进行处理。

【例13-2】江南制造股份公司2015年6月9日向北方实业公司销售一批商品，开出的增值税专用发票上注明的销售价款为200 000元，增值税额为34 000元。北方实业公司在验收过程中发现商品质量不合格，要求在价格上给予5%的折让。假定江南制造股份公司已确认销售收入并收到货款，发生的销售折让允许扣减当期的增值税额。江南制造股份公司应编制会计分录如下：

（1）销售实现并收到货款时：

借：银行存款　　　　　　　　　　　　　　　　234 000

　　贷：主营业务收入　　　　　　　　　　　　　　200 000

　　　　应交税费——应交增值税（销项税额）　　　34 000

（2）发生销售折让时：

借：主营业务收入　　　　　　　　　　　　　　 10 000

　　贷：银行存款　　　　　　　　　　　　　　　　 11 700

　　　　应交税费——应交增值税（销项税额）　　（1 700）

企业出售的商品，由于质量、品种不符合要求等原因而发生退货，称为销售退回。如果销售退回发生在收入确认之前，应减少发出商品的数量，收入的确认额为销售价款中扣除了退回货物价值的金额。如果销售退回发生在收入确认之后，则应当视以下具体情况分别处理。

如果已确认收入的售出商品发生销售退回，企业一般应在发生时冲减当期商品销售收入，以及相关的商品销售成本；如果按规定允许冲减当期销项税额的，还要同时冲减相应税项。

如果已确认收入的售出商品发生的销售退回属于资产负债表日后事项的，企业应按《企业会计准则第29号——资产负债表日后事项》的相关规定进行处理。通过"以前年度损益调整"账户进行处理。

13.2.4 委托代销商品的会计处理

企业委托其他单位代销本公司的产品，通常有视同买断和收取手续费两种代销方式。

委托方只有在受托方将商品卖出并收到代销清单时，才能确认收入。

13.2.4.1 视同买断方式代销商品的处理

在视同买断的方式下，由委托方和受托方签订协议，委托方按协议价从受托方收取一定款项，商品实际售价由受托方根据市场需求自行确定。实际售价和应支付给委托方的协议价之间的差额归受托方所有。在这种代销方式下，受托方只有将商品卖出后，才能向委托方支付货款。这说明，代销商品所有权上的风险和报酬在该商品未卖给第三方之前，不能认为已转移给受托方，因此，委托方只能在受托方将商品卖出并收到其代销清单时，才能确认收入。

【例13-3】万源公司2015年10月15日委托大华公司销售R商品100件，协议价为300元/件，该商品的成本为180元/件，增值税税率为17%。万源公司收到大华公司开来的代销清单时，开具增值税发票，发票上注明：R商品售价30 000元，增值税5 100元。大华公司实际销售时，开具的增值税发票上注明：R商品售价36 000元，增值税6 120元。双方商议采用视同买断的代销方式。

（1）万源公司的有关会计处理如下：

①万源公司R商品将交付大华公司时：

借：发出商品   18 000

  贷：库存商品   18 000

②万源公司收到代销清单时：

借：应收账款——大华公司　　　　　　　　　　35 100
　　贷：主营业务收入　　　　　　　　　　　　　　　30 000
　　　　应交税费——应交增值税（销项税额）　　　　5 100

借：主营业务成本　　　　　　　　　　　　　　18 000
　　贷：发出商品　　　　　　　　　　　　　　　　　18 000

③收到大华公司汇来的货款35 100元时：

借：银行存款　　　　　　　　　　　　　　　　35 100
　　贷：应收账款——大华公司　　　　　　　　　　　35 100

（2）大华公司的有关会计处理如下：

①收到R商品时：

借：受托代销商品　　　　　　　　　　　　　　30 000
　　贷：受托代销商品款　　　　　　　　　　　　　　30 000

②实际销售时：

借：银行存款　　　　　　　　　　　　　　　　42 120
　　贷：主营业务收入　　　　　　　　　　　　　　　36 000
　　　　应交税费——应交增值税（销项税额）　　　　6 120

借：主营业务成本　　　　　　　　　　　　　　30 000
　　贷：受托代销商品　　　　　　　　　　　　　　　30 000

借：受托代销商品款　　　　　　　　　　　　　30 000
　　贷：应付账款——万源公司　　　　　　　　　　　30 000

③按合同协议价将款项付给万源公司时：

借：应付账款——万源公司　　　　　　　　　　30 000
　　应交税费——应交增值税（进项税额）　　　　5 100
　　贷：银行存款　　　　　　　　　　　　　　　　　35 100

13.2.4.2 收取手续费方式代销商品的处理

在收取手续费的代销方式下，受托方根据代销商品的总数量或售价向委托方收取一定的手续费，受托方应按照委托方规定的价格销售，不得自行更改售价。这说明，代销商品所有权上的风险和报酬没有转移出委托方，因此，应采用与视同买断的代销方式相同的原则确认相关收入。至于手续费的处理，委托方应将其作为销售费用处理，受托方应确认为主营业务收入。

【例13-4】假定【例13-3】中代销合同规定，大华公司应按每件300元售给顾客，万源公司按售价的10%支付给大华公司手续费。大华公司实际销售时，即向买方开出增值税发票，发票上注明：R商品售价30 000元，增值税5 100元。万源公司在收到大华公司交来的代销清单时，向大华公司开具一张相同金额的增值税发票。

（1）万源公司的有关会计处理如下：

①万源公司将R商品交付大华公司时：

借：发出商品 18 000
　　贷：库存商品 18 000

②万源公司收到代销清单时：

借：应收账款——大华公司 35 100
　　贷：主营业务收入 30 000
　　　　应交税费——应交增值税（销项税额） 5 100

借：主营业务成本 18 000
　　贷：发出商品 18 000

借：销售费用——代销手续费 3 000
　　贷：应收账款——大华公司 3 000

③收到大华公司汇来的货款净额32 100（35 100-3 000）元时：

借：银行存款 32 100
　　贷：应收账款——大华公司 32 100

（2）大华公司的有关会计处理如下：

①收到R商品时：

借：受托代销商品 30 000
　　贷：受托代销商品款 30 000

②实际销售时：

借：银行存款 35 100
　　贷：应付账款——万源公司 30 000
　　　　应交税费——应交增值税（销项税额） 5 100

③收到增值税专用发票时：

借：应交税费——应交增值税（进项税额） 5 100

贷：应付账款——万源公司	5 100
借：受托代销商品款	30 000
贷：受托代销商品	30 000

④归还万源公司货款，并计算代销手续费时：

借：应付账款——万源公司	35 100
贷：银行存款	32 100
主营业务收入	3 000

从上述会计分录中可知，在采用委托代销方式下，发出商品时不能确认营业收入；对于已发出但尚未确认营业收入的委托代销商品，应通过"发出商品"账户，用于反映发出商品的实际成本。在企业收到受托方的代销清单之前，此账户若有借方余额，期末应当列示于资产负债表"流动资产"中的"存货"项目内。在采用收取手续费方式下，委托其他单位代销的商品，也可单独设置"委托代销商品"账户核算。

13.3 其他营业收入

13.3.1 提供劳务收入

劳务通常指其结果不形成有形资产的服务，如旅游服务、运输服务、饮食服务、广告策划与制作、管理咨询、代理业务、培训业务、建筑安装、软件设计、提供特许权等。劳务收入是企业通过提供劳务而取得的收入。劳务收入应当根据在资产负债表日提供劳务交易的结果是否能够可靠地估计，分别采用不同的方法予以确认和计量。

（1）提供劳务交易的结果能够可靠地估计

在资产负债表日，企业提供劳务交易的结果如果能够可靠地估计，应当采用完工百分比法确认提供劳务收入。提供劳务交易的结果能够可靠估计，是指同时满足下列条件：

①收入的金额能够可靠地计量；

②相关的经济利益很可能流入企业；

③交易的完工进度能够可靠地确定；

④交易中已发生和将发生的成本能够可靠地计量。

完工百分比法是指按照提供劳务交易的完工进度确认收入与费用的方法。在采用完工百分比法确认收入时，各年确认的收入和相关成本可以按以下公式计算：

本年确认的收入=劳务总收入×本年末止劳务的完成程度–以前年度已确认的收入

本年确认的成本=劳务总成本×本年末止劳务的完成程度–以前年度已确认的成本

【例13–5】2014年12月1日，联华实业股份有限公司接受一项设备安装任务，合同约定的安装费总额为200 000元，接受劳务方预付50%，其余50%待设备安装完成、验收合格后支付。至2014年12月31日，实际发生安装成本60 000元，其中，支付安装人员工资36 000元，领用库存原材料5 000元，其余均以银行存款支付。估计至设备安装完成，还会发生安装成本90 000元。2015年2月10日，设备安装完成，经验收合格，本年实际发生安装成本92 000元，其中，支付安装人员工资65 000元，领用库存原材料2 000元，其余均以银行存款支付。接受劳务方在设备安装完成、验收合格后如数支付其余安装费。其会计处理如下。

（1）2014年12月1日预收50%的劳务价款时：

借：银行存款　　　　　　　　　　　　　　　　100 000

　　贷：预收账款　　　　　　　　　　　　　　　　100 000

（2）12月31日支付2014年实际发生的安装成本时：

借：劳务成本　　　　　　　　　　　　　　　　60 000

　　贷：应付职工薪酬　　　　　　　　　　　　　　36 000

　　　　原材料　　　　　　　　　　　　　　　　　5 000

　　　　银行存款　　　　　　　　　　　　　　　　19 000

（3）按实际发生的成本占估计总成本的比例确定劳务的完成程度：

劳务完成程度=60 000/（60 000+90 000）×100% = 40%

（4）根据劳务完成程度确认2014年度的劳务收入和相关的成本：

应确认收入=200 000 × 40% =80 000（元）

应结转成本=150 000 × 40% =60 000（元）

借：预收账款　　　　　　　　　　　　　　　　80 000

　　贷：主营业务收入　　　　　　　　　　　　　　80 000

借：主营业务成本　　　　　　　　　　　　　　60 000

　　贷：劳务成本　　　　　　　　　　　　　　　　60 000

（5）支付2015年发生的安装成本：

借：劳务成本　　　　　　　　　　　　　　　　92 000

　　贷：应付职工薪酬　　　　　　　　　　　　　　65 000

原材料 2 000

银行存款 25 000

（6）确认2015年度的劳务收入和相关的成本：

本年确认的收入=200 000×100%-80 000=120 000（元）

本年确认的成本=152 000×100%-60 000=92 000（元）

借：预收账款 120 000

　　贷：主营业务收入 120 000

借：主营业务成本 92 000

　　贷：劳务成本 92 000

（7）收取其余50%的劳务价款：

借：银行存款 100 000

　　贷：预收账款 100 000

（2）提供劳务交易的结果不能可靠地估计

在资产负债表日，如果提供劳务交易的结果不能可靠地估计，企业应当根据资产负债表日已经收回或预计将要收回的款项对已经发生劳务成本的补偿程度，分别根据以下情况进行会计处理。

①如果已经发生的劳务成本预计能够得到补偿，应当按照已经发生的劳务成本金额确认提供劳务收入，并按相同金额结转劳务成本。

②如果已经发生的劳务成本预计不能够得到补偿，应当将已经发生的劳务成本计入当期损益，不确认提供劳务收入。

13.3.2 让渡资产使用权收入

企业的有些交易活动并不转移资产的所有权，而只让渡资产的使用权，由此取得的收入，即为让渡资产使用权收入。主要包括利息收入和使用费收入等。

让渡资产使用权收入同时满足下列条件时，才能予以确认。

①相关的经济利益很可能流入企业。

②收入的金额能够可靠地计量。

利息收入，是指金融企业存、贷款形成的利息收入，以及同业之间发生往来形成的利息收入。利息收入，应按让渡现金使用权的时间和适用利率计算确定。

使用费收入，是指他人使用本企业的固定资产和无形资产（如商标权、专利权、专营权、软件、版权等）而形成的使用费收入。使用费收入，应按有关合同或协议规定的收费时间和方法计算确定。不同的使用费收入，收费时间和方法各不相同。有一次收取一笔固定金额的，如一次收取10年的场地使用费；有在合同或协议规定的有效期内分期等额收取的，如合同或协议规定在使用期内每期收取一笔固定的金额；也有分期不等额收取的，如合同或协议规定按资产使用方每期的百分比收取使用费。

【例13-6】方荣软件有限公司2016年1月15日向某客户转让了一套软件的使用权，该软件不需后续维护。方荣公司一次性收费8 000 000元。其账务处理如下：

　　借：银行存款　8 000 000

　　　　贷：主营业务收入　8 000 000

【例13-7】宏润股份有限公司2015年11月15日向常青公司转让了自有品牌"宏美香水"的商标使用权，期限为10年。合同约定常青公司每年年末按销售收入的10%向宏润公司支付使用费。2015年常青公司实现销售收入500 000元。2016年常青公司实现销售收入10 000 000元。宏润股份有限公司每年年末均收到了使用费，其账务处理如下。

（1）第一年年末确认使用费收入时。

　　借：银行存款　　　　　　　　　　　　　50 000

　　　　贷：其他业务收入　　　　　　　　　　　50 000

（2）第二年年末确认使用费收入时：

　　借：银行存款　　　　　　　　　　　　　1 000 000

　　　　贷：其他业务收入　　　　　　　　　　　1 000 000

【本章小结】

"营业收入"是指企业在日常活动中形成的、会导致所有者权益增加的、与所有者投入资本无关的经济利益的总流入。营业收入不是从偶发的交易或事项中产生。营业收入只包括本企业经济利益的流入，不包括为第三方或客户代收的款项。不同的行业其营业收入的含义不同。

销售商品应同时满足5个条件才能确认为收入。按照营业收入的性质分为销售商品收入、提供劳务收入、让渡资产使用权收入、建造合同收入；按照企业经营业务主次分类，可以分为主营业务收入和其他业务收入。

一项营业收入是列为主营业务收入还是其他业务收入，应视企业具体情况而定。

销售折让，是企业售出的商品质量不合格等原因而在售价上给予购买方一定的减让。通常情况下，销售折让发生时应直接冲减当期的商品销售收入；如果按规定允许冲减当期销项税额的，还要同时冲减相应税项。

企业委托其他单位代销本公司的产品，通常有视同买断和收取手续费两种方式。委托方只能在受托方将商品卖出并收到其代销清单时，才能确认收入。

其他营业收入包括提供劳务收入和让渡资产使用权收入。劳务收入应当根据在资产负债表日提供劳务交易的结果是否能够可靠地估计，分别采用不同的方法予以确认和计量。让渡资产使用权收入，主要包括利息收入和使用费收入。

【学习目标小结】

1.了解营业收入的性质及其分类

营业收入是从企业的日常生产经营活动中产生，会导致所有者权益增加的、只包括本企业经济利益的流入。营业收入按照性质分为销售商品收入、提供劳务收入、让渡资产使用权收入、建造合同收入；按照按企业经营业务主次分类，可以分为主营业务收入和其他业务收入。

2.掌握营业收入的实现原则

确认营业收入并记入相应的账户，应满足以下3个条件：①营业收入的实现通常伴随着资产的增加或债务的减少；②营业收入是可以计量的；③企业已向其客户尽了一切重大的应尽义务。但不同性质的收入满足条件不尽相同。

3.了解销售商品、提供劳务和让渡资产使用权等不同形式收入的确认条件

企业在销售商品时，应同时满足5个条件，才能确认为收入：①企业已将商品所有权上的主要风险和报酬转移给购货方；②企业既没有保留通常与所有权相联系的继续管理权，也没有对已售出的商品实施有效控制；③收入的金额能够可靠地计量；④相关的经济利益很可能流入企业；⑤相关的已发生或将发生的成本能够可靠地计量。劳务收入应当根据在资产负债表日提供劳务交易的结果是否能够可靠地估计，分别采用不同的方法予以确认和计量。

4.掌握商品销售收入会计处理方法

企业在销售商品时，在同时满足以上5个条件时，按已收或应收的合同或协议价款，加上应收取的增值税销项税额，借记"银行存款"、"应收账款"或"应收票据"等账户，按确定的金额，贷记"主营业务收入"账户，按应收取的增值税销项税额，贷记"应交税费——应交增值税"账户；同时或在资产负债表日按已销商品的账面价值结转销售成本，借记"主营业务成本"账户，贷记"库存商品"账户。

5.了解委托代销方式销售收入确认的时点及其会计处理

企业委托其他单位代销本公司的产品，通常有视同买断和收取手续费两种方式。委托方只有在受托方将商品卖出并收到代销清单时，才能确认收入。在采用委托代销方式下，发出商品时不能确认营业收入；对于已发出但尚未确认营业收入的委托代销商品，应通过"发出商品"账户，用于反映发出商品的实际成本。

【关键术语】

营业收入（operating receipt）是指企业在日常活动中形成的、会导致所有者权益增加的、与所有者投入资本无关的经济利益的总流入。

商品销售收入（commodity sales revenue）是指企业从事商品交易，卖出商品所得到的收入。

销售折让（sales allowance）是指在销售过程中，企业售出的商品质量不合格、品种或规格与所签订合同不符等原因而在售价上给予购买方一定的减让。

销售退回（sales returns）销货退回是指因错发商品或商品质量不合格等原因而发生的退货。

提供劳务收入（income from providing labor services）是指企业通过提供劳务实现的收入，如咨询公司提供咨询服务、软件开发企业为客户开发软件、安装公司提供安装服务等实现的收入。

让渡资产使用权收入（the abalienating of right to use assets）就是资产的所有权仍然是归属于原持有者，但使用权归属使用者。使用者给所有者支付使用费的行为。

完工百分比法（percentage-of-completion method）是指根据合同完工进度确认合同收入和费用的方法。按此方法，合同收入应与为达到完工进度而发生的合同成本相配比，以反映当期已完工部分的合同收入、费用和利润。

练习题

【简答题】

1.简述收入的概念以及特征。

2.简述营业收入的确认原则。

3.劳务收入的确认条件有哪些？

4.简述商品销售收入确认的条件。

5.简述销售折让以及销售退回的区别。

6.营业外收入和营业外支出包括哪些主要内容？

【业务题】

习题一

1.目的

掌握与营业收入业务相关的会计分录。

2.资料

甲公司在2015年12月发生了如下业务。

（1）转让一项技术专利的使用权，取得的转让收入为100 000元，存入银行，该企业当月摊销此专利权为1 000元。

（2）出租一项固定资产，收到租金20 000元，已经存入银行，计提租出固定资产折旧为1 2000元。

（3）采用支票结算方式，销售产品一批，不含增值税的价款为100万元，销项税为17万元，货款已经收到并存入银行，该批商品实际成本为70万元。

3.要求

编制甲公司与上述业务有关的会计分录。

习题二

1.目的

掌握销售、退货以及销售折让相关的会计分录。

2.资料

A股份有限公司（以下简称甲公司）为增值税一般纳税企业，适用的增值税税率为17%。A公司在2015年12月发生了以下销售业务以及退货业务。

（1）上年度售出的产品因质量问题发生退货。产品售价为40 000元，增值税6 800元，成本为售价的70%，退回产品已经入库，并开出支票退回货款和增值税。

（2）向甲企业销售材料一批，价款700 000元，增值税为119 000元，该批材料的成本为500 000元，货款与增值税尚未收到。

（3）销售一批商品，增值税发票上的售价600 000元，增值税为102 000元，款项未收，货到后买方发现商品质量不合格，要求在价格上给予3%的折让。

（4）销售甲商品60 000元，增值税10 200元，已按照总价法入账。买方在10天以后，20天以内付款，按合同条款享受1%的现金折扣（假设计算折扣时不考虑增值税），实际付款69 600元。

3.要求

编制A公司与上述业务有关的会计分录。

习题三

1.目的

掌握营业收入相关会计分录。

2.资料

甲股份有限公司（以下简称甲公司）为增值税一般纳税企业，适用的增值税税率为17%。商品销售价格除特别注明外均不含增值税额，所有劳务均属于工业性劳务。销售实现时结转销售成本。甲公司销售商品和提供劳务均为主营业务。2015年12月，甲公司销售商品和提供劳务的资料如下。

（1）12月1日，对A公司销售商品一批，增值税专用发票上注明销售价格为300万元，增值税额为51万元。提货单和增值税专用发票已交A公司，A公司已承诺付款。为及时收回货款，给予A公司的现金折扣条件如下：2/10，1/20，*n*/30（假定计算现金折扣时不考虑增值税因素）。该批商品的实际成本为200万元。12月19日，收到A公司支付的、扣除所享受现金折扣金额后的款项，并存入银行。

（2）12月2日，收到B公司来函，要求对当年11月10日所购商品在价格上给予20%的折让（甲公司在该批商品售出时确认销售收入100万元，未收款）。经查核，该批商品外观存在质量问题。甲公司同意了B公司提出的折让要求。当日，收到B公司交来的税务机关开具的折让证明单，并开具红字增值税专用发票。

（3）甲公司12月31日销售W产品2件，单价为23.4万元（含税价格），单位销售成本为16万元；甲公司收到W商品的款项存入银行。

（4）12月31日，收到A公司退回的当月1日所购商品的20%。经查核，该批商品存在质量问题，甲公司同意了A公司的退货要求。当日，收到A公司交来的税务机关开具的进货退出证明单，并开具红字增值税专用发票和支付退货款项。

3.要求

（1）编制甲公司12月发生的上述经济业务的会计分录。

（2）计算甲公司12月主营业务收入和主营业务成本。

【案例题】

华兴公司为境内上市公司，主要从事电子设备的生产、设计和安装业务。该公司系增值税一般纳税企业，适用的增值税税率为17%。注册会计师在对该公司2012年度会计报表进行审计过程中发现以下事实。

（1）2012年9月20日，该公司与甲企业签订产品委托代销合同。合同规定，采用视同买断方式进行代销，甲企业代销A电子设备100台，每台销售价格（不含增值税，以下同）为50万元。至12月31日，该公司向甲企业发送80台A电子设备，收到甲企业寄来的代销清单上注明已销售40台A电子设备。该公司在2012年度确认销售80台A电子设备的销售收入，并结转了相应的成本。

（2）2012年10月10日，该公司向其全资子公司乙企业销售B电子设备60台，每台销售价格为400万元。B电子设备每台的销售成本为250万元。该公司已将60台发送乙企业。乙企业在对该B电子设备进行验收后已如数将货款通过银行汇至该公司。该公司在2012年度以每台400万元的价格确认销售收入，并相应结转销售成本。B电子设备全部通过乙企业对外销售，不向其他公司销售。

（3）2012年10月15日，该公司与丙企业签订销售安装C设备1台的合同，合同总价款为800万元。合同规定，该公司向丙企业销售C设备1台并承担安装调式任务；丙企业在合同签订的次日付价款700万元；C设备安装调试并试运行正常，且经丙企业验收合格后一次性支付余款100万元。至12月31日，该公司已将C设备运抵丙企业，安装工作尚未开始。C设备的销售成本为每台500万元。该公司在2012年度按800万元确认销售C设备的销售收入，并按500万元结转销售成本。

（4）2012年10月18日，该公司与丁企业签订一项电子设备的设计合同，合同总价款为240万元。该公司自11月1日起开始该电子设备设计工作，至12月31日已完成设计工作量的30%，发生设计费用60万元；按当时的进度估计，2013年3月30日将全部完工，预计将再发生费用40万元。丁企业按合同已于12月1日一次性支付全部设计费用240万元。该公司在2012年将收到的240万元全部确认为收入，并将已发生的设计费用结转为成本。

（5）12月20日，该公司与W企业签订销售合同。合同规定，该公司向W企业销售D电子设备50台，每台销售价格为400万元。12月22日，该公司又与W企业就该D电子设备签订补充合同。该补充合同规定，该公司应在2013年3月20日前以每台408万元的价格将D电子设备全部购回。该公司已于12月25日收到D电子设备的销售价款；在2012年度已按每台400万元的销售价格确认相应的销售收入，并相应结转成本。

思考：

分析判断华兴公司上述有关收入的确认是否正确。

第14章　费用与利润

【学习目标】

1. 了解费用的确认原则与分类。
2. 理解产品成本的概念与分类。
3. 掌握产品成本的核算程序。
4. 掌握期间费用的内容与会计处理。
5. 掌握利润的构成及会计处理。
6. 理解所得税费用的概念与会计处理。

【引导案例】

上市公司期间费用增长过快

据Wind数据统计，2013年沪深两市公司中，有2 207家公司对财务费用中的利息支出明细有表述，2 207家上市公司的利息支出总额4 103亿元，财务费用中的利息支出占去了财务费用的很大一部分。其中，制造业上市公司共发生利息支出1 467.47亿元，占2 207家利息支出总额的35.76%。这2 207家公司的净利润仅为9 451.75亿元，从这两组数据的对比中可以看出，利息支出已经占到这些公司净利润的近50%。可见2013年上市公司的财务费用大有吞噬净利润之势，2 000余家上市公司中，财务费用同比增长的公司占60%，其中390余家公司财务费用超过1亿元，400余家公司财务费用远超净利润。

据中国石油2013年年报显示，公司的利息支出为181.64亿元，同比增加了49.17亿元，利息支出费用一项同比增加了27.07%。利息支出增加的主要原因是为保障生产经营及投资建设所需资金，集团有息债务增加，同时，年报显示中国石油去年净利润为1 295.77亿元，利息支出占净利润的17.81%。

在发生财务费用利息支出的公司中，来自于制造业的有近1 500余家，在所有行业中排名第一，电力行业以及房地产行业公司数量分列第二名和第三名。

经济环境因素导致的企业贷款成本上涨，上市公司财务支出大幅上涨，电力、制造等产业受成本上涨，市场环境持续疲软等因素影响，融资规模扩大，导致相应的财务费用也随之上涨。另外，受企业快速扩张影响，部分公司支出猛增，财务费用也随之上涨。

制造业上市公司的利息支出最高，原因是制造业占用资金大，企业对资金的需求强烈，受融资成本上升的影响也最大，另外，因为制造业受宏观经济影响最大，出口下滑以及国内经济增速放缓，直接导致了制造业企业的经营业绩下滑，为了维持企业的生产经营，制造业企业的融资数额开始增加，利息支出也随之增加。

数据还显示，公司"三费"增长过快。管理费用、财务费用、销售费用的大幅增长也吞噬掉公司相当大一部分利润。如万好万家"三费"同比增长114%，其净利润却同比下降432%。从行业分布来看，"三费"增长公司体现出向机械设备、医药生物、化工、信息服务、建筑建材等行业集中的趋势。行业"三费"增长较快，与其投入比较大、开发新产品或项目的费用较高且周期长密切相关。

在收入增长的同时，如何控制"三费"增长也是检验上市公司管理能力的一个重要指标。如果上市公司"三费"增长过快、占营业收入的比重过大，说明上市公司经营还有待加强。

资料来源：证券日报，2014年5月6日，经整理

14.1 费用的确认与分类

14.1.1 费用特征与确认原则

14.1.1.1 费用的概念及特征

费用是指企业在日常活动中发生的、会导致所有者权益减少的、与向所有者分配利润无关的经济利益的总流出。根据费用的定义，费用具有以下特征。

（1）费用是企业在日常活动中形成的

企业的日常活动是指企业为完成其经营目标所从事的经常性活动以及与之相关的活动。在不同的企业，其日常活动的内容是有较大差别的。比如，工业企业制造并销售产品、商业企业销售商品、安装公司提供安装服务、租赁公司出租资产等，均属于企业的日常活动。企业因日常活动所产生的费用通常包括营业成本（如销售成本）和期间费用等。

（2）费用会导致所有者权益的减少

与费用相关的经济利益的流出应当会导致所有者权益的减少，不会导致所有者权益减少的经济利益的流出不符合费用的定义，不应确认为费用。对于费用的发生最终会使企业的所有者权益减少并不难理解，因为一般来说，费用的增加往往是对企业实现收入的一种抵消，会减少企业的利润，而企业实现的利润是属于所有者的，因而，费用的增加最终会减少企业的所有者权益。需要注意的是，企业在生产经营过程中发生的资产的减少并非都会引起企业所有者权益的减少。比如，企业以银行存款偿付一项债务本金，只是一项资产和一项负债的等额减少，不会对企业的所有者权益产生影响，因此，不应确认为企业的费用。

（3）费用导致的经济利益总流出与向所有者分配利润无关

费用的发生应当会导致经济利益的流出，从而导致资产的减少或者负债的增加（最终也会导致资产的减少）。其表现形式包括现金或者现金等价物的流出，存货、固定资产和无形资产等的流出或者消耗等。企业向所有者分配利润也会导致经济利益的流出，但该经济利益的流出属于投资者投资回报的分配，是所有者权益的直接抵减项目，不应确认为费用，应当将其排除在费用的定义之外。

14.1.1.2 费用的确认原则

费用的确认除了应符合定义外，也应至少符合以下3个条件。

（1）与费用相关的经济利益应当很可能流出企业

费用的确认应当与经济利益流出的不确定性程度的判断结合起来。如果有确凿证据表明，有关的经济利益很可能流出企业，就应当将其作为费用予以确认；反之，导致经济利益流出企业的可能性若已不复存在，就不符合费用的确认条件，不应将其作为费用予以确认。

（2）经济利益流出企业的结果会导致资产的减少或者负债的增加

因为一般来说，费用的增加往往是对企业资产的消耗，会引起企业资产的减少。这种减少可具体表现为企业现实的现金支出或非现金支出，也可以是过去的或预期的现金支出或非现金支出。比如，企业在产品销售中用现金或银行存款支付应由企业负担的运输费、装卸费、广告费等销售费用，就属于现金支出，会导致企业资产的直接减少。而企业将库存商品销售给顾客，则属于企业库存商品这种资产的直接减少；经济利益流出企业的结果有时也会导致负债的增加。比如，企业在一定会计期末计算确定的当期应当负担但无需当期实际支付的短期借款利息，一方面应计入当期的财务费用，反映当期费用的增加；另一方面应确认为企业的负债，反映当期负债的增加。

（3）经济利益的流出额能够可靠计量

对于与费用有关的经济利益流出金额，通常可以根据合同或者法律规定的金额予以确定。

14.1.2 费用分类

费用可以按照不同的标准分类。

14.1.2.1 费用按经济内容（或性质）分类

按照这种分类方法，一般可将费用分为如下8类。

①外购材料费用，是指企业为进行生产经营管理而耗用的从外部购入材料物资所发生的费用，包括购买原材料、半成品、辅助材料、包装物、修理用备件和低值易耗品等发生的支出。

②外购燃料费用，是指企业为进行生产经营管理而耗用的从外部购入燃料所发生的费用，如购买煤炭、油料等发生的支出。

③外购动力费用，是指企业为进行生产经营管理而耗用的从外部购入动力所发生的费用，如购入电力等发生的支出。

④薪酬费用，是指企业按照一定的标准支付给职工的应计入成本和费用的薪酬费用，主要包括按职工为企业提供服务的数量和质量发放给职工的工资和奖金等，以及按照工资总额的一定比例计提的职工福利费等。

⑤折旧费用，是指企业按照选用的折旧方法和确定的折旧率计算提取，并计入成本和费用的固定资产折旧额。

⑥利息费用，是指企业应计入成本费用的利息支出减去利息收入后的净额，包括短期借款利息费用、发行企业债券应付利息费用，以及利用借款进行项目建设所发生的借款费用等。

⑦税费，是指企业应计入成本和费用的各种税金及有关费用，包括税金及附加和所得税费用等。

⑧其他费用，是指除以上费用内容以外的其他各种费用支出，包括销售费用和财务费用等。

费用按经济内容分类可以反映企业在一定时期内发生了哪些生产经营费用、金额各是多少，以便于分析企业各个时期各种要素费用占整个费用的比重，进而分析企业各个时期各种要素费用支出的水平，有利于考核费用计划的执行情况。

14.1.2.2 费用按经济用途分类

费用按经济用途，可以分为生产费用和期间费用两个部分（见图14-1）。生产费用是指产品生产过程中发生的，应计入各种产品成本计算对象的各种费用。这些费用按计入成本的方法可分为直接费用和间接费用。

图14-1 费用按经济用途分类

（1）直接费用

直接费用是指为生产某一成本计算对象所消耗的可直接计入其成本的费用，主要包括直接材料、直接人工和其他直接费用。

直接材料，是指直接用于产品生产，构成产品实体的原料，主要材料，外购半成品，有助于产品形成的辅助材料和其他直接材料。

直接人工，是指从事产品生产的工人的职工薪酬。

《企业会计准则第9号——职工薪酬》规定职工薪酬，是指企业为获得职工提供的服务或解除劳动关系而给予的各种形式的报酬或补偿。

职工薪酬包括短期薪酬、离职后福利、辞退福利和其他长期职工福利。企业提供给职工配偶、子女、受赡养人、已故员工遗属及其他受益人等的福利，也属于职工薪酬。

短期薪酬，是指企业在职工提供相关服务的年度报告期间结束后12个月内需要全部予以支付的职工薪酬，因解除与职工的劳动关系给予的补偿除外。短期薪酬具体包括：职工工资、奖金、津贴和补贴，职工福利费，医疗保险费、工伤保险费和生育保险费等社会保险费，住房公积金，工会经费和职工教育经费，短期带薪缺勤，短期利润分享计划，非货币性福利以及其他短期薪酬。

带薪缺勤，是指企业支付工资或提供补偿的职工缺勤，包括年休假、病假、短期伤残、婚假、产假、丧假、探亲假等。利润分享计划，是指因职工提供服务而与职工达成的基于利润或其他经营成果提供薪酬的协议。

离职后福利，是指企业为获得职工提供的服务而在职工退休或与企业解除劳动关系后，提供的各种形式的报酬和福利，短期薪酬和辞退福利除外。

辞退福利，是指企业在职工劳动合同到期之前解除与职工的劳动关系，或者为鼓励职工自愿接受裁减而给予职工的补偿。

其他长期职工福利，是指除短期薪酬、离职后福利、辞退福利之外所有的职工薪酬，包括长期带薪缺勤、长期残疾福利、长期利润分享计划等。

其他直接费用，是指企业发生的除直接材料费用和直接人工费用以外的，与生产某一成本计算对象有关的费用，如所消耗的直接燃料及动力等费用。

（2）间接费用

间接费用指内部生产经营单位为组织和管理生产经营活动而发生的共同费用和不能直接计入产品成本的各项费用，如多种产品共同消耗的材料等，这些费用发生后应按一定标准分配计入产品生产成本。一般通过制造费用项目归集企业各个生产单位为组织和管理生产而发生的应由产品生产成本负担的，不能直接计入各产品成本的各项间接费用。具体包括生产车间管理人员的工资等职工薪酬，物料耗损，办公费，水电费，折旧费，发生季节性的停工损失等。

对于只生产一种产品的企业来说，所有产品生产过程中发生的费用都是直接费用。

费用按经济用途进行分类，能够明确反映直接用于产品生产的材料费用、工人薪酬以及耗用于组织和管理生产经营活动上的各项支出各是多少，从而有助于企业了解费用计划、定额、预算等的执行情况，控制成本费用支出，加强成本管理和成本分析。

14.2 生产成本

14.2.1 生产成本概述

生产成本也称制造成本，是指企业在一定会计期间生产某种产品所发生的直接费用和间接费用的总和。

生产费用，是指企业在一定会计期间产品生产过程中消耗的生产资料的价值和支付的劳动报酬之和。

生产成本与生产费用是两个既有联系也有区别的概念。首先，生产成本是对象化了的生产费用，只有当生产费用实际计入了某种产品的成本时才被称为生产成本，即生产成本是相对于一定的产品而言所发生的费用，它是按照产品品种等成本核算对象对当期发生的费用进行归集所形成的。由此可见，生产费用的对象化就构成产品成本，也就是说生产费用是构成产品成本的基础，生产费用的发生过程同时也是产品成本的形成过程，生产成本就是由生产费用转化而来的。由于产品的生产成本是在产品的制造过程中发生的，并且与产品价值的形成有着直接关系，因而也被称为制造成本。

生产费用在计入产品成本时，不仅要按照一定的产品品种等核算对象归集，而且要按照生产费用的组成内容确定产品生产成本的项目，这些项目在会计上称为成本项目。成本项目，一般包括直接材料、直接人工和制造费用3个组成部分。

14.2.2 生产成本核算程序

成本核算程序，是指对企业在生产经营过程中发生的各项生产费用和期间费用，按照成本核算的要求，逐步进行归集和分配，最后计算出各种产品的生产成本和各项期间费用的基本过程（见图14-2）。

第一步：对企业的各项支出、费用进行严格的审核，并按照成本核算制度确定其应否计入生产费用、期间费用，以及应计入生产费用还是期间费用。

第二步：根据生产特点和成本管理的要求，确定成本核算对象。成本核算对象是指为计算产品成本而确定的生产费用归类和分配的范围。

第三步：确定成本项目，将应计入本月产品的各项生产费用，在各种产品之间按照成本项目进行分配和归集，计算出按成本项目反映的各种产品的成本。

第四步：对于月末既有完工产品又有在产品的产品，将该种产品的生产费用（月初在产品生产费用与本月生产费用之和），在完工产品与月末在产品之间进行分配，计算出该种产品的完工产品成本和月末在产品成本。

图14-2 生产成本核算程序

14.2.3 生产成本核算的账户设置及其记录方法

企业为了核算各种产品的成本，应设置"生产成本"和"制造费用"两个账户。

（1）"生产成本"账户

"生产成本"属于成本类账户，核算企业进行工业性生产发生的各项生产成本，该账户借方反映企业发生的各种直接材料、直接人工和制造费用；贷方反映期末按实际成本计价的、生产完工入库的工业产品、自制半成品的成本；期末余额一般在借方，表示期末尚未加工完成的在产品成本。企业还可以根据自身生产特点和成本管理要求，将"生产成本"分为"基本生产成本"和"辅助生产成本"两个明细账。辅助生产较多的企业，也可将"基本生产成本"和"辅助生产成本"作为总账。

"基本生产成本"账户。基本生产是指为完成企业主要生产目的而进行的商品产品生产。"基本生产成本"账户归集基本生产所发生的各种生产费用，计算产品生产成本。该账户借方反映企业为进行基本生产而发生的各种生产费用；贷方反映转出的完工入库的产品成本；期末余额在借方，表示基本生产的在产品成本。"基本生产成本"应当分别按照基本生产车间和成本核算对象（产品的品种、类别、订单、批别、生产阶段等）设置明细账（或成本计算单），账内按产品成本项目分设专栏或专行。

"辅助生产成本"账户。辅助生产是指为基本生产服务而进行的产品生产和劳务供应（如供电、机修）。辅助生产所提供的产品和劳务，有时也对外销售，但这不是它的主要目的。为了归集辅助生产所发生的各种生产费用，计算辅助生产所提供的产品和劳务的成本，应设置"辅助生产成本"账户。该账户的借方反映为进行辅助生产而发生的各种耗费；贷方反映完工入库产品的成本或分配转出的劳务成本；期末余额在借方，表示辅助生产在产品的成本。

"辅助生产成本"账户应按辅助生产车间和生产的产品、劳务分设明细分类账，明细账中按辅助生产的成本项目或费用项目分设专栏或专行，进行明细登记。期末，对于共同负担的辅助生产成本，应当按照一定的分配标准和分配方法分配给各受益对象。

生产成本账务处理基本程序如图14-3所示。

（2）"制造费用"账户

企业设置"制造费用"账户核算企业为生产产品和提供劳务而发生的各项间接费用。"制造费用"属于成本类账户，该账户的借方反映实际发生的各项制造费用；贷方反映期末按照一定的分配标准和分配方法分配计入各成本核算对象分配转出的制造费用；该账户月末一般无余额。"制造费用"账户，通常按车间、部门设置明细分类账，账内按费用项目设立专栏进行明细登记。

图14-3 生产成本账务处理基本程序

14.3 主营业务成本与其他业务成本

14.3.1 主营业务成本

工商企业设"主营业务成本"账户核算与本期所取得的主营业务收入直接相关的营业成本（税金及附加除外，另设科目进行核算）。该账户属于损益类账户，借方反映结转已销商品的实际成本，贷方登记结转至"本年利润"账户借方的数额。该账户可按主营业务的种类进行明细分类核算。会计期末（如月末）结转营业成本时，企业应根据本月已销售的各种商品、提供的各种劳务等的实际成本，计算应结转主营业务成本，借记"主营业务成本"账户，贷记"库存商品"、"劳务成本"等账户。会计期末结账时，企业应根据该账户的本期借方发生额合计数，借记"本年利润"账户、贷记"主营业务成本"账户，结转后该账户应无余额。

14.3.2 其他业务成本

工商企业设"其他业务成本"账户核算除主营业务以外的其他销售或者其他业务所发生的支出，包括销售多余材料的成本、出租固定资产的累计折旧、出租无形资产的累计摊销、出租包装物的成本或摊销额等。该账户属于损益类账户，可按其他业务成本的种类进行明细核算。该账户借方反映本期各项其他业务成本的发生额，贷方反映期末转入"本年利润"账户借方的数额。会计期末结账时，企业应根据该账户的本期借方发生额合计数，借记"本年利润"账户、贷记"其他业务成本"账户，结转后该账户应无余额。

企业记录发生的其他业务成本时，借记"其他业务成本"账户，贷记"原材料"、"累计折旧"、"累计摊销"、"应付职工薪酬"、"银行存款"等账户。

【例14-1】星海实业股份有限公司是增值税一般纳税人，2015年8月16日向甲公司销售一批D原材料，不含增值税的售价为120 000元，增值税税额为20 400元。D原材料的账面成本为100 000元。星海公司的账务处理如下。

（1）销售收款时：

借：银行存款　　　　　　　　　　　　　　　　　　140 400

　　贷：其他业务收入　　　　　　　　　　　　　　　　120 000

　　　　应交税费——应交增值税（销项税额）　　　　　20 400

（2）结转该批原材料成本时：

借：其他业务成本　　　　　　　　　　　　　　　　100 000

　　贷：原材料　　　　　　　　　　　　　　　　　　100 000

【例14-2】星海公司将2015年1月以20万元购入一项专利技术，按10年平均摊销该无形资产的成本，2016年1月将该项专利技术出租给M公司。星海公司根据有关凭证做账务处理如下。

（1）2015年对该项无形资产进行摊销时：

借：管理费用   20 000

 贷：累计摊销   2 000

（2）2016年对该无形资产进行摊销时：

借：其他业务成本   20 000

 贷：累计摊销   20 000

14.4 税金及附加

税金及附加，是指企业日常主要经营活动应负担的税金及附加。

依据财会〔2016〕22号文规定，全面试行"营业税改征增值税"后企业设置"税金及附加"账户核算企业经营活动发生的消费税、城市维护建设税、资源税和教育费附加相关税费及房产税、土地使用税、车船使用税、印花税等。

城市维护建设税和教育费附加属于附加税，纳税人是实际缴纳增值税、消费税的单位和个人。应纳税额是按企业当期实际缴纳的增值税、消费税相加的税额的一定比例计算。计算公式：

应纳税额=（实际缴纳的增值税+实际缴纳的消费税）×适用税率

该账户属于损益类账户，借方反映计算的本期应交的消费税、资源税、房产税、土地使用税、车船使用税、印花税、城市维护建设税和教育费附加，贷方反映期末转入"本年利润"账户借方的数额。结转后该账户应无余额。

在纳税期内计算确定主要经营活动应负担的各项税金及附加时的账务处理如下：

借：税金及附加

 贷：应交税费——应交消费税

      ——应交城市维护建设税

      ——应交教育费附加及房产税

      ——应交资源税

      ——应交印花税

      ——应交土地使用税

      ——应交车船使用税

会计期末（如月末）结账时，企业应根据该账户的本期借方发生额合计数，借记"本年利润"账户、贷记"税金及附加"账户，结转后该账户应无余额。

关于营业税改征增值税

营业税，是对在中国境内提供应税劳务、转让无形资产或销售不动产的单位和个人，就其所取得的营业额征收的一种税。增值税是对销售货物或者提供加工、修理修配劳务以及进口货物的单位和个人就其实现的增值额征收的一个税种。

于2016年5月1日全面推行营业税改征增值税实施方案，有助于增值税体系的完善以及增值税收入的增加；有利于社会专业化分工，降低企业税收成本，增强服务型企业的发展能力，优化投资、消费和出口结构；提高分工和专业化，同时减轻相关行业消费者负担，可以刺激需求，对试点行业是有利的政策；可以促进我国服务行业的发展，调整产业发展结构；营业税改征增值税，消除重复征税，社会再生产各个环节的税负下降，企业成本下降，引起物价降低，从而降低通货膨胀水平。

按照国家税务总局"营业税改征增值税试点实施办法"规定，"实施办法"第一条规定，在中华人民共和国境内（以下称境内）销售服务、无形资产或者不动产（以下称应税行为）的单位和个人，为增值税纳税人，应当按照本办法缴纳增值税，不缴纳营业税。第十五条规定，增值税税率：（一）纳税人发生应税行为，除本条第（二）项、第（三）项、第（四）项规定外，税率为6%。（二）提供交通运输、邮政、基础电信、建筑、不动产租赁服务，销售不动产，转让土地使用权，税率为11%。（三）提供有形动产租赁服务，税率为17%。（四）境内单位和个人发生的跨境应税行为，税率为零。具体范围由财政部和国家税务总局另行规定。第十六条增值税征收率为3%，财政部和国家税务总局另有规定的除外。第五十一条规定，营业税改征的增值税，由国家税务局负责征收。纳税人销售取得的不动产和其他个人出租不动产的增值税，国家税务局暂委托地方税务局代为征收。

1.销售服务，是指提供交通运输服务、邮政服务、电信服务、建筑服务、金融服务、现代服务、生活服务。

2.销售无形资产，是指转让无形资产所有权或者使用权的业务活动。无形资产，是指不具实物形态，但能带来经济利益的资产，包括技术、商标、著作权、商誉、自然资源使用权和其他权益性无形资产。

技术，包括专利技术和非专利技术。

自然资源使用权，包括土地使用权、海域使用权、探矿权、采矿权、取水权和其他自然资源使用权。

其他权益性无形资产，包括基础设施资产经营权、公共事业特许权、配额、经营权（包括特许经营权、连锁经营权、其他经营权）、经销权、分销权、代理权、会员权、席位权、网络游戏虚拟道具、域名、名称权、肖像权、冠名权、转会费等。

3.销售不动产，是指转让不动产所有权的业务活动。不动产，是指不能移动或者移动后会引起性质、形状改变的财产，包括建筑物、构筑物等。

转让建筑物有限产权或者永久使用权的，转让在建的建筑物或者构筑物所有权的，以及在转让建筑物或者构筑物时一并转让其所占土地的使用权的，按照销售不动产缴纳增值税。

资料来源：2016年3月23日，财政部、国家税务总局发布的《营业税改征增值税试点实施办法》

14.5 期间费用

企业的期间费用包括销售费用、管理费用和财务费用。

14.5.1 销售费用

企业一般设"销售费用"账户核算其在销售产品、自制半成品和提供劳务等过程中发生的各项费用。包括由企业负担的包装费、运输费、广告费、装卸费、保险费、委托代销手续费、展览费、租赁费（不含融资租赁费）和销售服务费、销售部门人员的职工薪酬、差旅费、折旧费、修理费、物料消耗、低值易耗品摊销以及其他经费等。该账户可按照费用项目进行明细核算。该账户属于损益类账户，其借方反映本期销售产品、自制半成品和提供劳务等过程中发生的各项费用额，贷方反映期末转入"本年利润"账户借方的各项销售费用。会计期末结账时，企业应根据该账户的本期借方发生额合计数，借记"本年利润"账户、贷记"销售费用"账户，结转后该账户应无余额。

应予以注意的是：销售费用是与企业销售商品活动等有关的费用，但不包括销售商品本身的成本和劳务成本。已经销售的产品的成本属于企业的"主营业务成本"，提供劳务所发生的成本属于企业的"劳务成本"，均不属于企业的销售费用。

【例14-3】星海实业股份有限公司2015年12月发生的销售费用包括：以银行存款支付广告费5 000元；用现金支付应由公司负担的销售甲产品的运费800元；本月分配

专设销售机构的职工工资4 000元，福利费用560元。月末将全部销售费用予以结转。星海公司的账务处理如下。

（1）支付广告费：

借：销售费用——广告费 　　　　　　　5 000

　　贷：银行存款 　　　　　　　　　　　　　　5 000

（2）支付运输费：

借：销售费用——运输费 　　　　　　　800

　　贷：库存现金 　　　　　　　　　　　　　　800

（3）分配职工工资及其他工资性费用中属于销售费用的部分：

借：销售费用——工资 　　　　　　　　4 000

　　贷：应付职工薪酬——工资 　　　　　　　　4 000

借：销售费用——福利费 　　　　　　　560

　　贷：应付职工薪酬——福利费 　　　　　　　560

（4）月末结转销售费用：

借：本年利润 　　　　　　　　　　　　10 360

　　贷：销售费用——广告费 　　　　　　　　　5 000

　　　　　　　　——运输费 　　　　　　　　　800

　　　　　　　　——工资 　　　　　　　　　4 000

　　　　　　　　——福利费 　　　　　　　　560

14.5.2 管理费用

企业设"管理费用"账户核算企业为组织和管理企业生产经营活动所发生的管理费用，包括企业的董事会和行政管理部门在企业的经营管理中发生的或者应由企业统一负担的公司经费（包括行政管理部门职工薪酬、修理费、物料消耗、低值易耗品摊销、办公费和差旅费等）、工会经费、董事会费（包括董事会成员津贴、会议费和差旅费等）、聘请中介机构费、咨询费（含顾问费）、诉讼费、业务招待费、技术转让费、矿产资源补偿费、研究费用和排污费等。

管理费用账户应按照费用项目进行明细核算。该账户属于损益类账户，其借方反映本期企业为组织和管理企业生产经营所发生的各项管理费用，贷方反映期末转入"本年利润"账户借方的各项管理费用。会计期末结账时，企业应根据该账户的本期借方发生额合计数，借记"本年利润"账户、贷记"管理费用"账户，结转后该账户应无余额。

应当注意管理费用与制造费用的区别：管理费用一般是为组织和管理企业生产经营活动发生在企业管理部门的各项费用；制造费用一般是为生产产品而在生产车间范围内发生的各项间接费用；尽管管理费用与制造费用的有些费用内容（如办公费和差旅费等）是相同的，但应使用不同的账户组织核算。

【例14-4】星海实业股份有限公司2015年12月根据发生的管理费用进行的账务处理如下。

（1）应付行政管理部门职工薪酬200 000元。

借：管理费用 200 000

贷：应付职工薪酬 200 000

（2）计提行政管理部门办公大楼折旧费 80 000元。

借：管理费用 80 000

贷：累计折旧 80 000

（3）用银行转账支票支付业务招待费5 000元。

借：管理费用 5 000

贷：银行存款 5 000

（4）计提工会经费4 000元。

借：管理费用 4 000

贷：其他应付款 4 000

（5）管理人员报销差旅费2 800元。

借：管理费用 2 800

贷：其他应收款 2 800

（6）摊销本月无形资产2 500元。

借：管理费用 2 500

贷：累计摊销 2 500

14.5.3 财务费用

企业设"财务费用"账户核算企业在生产经营过程中为筹集资金而发生的筹资费用。包括企业生产经营期间发生的利息支出（减利息收入）、汇兑损益、金融机构手续费，企业发生的现金折扣或收到的现金折扣等。但在企业筹建期间发生的利息支出，应计入开办费；为购建或生产满足资本化条件的资产发生的应予以资本化的借款费用，在"在建工程"等账户核算。

该账户属于损益类账户，其借方反映本期发生的利息支出等各项财务费用额，贷方反映本期发生的冲减财务费用的利息收入、汇兑收益，期末计算该账户借方发生额与贷方发生额的差额转入"本年利润"账户借方，结转后该账户应无余额。该账户可按照费用项目进行明细核算。

应予以注意的是：财务费用构成内容有的会增加企业的财务费用，有些则会减少企业的财务费用。如利息支出会增加企业的财务费用，而利息收入则会减少企业的财务费用；企业发生的给予客户的现金折扣会增加企业的财务费用，而从销售方那里获得的现金折扣则会减少企业的财务费用等。在核算中应注意区分不同的情况，采用不同的处理方法。

【例14-5】星海实业股份有限公司2015年12月根据发生的财务费用进行的账务处理如下。

（1）星海公司接到银行通知，收到银行存款利息120 000元。

借：银行存款　　　　　　　　　　　　　　　　　　120 000

　　贷：财务费用　　　　　　　　　　　　　　　　　　　120 000

（2）用银行存款支付短期借款利息280 000元。

借：财务费用　　　　　　　　　　　　　　　　　　280 000

　　贷：银行存款　　　　　　　　　　　　　　　　　　　280 000

【例14-6】2015年12月5日，星海公司用银行存款支付在银行办理业务的手续费500元。

借：财务费用　　　　　　　　　　　　　　　　　　500

　　贷：银行存款　　　　　　　　　　　　　　　　　　　500

以上销售费用、管理费用和财务费用又称为期间费用，即不能直接归属于某个特定产品成本的费用。发生的期间费用直接从企业的当期损益中扣除。它是随着时间推移而发生的与当期产品的管理和产品销售直接相关，而与产品的产量、产品的制造过程无直接关系，即容易确定其发生的期间，而难以判别其所应归属的产品，因而不能列入产品制造成本，而应在发生的当期直接从损益中扣除。

14.6 利润

14.6.1 利润的构成

利润是企业在一定会计期间的经营成果，它是企业在一定会计期间内实现的收入与相关费用成本对比后的结果。是衡量企业经济效益高低的一项重要指标，企业在增加产量、提高产品质量、降低产品成本、扩大产品销售、合理使用资金、加速资金周转等方面取得的成效都会综合地反映在利润这项指标中。利润包括营业利润、利润总额、净利润3个层次。有关计算如图14-4所示。

净利润 = 利润总额 − 所得税费用

　　　　=营业利润 + 营业外收入 − 营业外支出

　　　　=营业收入 − 营业成本 − 税金及附加

　　　　− 销售费用 − 管理费用 − 财务费用−资产减值损失

　　　　+公允价值变得损益+投资收益

图14-4　利润的构成

14.6.1.1 营业利润

营业利润，是指企业在其日常经营活动的一定会计期间实现的全部收入减去该期间发生的全部相关费用后的差额。它反映了企业进行日常活动创造的业绩，也是企业一定时期获得利润中最主要、最稳定的来源。

营业收入是指企业经营业务所确认的收入总额，包括主营业务收入和其他业务收入。

营业成本是指企业经营业务所发生的实际成本总额，包括主营业务成本和其他业务成本。

资产减值损失是指资产负债表日企业计提各项资产减值准备所形成的损失。

公允价值变动收益（或损失）是指企业以各种交易性金融资产、交易性金融负债（本书略）、采用公允价值模式计量的投资性房地产等公允价值变动形成的应计入当期损益的利得或损失。

投资净收益是指企业对外投资所取得的利润、股利和债券利息等收入减去投资损失后的净收益。

14.6.1.2 直接计入当期利润的利得和损失

直接计入当期利润的利得或损失，是指企业应当计入当期损益的、会最终引起所有者权益增减变动的、与所有者投入资本或向所有者分配利润无关的利得（营业外收入）和损失（营业外支出）。利得与损失反映的是企业非日常活动的业绩。企业应严格区分收入、费用与利得、损失，以清晰地反映企业经营业绩的构成内容。

"利得"是由企业非日常活动所形成的、会导致所有者权益增加的、与所有者投入资本无关的经济利益的流入。如处置固定资产的净收益、处置无形资产的净收益和罚款收入等。

"损失"是指由企业非日常活动所发生的、会导致所有者权益减少的、与向所有者分配利润无关的经济利益的流出。如固定资产处置损失和无形资产出售损失、公益性捐赠支出。

（1）直接计入当期利润的利得

①营业外收入

营业外收入是指企业发生的与其日常生产经营活动无直接关系的各项利得，主要包括企业变卖固定资产、转让无形资产、债务重组利得、罚没利得、获得政府补助、确实无法支付而按规定程序经批准后转作营业外收入的应付款项、捐赠利得、流动资产盘盈利得等。

企业应通过"营业外收入"账户，核算营业外收入的取得及结转情况。该账户属于损益类账户。贷方登记企业确认的各项营业外收入，借方登记期末结转入"本年利润"账户的各项营业外收入。结转后该账户应无余额。该账户应按照营业外收入的项目进行明细核算。

企业确认营业外收入，借记"固定资产清理"、"银行存款"、"库存现金"、"应付账款"等账户，贷记"营业外收入"账户。期末，应将"营业外收入"账户余额转入"本年利润"账户，借记"营业外收入"账户，贷记"本年利润"账户。

【例14-7】星海公司2016年5月18日现有的一台设备由于性能等原因决定提前报废，原价为500 000元，已计提折旧480 000元，未计提减值准备。报废时的残值变价收入为63 500元，报废清理过程中发生的清理费用3000元。有关收入、支出均通过银行存款办理结算，不考虑相关的税费。星海公司的账务处理如下：

（1）将报废固定资产转入清理

借：固定资产清理   20 000

```
　　累计折旧　　　　　　　　　　　　480 000
　　　贷：固定资产　　　　　　　　　　　　500 000
（2）收回残值变价收入
借：银行存款　　　　　　　　　　　63 500
　　贷：固定资产清理　　　　　　　　　　63 500
（3）支付清理费用
借：固定资产清理　　　　　　　　　 3 000
　　贷：银行存款　　　　　　　　　　　　 3 000
借：固定资产清理　　　　　　　　　40 500
　　贷：营业外收入　　　　　　　　　　　40 500
```

②公允价值变动损益

公允价值变动损益是指一项资产在取得之后的计量，即后续采用公允价值计量模式时，期末资产账面价值与其公允价值之间的差额。

企业应通过"公允价值变动损益"账户，该账户是属于损益类账户，核算其所持有的交易性金融资产、交易性金融负债（本书略）、采用公允价值模式计量的投资性房地产等由于公允价值变动所形成的浮动盈亏。该账户可按照投资项目进行明细核算。借方登记因公允价值变动而形成的损失金额和贷方发生额的转出额；贷方登记因公允价值变动而形成的收益金额和借方发生额的转出额。期末，应将本账户余额转入"本年利润"账户，结转后本账户无余额。

资产负债表日，企业应按交易性金融资产的公允价值高于其账面余额的差额，借记"交易性金融资产——公允价值变动"账户，贷记"公允价值变动损益"账户；公允价值低于其账面余额的差额则做相反的会计分录。

出售交易性金融资产时，应按实际收到的金额，借记"银行存款"等账户，按该金融资产的账面余额，贷记"交易性金融资产"账户，按其差额，借记或贷记"投资收益"账户。同时，将原记入该金融资产的公允价值变动转出，借记或贷记"公允价值变动损益"账户，贷记或借记"投资收益"账户。

公允价值变动损益的具体核算实例详见相应章节。

（2）直接计入当期利润的损失

①营业外支出

营业外支出是企业发生的与其日常生产经营活动无直接关系的各项损失，主要包括处置变卖固定资产的亏损、转让无形资产的亏损、非货币性资产交换损失、债务重组损失、罚款支出、捐赠支出、非常损失、盘亏损失等。

企业应通过"营业外支出"账户，核算营业外支出的发生及结转情况。该账户可按营业外支出项目进行明细核算。

确认处置非流动资产损失时，借记"营业外支出"账户，贷记"固定资产清理"、"无形资产"、"原材料"等账户。确认盘亏、非常损失计入营业外支出时，借记"营业外支出"账户，贷记"待处理财产损益"、"库存现金"等账户。

会计期末结账时，应将"营业外支出"账户余额转入"本年利润"账户，借记"本年利润"账户，贷记"营业外支出"账户。结转后本账户应无余额。

【例14-8】星海公司发生原材料意外灾害损失220 000元，经批准全部转作营业外支出，不考虑相关税费。应编制如下会计分录。

（1）发生原材料意外灾害损失时：

借：待处理财产损益　　　　　　　　　　　220 000

　　贷：原材料　　　　　　　　　　　　　　220 000

（2）批准处理时：

借：营业外支出　　　　　　　　　　　　　220 000

　　贷：待处理财产损益　　　　　　　　　　220 000

【例14-9】星海公司用银行存款支付税款滞纳金30 000元，应编制如下会计分录：

借：营业外支出　　　　　　　　　　　　　30 000

　　贷：银行存款　　　　　　　　　　　　　30 000

②资产减值损失

企业应通过"资产减值损失"账户，核算企业根据资产减值等准则计提各项资产减值准备所形成的损失。资产减值损失资产减值损失属于损益类账户。该账户应当按照资产减值损失的项目进行明细核算。

企业根据资产减值等准则确定资产发生的减值的，按应当减记的金额，借记"资产减值损失"账户，贷记"坏账准备"、"存货跌价准备"、"长期股权投资减值准备"、"持有至到期投资减值准备"、"固定资产减值准备"、"在建工程减值准备"、"工程物资减值准备"、"生产性生物资产减值准备"、"无形资产减值准备"、"商誉减值准备"、"贷款损失准备"等账户。会计期末，应将本账户余额转入"本年利润"账户，结转后本账户无余额。

资产减值损失的具体核算实例详见相应章节。

14.6.2 所得税费用

企业所得税是国家对企业生产、经营所得和其他所得依法征收的一种税金。

所得税费用是指企业经营利润应交纳的所得税。采用比例税率法计算，实行按纳税年度计算、分月或者分季预缴、年终汇算清缴的办法。

14.6.2.1 所得税核算的一般程序

我国《企业会计准则第18号——所得税》，对企业所得税的计算做出了相应规定。中外会计中，企业所得税的核算大多采用资产负债表债务法。采用该法核算企业所得税，企业应于每一资产负债表日进行所得税的核算。发生特殊交易或事项，如企业合并，在确认交易或事项产生的资产、负债时，即应确认相关的所得税影响。采用资产负债表债务法，核算企业所得税一般应遵循以下程序。

①确定资产负债表中除递延所得税资产和递延所得税负债以外的其他资产、负债项目的账面价值。这里的资产、负债项目的账面价值，是指企业按照会计准则的规定进行核算后在资产负债表中列示的期末金额。

②按照资产和负债计税基础的确定方法，以适用税法为基础，确定资产负债表中有关资产、负债项目的计税基础。

③比较资产、负债项目的账面价值与其计税基础，对两者之间存在差异的，分析其性质，分别确认为应纳税暂时性差异与可抵扣暂时性差异（特殊情况除外）。确定本资产负债日与暂时性差异相关的递延所得税负债或递延所得税资产的余额，将其与期初余额相比，确定当期递延所得税资产或递延所得税负债的增加金额或减少（应予转销的）金额。

④将会计利润调整为纳税所得额，按照适用税率，计算确定当期的应交所得税。

⑤确定当期利润表中的所得税费用。利润表中所得税费用由当期应交所得税和递延所得税两部分组成。

14.6.2.2 资产、负债项目的暂时性差异与计税基础

（1）暂时性差异

要正确计算所得税，关键是要正确计算暂时性差异。暂时性差异，是指资产或负债项目的账面价值与其计税基础之间的差额。这里，账面价值是指资产、负债项目按照企业会计准则规定核算的结果，也即资产负债表中的期末余额；计税基础是指资

产、负债项目按照税法规定核算的结果，即从税法角度看，企业持有的有关资产、负债在期末的应有金额。对同一资产或负债，会计、税法的核算结果之所以存在差异，主要原因是会计、税法的目的不同，各自对资产、负债、收入、费用等的确认口径、计量标准以及入账时间存在差异。暂时性差异的存在，意味着企业在未来收回资产或清偿负债期间，应纳税所得额增加或减少，并相应导致未来期间应交所得税增加或减少。在暂时性差异发生的当期，应确认相应的递延所得税资产与递延所得税负债。计算公式：

资产、负债项目的暂时性差异=资产、负债的（账面价值－计税基础）

根据暂时性差异对未来期间应纳税所得额影响的不同，分为可抵扣暂时性差异和应纳税暂时性差异。

①可抵扣暂时性差异，是指在确定未来收回资产或清偿负债期间的应纳税所得额时，将导致产生可抵扣金额的暂时性差异。该差异在未来期间转回时会减少转回期间的应纳税所得额，减少未来期间的应缴所得税。在可抵扣暂时性差异产生当期，应当确认相关的递延所得税资产。可抵扣暂时性差异一般产生于以下两种情况：一是资产的账面价值小于其计税基础；二是负债的账面价值大于其计税基础。比如，某项固定资产期末账面价值为50万元，计税基础为60万元，则该项固定资产在未来使用期间可获得税前扣除的金额为60万元，换言之，从本期期末情况看，该项固定资产在未来使用期间不仅账面价值50万元可全部获得税前扣除，而且以前期间使用该项固定资产所发生的价值减损还有10万元可转至以后期间从税前扣除，从而减少以后期间的应纳税所得额与应交所得税，故产生可抵扣暂时性差异10万元。

②应纳税暂时性差异，是所得税会计的一个概念。是指在确定未来收回资产或清偿负债期间的应纳税所得额时，将产生应税金额的暂时性差异，该差异会增加未来期间的应纳税所得额与应交所得税金额。当资产的账面价值大于其计税基础，或负债的账面价值小于其计税基础时，会产生应纳税暂时性差异。如上段举例中，固定资产期末账面价值为50万元，如果计税基础为30万元。则意味着该项固定资产未来使用期间能在税前扣除的金额只有30万元，差额20万元需要增加以后使用期间的应纳税所得额及应交所得税，故产生应纳税暂时性差异20万元。

表14-1　结转前有关损益类账户的余额

类型		具体规定
（一）应纳税暂时性差异	概念	是指在确定未来收回资产或清偿负债期间的应纳税所得额时，将导致产生应税金额的暂时性差异（现在不纳税，以后期间应纳税）
	产生原因	（1）资产账面价值大于其计税基础产生应纳税暂时性差异 ◆举例：以公允价值计量的资产公允价值上升、会计计提的折旧小于税法计提的折旧 （2）负债账面价值小于其计税基础产生应纳税暂时性差异 ◆举例：以公允价值计量的负债公允值下降
（二）可抵扣暂时性差异	概念	是指在确定未来收回资产或清偿负债期间的应纳税所得额时，将导致产生可抵扣金额的暂时性差异（现在纳税，以后期间可抵税）
	产生原因	（1）资产账面价值小于其计税基础产生可抵扣暂时性差异 ◆举例：资产计提减值、研发支出加计扣除、以公允价值计量的资产公允价值下降 （2）负债账面价值大于其计税基础产生可抵扣暂时性差异 ◆举例：实际发生时可以税前扣除的预计负债
（三）特殊项目		不符合资产、负债的确认条件而未体现为资产负债表中的资产或负债，但按照税法规定能够确定其计税基础的，其账面价值0与计税基础之间的差异也构成暂时性差异。 ◆举例：按照税法规定可以结转以后年度的未弥补亏损及税款抵减，视同可抵扣暂时性差异 ◆举例：企业发生的超过税法规定限额的广告费和业务宣传费等，超过部分准予在以后纳税年度结转扣除，视同可抵扣暂时性差异

（2）资产的计税基础

资产计税基础是指未来期间企业在收回资产账面价值过程中，计算应纳税所得额时按照税法规定可以抵扣的金额，即某项资产在未来期间计税时可以税前扣除的金额。资产的计税基础是假定企业按照税法规定进行核算所提供的资产负债表中资产、负债项目在期末应有的金额。资产在未来使用期间可获得税前扣除的金额是指资产的取得成本减去以前期间按照税法规定已在税前扣除的累计金额后的余额。由此可得：

资产项目的暂时性差异=账面价值−未来使用期间可在税前扣除的金额。

上式的计算结果，正数为应纳税暂时性差异，负数为可抵扣暂时性差异。

（3）负债的计税基础

一般情况下，负债的确认与偿还不影响企业的损益，也不影响其纳税所得额，未来计算纳税所得额时按照税法规定可予抵扣的金额为0，如短期借款、应付账款等。但某些负债的确认则可能影响企业的损益，进而影响不同期间的纳税所得额，使得其计税基础与账面价值之间产生差额。

负债的计税基础，是指负债的账面价值减去未来期间计算应纳税所得额时按照税法规定可予抵扣的金额。计算公式：

负债项目的计税基础=负债账面价值-未来清偿期间可在税前扣除的金额

负债项目的暂时性差异=该负债项目的（账面价值-计税基础）

当负债的账面价值大于计税基础时，意味着未来期间按照税法规定该项负债金额可从未来的纳税所得额中扣除，从而减少未来期间的应交所得税；此时负债账面价值大于计税基础的差异，属于可抵扣暂时性差异。

当负债的账面价值小于计税基础时，则意味着该项负债在未来期间可以税前抵扣的金额为负数，即应在未来期间纳税所得额的基础上调增，增加纳税所得额和应交所得税金额，从而产生应纳税暂时性差异。比如，企业本期预收账款15万元，会计上因不符合收入确认条件，会计上将其确认为负债核算。由于税法采用收付实现制确认纳税额，预收账款应在收款当期增加纳税所得计算交纳所得税，以后在会计确认收入的期间不再征税，这样预收账款本期的计税基础为0，从而产生暂时性差异15万元。属于可抵扣暂时性差异，本期根据预收金额交纳的所得税可减少未来收入确认期间的应交所得税。

（4）递延所得税资产和递延所得税负债

递延所得税资产是根据可抵扣暂时性差异及适用税率计算、影响（减少）未来期间应交所得税的金额；根据应纳税暂时性差异及适用税率计算的，影响（增加）未来期间应交所得税的金额，则称为递延所得税负债。计算公式如下：

递延所得税资产=可抵扣暂时性差异×预计可转回期间的所得税税率

递延所得税负债=应纳税暂时性差异×预计可转回期间的所得税税率

①递延所得税资产的主要账务处理。企业应当设置"递延所得税资产"科目核算企业根据所得税准则确认的可抵扣暂时性差异产生的所得税资产，按照可抵扣暂时性差异等项目进行明细核算。

资产负债表日，企业根据所得税准则应予确认的递延所得税资产，借记本科目，贷记"所得税费用——递延所得税费用"、"资本公积——其他资本公积"等科目。本期应确认的递延所得税资产大于其账面余额的，应按其差额确认；本期应确认的递延所得税资产小于其账面余额的差额，做相反的会计分录。

非同一控制下企业合并中取得资产、负债的入账价值与其计税基础不同形成可抵扣暂时性差异的，应于购买日根据所得税准则确认递延所得税资产，同时调整商誉，借记本科目，贷记"商誉"科目。

资产负债表日，预计未来期间很可能无法获得足够的应纳税所得额用以抵扣可抵扣暂时性差异的，按原已确认的递延所得税资产中应减记的金额，借记"所得税费用——当期所得税费用"、"资本公积——其他资本公积"科目，贷记本科目。

"递延所得税资产"期末余额一般在借方，反映企业已确认的递延所得税资产的余额。

②递延所得税负债的主要账务处理：企业应当设置"递延所得税负债"科目核算企业根据所得税准则确认的应纳税暂时性差异产生的所得税负债，按照应纳税暂时性差异项目进行明细核算。

资产负债表日，企业根据所得税准则应予确认的递延所得税负债，借记"所得税费用——递延所得税费用"、"资本公积——其他资本公积"等科目，贷记本科目。本期应予确认的递延所得税负债大于其账面余额的，借记"所得税费用——递延所得税费用"、"资本公积——其他资本公积"等科目，贷记本科目；应予确认的递延所得税负债小于其账面余额的，做相反的会计分录。

非同一控制下企业合并中取得资产、负债的入账价值与其计税基础不同形成应纳税暂时性差异的，应于购买日根据所得税准则确认递延所得税负债，同时调整商誉，借记"商誉"科目，贷记本科目。

"递延所得税负债"期末余额一般在贷方，反映企业已确认的递延所得税负债的余额。

所得税根据企业的所得额征收，而企业的所得额又可以根据不同的标准分别计算，即会计利润和应纳税所得额。会计利润是企业根据会计准则的要求，采用一定的会计程序与方法确定的所得税税前利润总额，其目的是向财务报告使用者提供企业财务状况和经营成果的会计信息，为其决策提供相关、可靠的依据；应纳税所得额是按照企业所得税法的规定，在企业利润总额的基础上对一些项目进行调整后得出的计税依据。由于会计法规和税收法规是两个不同的经济范畴，两者的适度分离被认为是允许的，实际上它们分别遵循着不同的原则和方法，规范着不同的对象，两者目标上的差异导致了收益确定上的差异。因此，对于同一企业的同一会计期间，按照会计准则计算确定的会计利润与按照税法计算确定的应纳税所得额往往不一致，在计算口径和确认时间方面存在一些差异，即计税差异，一般将这些差异称为纳税调整项目。

如在会计上计算利润总额时所有影响损益的损失和费用都能够扣除，而按照税法的规定并非所有影响损益的费用和损失都能够扣除，比如超过税法规定标准的广告费、业务招待费以及在税法中规定不允许扣除项目的金额，如滞纳金、行政性罚款等都不能在税前扣除。

计算公式：

应纳税所得额=利润总额+税法规定的调整增加额−税法规定的调整减少额

应交企业所得税=应纳税所得额×适用税率（25%）（符合条件的小微企业所得税率为20%、国家需要重点扶持的高新技术企业所得税率为15%）

企业应通过"所得税费用"科目核算企业负担的所得税。所得税费用是损益类科目。

【例14-10】星海公司2014年实现的利润总额为1 500万元，假设没有纳税调整项目，按25%的所得税率计算所得税税额。应编制如下会计分录。

（1）计提时：

借：所得税费用　　　　　　　　　　　3 750 000

　　贷：应交税费−应交所得税　　　　　　　　3 750 000

（2）结转时：

借：本年利润　　　　　　　　　　　　3 750 000

　　贷：所得税费用　　　　　　　　　　　　　3 750 000

（3）上交时：

借：应交税费−应交所得税　　　　　　3 750 000

　　贷：银行存款　　　　　　　　　　　　　　3 750 000

有关所得税费用的确认与计量问题，详见中级财务会计学和高级财务会计学课程相关内容介绍。

14.6.3 利润的形成

利润作为企业在一定会计期间的经营成果，其形成主要通过"本年利润"账户进行核算，企业应设置"本年利润"账户，核算企业当期实现的净利润（或发生的净亏损）。该账户属于所有者权益类账户。期末应将各损益类账户的金额转入"本年利润"账户，结转后，"本年利润"科目如为贷方余额，表示当年实现的净利润；如为借方余额，表示当年发生的净亏损。年度终了，将本年收入和支出相抵，结出本年实现的净利润，并将其转入"利润分配科目，借记本科目，贷记"利润分配——末分配利润"科目；如为净亏损，则作相反的会计分录。结转后，本科目应无余额。

会计期末，结转本年利润的方法有账结法和表结法两种。

14.6.3.1 账结法

在账结法下，每月月末均需编制转账凭证，将各损益类账户的余额转入"本年利润"账户，结转后，"本年利润"账户的本月合计数反映当月实现的利润或发生的亏损，"本年利润"账户的本年累计数反映本年累计实现的利润或发生的亏损。

在账结法下，各月均可通过"本年利润"账户提供当月及本年累计的利润（或亏损）额，但增加了转账环节和工作量。

【例14-11】星海公司2015年有关损益类账户的年末余额如表14-1所示（该企业采用表结法年末一次结转损益类账户，所得税税率为25%）。

表14-2 结转前有关损益类账户的余额

账户	借方（元）	贷方（元）
主营业务收入		6 000 000
其他业务收入		700 000
公允价值变动损益		150 000
投资收益		600 000
营业外收入		50 000
主营业务成本	4 000 000	
其他业务成本	400 000	
税金及附加	80 000	
销售费用	500 000	
管理费用	770 000	
财务费用	200 000	
资产减值损失	100 000	
营业外支出	250 000	

星海公司2015年年末结转本年利润应编制如下会计分录。

（1）将各损益类账户年末余额结转入"本年利润"账户。

①结转各项收入、利得类账户：

借：主营业务收入   6 000 000

    其他业务收入   700 000

    公允价值变动损益   150 000

    投资收益   600 000

    营业外收入   50 000

    贷：本年利润   7 500 000

②结转各项费用、损失类科目：

借：本年利润 6 300 000

　　贷：主营业务成本 4 000 000

　　　　其他业务成本 400 000

　　　　税金及附加 80 000

　　　　销售费用 500 000

　　　　管理费用 770 000

　　　　财务费用 200 000

　　　　资产减值损失 100 000

　　　　营业外支出 250 000

（2）经过上述结转后，"本年利润"账户的贷方发生额合计7 500 000元减去借方发生额合计6 300 000元即为税前会计利润1 200 000元。

（3）假设星海公司2015年年度不存在所得税纳税调整因素。

（4）应交所得税=1 200 000×25%=300 000（元）。

①确认所得税费用：

借：所得税费用 300 000

　　贷：应交税费——应交所得税 300 000

②将所得税费用结转入"本年利润"科目：

借：本年利润 300 000

　　贷：所得税费用 300 000

（5）将"本年利润"账户年末余额900 000（7 500 000-6 300 000-300 000）元转入"利润分配——未分配利润"账户：

借：本年利润 900 000

　　贷：利润分配——未分配利润 900 000

14.6.3.2 表结法

采用表结法，各损益类账户于每月末只需结计出本月发生额和月末累计余额，不结转到"本年利润"账户，只有在年末时，才将全年累计余额结转入"本年利润"账户。但是，每月月末要将损益类账户的本月发生额合计数填入利润表的本月数栏，同时将本月末累计余额填入利润表的本年累计数栏，通过利润表计算反映各期的利润（或亏损）。

采用表结法，年中损益类账户无须结转入"本年利润"账户，从而减少了转账环节和工作量，同时又不影响利润表的编制及有关损益指标的利用。

表结法只是在年度内1~11月采用，年末最后一个月仍需采用账结法，将各损益类账户的全年累计余额转入"本年利润"账户。因此，采用表结法时，"本年利润"账户平时没有记录，只有年末才有记录。

14.6.4 利润分配

14.6.4.1 利润分配的程序

利润分配是指企业根据国家有关规定和企业章程、投资者协议等，对企业当年可供分配利润进行的分配。

可供分配利润=当年实现的净利润+年初未分配利润（或-年初未弥补的亏损）

按照有关政策，企业当期实现的利润，与历年分配（或弥补）后的积存余额，为可供分配的利润。

利润分配顺序详见12.5.1部分。

14.6.4.2 利润分配的核算

企业应当设置"利润分配"账户核算利润的分配过程。"利润分配"账户属于所有者权益类账户。下设"提取法定盈余公积"、"提取任意盈余公积"、"盈余公积补亏"、"应付现金股利"、"转作股本的股利"、"未分配利润"等明细账进行明细核算。企业按规定提取盈余公积，借记本账户（提取法定盈余公积、提取任意盈余公积），贷记"盈余公积—法定盈余公积"、"盈余公积—任意盈余公积"账户。

企业经股东大会或类似机构决议，分配给股东或投资者的现金或利润时，借记本账户（应付现金股利或应付利润），贷记"应付股利"账户。

企业经股东大会或类似机构决议，分配给股东或投资者股票股利，应在办理增资手续后，借记本账户（转作股本的股利），贷记"股本"账户。如有差额，贷记"资本公积——股本溢价"账户。

企业用盈余公积弥补亏损时，借记"盈余公积——法定盈余公积（或任意盈余公积）"账户，贷记本账户（盈余公积补亏）。

年度终了，将"利润分配"账户所属其他明细账户的余额转入本账户的"未分配利润"明细账。结转后，除"未分配利润"明细账外，其他明细账应无余额。"利润分配——未分配利润"账户的年末余额，反映企业历年累积未分配利润（或未弥补亏损）。

利润分配具体核算详见12.3节的相关内容。

【本章小结】

利润是企业在一定会计期间的经营成果，是反映企业经济效益的一个重要指标，正确核算利润的关键，是正确核算企业的各项收入和费用。本章的重点是收入的确认、费用和利润的核算。

费用是指企业在日常活动中发生的、会导致所有者权益减少的、与向所有者分配利润无关的经济利益的总流出。我国费用要素的定义属于狭义的范畴。

生产成本与生产费用是两个既有联系也有区别的概念。

成本核算程序是指从生产费用发生开始，到计算出完工产品总成本和单位成本为止的整个成本计算的步骤。

企业费用的核算主要包括主营业务成本和其他业务成本、税金及附加、销售费用、管理费用和财务费用的核算。

利润是企业在一定会计期间的经营成果，利润包括收入减去费用后的净额、直接计入当期利润的利得或损失。

所得税费用是指企业经营利润应交纳的所得税。企业按照会计准则计算确定的会计利润应当按照税法规定，将会计利润计算调整为应纳税所得额，计算并缴纳企业所得税。

会计期末，结转本年利润的方法有账结法和表结法两种。在账结法下，各月均可通过"本年利润"账户提供当月及本年累计的利润（或亏损）额；在表结法下，各损益类账户于每月末只需结计出本月发生额和月未累计余额，不结转到"本年利润"账户，只有在年末时，才将全年累计余额结转入"本年利润"账户。

利润分配是一项政策性很强的工作，必须严格按照国家法律和公司章程的规定进行。年终结算时，还应正确组织利润及净利润的分配与结转。

【学习目标小结】

1.了解费用的确认原则与分类

费用的确认除了应符合定义外，还应至少符合以下3个条件：①与费用相关的经济利益应当很可能流出企业；②经济利益流出企业的结果会导致资产的减少或者负债的增加；③经济利益的流出额能够可靠计量。

2.理解产品成本的概念与分类

费用可以按照不同的标准进行分类。主要可以按照经济内容分类和按照经济用途分类，不同的分类方法作用有所不同。费用按经济内容（或性质）分类分为外购材料费用、外购燃料费用、外购动力费用、折旧费用、利息费用、税费、其他费用。费用按经济内容分类可以反映企业在一定时期内发生了哪些生产费用、金额各是多少，以便于分析企业各个时期各种费用占整个费用的比重，进而分析企业各个时期各种要素费用支出的水平，有利于考核费用计划的执行情况；费用按经济用途分类主要包括直接材料、直接人工和其他直接费用和间接费用。按照经济用途分类更便于计算产品成本。

3.掌握产品成本的核算程序

从生产费用发生开始，到算出完工产品总成本和单位成本为止的整个成本计算的步骤。成本核算程序一般分为以下几个步骤：①生产费用支出的审核；②确定成本计算对象和成本项目，开设产品成本明细账；③进行要素费用的分配；④进行综合费用的分配；⑤进行完工产品成本与在产品成本的划分；⑥计算产品的总成本和单位成本。

4.掌握期间费用的内容与会计处理

期间费用是不能直接归属于某个特定产品成本的费用。它是随着时间推移而发生的与当期产品的管理和产品销售直接相关，而与产品的产量、产品的制造过程无直接关系，即容易确定其发生的期间，而难以判别其所应归属的产品，因而是不能列入产品制造成本，而在发生的当期从损益中扣除。期间费用包括直接从企业的当期损益中扣除的销售费用、管理费用和财务费用。

5.掌握利润的构成及会计处理

利润是企业在一定会计期间的经营成果。利润包括收入减去费用后的净额、直接计入当期利润的利得和损失等。

直接计入当期利润的利得和损失，是应当计入当期损益、会导致所有者权益发生增减变动的、与所有者投入资本或者向所有者分配利润无关的利得或者损失。

6.理解所得税费用的概念与会计处理

所得税费用是企业经营利润应交纳的所得税。企业按照会计准则计算确定的会计利润与需要按照税法规定将会计利润计算调整为应纳税所得额，计算并缴纳企业所得税。

【关键术语】

费用（expense）是企业在日常活动中发生的、会导致所有者权益减少的、与向所有者分配利润无关的经济利益的总流出。

生产成本（cost of manufacture）是企业在一定会计期间生产某种产品所发生的

直接费用和间接费用的总和。

生产费用（pre-production expenditures）是企业在一定会计期间产品生产过程中消耗的生产资料的价值和支付的劳动报酬之和。

主营业务成本（operating costs）是公司生产和销售与主营业务有关的产品或服务所必须投入的直接成本，主要包括原材料、人工成本（工资）和固定资产折旧等。

其他业务成本（other operating cost）是企业确认的除主营业务活动以外的其他经营活动所发生的支出。

销售费用（selling expenses）是企业在销售产品、自制半成品和提供劳务等过程中发生的费用。

管理费用（administrative expenses）是企业行政管理部门为组织和管理生产经营活动而发生的各项费用。

财务费用（financial expenses）是企业在生产经营过程中为筹集资金而发生的筹资费用。

所得税费用（income tax expense）是企业经营利润应交纳的所得税。

营业利润（operating profit）是企业从事生产经营活动所产生的利润。

利润总额（total profit）是企业在生产经营过程中各种收入扣除各种耗费后的盈余，反映企业在报告期内实现的盈亏总额。

净利润（net profit））一般也称为税后利润或净利润，是在利润总额中按规定交纳了所得税后公司的利润留成。

练习题

【简答题】

1.简述费用的定义与特征。

2.简述利润的定义以及确认条件。

3.期间费用与生产费用有什么不同？

4.简述费用、支出、成本三者的区别与联系。

5.企业的费用如何按经济内容进行分类？

6.什么叫生产成本？生产成本由哪些项目组成？

7.从广义的角度看，企业的费用主要包括哪些内容？

8.净利润应按什么程序进行分配？如何进行会计处理？

9.正确计算产品成本应该正确划清哪些方面的费用界限？

【业务题】

习题一

1.目的

掌握费用分配与成本结转的方法。

2.资料

兴海公司编制的本月"发出材料汇总表"汇总结果如下：生产A产品耗用材料45 000元，B产品耗用材料38 000元，车间一般性材料消耗3 000元。

3.要求

编制兴海公司相关会计分录。

习题二

1.目的

掌握费用分配与成本结转的方法。

2.资料

某公司于2015年5月发生如下业务。

（1）企业收到客户退回上月售出产品10 000元，增值税税率17%。该笔货款尚未收到。

（2）企业出售积压原材料一批，价款为30 000元，增值税税率17%，货款未收，该批原材料的账面价值为25 000元。编制出售材料及结转出售成本的会计分录。

（3）企业开出支票支付产品宣传费3 000元。

（4）本月应计短期借款利息500元，应于下月支付。

（5）企业收到客户交来支票一张，支付前次交易违约金50 000元。

（6）企业向希望工程捐款20 000元，款项已汇达对方。

（7）结转本月已销产品成本300 0000元。

（8）开出支票支付管理人员会议费6 000元。

（9）本年利润300 000元结转入利润分配。

3.要求

根据以上业务，编制企业该月份的会计分录。

习题三

1.目的

掌握费用分配与成本结转的方法。

2.资料

甲公司于2015年9月发生如下业务。

（1）为宣传新产品发生广告费80 000元，均用银行存款付讫。

（2）销售部发生费用220 000元，其中，销售人员薪酬100 000元，销售部门专用办公设备折旧费50 000元，业务费70 000元，均用银行存款付讫。

（3）销售一批产品，销售过程发生运输费5 000元，装卸费2 000元。

（4）为拓展产品市场发生业务招待费50 000元，均用银行存款付讫。

（5）就一项产品的设计方案向有关专家进行咨询，以现金支付咨询费30 000元。

（6）行政部共发生费用224 000元，其中，行政人员薪酬150 000元，行政部门办公专用设备折旧费45 000元，报销行政人员差旅费21 000元（假定报销人员均未预借差旅费），其他办公水电费8 000元均用银行存款付讫。

（7）本月1日向银行借入生产经营用短期借款360 000元，期限为6个月，年利率为5%，该借款本金到期后一次性归还，利息分月预提，按季支付。

（8）固定资产报废清理的净收益8 000元转作营业外收入。

3.要求

根据以上业务，编制企业该月份的会计分录。

习题四

1.目的

掌握费用分配与成本结转的方法。

2.资料

某企业2015年12月31日结账前除"所得税费用"外的各损益类账户的余额如下表。

账户名称	借方余额（元）	贷方余额（元）
主营业务收入		400
其他业务收入		200
营业外收入		50
主营业务成本	200	
其他业务成本	100	
营业税金及附加	10	
销售费用	50	
管理费用	50	
财务费用	20	
营业外支出	10	

3.要求

（1）计算2015年度该企业利润总额。

（2）假设该企业2015年度的利润总额与应纳税所得额相等，适用的所得税率为25%，计算该企业2015年度的应纳所得税金额。

（3）编制该企业确认所得税费用的会计分录。

（4）编制结转各损益类账户余额的会计分录。

（5）编制结转本年度净利润的会计分录。

【案例题】

先华公司2016年9月发生下列有关经济业务。

（1）5日，公司购买甲种材料4 000千克，每千克3元，共计12 000元，另外发生外地运杂费2 000元，材料已验收入库，款项均已银行存款付讫。

（2）6日，本月份从仓库发出下表所列材料用于产品制造和管理一般耗用。

材料耗用汇总表

用途	甲材料	乙材料	丙材料	合计
产品制造耗用				
A产品	5 000	3 000	200	8 200
B产品	7 000	5 000	500	12 500
小计	12 000	8 000	700	20 700
管理一般耗用		580	250	830
合计	12 000	8 580	950	21 530

（3）30日，分配本月份应付职工工资。本月工资总额为20 500元，按其用途汇集如下。

生产工人工资   18 000

其中：制造A产品工人工资   9 000

制造B产品工人工资   9 000

车间管理人员工资   1 500

企业管理人员工资   1 000

合计   20 500

（4）30日，按工资总额的14%计提职工福利费。

（5）30日，按照规定的固定资产折旧率，计提固定资产折旧2 000元（其中，车间固定资产折旧1 200元，企业管理部门固定资产折旧800元）。

（6）15日，用现金购买办公用品100元。

（7）30日，摊销应由本月份负担的预付保险费650元。

（8）30日，按计划预提银行存款借款利息500元。

（9）30日，将本月份发生的制造费用总额700元分配计入产品的生产成本。假定制造费用按生产工人工资比例进行分配。

（10）30日，A产品100件和B产品200件于本月底全部制造完工，并验收入库。

思考：

（1）根据上述资料计算A产品和B产品的完工产品成本。

（2）根据上述经济业务编制相关会计分录。

第四篇

财务报表与分析篇

第15章　财务报表

【学习目标】

　　1.理解财务报表的目标。

　　2.掌握利润表的内容与编制。

　　3.掌握资产负债表的内容与编制。

　　4.掌握现金流量表和所有者权益变动表的内容。

　　5.理解现金流量表和所有者权益变动表的编制。

【引导案例】

从财务报表数据看上市公司的发展

　　财务报表是了解上市公司业绩的重要途径，根据我国证监会的相关规定，上市公司应当在次年4月30日之前披露公司当年的年度报告。上市公司的年度报告披露之后，与财务报表数据相关的各项统计与分析就会展开。

　　根据统计，截至2015年4月30日，除新中基之外，深沪两市其余2 691家上市公司全部披露了2014年年度报告。这2 691家上市公司累计实现营业收入28.92万亿元，同比增长6.09%，净利润合计2.43万亿元，同比涨幅为6.11%。从行业来看，电气设备、非银金融、交通运输等多个行业业绩表现喜人，净利润同比增幅均在20%以上。

　　在已经公布2014年年报的2 691家上市公司中，有1 630家净利润实现了上涨，占比60.57%，有238家全年业绩亏损，占比8.84%。其中，银行业实现净利润总额1.25万亿元，同比增长7.68%，虽然增速出现小幅回落，但该行业的净利润超过了2014年A股公司净利润总额的一半。

　　深沪两市最赚钱的10家公司中，除中石化和中石油之外，其余8家全部是银行。工商银行以2 762.86亿元的净利润遥遥领先，平均日赚7.57亿元，这也是工行连续第7

年稳坐全球最赚钱银行的宝座。建设银行、农业银行、中国银行紧随其后，净利润分别为2 278.3亿元、1 794.6亿元和1 696亿元。

资料来源：A股上市公司2014年共赚2.43万亿元，7板块成长性凸显（中国财经网2015-05-04）http：//finance.china.com.cn/news/special/2014nb/20150504/3096354.shtml

15.1 财务报表概述

15.1.1 财务报表的目标

财务会计的目的是为了通过向企业外部会计信息使用者提供有用的信息，帮助使用者做出相关决策。财务报表正是这一会计信息的重要载体，它是财务会计确认和计量的最终结果，是沟通企业管理层与外部信息使用者之间的桥梁和纽带。财务报表的目标是向会计信息使用者提供与企业财务状况、经营成果和现金流量等有关的会计信息，反映企业管理层受托责任履行情况，有助于会计信息使用者做出正确的经济决策。

会计信息外部使用者主要包括投资者、债权人、政府及其有关部门和社会公众等。满足投资者的信息需要是企业财务报表编制的首要出发点，财务报表所提供的信息应当如实反映企业所拥有或者控制的经济资源、对经济资源的要求权以及经济资源及其要求权的变化情况，如实反映企业的各项收入、费用、利润和损失的金额及其变动情况，如实反映企业各项经营活动、投资活动和筹资活动等所形成的现金流入和现金流出情况等，从而有助于现在的或者潜在的投资者正确、合理地评价企业的资产质量、偿债能力、盈利能力和营运效率，有助于投资者根据相关会计信息做出理性的投资决策，有助于投资者评估与投资有关的未来现金流量的金额、时间和风险等。通常情况下，如果财务报表能够满足投资者的会计信息需求，也可以满足其他外部使用者的大部分信息需求。

15.1.2 财务报表的构成

财务报表（financial statement）是以会计准则为规范编制的，向投资者、债权人、政府及其他有关各方及社会公众等外部反映企业财务状况、经营成果和现金流量的结构性表述。财务报表至少应当包括下列组成部分：资产负债表、利润表、现金流量表、所有者权益（或股东权益）变动表以及附注（"四表一注"）。

（1）资产负债表

资产负债表（balance sheet）是反映企业在某一特定日期的财务状况的会计报表。企业编制资产负债表的目的是通过如实反映企业的资产、负债和所有者权益金额及其结构情况，从而有助于使用者评价企业资产的质量以及短期偿债能力、长期偿债能力和利润分配能力等。

（2）利润表

利润表（income statement）是反映企业在一定会计期间的经营成果和综合收益的会计报表。企业编制利润表的目的是通过如实反映企业实现的收入、发生的费用以及应当计入当期利润的利得和损失、其他综合收益、综合收益等金额及其结构情况，从而有助于使用者分析评价企业的盈利能力及其构成与质量。

（3）现金流量表

现金流量表（statement of cash flows）是反映企业在一定会计期间的现金和现金等价物流入和流出的会计报表。企业编制现金流量表的目的是通过如实反映企业各项活动的现金流入和现金流出，从而有助于使用者评价企业生产经营过程特别是经营活动中所形成的现金流量和资金周转情况。

（4）所有者权益变动表

所有者权益变动表（statement of changes in owners' equity）是反映构成企业所有者权益的各组成部分当期的增减变动情况的报表。所有者权益变动表应当全面反映一定时期所有者权益变动的情况，不仅包括所有者权益总量的增减变动，还包括所有者权益增减变动的重要结构性信息，特别是要反映直接计入所有者权益的利得和损失，让使用者准确理解所有者权益增减变动的根源。

（5）附注

附注（notes）是对在会计报表中列示项目所作的进一步说明，以及对未能在这些报表中列示项目的说明等。附注由若干附表和对有关项目的文字性说明组成。企业编制附注的目的是通过对报表本身作补充说明，以更加全面、系统地反映企业财务状况、经营成果和现金流量的全貌，从而有助于向使用者提供更为有用的决策信息，帮助其做出更加科学合理的决策。

财务报表可以按照不同的标准分类：

按财务报表编报期间的不同，可以分为中期财务报表和年度财务报表。根据《中华人民共和国会计法》的规定，会计年度自公历1月1日起至12月31日止。中期财务报表是以短于一个完整会计年度的报告期间为基础编制的财务报表，包括月报、季报和半年报等。中期财务报表至少应当包括资产负债表、利润表、现金流量表和附注。其中，中期资产负债表、利润表和现金流量表应当是完整报表，其格式和内容应当与年度财务报表相一致。与年度财务报表相比，中期财务报表中的附注披露可适当简略。

按财务报表编报主体的不同，可以分为个别财务报表和合并财务报表。个别财务报表是由企业在自身会计核算基础上对账簿记录进行加工而编制的财务报表，它主要用以反映企业自身的财务状况、经营成果和现金流量情况。合并财务报表是以母公司和子公司组成的企业集团为会计主体，根据母公司和所属子公司的财务报表，由母公司编制的综合反映企业集团财务状况、经营成果及现金流量的财务报表。

15.1.3 财务报表的编制要求

（1）真实可靠

首先，财务报表所提供的数据必须做到真实可靠，能如实反映企业的财务状况、经营成果和现金流量；其次，企业应做好编制财务报表的准备工作，并按照企业会计准则的要求，进行确认、计量和相关的会计账务处理。

（2）全面完整

财务报表应当全面反映企业的财务状况和经营成果，反映企业经营活动的全貌，只有全面反映企业的财务情况，提供完整的会计信息资料，才能满足各方面对财务信息资料的需要。财务报表必须按照国家规定的要求编报，不得漏编漏报。

（3）易于理解

易于理解是指财务报表应清晰易懂，提供的信息可以为使用者所理解。当然这一要求是建立在报表使用者具有一定理解财务信息能力的基础之上。

（4）相关可比

相关可比是指报表提供的财务信息必须与使用者的决策需要相关并具有可比性。如果财务报表提供的信息资料能够使使用者了解过去、现在或对未来事项的影响及其变化趋势，并为使用者提供有关的可比信息，则可认为会计报表提供的财务信息相关可比。

（5）编报及时

财务报表只有及时编制和报送，才能有利于信息使用者做出正确的决策。否则，即使最真实可靠完整的会计报表，由于编制、报送不及时，对于报表的使用者来说，也是没有任何价值的。企业应根据有关规定，按月、按季、按半年、按年及时对外报送财务报表。

15.1.4 财务报表列报的基本要求

（1）以持续经营为基础

持续经营是会计的基本前提，是会计确认、计量及编制财务报表的基础。比如，持续经营假设对资产和负债的分类和计量十分重要。固定资产、无形资产等长期性资产通常使用寿命较长，会计处理上按照成本减去累计折旧或摊销和累计减值来计量，倘若不假设企业持续经营，则长期性资产将不具有长期使用的意义，而应该采用清算价值计量。在编制财务报表的过程中，企业管理层应当全面评估企业的持续经营能力。企业管理层在对企业持续经营能力进行评估时，应当利用其所有可获得的信息，评估涵盖的期间应包括企业自报告期末起至少12个月，评估需要考虑的因素包括宏观政策风险、市场经营风险、企业目前或长期的盈利能力、偿债能力、财务弹性以及企业管理层改变经营政策的意向等。评价结果表明对持续经营能力产生重大怀疑的，企业应当在附注中披露导致对持续经营能力产生重大怀疑的影响因素。

（2）以权责发生制为基础

除现金流量表按照收付实现制编制外，企业应当按照权责发生制编制其他财务报表。在采用权责发生制会计的情况下，当项目符合《企业会计准则——基本准则》中财务报表要素的定义和确认标准时，企业应当确认相应的资产、负债、所有者权益、收入和费用。

（3）以会计准则为依据

企业应当根据实际发生的交易和事项，遵循基本准则、各项具体会计准则及解释的规定进行确认和计量，并在此基础上编制财务报表。企业不应以在附注中披露代替对交易和事项的确认和计量，即企业采用的不恰当的会计政策，不得通过在附注中披露等其他形式予以更正，企业应当对交易和事项进行正确的确认和计量。

（4）列报项目的可比性

可比性是会计信息质量的一项重要质量要求，目的是使同一企业不同期间和同一期间不同企业的财务报表相互可比。为此，财务报表项目的列报应当在各个会计期间保持一致，不得随意变更，这一要求不仅只针对财务报表中的项目名称，还包括财务报表项目的分类、排列顺序等方面。

当会计准则要求改变，或者企业经营业务的性质发生重大变化或重大的购买或处置事项等对企业经营影响较大的交易或事项发生后、变更财务报表项目的列报能够提供更可靠、更相关的会计信息时，财务报表项目的列报是可以改变的，此时企业应当按照准则的规定提供编制的比较信息。

企业在列报当期财务报表时，至少应当提供所有列报项目上一可比会计期间的比较数据，以及与理解当期财务报表相关的说明，目的是向报表使用者提供对比数据，提高信息在会计期间的可比性，以反映企业财务状况、经营成果和现金流量的发展趋势，提高报表使用者的判断与决策能力。列报比较信息的这一要求既适用于四张报表，也适用于附注。

（5）列报项目的重要性

财务报表是通过对大量的交易或其他事项进行处理而生成的，这些交易或其他事项按其性质或功能汇总归类而形成财务报表中的项目。项目在财务报表中是单独列报还是合并列报，应当依据重要性原则来判断。总的原则是，如果某项目单个看不具有重要性，则可将其与其他项目合并列报，如原材料、低值易耗品等项目在性质上类似，均通过生产过程形成企业的产品存货，因此可以合并列报，合并之后的类别统称为"存货"，在资产负债表上单独列报；若具有重要性，则应当单独列报，如存货和固定资产在性质上和功能上都有本质差别，必须分别在资产负债表上单独列报。

重要性是判断项目是否单独列报的重要标准。企业在进行重要性判断时，应当根据所处环境，从项目的性质和金额大小两方面予以判断：一方面，应当考虑该项目的性质是否属于企业日常活动、是否显著影响企业的财务状况、经营成果和现金流量等因素；另一方面，判断项目金额大小的重要性，应当通过单项金额占资产总额、负债总额、所有者权益总额、营业收入总额、营业成本总额、净利润、综合收益总额等直接相关或所属报表单列项目金额的比重加以确定。此外，对于同一项目而言，其重要性的判断标准一经确定，不得随意变更。

（6）列报项目之间不可相互抵消

财务报表项目应当以总额列报，资产和负债、收入和费用、直接计入当期利润的利得项目和损失项目的金额不能相互抵消，即不得以净额列报，但企业会计准则另有规定的除外。这是因为，如果相互抵消，所提供的信息就不完整，信息的可比性大为降低，难以在同一企业不同期间以及同一期间不同企业的财务报表之间实现相互可比，报表使用者难以据以做出判断。比如，企业欠客户的应付款不得与其他客户欠本企业的应收款相抵消，如果相互抵消就掩盖了交易的实质。再如，收入和费用反映了企业投入和产出之间的关系，是企业经营成果的两个方面，为了更好地反映经济交易的实质，考核企业经营管理水平以及预测企业未来现金流量，收入和费用不得相互抵消。

以下3种情况不属于抵消：①一组类似交易形成的利得和损失以净额列示的，不属于抵消。比如，汇兑损益应当以净额列报；再如，为交易目的而持有的金融工具形成的利得和损失，应按净额列报。但是如果这些利得和损失是重要的，则应当单独列报。②资产扣除备抵项目，比如，资产计提的减值准备，实质上意味着资产的价值确实发生了减损，资产项目应当扣除减值准备后的净额列示，这样才反映资产当时的真实价值，并不属于上面所述的抵消；再如，固定资产扣除累计折旧后的净额列示，也不属于上述的抵消。③非日常活动并非企业主要的业务，且具有偶然性，从重要性来讲，非日常活动产生的损益以收入和费用抵消后的净额列示，对公允反映企业财务状况和经营成果影响不大，抵消后反而更能有利于报表使用者的理解。因此，非日常活动产生的损益应当以同一交易或一组类似交易形成的收入扣减费用后的净额列示，其不属于抵消。比如非流动资产处置形成的利得和损失，应按处置收入扣除该资产的账面金额和相关销售费用后的余额列示。

（7）财务报表的表首信息

财务报表通常与其他信息（如企业年度报告等）一起公布，按照企业会计准则编制的财务报告应当与一起公布的同一文件中的其他信息相区分。财务报表一般分为表首、正表两部分，其中，在表首部分企业应当概括地说明下列基本信息：①编报企业的名称，如果企业名称在所属当期发生变更的，还应明确标明；②对资产负债表而言，须披露资产负债表日，对利润表、现金流量表、所有者权益变动表而言，须披露报表涵盖的会计期间；③货币名称和单位，按照我国《企业会计准则》的规定，企业应当以人民币作为记账本位币列报，并标明金额单位，如人民币元、人民币万元等；④财务报表是合并财务报表的，应当予以标明。

15.2 利润表

15.2.1 利润表的内容与格式

利润表是指反映企业在一定会计期间的经营成果的报表。通过利润表，可以反映企业在一定会计期间收入、费用、利润（或亏损）的数额和构成情况，帮助财务报表使用者全面了解企业的经营成果，分析企业的获利能力及盈利增长趋势，从而为其做出经济决策提供依据。

当前国际上常用的利润表格式有单步式和多步式两种。单步式是将当期收入总额相加，然后将所有费用总额相加，一次计算出当期收益的方式，其特点是所提供的信息都是原始数据，便于理解；多步式是将各种利润分多步计算求得净利润的方式，便于使用人对企业经营情况和盈利能力进行比较和分析。我国企业的利润表采用多步式格式。参见表15-2。

15.2.2 利润表的编制与填列

我国企业利润表的主要编制步骤如下。

第一步，以营业收入为基础，减去营业成本、营业税金及附加、销售费用、管理费用、财务费用、资产减值损失，加上公允价值变动收益（减去公允价值变动损失）和投资收益（减去投资损失），计算出营业利润。即：营业利润=营业收入-营业成本-营业税金及附加-销售费用-管理费用-财务费用-资产减值损失+公允价值变动收益+投资收益。

第二步，以营业利润为基础，加上营业外收入，减去营业外支出，计算出利润总额。即：利润总额=营业利润+营业外收入-营业外支出。

第三步，以利润总额为基础，减去所得税费用，计算出净利润（或净亏损）。即：净利润=利润总额-所得税费用。

第四步，以净利润（或净亏损）和其他综合收益为基础，计算综合收益总额。

第五步，以净利润（或净亏损）为基础，计算每股收益。

利润表分为上期金额和本期金额两栏。"上期金额"栏反映上年实际发生数；如果上期利润表与本期利润表的项目名称和内容不相一致，应对上期利润表项目的名称和数字按本年度的规定进行调整，填入"上期金额"栏；"本期金额"栏反映各项目的本期实际发生数，除"基本每股收益"和"稀释每股收益"项目外，应当按照相关科目的发生额分析填列，具体填列要求如下。

①"一、营业收入"项目，反映企业经营主要业务和其他业务所确认的收入总额。本项目应根据"主营业务收入"和"其他业务收入"科目的发生额分析填列。

②"营业成本"项目，反映企业经营主要业务和其他业务所发生的成本总额。本项目应根据"主营业务成本"和"其他业务成本"科目的发生额分析填列。

③"营业税金及附加"项目，反映企业经营业务应负担的消费税、营业税、城市维护建设税、资源税、土地增值税和教育费附加等。本项目应根据"营业税金及附加"科目的发生额分析填列。

④"销售费用"项目，反映企业在销售商品过程中发生的包装费、广告费等费用和为销售本企业商品而专设的销售机构的职工薪酬、业务费等经营费用。本项目应根据"销售费用"科目的发生额分析填列。

⑤"管理费用"项目，反映企业为组织和管理生产经营发生的管理费用。本项目应根据"管理费用"科目的发生额分析填列。

⑥"财务费用"项目，反映企业为筹集生产经营所需资金等而发生的筹资费用。

本项目应根据"财务费用"科目的发生额分析填列。

⑦"资产减值损失"项目，反映企业各项资产发生的减值损失。本项目应根据"资产减值损失"科目的发生额分析填列。

⑧"公允价值变动收益"项目，反映企业应当计入当期损益的资产或负债公允价值而变动收益，本项目应根据"公允价值变动损益"科目的发生额分析填列，如为净损失，本项目以"－"号填列。

⑨"投资收益"项目，反映企业以各种方式对外投资所取得的收益。本项目应根据"投资收益在"科自的发生额分析填列。如为投资损失，本项目以"－"号填列。

⑩"二、营业利润"项目，反映企业实现的营业利润。如为亏损，本项目以"－"号填列。

⑪"营业外收入"项目，反映企业发生的与经营业务无直接关系的各项收入。本项目应根据"营业外收入"科目的发生额分析填列。

⑫"营业外支出"项目，反映企业发生的与经营业务无直接关系的各项支出。本项目应根据"营业外支出"科目的发生额分析填列。

⑬"三、利润总额"项目，反映企业实现的利润。如为亏损，本项目以"－"号填列。

⑭"所得税费用"项目，反映企业应从当期利润总额中扣除的所得税费用。本项目应根据"所得税费用"科目的发生额分析填列。

⑮"四、净利润"项目，反映企业实现的净利润。如为亏损，本项目以"－"号填列。

⑯"五、其他综合收益的税后净额"项目。反映企业根据企业会计准则规定未在损益中确认的各项利得和损失扣除所得税影响后的净额。

⑰"六、综合收益总额"项目，反映企业净利润与其他综合收益的合计金额。

⑱"七、每股收益"项目，包括基本每股收益和稀释每股收益两项指标，反映普通股或潜在普通股已公开交易的企业，以及正处在公开发行普通股或潜在普通股过程中的企业的每股收益信息。其中，基本每股收益=归属于普通股股东的当期净利润÷当期发行在外普通股的加权平均数；稀释每股收益是以基本每股收益为基础，假定企业所有发行在外的稀释性潜在普通股均已转换为普通股而计算出的每股收益。

15.2.3 利润表综合举例

东方公司2015年度损益类账户累计发生净额，如表15-1所示。

表15-1　东方公司损益类账户2015年累计发生净额

单位：元

账户名称	本期借方发生额	本期贷方发生额	上期借方发生额	上期贷方发生额
主营业务收入		12 450 000		10 250 000
其他业务收入		250 000		2 000 000
投资收益		3 200 000		2 000 000
营业外收入		2 850 000		800 000
主营业务成本	8 300 000		8 000 000	
其他业务成本	170 000		200 000	
营业税金及附加	550 000		500 000	
销售费用	200 000		180 000	
管理费用	1 030 000		980 000	
财务费用	1 020 000		940 000	
营业外支出	2 000 000		700 000	
所得税费用	1 370 000		1 170 000	
其他综合收益		0		0

东方公司2014年、2015年发行在外的普通股股数均为3 000 000股，无潜在普通股。根据上述资料，计算各项目内容如下。

①营业收入=主营业务收入+其他业务收入=12 450 000+250 000=12 700 000（元）。

②营业成本=主营业务成本+其他业务成本=8 300 000+170 000=8 470 000（元）。

③营业利润=营业收入-营业成本-营业税金及附加-销售费用-管理费用-财务费用-资产减值损失+公允价值变动收益+投资收益=12 700 000-8 470 000-550 000-200 000-1 030 000-1 020 000+3 200 000=4 630 000（元）。

④利润总额=营业利润+营业外收入-营业外支出=4 630 000+2 850 000-2 000 000=5 480 000（元）。

⑤净利润=利润总额-所得税费用=5 480 000-1 370 000=4 110 000（元）。

⑥基本每股收益=归属于普通股股东的当期净利润÷当期发行在外普通股的加权平均数=4 110 000÷3 000 000=1.37（元）；由于没有潜在普通股，所以稀释每股收益与基本每股收益相同。根据上述账户发生额，编制利润表的本期金额，如表15-2所示。

表15-2 利润表

编制单位：东方公司 　　　　　　　2015年度 　　　　　　　单位：元

项目	本期金额	上期金额
一、营业收入	12 700 000	12 250 000
减：营业成本	8 470 000	8 200 000
营业税金及附加	550 000	500 000
销售费用	200 000	180 000
管理费用	1 030 000	980 000
财务费用	1 020 000	940 000
资产减值损失	0	0
加：公允价值变动收益（损失以"-"号填列）	0	0
投资收益（损失以"-"号填列）	3 200 000	2 000 000
其中：对联营企业和合营企业的投资收益	0	0
二、营业利润（亏损以"-"号填列）	4 630 000	3 450 000
加：营业外收入	2 850 000	800 000
其中：非流动资产处置利得		
减：营业外支出	2 000 000	700 000
其中：非流动资产处置损失		
三、利润总额（亏损总额以"-"号填列）	5 480 000	3 550 000
减：所得税费用	1 370 000	1 170 000
四、净利润（亏损以"-"号填列）	4 110 000	2 380 000
五、其他综合收益的税后净额	0	0
六、综合收益总额	4 110 000	2 380 000
七、每股收益：		
（一）基本每股收益	1.37	0.79
（二）稀释每股收益	1.37	0.79

15.3 资产负债表

15.3.1 资产负债表的内容与格式

资产负债表是指反映企业在某一特定日期的财务状况的报表。资产负债表主要反映资产、负债和所有者权益三方面的内容，并满足"资产=负债+所有者权益"平衡式。

我国企业的资产负债表采用账户式结构：账户式资产负债表分左右两方，左方为资产项目，大体按资产的流动性强弱排列，流动性强大的资产如"货币资金"、"应收账款"等排在前面，流动性弱的资产如"长期股权投资"、"固定资产"等排在后面。右方为负债及所有者权益项目，一般按要求清偿时间的先后顺序排列，"短期借款"、"应付票据"、"应付账款"等需要在一年以内或者长于一年的一个正常营业周期内偿还的流动负债排在前面，"长期借款"等在一年以上才需偿还的非流动负债排在中间，在企业清算之前不需要偿还的所有者权益项目排在后面。所有者权益项目一般分为实收资本、资本公积、盈余公积和利润分配等。

我国企业的资产负债表，参见表15-4，这种列示方式比较清楚地反映企业资产的流动性和负债的变现性，以及所有者权益的构成情况，可用于分析企业的财务状况和偿债能力。

15.3.2 资产负债表的编制与填列

资产负债表各项目均需填列"年初余额"和"期末余额"两栏。其中"年初余额"栏内各项数字，应根据上年末资产负债表的"期末余额"栏内所列数字填列，如果本年度项目的名称和内容与上年度不相一致时，应将上年末的名称和数字按本年度的规定进行调整。"期末余额"栏主要有以下几种填列方法。

（1）根据总账科目余额填列

如"以公允价值计量且其变动计入当期损益的金融资产"、"短期借款"、"应付票据"等项目，根据"以公允价值计量且其变动计入当期损益的金融资产"、"短期借款"、"应付票据"各总账科目的余额直接填列；有些项目则需根据几个总账科目的期末余额计算填列，如"货币资金"项目，需根据"库存现金"、"银行存款"、"其他货币资金"。3个总账科目的期末余额的合计数填列。

（2）根据明细账科目余额计算填列

如"应付账款"项目，需要根据"应付账款"和"预付款项"两个科目所属的相关明细科目的期末贷方余额计算填列；"应收账款"项目，需要根据"应收账款"和"预收款项"两个科目所属的相关明细科目的期末借方余额计算填列

（3）根据总账科目和明细账科目余额分析计算填列

如"长期借款"项目，需要根据"长期借款"总账科目余额扣除"长期借款"科目所属的明细科目中将在一年内到期且企业不能自主地将清偿义务展期的长期借款后的金额计算填列。

（4）根据有关科目余额减去其备抵科目余额后的净额填列

如资产负债表中"应收票据"、"应收账款"、"长期股权投资"、"在建工程"等项目，应当根据"应收票据"、"应收账款"、"长期股权投资"、"在建工程"等科目的期末余额减去"坏账准备"、"长期股权投资减值准备"、"在建工程

减值准备"等科目余额后的净额填列；"投资性房地产"、"固定资产"项目，应当根据"投资性房地产"、"固定资产"科目的期末余额减去"投资性房地产累计折旧"、"累计折旧"、"投资性房地产减值准备"、"固定资产减值准备"等科目余额后的净额填列；"无形资产"项目，应当根据"无形资产"科目的期末余额，减去"累计摊销"、"无形资产减值准备"等科目余额后的净额填列。

（5）综合运用

综合运用上述填列方法分析填列资产负债表中的"存货"项目，需要根据"原材料"、"委托加工物资"、"周转材料"、"材料采购"、"在途物资"、"发出商品"、"材料成本差异"等总账科目期末余额的分析汇总数，再减去"存货跌价准备"科目余额后的净额填列。

为准确反映企业财务状况，编制资产负债表时须注意报表的各项数额必须核对相符，包括：总计数与合计数相加之和相符；合计数与各项目之和相符；资产总计与负债和所有者权益总计相符等；编表期内重要项目的变动，应在附注栏内加以说明。

资产负债表中资产主要项目的填列说明如下。

①"货币资金"项目，反映企业库存现金、银行结算户存款、外埠存款、银行汇票存款、银行本票存款、信用卡存款、信用证保证金存款等的合计数。本项目应根据"库存现金"、"银行存款"、"其他货币资金"科目期末余额的合计数填列。

②"以公允价值计量且其变动计入当期损益的金融资产"项目，反映企业持有的以公允价值计量且其变动计入当期损益的为交易目的所持有的债券投资、股票投资、基金投资、权证投资等金融资产。本项目应当根据"交易性金融资产"科目和在初始确认时指定为以公允价值计量且其变动计入当期损益的金融资产科目的期末余额填列。

③"应收票据"项目，反映企业因销售商品、提供劳务等而收到的商业汇票，包括银行承兑汇票和商业承兑汇票。本项目应根据"应收票据"科目的期末余额填列。

④"应收账款"项目，反映企业因销售商品、提供劳务等经营活动应收取的款项。本项目应根据"应收账款"和"预收账款"科目所属各明细科目的期末借方余额合计数，减去"坏账准备"科目中有关应收账款计提的坏账准备期末余额后的净额填列。如"应收账款"科目所属明细科目期末有贷方余额的，应在资产负债表"预收款项"项目内填列。

⑤"预付款项"项目，反映企业按照购货合同规定预付给供应单位的款项等。本项目应根据"预付账款"和"应付账款"科目所属各明细科目的期末借方余额合计数

填列。如"预付账款"科目所属明细科目期末有贷方余额的，应在资产负债表"应付账款"项目内填列。

⑥"应收利息"项目，反映企业应收取的债券投资等的利息。本项目应根据"应收利息"科目的期末余额填列。

⑦"应收股利"项目，反映企业应收取的现金股利和应收取其他单位分配的利润。本项目应根据"应收股利"科目的期末余额填列。

⑧"其他应收款"项目，反映企业除应收票据、应收账款、预付账款、应收股利、应收利息等经营活动以外的其他各种应收、暂付的款项。本项目应根据"其他应收款"科目的期末余额，减去"坏账准备"科目有关其他应收款计提的坏账准备期末余额后的净额填列。

⑨"存货"项目，反映企业期末在库、在途和在加工中的各种存货的成本或可变现净值。存货包括各种材料、商品、在产品、半成品、包装物、低值易耗品、委托代销商品等。本项目应根据"材料采购""原材料"、"低值易耗品"、"库存商品"、"周转材料"、"委托加工物资"、"委托代理商品"、"生产成本"等科目的期末余额合计数，减去"代销商品款"、"存货跌价准备"科目期末余额后的净额填列。材料采用计划成本核算，以及库存商品采用计划成本核算或售价核算的企业，还应加或减材料成本差异、商品进销差价后的金额填列。

⑩"一年内到期的非流动资产"项目，反映企业将于一年内到期的非流动资产项目金额。本项目应根据有关科目的期末余额分析填列。

⑪"长期股权投资"项目，反映投资方对被投资单位实施控制、重大影响的权益性投资，以及对其合营企业的权益性投资。本项目应根据"长期股权投资"科目的期末余额，减去"长期股权投资减值准备"科目的期末余额后的净额填列。

⑫"固定资产"项目，反映企业各种固定资产原价减去累计折旧和减值准备后的净值。本项目应根据"固定资产"科目的期末余额，减去"累计折旧"和"固定资产减值准备"科目期末余额后的净额填列。

⑬"在建工程"项目，反映企业期末各项未完工程的实际支出，包括交付安装的设备价值、未完建筑安装工程已经耗用的材料、工资和费用支出等项目的可收回金额。本项目应根据"在建工程"科目的期末余额，减去"在建工程减值准备"科目期末余额后的净额填列。

⑭"工程物资"项目，反映企业尚未使用的各项工程物资的实际成本。本项目应根据"工程物资"科目的期末余额填列。

⑮ "固定资产清理"项目，反映企业因出售、毁损、报废等原因转入清理但尚未清理完毕的固定资产的净值，以及固定资产清理过程中所发生的清理费用和变价收入等各项金额的差额。本项目应根据"固定资产清理"科目的期末借方余额填列，如"固定资产清理"科目期末为贷方余额，以"－"号填列。

⑯ "无形资产"项目，反映企业持有的专利权、非专利技术、商标权、著作权、土地使用权等无形资产的成本减去累计摊销和减值准备后的净值。本项目应根据"无形资产"科目的期末余额，减去"累计摊销"和"无形资产减值准备"科目期末余额后的净额填列。

⑰ "开发支出"项目，反映企业开发无形资产过程中能够资本化形成无形资产成本的支出部分。本项目应当根据"研发支出"科目所属的"资本化支出"明细科目期末余额填列。

⑱ "长期待摊费用"项目，反映企业已经发生但应由本期和以后各期负担的分摊期限在一年以上的各项费用。长期待摊费用中在一年内（含一年）摊销的部分，在资产负债表"一年内到期的非流动资产"项目填列。本项目应根据"长期待摊费用"科目的期末余额减去将于一年内（含一年）摊销的数额后的金额分析填列。

⑲ "其他非流动资产"项目，反映企业除长期股权投资、固定资产、在建工程、工程物资、无形资产等以外的其他非流动资产。本项目应根据有关科目的期末余额填列。

资产负债表中负债主要项目的填列说明如下。

① "短期借款"项目，反映企业向银行或其他金融机构等借入的期限在一年以下（含一年）的各种借款。本项目应根据"短期借款"科目的期末余额填列。

② "应付票据"项目，反映企业因购买材料、商品和接受劳务供应等而开出、承兑的商业汇票，包括银行承兑汇票和商业承兑汇票。本项目应根据"应付票据"科目的期末余额填列。

③ "应付账款"项目，反映企业因购买材料、商品和接受劳务供应等经营活动应支付的款项。本项目应根据"应付账款"和"预付账款"科目所属各明细科目的期末贷方余额合计数填列。如"应付账款"科目所属明细科目期末有借方余额的，应在资产负债表"预付款项"项目内填列

④ "预收款项"项目，反映企业按照购货合同规定预收供应单位的款项。本项目应根据"预收账款"和"应收账款"科目所属各明细科目的期末贷方余额合计数填列。如"预收账款"科目所属明细科目期末有借方余额的，应在资产负债表"应收账

款"项目内填列。

⑤"应付职工薪酬"项目，反映企业为获得职工提供的服务或解除劳动关系而给予的各种形式的报酬或补偿。企业提供给职工配偶、子女、受瞻养人、已故员工遗属及其他受益人等的福利，也属于职工薪酬。职工薪酬主要包括短期薪酬、离职后福利、辞退福利和其他长期职工福利。

⑥"应交税费"项目，反映企业按照税法规定计算应交纳的各种税费，包括增值税、消费税、营业税、所得税、资源税、土地增值税、城市维护建设税、房产税、土地使用税、车船税、教育费附加、矿产资源补偿费等。企业代扣代缴的个人所得税，也通过本项目列示。企业所交纳的税金不需要预计应交数的，如印花税、耕地占用税等，不在本项目列示。本项目应根据"应交税费"科目的期末贷方余额填列，如"应交税费"科目期末为借方余额，应以"-"号填列。

⑦"应付利息"项目，反映企业按照规定应当支付的利息，包括分期付息到期还本的长期借款应支付的利息、企业发行的企业债券应支付的利息等。本项目应根据"应付利息"科目的期末余额填列。

⑧"应付股利"项目，反映企业已宣告未发放的现金股利或利润。企业分配的股票股利，不通过本项目列示。本项目应根据"应付股利"科目的期末余额填列。

⑨"其他应付款"项目，反映企业除应付票据、应付账款、预收账款、应付职工薪酬、应付股利、应付利息、应交税费等经营活动以外的其他各项应付、暂收的款项。本项目应根据"其他应付款"科目的期末余额填列。

⑩"一年内到期的非流动负债"项目，反映企业非流动负债中将于资产负债表日后一年内到期部分的金额，如将于一年内偿还的长期借款。本项目应根据有关科目的期末余额分析填列。

⑪"长期借款"项目，反映企业向银行或其他金融机构借入的期限在一年以上（不含一年）的各项借款。本项目应根据"长期借款"科目的期末余额填列。

⑫"应付债券"项目，反映企业为筹集长期资金而发行的债券本金（和利息）。本项目应根据"应付债券"科目的期末余额填列。

⑬"其他非流动负债"项目，反映企业除长期借款、应付债券等项目以外的其他非流动负债。本项目应根据有关科目的期末余额填列。其他非流动负债项目，应根据有关科目期末余额减去将于一年内（含一年）到期偿还数后的余额分析填列。非流动负债各项目中将于一年内（含一年）到期的非流动负债，应在"一年内到期的非流动负债"项目内反映。

资产负债表中所有者权益主要项目的填列说明如下。

① "实收资本（或股本）"项目，反映企业各投资者实际投入的资本（或股本）总额。本项目应根据"实收资本（或股本）"科目的期末余额填列。

② "资本公积"项目，反映企业资本公积的期末余额。本项目应根据"资本公积"科目的期末余额填列。

③ "其他综合收益"项目，反映企业其他综合收益的期末余额。本项目应根据"其他综合收益"科目的期末余额填列。

④ "盈余公积"项目，反映企业盈余公积的期末余额。本项目应根据"盈余公积"科目的期末余额填列。

⑤ "未分配利润"项目，反映企业尚未分配的利润。采用表结法时，本项目应根据"本年利润"科目和"利润分配"科目的余额计算填列；采用账结法时，本项目应根据"利润分配——未分配利润"明细科目贷方余额填列。如果余额在借方表示未弥补的亏损，在本项目内以"–"号填列。

15.3.3 资产负债表综合举例

东方公司2015年度资产负债表的有关账户余额如表15-3所示。

表15-3　东方公司2015年年末有关账户余额表

单位：元

账户名称	借方余额	贷方余额	账户名称	借方余额	贷方余额
库存现金	72 000		短期借款		230 000
银行存款	253 000		应付票据		200 000
其他货币资金	200 000		应付账款		500 000
应收票据	40 000		预收账款		25 000
应收股利	30 000		应付职工薪酬		135 000
交易性金融资产	120 000		应付股利		120 000
应收账款	300 000		应交税费		45 000
坏账准备		5 000	其他应付款		35 000
预付账款	60 000		长期借款		500 000
其他应收款	25 000		实收资本		1 500 000
原材料	300 000		资本公积		90 000
库存商品	160 000		盈余公积		260 000
周转材料	50 000		利润分配		125 000
生产成本	180 000				

续表

账户名称	借方余额	贷方余额	账户名称	借方余额	贷方余额
长期股权投资	400 000				
长期股权投资减值准备		20 000			
固定资产	2 000 000				
累计折旧		650 000			
在建工程	150 000				
无形资产	100 000				
合计	4 440 000	675 000	合计		3 765 000

以上各账户中有3个账户，应在列报时按规定予以调整：在"应收账款"账户中有明细账贷方余额10 000元；在"应付账款"账户中有明细账借方余额20 000元；在"预付账款"账户中有明细账贷方余额5 000元。现将上列资料经归纳分析后填入资产负债表如下。

①将"库存现金"、"银行存款"、"其他货币资金"账户余额合并列入"货币资金"项目，共计525 000（72 000+253 000+200 000）元。

②将"坏账准备"项目5 000元从"应收账款"项目中减去；将"应收账款"明细账中的贷方余额10 000元列入"预收款项"项目。计算结果，"应收账款"项目的余额为305 000（300 000–5 000+10 000）元；"坏账准备"项目为0；"预收款项"项目为35 000（25 000+10 000）元。

③将"应付账款"明细账中的借方余额20 000元列入"预付款项"项目；将"预付账款"账户明细账中的贷方余额5 000元列入"应付账款"项目。计算结果，"预付款项"项目的余额为85 000（60 000+20 000+5 000）元，"应付账款"项目的余额为525 000（500 000+20 000+5 000）元。

④将"原材料"、"库存商品"、"周转材料"、"生产成本"账户余额合并为"存货"项目，共计690 000（300 000+160 000+50 000+180 000）元。

⑤从"长期股权投资"账户中减去"长期股权投资减值准备"20 000元，"长期股权投资"项目的余额为380 000（400 000–20 000）元。

⑥从"固定资产"账户中减去"累计折旧"650 000元，"固定资产"项目的余额为1 350 000（2 000 000–650 000）元。

⑦其余各项目按账户余额表所列数字直接填入报表。

根据上述账户余额表现编制的资产负债表，如表15-4所示。

表15-4　资产负债表

编制单位：东方公司　　　　　　　　2015年12月31日　　　　　　　　单位：元

资　产	期末余额	期初余额	负债和所有者权益	期末余额	期初余额
流动资产：			流动负债：		
货币资金	525 000	450 000	短期借款	230 000	215 000
以公允价值计量且其变动计入当期损益的金融资产	120 000	150 000	以公允价值计量且其变动计入当期损益的金融负债		
应收票据	40 000	30 000	应付票据	200 000	180 000
应收账款	305 000	300 000	应付账款	525 000	450 000
预付款项	85 000	45 000	预收账款	35 000	32 000
应收利息			应付职工薪酬	135 000	135 000
应收股利	30 000	20 000	应交税费	45 000	33 000
其他应收款	25 000	30 000	应付利息		
存货	690 000	715 000	应付股利	120 000	
划分为持有待售资产			其他应付款	35 000	30 000
一年内到期的非流动资产			划分为持有待售负债		
其他流动资产			一年内到期的非流动负债		
流动资产合计	1 820 000	1 740 000	其他流动负债		
非流动资产：			流动负债合计	1 325 000	1 075 000
可供出售金融资产			非流动负债：		
持有至到期投资			长期借款	500 000	480 000
长期应收款			应付债券		
长期股权投资	380 000	380 000	长期应付款		
投资性房地产			专项应付款		
固定资产	1 350 000	1 200 000	预计负债		
在建工程	150 000		递延收益		
工程物资			递延所得税负债		
固定资产清理			其他非流动负债		
生产性生物资产			非流动负债合计	500 000	480 000
油气资产			负债合计	1 825 000	1 555 000
无形资产	100 000	100 000	所有者权益：		
开发支出			实收资本	1 500 000	1 500 000

续表

资　产	期末余额	期初余额	负债和所有者权益	期末余额	期初余额
商誉			资本公积	90 000	90 000
长期待摊费用			减：库存股		
递延所得税资产			其他综合收益		
其他非流动资产			盈余公积	260 000	190 000
非流动资产合计	1 980 000	1 680 000	未分配利润	125 000	85 000
			所有者权益合计	1 975 000	1 865 000
资产总计	3 800 000	3 420 000	负债和所有者权益总计	3 800 000	3 420 000

15.4 现金流量表与所有者权益变动表

15.4.1 现金流量表

15.4.1.1 现金流量表的内容与格式

现金流量表是反映企业在一定会计期间现金和现金等价物流入和流出的报表。通过现金流量表，可以为报表使用者提供企业一定会计期间内现金和现金等价物流入和流出的信息，便于使用者了解和评价企业获取现金和现金等价物的能力，据以预测企业未来现金流量。

现金是指企业库存现金以及可以随时用于支付的存款，包括库存现金、银行存款和其他货币资金（如外埠存款、银行汇票存款、银行本票存款等）。不能随时用于支付的存款不属于现金。现金等价物是指企业持有的期限短、流动性强、易于转换为已知金额现金、价值变动风险很小的投资。期限短，一般是指从购买日起3个月内到期。现金等价物通常包括3个月内到期的债券投资等。权益性投资变现的金额通常不确定，因而不属于现金等价物。企业应当根据具体情况，确定现金等价物的范围，一经确定不得随意变更。

企业产生的现金流量分为以下3类。

（1）经营活动产生的现金流量

经营活动（operating activities）是指企业投资活动和筹资活动以外的所有交易和事项。经营活动主要包括销售商品、提供劳务、购买商品、接受劳务、支付职工薪酬和交纳税费等流入和流出现金和现金等价物的活动或事项。

（2）投资活动产生的现金流量

投资活动（investing activities）是指企业长期资产的购建和不包括在现金等价物范围内的投资及其处置活动。投资活动主要包括购建固定资产、处置子公司及其他营业单位等流入和流出现金和现金等价物的活动或事项。

（3）筹资活动产生的现金流量

筹资活动（financing activities）是指导致企业资本及债务规模和构成发生变化的活动。筹资活动主要包括吸收投资、发行股票、分配利润、发行债券、偿还债务等流入和流出现金和现金等价物的活动或事项。偿付应付账款、应付票据等商业应付款属于经营活动，不属于筹资活动。

我国企业现金流量表采用报告式结构，分类反映经营活动产生的现金流量、投资活动产生的现金流量和筹资活动产生的现金流量，最后汇总反映企业某一期间现金及现金等价物的净增加额。我国企业现金流量表的格式如表15-5所示。

表15-5　现金流量表

编制单位：　　　　　　　　　　　年　　月　　　　　　　　　单位：元

项目	本期金额	上期金额
一、经营活动产生的现金流量：		
销售商品、提供劳务收到的现金		
收到的税金返还		
收到其他与经营活动相关的现金		
经营活动现金流入小计		
购买商品、接受劳务支付的现金		
支付给职工以及为职工支付的现金		
支付的各项税费		
支付其他与经营活动相关的现金		
经营活动现金流出小计		
经营活动产生的现金流量净额		
二、投资活动产生的现金流量：		
收回投资收到的现金		
取得投资收益收到的现金		
处置固定资产、无形资产和其他长期资产收回的现金净额		
处置子公司及其他营业单位收到的现金净额		

项目	本期金额	上期金额
收到其他与投资活动相关的现金		
投资活动现金流入小计		
购建固定资产、无形资产和其他长期资产支付的现金		
投资支付的现金		
取得子公司及其他营业单位支付的现金净额		
支付其他与投资活动相关的现金		
投资活动现金流出小计		
投资活动产生的现金流量净额		
三、筹资活动产生的现金流量：		
吸收投资收到的现金		
取得借款收到的现金		
收到其他与筹资活动有关的现金		
筹资活动现金流入小计		
偿还债务支付的现金		
分配股利、利润或偿付利息支付的现金		
支付其他与筹资活动有关的现金		
筹资活动现金流出小计		
筹资活动产生的现金流量净额		
四、汇率变动对现金及现金等价物的影响		
五、现金及现金等价物净增加额		
加：期初现金及现金等价物余额		
六、期末现金及现金等价物余额		

15.4.1.2 现金流量表的编制与填列

企业一定期间的现金流量可分为三部分，即经营活动现金流量、投资活动现金流量和筹资活动现金流量。编制现金流量表时，经营活动现金流量的填列方法有两种：一是直接法；二是间接法。这两种方法通常也称为编制现金流量表的直接法和间接法。直接法和间接法各有特点。

在直接法下，一般是以利润表中的营业收入为起算点，调节与经营活动有关项目的增减变动，然后计算出经营活动产生的现金流量。在间接法下，则是以净利润为起算点，调整不涉及现金的收入、费用、营业外收支等有关项目，剔除投资活动、筹资活动对现金流量的影响，据此计算出经营活动产生的现金流量。相对而言，采用直接法编制的现金流量表，便于分析企业经营活动产生的现金流量的来源和用途，预测企业企业现金流量的未来前景。而采用间接法不易做到这一点。

企业会计准则规定，企业应当采用直接法列示经营活动产生的现金流量。采用直接法具体编制现金流量表时，可以采用工作底稿法或T形账户法，也可以根据有关科目记录分析填列。

工作底稿法是以工作底稿为手段，以利润表和资产负债表数据为基础，结合有关科目的记录，对现金流量表的每一项目进行分析并编制调整分录，从而编制出现金流量表的一种方法。第一步，将资产负债表项目的年初余额和期末金额过入工作底稿中与之对应项目期初数栏和期末数栏。第二步，对当期业务进行分析并编制调整分录。在调整分录中，有关现金及现金等价物的事项分别计入"经营活动产生的现金流量"、"投资活动产生的现金流量"、"筹资活动产生的现金流量"等项目，借记表明现金流入，贷记表明现金流出。第三步，将调整分录过入工作底稿中的相应部分。第四步，核对调整分录，借贷合计应当相等，资产负债表项目期初数加减调整分录中的借贷金额以后，应当等于期末数。

现金流量表各项目均需填列"上期金额"和"本期金额"两栏。现金流量表"上期金额"栏内各项数字，应根据上一期间现金流量表"本期金额"栏内所列数字填列。

"一、经营活动产生的现金流量"项目中：

① "销售商品、提供劳务收到的现金"项目，反映企业本期销售商品、提供劳务收到的现金，以及前期销售商品、提供劳务本期收到的现金（包括应向购买者收取的增值税销项税额）和本期预收的款项，减去本期销售本期退回商品和前期销售本期退回商品支付的现金，企业销售材料和代购代销业务收到的现金，也在本项目反映。

② "收到的税费返还"项目，反映企业收到返还的所得税、增值税、营业税、消费税、关税和教育费附加等各种税费返还款。

③ "收到其他与经营活动有关的现金"项目，反映企业经营租赁收到的租金等其他与经营活动有关的现金流入，金额较大的应当单独列示。

④ "购买商品、接受劳务支付的现金"项目，反映企业本期购买商品、接受劳务实际支付的现金（包括增值税进项税额），以及本期支付前期购买商品、接受劳务的未付款项和本期预付款项，减去本期发生的购货退回收到的现金。企业购买材料和代购代销业务支付的现金，也在本项目反映。

⑤ "支付给职工以及为职工支付的现金"项目，反映企业实际支付给职工的工

资、奖金、各种津贴和补贴等职工薪酬（包括代扣代缴的职工个人所得税）。

⑥"支付的各项税额"项目，反映企业发生并支付、前期发生本期支付以及预交的各项税费，包括所得税、增值税、营业税、消费税、印花税、房产税、土地增值税、车船税、教育费附加等。

⑦"支付其他与经营活动有关的现金"项目，反映企业经营租赁支付的租金、支付的差旅费、业务招待费、保险费、罚款支出等其他与经营活动有关的现金流出，金额较大的应当单独列示。

"二、投资活动产生的现金流量"项目中：

①"收回投资收到的现金"项目，反映企业出售、转让或到期收回除现金等价物以外的对其他企业长期股权投资等收到的现金，但处置子公司及其他营业单位收到的现金净额除外。

②"取得投资收益收到的现金"项目，反映企业除现金等价物以外的对其他企业的长期股权投资等分回的现金股利和利息等。

③"处置固定资产、无形资产和其他长期资产收回的现金净额"项目，反映企业出售、报废固定资产、无形资产和其他长期资产所取得的现金（包括因资产毁损而收到的保险赔偿收入），减去为处置这些资产而支付的有关费用后的净额。

④"处置子公司及其他营业单位收到的现金净额"项目，反映企业处置子公司及其他营业单位所取得的现金，减去相关处置费用以及子公司及其他营业单位持有的现金和现金等价物后的净额。

⑤"购建固定资产、无形资产和其他长期资产支付的现金"项目，反映企业购买、建造固定资产、取得无形资产和其他长期资产所支付的现金（含增值税款等），以及用现金支付的应由在建工程和无形资产负担的职工薪酬。

⑥"投资支付的现金"项目，反映企业取得除现金等价物以外的对其他企业的长期股权投资等所支付的现金以及支付的佣金、手续费等附加费用，但取得子公司及其他营业单位支付的现金净额除外。

⑦"取得子公司及其他营业单位支付的现金净额"项目，反映企业购买子公司及其他营业单位购买出价中以现金支付的部分，减去子公司及其他营业单位持有的现金和现金等价物后的净额。

⑧"收到其他与投资活动有关的现金"、"支付其他与投资活动有关的现金"项目，反映企业除上述①至⑦项目外收到或支付的其他与投资活动有关的现金，金额较大的应当单独列示。

"三、筹资活动产生的现金流量"项目中：

①"吸收投资收到的现金"项目，反映企业以发行股票、债券等方式筹集资金实际收到的款项（发行收入减去支付的佣金等发行费用后的净额）。

②"取得借款收到的现金"项目，反映企业举借各种短期、长期借款而收到的现金。

③"偿还债务支付的现金"项目，反映企业为偿还债务本金而支付的现金。

④"分配股利、利润或偿付利息支付的现金"项目，反映企业实际支付的现金股利、支付给其他投资单位的利润或用现金支付的借款利息、债券利息。

⑤"收到其他与筹资活动有关的现金"、"支付其他与筹资活动有关的现金"项目，反映企业除上述①至④项目外收到或支付的其他与筹资活动有关的现金，金额较大的应当单独列示。

"四、汇率变动对现金及现金等价物的影响"项目，反映下列两个金额之间的差额：①企业外币现金流量折算为记账本位币时，采用现金流量发生日的即期汇率或按照系统合理的方法确定的、与现金流量发生日即期汇率近似的汇率折算的金额（编制合并现金流量表时折算境外子公司的现金流量，应当比照处理）；②企业外币现金及现金等价物净增加额按资产负债表日即期汇率折算的金额。

15.4.2 所有者权益变动表

15.4.2.1 所有者权益变动表的内容与格式

所有者权益变动表是指反映构成所有者权益各组成部分当期增减变动情况的报表。主要包括：实收资本、资本公积、库存股、其他综合收益、盈余公积和未分配利润等项目的当期增减变动情况。所有者权益变动表是一张动态报表，它既可以为报表使用者提供所有者权益总量增减变动的信息，也能为其提供所有者权益增减变动的结构性信息，特别是能够让报表使用者理解所有者权益增减变动的原因。

所有者权益变动表以矩阵的形式列示：一方面，列示导致所有者权益变动的交易或事项，即所有者权益变动的来源对一定时期所有者权益的变动情况进行全面反映；另一方面，按照所有者权益各组成部分（即实收资本、资本公积、其他综合收益、盈余公积、未分配利润和库存股等）列示交易或事项对所有者权益各部分的影响。我国企业所有者权益变动表的格式如表15-6所示。

表15-6 所有者权益变动表

编制单位：

年　　月

单位：元

项目	本年金额								上年金额							
	实收资本（或股本）	资本公积	减：库存股	其他综合收益	盈余公积	未分配利润	所有者权益合计		实收资本（或股本）	资本公积	减：库存股	其他综合收益	盈余公积	未分配利润	所有者权益合计	
一、上年年末余额																
加：会计政策变更																
前期差错更正																
二、本年年初余额																
三、本年增减变动金额（减少以"－"号填列）																
（一）综合收益总额																
（二）所有者投入和减少资本																
1.所有者投入资本																
2.股份支付计入所有者权益的金额																
3.其他																
（三）利润分配																
1.提取盈余公积																

项目	本年金额							上年金额						
	实收资本（或股本）	资本公积	减：库存股	其他综合收益	盈余公积	未分配利润	所有者权益合计	实收资本（或股本）	资本公积	减：库存股	其他综合收益	盈余公积	未分配利润	所有者权益合计
2.对所有者（或股东）的分配														
3.其他														
（四）所有者权益内部结转														
1.资本公积转增资本（或股本）														
2.盈余公积转增资本（或股本）														
3.盈余公积弥补亏损														
4.其他														
四、本年年末余额														

15.4.2.2 所有者权益变动表的编制与填列

首先，从所有者权益变动表的横向项目来看："上年金额"栏内各项数字，应根据上年度所有者权益变动表"本年金额"栏内所列数字填列。上年度所有者权益变动表规定的各个项目的名称和内容同本年度不一致的，应对上年度所有者权益变动表各项目的名称和数字按照本年度的规定进行调整，填入所有者权益变动表的"上年金额"栏内。

"本年金额"栏内各项数字一般应根据"实收资本（或股本）"、"资本公积"、"其他综合收益"、"盈余公积"、"利润分配"、"库存股"、"以前年度损益调整"科目的发生额分析填列。企业的净利润及其分配情况作为所有者权益变动的组成部分，不需要单独编制利润分配表列示。

其次，从所有者权益变动表的纵向项目来看："一、上年年末余额"项目，反映企业上年资产负债表中实收资本（或股本）、资本公积、库存股、其他综合收益、盈余公积、未分配利润的年末余额。

"会计政策变更"、"前期差错更正"项目，分别反映企业采用追溯调整法处理的会计政策变更的累积影响金额和采用追溯重述法处理的会计差错更正的累积影响金额。

"二、本年年初余额"项目，为"一、上年年末余额"项目加"会计政策变更"、"前期差错更正"项目的金额。

"三、本年增减变动金额"项目中"（一）综合收益总额"项目，反映净利润和其他综合收益扣除所得税影响后的净额相加后的合计金额。"（二）所有者投入和减少资本"项目，反映企业当年所有者投入的资本和减少的资本。"1.所有者投入资本"项目，反映企业接受投资者投入形成的实收资本（或股本）和资本溢价或股本溢价。"2.股份支付计入所有者权益的金额"项目，反映企业处于等待期中的权益结算的股份支付当年计入资本公积的金额。"（三）利润分配"项目，反映企业当年的利润分配金额。"（四）所有者权益内部结转"项目，反映企业构成所有者权益的组成部分之间的增减变动情况。

"四、本年年末余额"项目，为上述项目计算后金额。

【本章小结】

本书始终强调会计信息如何成为企业决策的基础。本章全面叙述了资产负债表、利润表、现金流量表和所有者权益变动表四大基本财务报表中的编制填写方法和基本要求。这些财务报表是会计师的主要工作成果，综合反映了企业的经济活动，向投资者、债权人和其他各方提供了有助于决策的相关信息。

本书第16章将详细介绍如何利用这些财务报表信息对企业的偿债能力、盈利能力和营运能力等进行财务分析，从而做出有效的决策。

【学习目标小结】

1.理解财务报表的目标

财务报表的目标是向会计信息使用者提供与企业财务状况、经营成果和现金流量等有关的会计信息，反映企业管理层受托责任履行情况，有助于会计信息使用者做出正确的经济决策。

2.掌握利润表的内容与编制

利润表是指反映企业在一定会计期间的经营成果的报表。我国企业的利润表采用多步式格式，主要分为营业收入、营业利润、利润总额、净利润、其他综合收益的税后净额、综合收益总额和每股收益7步计算构成。

3.掌握资产负债表的内容与编制

资产负债表是指反映企业在某一特定日期的财务状况的报表。资产负债表主要反映资产、负债和所有者权益三方面的内容，并满足"资产=负债+所有者权益"平衡式。我国企业的资产负债表采用账户式结构：左边记录流动资产、非流动资产和资产总额；右边记录流动负债、非流动负债、负债总额和所有者权益总额，其具体项目分别通过具体计算方法分析填列。

4.掌握现金流量表和所有者权益变动表的内容

现金流量表反映了企业在一定会计期间的现金和现金等价物流入和流出的情况；所有者权益变动表反映了企业所有者权益的各组成部分当期的增减变动情况。

5.理解现金流量表和所有者权益变动表的编制

现金流量表主要是从经营活动现金流量、投资活动现金流量和筹资活动现金流量三部分计算编制而成的。所有者权益变动表以矩阵的形式列示：一方面，列示导致所有者权益变动的交易或事项；另一方面，按照所有者权益各组成部分（即实收资本、资本公积、其他综合收益、盈余公积、未分配利润和库存股等）列示交易或事项对所有者权益各部分的影响。

【关键术语】

财务报表（financial statement）是以会计准则为规范编制的，向所有者、债权人、政府及其他有关各方及社会公众等外部反映企业财务状况、经营成果和现金流量的结构性表述。

资产负债表（balance sheet）是反映企业在某一特定日期的财务状况的会计报表。

利润表（income statement）是反映企业在一定会计期间的经营成果和综合收益的会计报表。

现金流量表（statement of cash flows）是反映企业在一定会计期间的现金和现金等价物流入和流出的会计报表。

所有者权益变动表（statement of changes in owners' equity）是反映构成企业所有者权益的各组成部分当期的增减变动情况的报表。

附注（notes）是对在会计报表中列示项目所作的进一步说明，以及对未能在这些报表中列示项目的说明等。

经营活动（operating activities）是指企业投资活动和筹资活动以外的所有交易和事项。

投资活动（investing activities）是指企业长期资产的购建和不包括在现金等价物范围的投资及其处置活动。

筹资活动（financing activities）是指导致企业资本及债务规模和构成发生变化的活动。

练习题

【简答题】

1.为什么要编制财务报表？财务报表列报的作用是什么？

2.财务报表列报有哪些要求？

3.财务报表的种类是如何划分的？

4.如何编制利润表？

5.资产负债表的结构和内容是什么？如何编写？

6.现金流量表有何作用？其编制基础是什么？

7.现金流量表包括哪些具体内容？其结构如何？

8.所有者权益变动表有何作用以及包括哪些主要内容？

【业务题】

习题一

1.目的

练习利润表的编制。

2.资料

万盛企业为一家上市公司，适用企业所得税率为25%。对其2013年1月各有关账户发生额进行分析，得到如下资料。

部分账户发生额

单位：万元

账户名称	借方发生额	贷方发生额
主营业务收入		19 000
其他业务收入		11 000
营业外收入		1 000
主营业务成本	6 500	
营业税金及附加	1 400	
其他业务成本	4 500	
销售费用	1 800	
管理费用	3 800	
财务费用	1 600	
营业外支出	900	

3.要求

编制该企业2013年1月利润表。

习题二

1.目的

练习资产负债表的编制。

2.资料

万盛公司某月部分会计科目余额表如下：

部分会计科目余额表

单位：万元

总账科目			所属明细科目		
科目	借方余额	贷方余额	科目	借方余额	贷方余额
应收账款	8 000		A公司 B公司	10 000	2 000
预付账款	3 000		C公司 D公司	3 500	500
待摊费用	1 000				
应付账款	7 000		E公司 F公司	800	7 800
预收账款	2 500		G公司 H公司	300	2 800
预提费用	400		修理费	400	
应交税费		700			
应付利润		900			
利润分配		1 000	未分配利润		1 000
本年利润		500			

3.要求

根据所列资料，计算该月末资产负债表有关项目的金额（不画表格，不必平衡）。

习题三

1.目的

练习账务处理和利润表的编制。

2.资料

万盛公司3月发生下列经济业务。

（1）销售商品一批，售价为80万元。商品已提供，收回货款50万元存入银行，其他款项尚未收回。

（2）销售预收货款的商品一批，售价为100万元。预收货款20万元，其余款项收回存入银行。由于对方违反销售合同，按合同规定同时收回违约金2万元存入银行。

（3）收回应收货款30万元存入银行。

（4）以银行存款5万元支付销售商品的运费。

（5）以银行存款10万元支付管理费用；计提应由管理部门负担的固定资产折旧5万元。

（6）结转商品销售成本110万元。

（7）以现金5万元捐赠灾区。

（8）按销售收入的6%计算营业税。

（9）计算本月应交所得税11万元。

（10）结转本期损益。

3.要求

（1）根据上述经济业务编制会计分录。

（2）根上述经济业务编制利润表（只需列示出本月数）。

习题四

1.目的

练习现金流量的分类和计算。

2.资料

万盛公司2013年间发生下列业务。

（1）采购材料支付货款52 000元；

（2）以银行存款40 000元购入另一家公司的股票作为长期投资；

（3）支付应付票据54 600元；

（4）收到现金股利7 000元；

（5）支付给职工现金11 000元；

（6）应收账款增加5 000元；

（7）发放现金股利10 000元；

（8）发行普通股60 000元，收到现金；.

（9）发行普通股40 000元，换取设备；

（10）取得短期借款现金10 000元；

（11）发生折旧费用11 000元。

3.要求

（1）将上述业务按经营活动、投资活动、筹资活动、不涉及现金的投资和筹资活动进行分类。

（2）计算投资和筹资活动的净现金流量。

【案例题】

1.东方先生在2013年5月成立的光辉实业股份有限公司中担任财务总监。在2014年1月25日召开的董事会上提交了资产负债表和利润表，董事长对于东方先生的工作非常不满，主要有以下几点：①编制会计报表前没有编制工作底稿；②年底在编制会计报表前没有存货盘点；③会计报表的实际截止日期是12月25日；④没有报表附注；⑤没有编制现金流量表；⑥利润表与资产负债表的"未分配利润"数字不相符。东方先生非常不服气。你认为董事会对东方先生的批评都对吗？为什么？

2.海立公司自2012年1月1日成立，至今已有5年。最初的2年，公司均采用现销方式进行销售。为了进一步占领市场，公司于第3年改变销售方式，对客户放宽信用条件。其后的3年中，公司的应收账款余额每年以近20%的速度增长，坏账费用相当稳定。

自改变销售方式以来，公司账面上的利润比最初2年有了很大的改观，但是，公司的现金状况却每况愈下，近期已入不敷出，只有通过向银行贷款才能维持公司的经营活动。此外，还发现以下情况。

（1）2014年，公司购入江南公司普通股30%的股权作为长期投资，并对江南公司有重大影响力，而江南公司每年都有可观的利润实现，但3年来从未支付过现金股利。

（2）过去5年中，公司的存货每年都以接近10%的比例稳定地增长，且每次购货大多以现金交易。尤其是最近2年来，许多原料供应单位都要求在订货时预付货款。

（3）2016年年初，公司付出现金84 000元购入一项专利权，该专利权在其15年有效期内摊销。

要求：

针对上述各项产生利润和经营活动现金流量差异的情况，请你加以解释。

第16章　财务报表分析

【学习目标】

1.了解常用的财务报表分析方法。

2.掌握偿债能力分析。

3.掌握营运能力分析。

4.掌握盈利能力分析。

5.了解财务报表分析的局限性。

【引导案例】

苹果公司2015年第二季度财务报表简析

苹果公司于2015年4月27日发布了该公司2015财务年度第二季度财务报告。其净营业收入为580.10亿美元，比去年同期的456.46亿美元增长27%；实现净利润为135.69亿美元，比去年同期的102.23亿美元增长32.7%，业绩均超出分析师预期。其中，苹果公司第二财季来自于iPhone的营业收入为402.82亿美元，来自于iPad的营业收入为54.28亿美元，来自于Mac的营业收入为56.15亿美元，服务营业收入为49.96亿美元。苹果公司第二财季的净利润则为135.69亿美元，比去年同期的102.23亿美元增长32.7%。

	11Q1	11Q2	11Q3	11Q4	12Q1	12Q2	12Q3	12Q4	13Q1	13Q2	13Q3	13Q4	14Q1	14Q2	14Q3	14Q4	15Q1	15Q2
营业收入	267	247	286	283	463	392	350	360	545	436	353	375	576	456	374	421	746	580
环比增长		-8%	16%	-1%	64%	-15%	-11%	3%	52%	-20%	-19%	6%	54%	-21%	-18%	13%	77%	-22%
同比增长					74%	59%	23%	27%	18%		1%	4%	6%	5%	6%	12%	30%	27%

苹果2011—2015年营业收入变化图（单位：亿美元）

资料来源：苹果财报图解：营收利润达历史第二高（腾讯科技2015年4月28日）
http：//tech.qq.com/a/20150428/032640.htm

16.1 财务报表分析概述

16.1.1 财务报表分析的目的

财务报表分析（financial statement analysis），是以企业财务报表为主要对象，采用专门的方法和技术，对企业的基本财务状况、偿债能力、盈利能力和营运能力等方面进行分析，为企业的投资者、债权人和管理当局等会计信息使用者了解过去、分析现状、预测未来，做出正确决策而提供依据的一种科学方法。

财务报表分析目的主要在于：

（1）评价企业已经发生的经济业务

通过对企业财务报表等相关资料的分析，能够基本判断企业过去的财务状况和经营成果，比如分析企业目前的偿债能力、盈利能力和营运能力是否存在问题，找出问题产生的原因，为企业所有者、管理当局、政府部门、投资者和债权人的考评与决策提供一定的参考。

（2）预测企业的未来前景

财务报表分析不仅可以评价过去，而且可以通过对已经发生的经济业务的分析，预测企业的未来发展状况及趋势。通过财务报表的分析，不仅可以评估企业未来的价值及价值创造，还可以为企业未来的财务预测、财务决策指明方向。

财务报表分析是为会计信息使用者做出正确决策服务的，不同会计信息使用者的决策会存在着一定差异。比如，债权人会利用财务报表分析资料，探析企业的偿债能力、资产运转情况及获利能力，从而做出信贷决策；企业投资者利用财务报表分析资料，可以通过分析企业的资产报酬率来评价投资收益，进而做出相应的投资决策；企业管理当局也能充分利用财务报表分析数据，发现目前存在的问题，从而及时采取有效的管理决策。因此财务报表分析并非一成不变的机械计算，它应当结合决策者的具体需要而进行，同时还必须结合社会经济现状、行业发展趋向、企业经营背景等相关情况加以综合分析。

16.1.2 财务报表分析的步骤

财务报表分析，一般由以下几个相互联系的步骤所组成。

（1）确定财务报表分析的具体目标，制定分析工作计划

会计信息使用者希望依据财务报表分析做出不同的决策，所以在进行报表分析之前，首要的任务就是要确定分析的具体目标，并制订分析工作计划，以期提供有效的分析信息。

（2）收集财务报表分析所必备的信息数据

目标确定之后就应着手收集相关的会计信息资料，以供分析使用。这些信息资料一般包括对外报送的财务报表及附注等，以及来自于审计人员的审计报告，资信部门、证券管理委员会、行业主管部门的信息数据等。

（3）根据分析目的，运用科学的分析方法，深入比较、研究所收集的资料

在报表分析时，应首先选定适用的财务报表分析方法，对资料数据进行深入的比较、研究，并用简明的文字加以解释。

（4）做出分析结论，提出分析报告，为信息使用者提供决策参考

在深入比较、研究的基础上，将分析的结果形成书面报告，向会计信息的使用者提供分析结果，以满足其决策的需求。

16.1.3 财务报表分析的基本方法

财务报表分析通常采用结构分析法、趋势分析法、比较分析法、因素分析法及比率分析法等方法。

（1）结构分析法

结构分析法（method of structured analysis）主要是以企业的资产负债表、利润表、现金流量表等资料为依据，对企业财务状况构成的合理性、利润的构成和现金流量的来源及流向等进行总体的测算与分析。结构分析法通常以财务报表中的某个总体作为100%，再计算出其各组成项目占总体的百分比，从而得出各个项目的结构比例及

其对总体的关系大小。这样既可以用于同一公司不同时期财务状况的纵向比较，又可以用于不同公司的横向比较。同时可以消除不同规模差异的影响，有利于分析公司的财务状况和经营成果。比如以资产总额作为分母，以流动资产、固定资产、无形资产等项目金额分别作为分子，就可以得到企业不同类型资产的结构水平。

（2）趋势分析法

趋势分析法（method of trend analysis）是根据一个企业连续数期的财务报表资料的各个项目进行比较，以求出金额和百分比增减变动的方向和幅度，从而揭示当期财务状况和经营成果增减变化的性质及趋向。趋势分析法可以采用图示方法，即做成统计图表，也可以编制比较财务报表。比如，将一般财务报表的"金额"划分为若干期的金额，以便进行比较，作进一步的了解与研究。或者将财务报表上的某一关键项目的金额当作基数，计算出其他项目对关键项目的百分比，以显示出各个项目的相对地位，然后把连续若干按相对数编制的财务报表合并为比较财务报表，以反映各个项目趋势上的变化。

（3）比较分析法

比较分析法（method of comparative analysis）是利用同一企业的不同时期，或同一时期的不同企业的有关相同性质或类别的指标，进行横向和纵向的对比分析，进而确定差异，分析原因。

比较分析法的主要形式有：①实际指标与计划指标进行对比，以便分析检查计划的完成情况；②本期实际指标与上期实际指标对比，其结果可以提示企业有关指标的变动情况；③本企业实际指标与同行业相应指标的平均水平或先进水平对比，从中可以分析企业的现状，以及其在行业中所处位置，并分析存在的差异及原因，以便采取相应的对策。

在运用比较分析法时，对比的指标可以是绝对数指标，如产品销售收入、利润总额等，也可以是相对数指标，如产品毛利率、资金周转率等。但需要注意的是，无论进行何种指标的对比，其指标的计算口径、计价基础和时间单位都应保持一致，这样才具有可比性，才能保证比较结果的准确性。

（4）因素分析法

因素分析法（method of factor analysis）是用来揭示经济指标变化的原因，测定各个因素对经济指标变动的影响程度的分析方法。它又可具体划分为主次因素分析法、因果分析法及连环替代法等。

①主次因素分析法，也称为ABC分析法，是将影响经济指标的各因素区分为主要

因素A、次要因素B、一般因素C，然后对主要因素进行深入分析，对其他因素的分析则花较少时间。

②因果分析法则是将经济指标分解为若干因素，对每个因素再作进一步分析，以揭示经济指标变化的原因。比如，销售毛利率受产品销售收入和毛利润等因素的影响，而产品销售收入的变化主要受销售量和销售价格等因素的影响，因此，可依次对相关因素进行分析，以揭示销售毛利率变动的深层次原因。

③连环替代法是一种因素分析法，它不仅能定性，而且能定量地测定影响经济指标的各个因素对该指标变动差异的影响程度。其方法是将经济指标分解为两个或两个以上的因素，逐一变动各个因素，从数量上测算每一因素变动对经济指标总体的影响。比如，某一个财务指标及有关因素的关系由如下式子构成：实际指标 $Po=Ao \times Bo \times Co$；标准指标 $Ps=As \times Bs \times Cs$；实际与标准的总差异为 $Po-Ps$。$Po-Ps$ 这一总差异同时受到A、B、C三个因素的影响，它们各自的影响程度可分别由以下式子计算求得：

A因素变动的影响：$(Ao-As) \times Bs \times Cs$；

B因素变动的影响：$Ao \times (Bo-Bs) \times Cs$；

C因素变动的影响：$Ao \times Bo \times (Co-Cs)$。

以上三大因素各自的影响数相加，应该等于总差异 $Po-Ps$。

（5）比率分析法

比率分析法（method of ratio analysis）是以同一期财务报表上若干重要项目的相关数据相互比较，求出比率，用以分析和评价公司的经营活动以及公司目前和历史状况的一种方法，是财务分析最基本的工具。计算出相应的财务比率后，可将该比率与上期比较、与计划比较、与同行业平均水平比较，说明企业的发展情况、计划的完成情况以及与同行业的差距，为会计信息使用者提供决策支持。

比率分析法的比率指标主要有以下几种：

①构成比率分析。又称结构比率分析，它以某项经济指标的各个组成部分占总体的比重为依据，分析部分与总体的关系，了解项目结构上的变化。

②相关比率分析。以某经济指标与其他经济指标进行对比，求出两者的比率，反映有关经济活动的相互关系。利用相关比率指标，可以深入了解企业的生产经营活动情况。比如，利润与销售收入的比率，反映企业每销售1元所创造的利润。

③效率比率分析。通过计算某一项经济活动的所费与所得的比率，反映投入与产出的关系，考察企业的经营成果，评价企业的经济效益。比如，销售成本与销售利润

的比率、资金占用额与销售收入的比率等，可以反映企业获利能力的大小。

比率分析法是财务报表分析中的重要方法，我们将在"16.2比率分析法的应用"中详细讲解。

16.2 比率分析法的应用

16.2.1 偿债能力分析

16.2.1.1 短期偿债能力分析

短期偿债能力（short-term solvency）是指企业以流动资产偿还流动负债的能力，它反映企业偿付到期短期债务的能力。企业的流动资产与流动负债的关系以及资产的变现速度是影响短期偿债能力的主要因素。短期债务一般需要以现金偿还，所以，企业的短期偿债能力更注重一定时期的流动资产变现能力的分析。

企业短期偿债能力分析的有关财务比率包括流动比率、速动比率和现金比率。

（1）流动比率

流动比率（current ratio）是流动资产与流动负债的比率，表示企业每元流动负债有多少流动资产作为偿还的保证，反映了企业的流动资产偿还流动负债的能力。其计算公式为：流动比率=流动资产/流动负债。

根据本书第15章表15-4东方公司的资产负债表资料：年初流动资产为1 740 000元，流动负债为1 075 000元；年末流动资产为1 820 000元，流动负债为1 325 000元。则流动比率为：

年初流动比率=1 740 000 / 1 075 000=1.62

年末流动比率=1 820 000 / 1 325 000=1.37

一般情况下，流动比率越高，反映企业短期偿债能力越强。因为该比率越高，不仅反映企业拥有较多的营运资金抵偿短期债务，而且表明企业可以变现的资产数额较大，债权人的风险越小。但是，对高流动比率要具体分析：流动比率过高，可能表明企业流动资产上占用的资金过多，或许是变现能力较差的存货资金过多，或应收账款过多，这些都反映了企业资产使用效率较低。所以，在分析流动比率时，还需注意分析流动资产的结构、流动资金的周转情况、流动负债的数量与结构以及现金流量的情况。

由于行业性质不同，流动比率的实际标准也不同，如商业和流通领域的企业，一般而言，流动性较强，而机器制造业及电力业的流动性则较弱。所以，在分析流动比率时，应将其与同行业平均流动比率、本企业历史的流动比率进行比较，才能得出合理的结论。

（2）速动比率

速动比率（quick ratio）又称酸性测试比率，是流动资产中速动资产与流动负债的比率，是短期偿债能力指标。其计算公式为：

速动比率=速动资产/流动负债

其中：速动资产=流动资产−存货

或：速动资产=流动资产−存货−预付账款−待摊费用

计算速动比率时，流动资产中扣除存货，是因为存货在流动资产中的变现速度较慢，有些存货可能滞销，无法变现。至于预付账款和待摊费用，根本不具有变现能力，只是减少企业未来的现金流出量，所以，理论上也应加以剔除，但在实务中，由于它们在流动资产中所占的比重较小，计算速动资产时也可以不扣除。

根据第15章表15-4的资料，东方公司年初的流动资产为1 740 000元，存货为715 000元，流动负债为1 075 000元；年末的流动资产为1 820 000元，存货为690 000元，流动负债为1 325 000元。则速动比率为：

年初速动比率=（1 740 000−715 000）÷1 075 000=0.95

年末速动比率=（1 820 000−690 000）÷1 325 000=0.85

在实际工作中，应考虑到企业的行业性质。比如商品零售行业，由于采用大量现金销售，几乎没有应收账款，速动比率大大低于1，也是合理的。相反，有些企业虽然速动比率大于1，但速动资产中大部分是应收账款，并不代表企业的偿债能力强，因为应收账款能否收回具有很大的不确定性，所以，在评价速动比率时，还应分析应收账款的质量。

（3）现金比率

现金比率（cash ratio）是企业现金类资产与流动负债的比率，是衡量企业短期偿债能力的一项参考性指标。其计算公式为：

现金比率=现金类资产/流动负债

现金类资产包括企业拥有的货币资金和持有的有价证券，是速动资产扣除应收款项后的余额。因为应收款项存在着坏账及延期收回的可能性，所以，剔除应收款项项目得到的现金比率最能反映企业直接偿付流动负债的能力。现金比率越高，表明企业直接偿付债务的能力越强。但是，在正常情况下，企业不可能也不必要始终保持过多的现金类资产，否则将失去某些获利机会和投资机会。

根据第15章表15-4的资料，东方公司年初的货币资金为450 000元，短期投资为

150 000元，流动负债为1 075 000元；年末的货币资金为525 000元，短期投资为120 000元，流动负债为1 325 000元。则现金比率为：

年初现金比率=（450 000+150 000）÷1 075 000=0.56

年末现金比率=（525 000+120 000）÷1 325 000=0.49

上述3个指标是反映企业短期偿债能力的基本指标。在分析一个企业的短期偿债能力时，应将三者结合起来，这样才能比较客观地评价出企业的偿债能力。

16.2.1.2 资本结构和长期偿债能力分析

资本结构是用于评价企业长期风险和预期回报的关键因素。举债经营的前提是资本回报率应大于资本成本率。换言之，杠杆经营既能带来效益，也能产生额外的风险，而且在企业遭遇意外冲击时债务和利息优先偿还又加重企业的负担，甚至可能令企业无力偿债而濒临破产。因此，分析偿债能力往往首先分析资本结构。

（1）资产负债率

资产负债率（debt to assets ratio）又称负债比率，是企业的负债总额与资产总额的比率。它表示企业资产总额中债权人提供资金所占的比重，以及企业资产对债权人权益的保障程度。其计算公式为：资产负债率=负债总额/资产总额×100%

根据第15章【表15-4】的资料，东方公司年初资产和负债总额分别为3 420 000元和1 555 000元，年末资产和负债总额分别为3 800 000元和1 825 000元，则资产负债率为：

年初资产负债率=1 555 000 / 3 420 000×100% = 45 %

年末资产负债率=1 825 000 / 3 800 000×100% = 48 %

资产负债率的高低对企业的债权人和所有者具有不同的意义。债权人最关心的是提供给企业的贷款本金和利息能否按期收回。如果负债比率高，说明企业总资产中仅有小部分是由股东提供的，而大部分是由债权人提供的，这样，债权人就承担很大的风险。企业负债比率越低，其债权的保障程度越高。

所有者最关心的是投入资本的收益率。企业债权人投入的资金与企业所有者投入的资金发挥着同样的作用，所以，只要企业的总资产收益率高于借款的利息率，举债越多，即负债比率越大，所有者的投资收益就越大。

一般情况下，企业负债经营规模应控制在一个合理的水平，负债比重应掌握在一定的标准内。负债比率过高，企业的经营风险越大，对债权人和所有者都会产生不利的影响。

（2）负债与所有者权益比率

负债与所有者权益比率亦称产权比率（equity ratio），是指负债总额与所有者权益总额的比例关系，是企业财务结构稳健与否的重要标志。其计算公式为：

负债与所有者权益比率=负债总额/所有者权益总额×100%

根据第15章表15-4的资料，东方公司年初的负债总额为1 555 000元，所有者权益总额为1 865 000元；年末的负债总额为1 825 000元，所有者权益总额为1 975 000元。则负债与所有者权益比率为：

年初负债与所有者权益比率=1 555 000 / 1 865 000×100% = 83%

年末负债与所有者权益比率=1 825 000 / 1 975 000×100% = 92%

该比率反映了所有者权益对债权人权益的保障程度，即在企业清算时债权人权益的保障程度。对这一比率的解释与资产负债率相同。

（3）负债与有形净资产比率

负债与有形净资产比率是负债总额与有形净资产的比例关系，表示企业有形净资产对债权人权益的保障程度，其计算公式为：

负债与有形净资产比率=负债总额/有形净资产总额×100%

有形净资产=所有者权益－无形资产－递延资产

根据第15章表15-4的资料，东方公司年初的负债总额为1 555 000元，所有者权益为1 865 000元，无形资产为100 000元；年末的负债总额为1 825 000元，所有者权益为1 975 000元，无形资产为100 000元。则负债与有形净资产的比率为：

年初负债与有形净资产比率=1 555 000/（1 865 000－100 000）×100%=88%

年末负债与有形净资产比率=1 825 000/（1 975 000－100 000）×100%=97%

企业的无形资产、递延资产等一般难以用于偿债，将其从净资产中剔除，可以更合理地衡量企业清算时对债权人权益的保障程度。该比率越低，表明企业的长期偿债能力越强。

（4）利息保障倍数

利息保障倍数（interest coverage ratio）又称为已获利息倍数，是企业经营的税息前利润与利息费用的比率，是衡量企业偿付负债利息能力的指标。其计算公式为：

利息保障倍数=税息前利润/利息费用

上式中，利息费用是指本期发生的全部应付利息，包括流动负债的利息费用、长期负债中进入损益的利息费用以及资本化的利息。企业偿还利息的能力关系到负债经营的风险程度。测算利息偿付能力的方法有两个：一是以应计制为基础，二是以现金制为基础。

利息保障倍数（以应计制为基础）=（净利润+利息费用+所得税）/利息费用

利息保障倍数（以现金制为基础）=（经营活动现金流量+支付的利息费用+支付的所得税）/支付的利息费用

以应计制为基础的利息保障倍数表明偿还1元利息有多少收入与之相对应。以现金制为基础的利息保障倍数更能揭示企业的实际付息能力。如果企业有多项债务利息，也可以分别计算各类债务利息保障倍数。

根据第15章表15-2的资料，东方公司本期的净利润为4 110 000元，所得税为1 370 000元，财务费用（假设均为利息费用）为1 020 000元。则本期的利息保障倍数（以应计制为基础）=（净利润+利息费用+所得税）/利息费用=（4 110 000+1 020 000+1 370 000）/1 020 000=6 500 000/1 020 000=6.3725。

利息保障倍数越高，说明企业支付利息费用的能力越强；利息保障倍数越低，说明企业难以保证用经营所得及时、足额地支付负债利息。因此，利息保障倍数是企业是否举债经营、衡量其偿债能力强弱的主要指标。

若要合理地确定企业的利息保障倍数，需要将该指标与其他企业特别是同行业平均水平进行比较。根据稳健原则，应以指标最低年份的数据作为参照物。但是，一般情况下，利息保障倍数不能低于1。低于1就表明企业连借款利息的偿还都无法保证，更不用说偿还本金了。所以，利息保障倍数的高低不仅反映了企业偿还利息的能力，而且也反映了企业偿还本金的能力。

16.2.2 营运能力分析

营运能力（operation ability）分析是指通过计算企业资金周转的有关指标分析其资产利用的效率，是对企业管理水平和资产运用能力的分析。营运能力大小是影响企业偿债能力和盈利能力大小的主要因素之一。营运能力强，资金周转速度就快，企业就会有足够的现金来偿付流动负债，则短期偿债能力就强。营运能力强，企业就会取得更多的收入和利润，用足够的资金偿还本金和利息，则长期偿债能力就强。

反映企业营运能力大小的指标主要包括以下内容。

（1）应收款项周转率

这里的应收款项仅指因销售而引起的应收账款和应收票据。应收款项周转率（receivables turnover），是一定时期内赊销收入净额与应收款项平均余额的比率，是反映应收款项周转速度的一项指标。其计算公式为：

应收款项周转率（次数）=赊销收入净额÷应收款项平均余额

其中：

赊销收入净额=销售收入-现销收入-销售退回-销售折让

应收款项平均余额=（期初应收款项+期末应收款项）÷2

应收款项包括应收账款净额和应收票据等全部赊销账款。应收账款净额是扣除坏账准备后的余额；应收票据如果已向银行办理了贴现手续，则不应包括在应收款项余额内。赊销收入净额在财务报表中一般很少标明，所以，可以采用销售收入净额替代。应收款项平均余额是指年初、年末的应收款项之和除以2，这是基于全年销售比较均衡的情况。如果企业销售受季节影响波动较大，如此计算将不能如实反映企业的真实状况，最佳的修正方法是采用月平均数作为分母。计算公式：

应收款项周转天数=计算期天数/应收款项周转次数

=应收款项平均余额×计算期天数÷赊销收入净额

应收款项周转天数比应收款项周转率更为直观，它与同行业其他企业的同类指标相比，可以说明本企业的资产运用效率；与本企业赊账期相比，可以揭示应收款项的收款速度和质量。如果应收款项周转天数与赊账天数相差悬殊，可以结合账龄分析寻找原因。

根据第15章表15-2和表15-4的资料，东方公司2015年度的销售收入净额为12 700 000元，年初的应收账款净额为300 000元，年末的应收账款净额为305 000元。则应收账款周转率为：

应收账款周转率（次数）=12 700 000÷{（300 000+305 000）/2}=41.98

应收账款周转天数= 360÷41.98=8.58（天）

应收款项周转率高，表明企业应收款项的回收速度快，坏账的可能性小，资产流动性强，短期偿债能力强。但是，在评价一个企业的应收款项周转率是否合理时，应与同行业的平均水平相比较而定。

应收款项周转率越大，表示企业收取账款的速度越快，收账能力越强，占用在应收账款上的资金运用效能越高。但需要防止企业采用过严的信用政策造成的高比率，因为信用政策过于保守会严重制约企业的销售规模，减少盈利机会。

应收款项周转率下降可能意味着产品需求或购货方的支付能力下降，企业需要在以下几个方面引起警觉，并作相应调整：

①由于存货积压和收款的困难，账面利润可能高估；

②从生产计划看，未来需要量可能减少，管理层应调减未来产量；

③如果应收款项周转率下降是由于企业销售规模扩大、市场占有率上升引起的，而且预计应收款项收回的可能性极大，则暂时的周转率下降可能预示企业资产具有潜在的偿债能力。

此外，现金流量信息可用于测评盈利是否高估，盈利能力和偿债能力指标也有助于更好地理解应收款项周转率下降的成因。

（2）存货周转率

存货周转率（inventory turnover）也称存货周转次数，是反映存货周转的一个指标，是企业一定时期内的销售成本与存货平均余额的比率。存货周转率是反映企业的存货周转速度和销货能力的一项指标，也是衡量企业生产经营中存货营运效率的一项综合性指标。其计算公式为：

存货周转率（次数）=销货成本/存货平均余额

存货平均余额=（期初存货+期末存货）/2

存货周转天数=计算期天数/存货周转次数=存货平均余额×计算期天数÷销售成本

根据第15章表15-2和表15-4的资料，东方公司2015年度的销货成本为8 470 000元，年初的存货余额为715 000元，年末的存货余额为690 000元，则存货周转率为：

存货周转率（次数）=8 470 000÷{（715 000+690 000）/2}=12.06

存货周转天数=360÷12.06=29.85（天）

存货周转速度不仅反映了企业流动资产变现能力的大小，而且也反映了企业经营管理工作的好坏及盈利能力的大小。一般来讲，存货周转率越高，存货管理越有效率。但是，有时相对较高的存货周转率可能是较低的存货量所致，较低的存货量要求企业频繁地进货，这使企业的采购成本上升。反之，较低的存货周转率是企业存货周转速度缓慢或库存商品过时积压的征兆。积压商品不再具有流动性，必须减值冲销。所以，存货周转率只是一个粗略的指标。为了深入了解存货管理中的不足，企业应分类计算存货周转率，一旦发现线索，应调查问题的成因，以更好地提高存货管理的效益。与其他指标一样，该指标必须联系过去、未来的情况加以判断，并与同类企业的相关指标相比较，并剔除存货计价方法不同所产生的影响。

无论是应收款项周转率还是存货周转率等资产周转率指标，它们均不反映盈利能力和偿债能力，然而却是影响经营成果的重要指标。若干年的周转率指标比较和与其他企业同类指标的比较，有助于分析者发现经营中潜在的问题和机会。

（3）固定资产周转率

固定资产周转率（fixed assets turnover）是固定资产周转分析常用的指标，主要用于判断公司管理固定资产的能力。固定资产周转率是企业销售收入净额与固定资产平均净值的比率，其计算公式为：

固定资产周转率=销售收入净额/固定资产平均净值

固定资产平均净值=（期初固定资产净额+期末固定资产净额）/2

根据第15章表15-2和表15-4的资料，东方公司2015年度的销售收入净额为12 700 000元，年初固定资产净值为1 200 000元，年末固定资产净值为1 350 000元，则固定资产周转率为：

固定资产周转率=12 700 000÷{（1 200 000+1 350 000）/2}=9.96

一般而言，固定资产周转率高，不仅表明企业有效利用了固定资产，同时也表明企业固定资产投资得当，固定资产结构合理，能够充分发挥其效率；固定资产周转率低，表明固定资产的使用效率不高，企业的营运能力欠佳。

在实际分析该指标时，应剔除某些因素的影响。该比率的水平和趋势取决于销售和固定资产投资。首先，销售增长是持续的，但固定资产投资却是间歇性的，这取决于管理层的决策以及公司或产品生命期的变化。产品的生命期分为开始、成长、成熟和下降4个阶段。在开始阶段，固定资产周转率较低，但固定资产周转率的提升随产品的成长而持续上升，随着产能的饱和，追加投资又使固定资产周转率下降，当产品销售的增长追上产能的增长时，固定资产周转率又得以回升。这样一个过程将周而复始地进行，直至产品成熟阶段，届时销售和产能双双下滑，企业进入下降阶段。

另一个值得考虑的问题是企业资产购买的时间点。两个经营效率相等、生产能力相等、销售水平相等的企业，显示的固定资产周转率却迥然不同，因为它们购入资产的时点不同。固定资产陈旧的企业具有较高的周转率，因为较多的累计折旧使资产的账面价值降低。随着时间的推移，任何公司的折旧费用累计数均会改善固定资产周转率，折旧计提速度越快，比率改善的速度也越快，但与实际效益的改善无关。尽管使用固定资产原值计算该比率可以避免上述缺陷，但在实务工作中，人们很少如此使用。

具有新兴技术的新资产往往更具效益，但相应的购买成本也较昂贵，较高的固定资产账面价值使其周转率下降，这与实际情况相悖。所以，有人建议采用现时价值或重置成本计算周转率，而非历史成本，这样可以将不同时点购买的资产统一到相近的价值上。

最后，固定资产周转率还会受到会计方法和取得方式的影响。租赁和购买、融资租赁和经营租赁以及相关的会计方法均会对固定资产周转率造成不同的影响。

（4）总资产周转率

除了固定资产周转率外，企业还可以计算总资产周转率，以分析全部投资产生收入的能力。总资产周转率（total assets turnover）是企业销售收入净额与资产平均占用额的比率。其计算公式为：

总资产周转率=销售收入净额/资产平均占用额

资产平均占用额=（期初余额+期末余额）/2

根据第15章表15-2和表15-4的资料，东方公司2015年度的销售收入净额为12 700 000元，年初资产总额为3 420 000元，年末资产总额为3 800 000元，则总资产周转率为：

总资产周转率=12 700 000÷{（3 420 000+3 800 000）/2}=3.52

总资产周转率反映了企业全部资产的使用效率。总资产周转率高，说明全部资产的经营效率高，取得的收入多；总资产周转率低，说明全部资产的经营效率低，取得的收入少，最终会影响企业的盈利能力。

16.2.3 盈利能力分析

盈利能力（profitability）是反映企业赚取利润的能力。对债权人而言，盈利能力也非常重要，因为企业正常经营并产生的利润是偿还债务的前提条件，盈利能力强，偿还债务的能力就强，债权人的风险就小。盈利能力的大小从某个侧面也反映了企业资本的保值增值情况。

反映企业盈利能力大小的常用指标有销售毛利率、销售净利率、总资产收益率、净资产收益率、每股收益、资本保值增值率等。

（1）销售毛利率

销售毛利率（gross profit margin）是销售毛利与销售收入净额之比，其计算公式为：

销售毛利率=销售毛利/销售收入净额×100%

=（销售收入净额–销售成本）/销售收入净额×100%

根据第15章表15-2的资料，东方公司2015年度的销售收入净额为12 700 000元，销售成本为8 470 000元，则销售毛利率为：

销售毛利率=（12 700 000-8 470 000）/12 700 000×100%=33%

销售毛利率指标反映了产品或商品销售的初始获利能力。该指标越高，表示取得同样销售收入的销售成本越低，销售利润越高。

（2）销售净利率

销售净利率（net profit margin）是企业的净利润与销售收入净额的比率。其计算公式为：

销售净利率=净利润/销售收入净额×100%

根据利润表的构成，企业的利润分为营业利润、利润总额和净利润。所以，销售净利率指标是许多从销售规模考察盈利能力的指标之一。

根据第15章表15-2的资料，东方公司2015年度的销售收入为12 700 000元，净利润为4 110 000元，则：

销售净利率=4 110 000/12 700 000×100%=32%

销售净利率指标反映了每1元销售收入净额给企业带来的利润。该指标越大，说明企业经营活动的盈利水平越高。

在销售毛利率和销售净利率指标分析中，应将企业连续几年的利润率加以比较，并对其盈利能力的趋势做出评价。

（3）总资产收益率

总资产收益率（return on total assets）又称总资产报酬率，是企业从投资规模角度分析盈利水平的一类财务指标，常见的表达方式有：一是企业息税前利润与资产平均余额的比率，二是净利润与资产平均余额的比值。它们均反映企业资产的综合利用效果。其计算公式为：

总资产收益率=息税前利润/资产平均余额=（利润总额+利息费用）/资产平均余额×100%

资产平均余额=（期初资产总额+期末资产总额）/2

或：

总资产收益率=净利润/资产平均余额×100%

根据第15章表15-2和表15-4的资料，东方公司2015年度的净利润为4 110 000元，年初资产总额为3 420 000元，年末资产总额为3 800 000元，则：

总资产收益率=4 110 000÷{（3 420 000+3 800 000）/2}×100%=114%

总资产收益率越高，表明企业资产利用的效率越好，盈利能力越强。

（4）净资产收益率

净资产收益率（rate of return on common stockholders' equity）亦称所有者权益收益率或股东权益收益率，它是净利润与净资产平均余额的比率。其计算公式为：

净资产收益率=净利润/净资产平均余额×100%

净资产平均余额=（期初净资产+期末净资产）/2

根据第15章表15-2和表15-4的资料，东方公司2015年度的净利润为4 110 000元，年初净资产为1 865 000元，年末净资产为1 975 000元，则净资产收益率为：

净资产收益率=4 110 000÷{（1 865 000+1 975 000）/2}×100%=214%

净资产收益率是从企业所有者角度分析企业盈利水平的高低。该指标越高，说明所有者投资带来的收益越高。该指标是上市公司必须公开披露的重要信息之一，又是企业综合分析的起点。

（5）每股收益

每股收益（earning per share）用于衡量企业每股投资所产生的净利润，是评价企业经营业绩的常用指标，可用于不同规模企业的相互比较。其计算公式如下：

基本每股收益=归属于普通股股东的当期净利润÷当期发行在外普通股的加权平均数

根据第15章表15-2和表15-4的资料，东方公司2015年度的净利润为4 110 000元，股本数为3 000 000股，则基本每股收益为：

基本每股收益=4 110 000/3 000 000=1.37（元）

（6）资本保值增值率

资本保值增值率（capital preservation increment rate）是期末所有者权益总额与期初所有者权益总额的比率。其计算公式如下：

资本保值=期末所有者权益总额/期初所有者权益总额

根据第15章表15-4的资料，甲股份有限公司2013年年初的所有者权益总额为1 865 000元，年末所有者权益总额为1 975 000元，则资本保值增值率为：

资本保值增值率=1 975 000/1 865 000=1.06

一般情况下，资本保值增值率大于1，表明所有者权益增加，企业的增值能力较强。但是，在实际分析时，应考虑企业利润分配情况及通货膨胀因素对其的影响。

16.3 财务报表分析的局限性

财务报表分析对于了解企业的财务状况、经营业绩和现金流量，评价企业的偿债能力、盈利能力和营运能力，帮助制定经济决策有着至关重要的作用，但由于种种因素的影响，财务报表分析及其分析方法存在着一定的局限性。正确理解财务报表分析局限性的存在，减少局限性的影响，是财务报表分析中需要特别注意的。

16.3.1 财务报表自身的局限性

（1）数据的时滞性

财务报表数据相对于它所反映的经营决策和经营活动具有一定的时滞性。而过去的状况并不能代表企业的未来前景。以反映企业过去情况为主的财务报表数据为基础计算出来的各项指标，对企业做出决策只有参考价值，并非绝对合理。

（2）计量方式的局限性

财务报表中的数据都是能运用货币计量的。而货币计量是建立在货币单位价值不变的基础上的，但在现实中，货币的单位价值不可能长期不变。通货膨胀会使报表的数字与市场价值产生很大的差异，这有可能会使报表使用者产生误解。

（3）非货币化决策信息未在报表中反映

当前，还有不少难以用货币计量但对决策很有用的信息被排除在财务报表甚至财务报告之外。比如：人力资源是企业的巨大财富，但由于计量方面的原因，其真正价值也难在企业资产中客观地显示出来。但这些内容对决策都具有重大的参考价值。

（4）会计方法的选择

会计方法的选择和会计估计对报告数据的影响更大，甚至通常认为比较"纯净"的经营活动现金流量也会受到会计政策选择的影响。因此，会计方法不一致的企业间的数据和指标往往缺乏可比性。为了更好地解释这些指标，有必要充分理解会计规则，统一会计方法，并结合报表附注消除误差。

16.3.2 财务报表分析方法的局限性

（1）趋势分析法的局限性

趋势分析法是指与本企业不同时期指标相比，给分析者提供企业财务状况变动趋势方面的信息，为财务预测、决策提供依据。但是趋势分析法所依据的资料主要是财务报表的数据，具有一定的局限性；另外，由于通货膨胀或各种偶然因素的影响和会计换算方法的改变。使得不同时期的财务报表可能不具有可比性。

财务报表分析的数据来自传统财务报表，其数据是基于历史成本基础而确定的，而且假设货币价值稳定不变。所以，当物价发生变动时，财务报表数据并没有考虑和调整物价变动的影响。

（2）比较分析法的局限性

比较分析法是指通过经济指标的对比分析确定指标间差异与趋势的方法。但由于不同地区的价格水平存在差异，各企业业务关系在区域上又不尽相同，其必然导致不同企业指标水平的差异，从而使之缺乏可比性。

采用行业平均值作为参照物是行业内企业分析常用的方法，但是，当整个行业或行业内的大多数企业走弱时，行业平均值作为基准指标，对个案分析来说，往往不足以佐证分析结论；同时，行业平均值在作跨行业比较时的实用性也很弱。

（3）比率分析法的局限性

比率指标的计算一般都是建立在以历史成本、历史数据为基础的财务报表之上的，这使比率指标提供的信息与决策之间的相关性大打折扣，弱化了其为企业决策提供有效服务的能力。而且，比率分析是针对单个指标进行分析，综合程度较低，在某些情况下无法得出令人满意的结论。

此外，比率计算是基于很多固有的假设之上的，而且指标基准的缺乏或不恰当又会影响比率的计算和比较结果。比如，业务的时间段、负数和会计方法的差异都会影响比率分析的质量，这些问题在进行比率分析时都需要注意。

【本章小结】

第15章已经详细介绍了公司主要财务报表的编制以及信息披露。本章主要以财务报表数据为基础详细介绍了财务分析的目标、方法和应用等，有助于信息使用者从众多的财务报表信息中捕捉对其决策有用的信息，有效评价公司的财务状况和经营成果，进而判断公司的投资价值，或做出贷款决策。

财务报表分析是与企业利害攸关的各个群体根据各自的目的，使用各种技术对企业的财务报表所给的数据进行分析、比较和解释，据以对企业的经营状况做出判断。本章介绍了多种财务分析方法，主要介绍了比率分析法在偿债能力分析、营运能力分析和盈利能力分析中的应用。最后还指出了财务报表分析存在的局限性。

【学习目标小结】

1.了解常用的财务报表分析方法

财务报表分析通常采用结构分析法、趋势分析法、比较分析法、因素分析法及比率分析法等方法进行分析。

2.掌握偿债能力分析

偿债能力是指企业用其资产偿还长期债务与短期债务的能力。其中，短期偿债能力分析指标主要有流动比率、速动比率和现金比率等；长期偿债能力指标主要有资产负债率、产权比率、负债与有形净资产比率和利息保障倍数等。

3.掌握营运能力分析

营运能力分析是指通过计算企业资金周转的有关指标分析其资产利用的效率，是对企业管理水平和资产运用能力的分析。营运能力分析指标主要有应收账款周转率、存货周转率、固定资产周转率和总资产周转率等。

4.掌握盈利能力分析

盈利能力指企业获取利润的能力，也称为企业的资金或资本增值能力，通常表现为一定时期内企业收益数额的多少及其水平的高低。盈利能力分析指标主要有销售毛利率、销售净利率、总资产收益率、净资产收益率、每股收益和资本保值增值率等。

5.了解财务报表分析的局限性

财务报表分析的局限性主要表现在以下两个方面：一是财务报表自身的局限性，如数据的时滞性，计量方式的局限性，非货币化决策信息未在报表中反映和会计方法的选择等；二是财务报表分析方法的局限性，如趋势分析法的局限性、比较分析法的局限性和比率分析法的局限性等。

【关键术语】

财务报表分析（financial statement analysis）是以企业财务报表为主要对象，采用专门的方法和技术，对企业的基本财务状况、偿债能力、盈利能力和营运能力等方面进行分析，为企业的投资者、债权人和管理当局等会计信息使用者了解过去、分析现状、预测未来，做出正确决策而提供依据的一种科学方法。

结构分析法（method of structured analysis）主要是以企业的资产负债表、利润表、现金流量表等资料为依据，对企业财务状况构成的合理性、利润的构成和现金流量的来源及流向等进行总体的测算与分析。

趋势分析法（method of trend analysis）是根据一个企业连续数期的财务报表资料的各个项目进行比较，以求出金额和百分比增减变动的方向和幅度，从而揭示当期财务状况和经营状况增减变化的性质及趋向。

比较分析法（method of comparative analysis）是利用同一企业的不同时期，或同一时期的不同企业的有关相同性质或类别的指标，进行横向和纵向的对比分析，进而确定差异，分析原因。

因素分析法（method of factor analysis）是用来揭示经济指标变化的原因，测定各个因素对经济指标变动的影响程度的分析方法。

比率分析法（method of ratio analysis）是将同一期财务报表上若干重要项目的相关数据相互比较，求出比率，用以分析和评价公司的经营活动以及公司目前和历史状况的一种方法，是财务分析最基本的工具。

偿债能力（solvency）是指企业用其资产偿还长期债务与短期债务的能力。

流动比率（current ratio）是流动资产与流动负债的比率，表示企业每元流动负债有多少流动资产作为偿还的保证，反映了企业的流动资产偿还流动负债的能力。

速动比率（quick ratio）又称酸性测试比率，是流动资产中速动资产与流动负债的比率，是短期偿债能力指标。

现金比率（cash ratio）是企业现金类资产与流动负债的比率，是衡量企业短期偿债能力的一项参考性指标。

资产负债率（debt to assets ratio）又称负债比率，是企业的负债总额与资产总额的比率。它表示企业资产总额中债权人提供资金所占的比重，以及企业资产对债权人权益的保障程度。

负债与所有者权益比率亦称产权比率（equity ratio），是指负债总额与所有者权益总额的比例关系，是企业财务结构稳健与否的重要标志。

利息保障倍数（interest coverage ratio）又称为已获利息倍数，是企业经营的税息前利润与利息费用的比率，是衡量企业偿付负债利息能力的指标。

营运能力（operation ability）是指企业管理水平和资产运用能力，营运能力大小是影响企业偿债能力和盈利能力大小的主要因素之一。

应收款项周转率（receivables turnover），是一定时期内赊销收入净额与应收款项平均余额的比率，是反映应收款项周转速度的一项指标。

存货周转率（inventory turnover）也称存货周转次数，是反映存货周转的一个指标，是企业一定时期内的销售成本与存货平均余额的比率。

固定资产周转率（fixed assets turnover）是固定资产周转分析常用的指标，主要用于判断公司管理固定资产的能力。

总资产周转率（total assets turnover）是企业销售收入净额与资产平均占用额的比率。

盈利能力（profitability）是指企业获取利润的能力，也称为企业的资金或资本增值能力，通常表现为一定时期内企业收益数额的多少及其水平的高低。

销售毛利率（gross profit margin）是销售毛利与销售收入净额之比。

销售净利率（net profit margin）是企业的净利润与销售收入净额的比率。

总资产收益率（return on total assets）又称总资产报酬率，是企业从投资规模角度分析盈利水平的一类财务指标，常见的表达方式有：一是企业息税前利润与资产平均余额的比率，二是净利润与资产平均余额的比值。它们均反映企业资产的综合利用效果。

净资产收益率（rate of return on common stockholders' equity）亦称所有者权益收益率或股东权益收益率，它是净利润与净资产平均余额的比率。

每股收益（earning per share）用于衡量企业每股投资所产生的净利润，是评价企业经营业绩的常用指标，可用于不同规模企业的相互比较。基本每股收益＝归属于普通股股东的当期净利润÷当期发行在外普通股的加权平均数。

练习题

【简答题】

1.财务报表分析一般需要取得哪些必要的资料?

2.财务报表分析方法有哪些?

3.简述结构分析法、比较分析法、趋势分析法和比率分析法。

4.反映短期偿债能力的财务指标有哪些?请评述。

5.反映长期偿债能力的财务指标有哪些?请评述。

6.反映营运能力的财务指标有哪些?请评述。

7.反映盈利能力的财务指标有哪些?请评述。

8.为什么有的企业流动比率很好,但又无法偿还到期债务?

9.应收账款周转率偏低,可能是什么原因造成的?会给企业带来什么后果?

10.财务分析的局限有哪些?

【业务题】

习题一

1.目的

练习财务比率的计算。

2.资料

万盛公司2015年12月31日的资产负债表如下所示。

万盛公司资产负债表

单位:万元

项目	年初数	年末数	项目	年初数	年末数
资产			负债及所有者权益		
现金	166	366	应付账款	66	112
应收账款净额	47	51	应交税费	5	17
存货	66	72	其他流动负债	80	100
其他流动资产	20	25	长期负债	100	123
固定资产	685	720	实收资本	750	750
长期股权投资	90	100	盈余公积	20	70
无形资产	10	15	未分配利润	63	177

项目	年初数	年末数	项目	年初数	年末数
资产合计	1 084	1 349	负债及所有者权益合计	1 084	1 349

假定该公司2015年的销售收入为1 600万元，销售成本为1 000万元。

3.要求

根据以上资料，计算2015年的流动比率、速动比率、存货周转率、应收账款周转率。

习题二

1.目的

练习财务比率的计算。

2.资料

合源公司2015年年末的资产负债表如下所示。

合源公司资产负债表

2015年12月31日   单位：元

资产	金额	负债及所有者权益	金额
流动资产		流动负债	
现金	107 000	短期借款	50 000
交易性金融资产	150 000	应付票据	28 200
应收账款	87 400	应付账款	95 400
减：坏账准备	2 400	应付职工薪酬	19 000
存货	269 500	应交税费	104 300
其他应收款	2 500	其他应付款	13 100
流动资产合计	614 000	流动负债合计	310 000
长期股权投资	500 000	长期负债	
固定资产		长期借款	100 000
固定资产原值	1 248 000	应付债券	200 000
减：累计折旧	362 400	长期负债合计	300 000
固定资产净值	885 600	所有者权益	
无形资产	20 400	实收资本	1 000 000
		资本公积	160 000
		盈余公积	232 000
		未分配利润	18 000
		所有者权益合计	1 410 000
资产合计	2 020 000	权益总计	2 020 000

2015年的其他财务资料为：

（1）该公司年初存货为150 500元。

（2）本年度的利息费用为38 000元，销售成本为630 000元。

（3）"盈余公积"账户的年初余额为358 000元，"未分配利润"账户的年初借方余额为288 000元。

（4）本年实现税后利润为360 000元（所得税税率为25%），并分别按税后利润的15%计提法定盈余公积。

3.要求

根据上述资料，计算下列各项指标。

（1）流动比率；

（2）速动比率；

（3）现金比率；

（4）存货周转率；

（5）资产负债率；

（6）已获利息倍数。

习题三

1.目的

练习短期偿债能力指标的计算。

2.资料

尚佳公司2015年的有关资料如下。

（1）年初存货为12 000元，应收账款为36 000元。

（2）年末流动负债为30 000元，流动比率为2.5。

（3）当年实现销售收入为160 000元，销售毛利率为30%。

（4）年末有关账户的余额分别为："原材料"账户7 000元（借方），"材料成本差异"账户500元（贷方），"生产成本"账户2 000元（借方），"应收账款——甲公司"账户21 000元（借方），"应收账款——乙公司"账户5 000元（贷方）。

3.要求

（1）计算年末流动资产和速动比率。

（2）计算存货周转率和应收账款周转率。

习题四

1.目的

练习财务比率的计算。

2.资料

庆安公司2015年的速动比率为1.4，流动比率为3.0.存货周转次数为6次，流动资产总额为675 000元，现金及可交易金融资产为100 000元，毛利率为10%。（一年按365天计算）

3.要求

根据上述资料，计算该公司的年营业额及平均应收账款回收期。

习题五

1.目的

练习财务比率的应用。

2.资料

维北公司为生产和推销一种新产品，现着手预测其新的流动资金需求，需要建立一个2015年的资产负债表，预计销售额为200万元，该产品生产行业的平均水平的财务比率如下：流动比率2.2，净资产收益率为25%，负债对所有者权益比率为80%，销售利润率为5%，短期贷款与股本之比为1：2，应收帐款与销售额之比为1：10，速动比率为1.2，资产负债率为4：9，股利支付率为30%。

3.要求

根据上述资料编制下列简易资产负债表（假定该公司维持行业平均水平且不存在无形资产）。

资产负债表

单位：万元

资　　产	金　　额	负债与所有者权益	金　　额
现金		短期流动负债	
应收账款		长期负债	
存货		总负债	
流动资产合计			
固定资产		股东权益净额	
总　　计		总　　计	

习题六

1.目的

练习财务比率的计算。

2.资料

青建公司2015年12月31日的资产负债表摘录如下。

青建公司资产负债表摘录

2015年12月31日   单位：万元

资产	年初	年末	负债及所有者权益	年初	年末
流动资产：			流动负债	225	218
货币资金	100	95			
应收账款净额	135	150	长期负债	290	372
存货	160	170			
待摊费用	30	35	负债合计	510	590
流动资产合计	425	450			
固定资产净额	800	860	所有者权益	715	720
总计	1 225	1 310	总计	1 225	1 310

另外，该公司2015年的销售收入净额为1 014万元（其中赊销收入为570万元），净利润为253.5万元。

3.要求

根据以上资料：

（1）计算2015年末的流动比率、速动比率、产权比率、资产负债率；

（2）计算2015年的应收账款周转率、固定资产周转率、总资产周转率；

（3）计算2015年的销售净利率和净资产收益率。

【案例题】

1.长江公司连续3年的有关资料如下表所示。

	2011年	2012年	2013年
销售收入	800 000	920 000	1 000 000
税后利润	140 000	180 000	250 000
营运资金	910 000	620 000	360 000
固定资产净值	1 040 000	2 450 000	3 160 000
流动比率	8:1	5:1	2:1

要求：

假定你是长江公司的股东，你对该公司的流动比率逐年下跌的情况有何看法？请根据以上条件加以推测。

2.黄河公司2012年的资产负债表和利润表如下所示。

黄河公司资产负债表

（2012年12月31日） 单位：万元

资产	年初数	年末数	负债及股东权益	年初数	年末数
货币资金	110	116	短期借款	180	200
交易性金融资产	80	100	应付账款	182	285
应收账款	350	472	应付职工薪酬	60	65
存货	304	332	应交税款	48	60
流动资产合计	844	1 020	流动负债合计	470	610
			长期借款	280	440
固定资产	470	640	应付债券	140	260
长期股权投资	82	180	长期应付款	44	50
无形资产	18	20	负债合计	934	1 360
			股本	300	300
			资本公积	50	70
			减：库存股		
			盈余公积	84	92
			未分配利润	46	38
			股东权益合计	480	500
资产总计	1 414	1 860	负债及股东权益总计	1 414	1 860

黄河公司利润表

（2012年度） 单位：万元

项目	本年累计数
营业收入	5 800
减：营业成本	3 480
营业税金及附加	454
销售费用	486
管理费用	568
财务费用	82
资产减值损失	
加：公允价值变动收益（损失以"–"号填列）	
投资收益（损失以"–"号填列）	54
其中：对联营企业和合营企业的投资收益	
营业利润（亏损以"–"号填列）	784
加：营业外收入	32
减：营业外支出	48
其中：非流动资产处置损失	
利润总额（亏损以"–"号填列）	768

续表

项目	本年累计数
减：所得税费用	254
净利润（亏损以"-"号填列）	514
每股收益	
（一）基本每股收益（元）	
（二）稀释每股收益（元）	

财务比率行业平均值

财务比率	行业平均值
流动比率	2
速动比率	1.2
资产负债率	0.42
应收账款周转率	16
存货周转率	8.5
总资产周转率	2.65
资产报酬率	19.88%
销售净利率	7.5%
净资产收益率	34.21%

其他资料：

（1）该公司2012年末有一项未决诉讼，如果败诉预计要赔偿对方50万元。

（2）2012年是该公司享受税收优惠的最后一年，从2013年起不再享受税收优惠政策，预计营业税金的综合税率将从现行的8%上升到同行业的平均税率12%。

（3）该公司所处行业的财务比率平均值如上表所示。

要求：

1.计算该公司2012年年初与年末的流动比率、速度比率和资产负债率，并分析该公司的偿债能力。

2.计算该公司2012年应收账款周转率、存货周转率和总资产周转率，并分析该公司的营运能力。

3.计算该公司2012年的资产报酬率、销售净利率和净资产收益率，并分析该公司的盈利能力。

4.通过以上计算分析，评价该公司财务状况存在的主要问题，并提出改进意见。